Armin Nassehi

UNBEHAGEN

Armin Nassehi

UNBEHAGEN

THEORIE DER ÜBERFORDERTEN
GESELLSCHAFT

C.H.BECK

2. Auflage. 2022

© Verlag C.H.Beck oHG, München 2021
Satz: Janß GmbH, Pfungstadt
Druck und Bindung: CPI – Ebner & Spiegel, Ulm
Umschlaggestaltung: nach einem Entwurf von geviert.com, Christian Otto
Gedruckt auf säurefreiem, alterungsbeständigem Papier
(hergestellt aus chlorfrei gebleichtem Zellstoff)
Printed in Germany
ISBN: 978 3 406 77453 9

klimaneutral produziert
www.chbeck.de/nachhaltig

Inhaltsverzeichnis

Vorwort 9

1
Einleitung 11

Das Unbehagen in der Kultur ff. 12
Die Frage 18
Risiko Theorie 21

2
Soziodizee 30

Theodizee 31
Handeln/Handlungsfähigkeit 36
Von der Theodizee zur Soziodizee 41
Drei Soziodizeen 47

3
Versuchsaufbau 61

Änderungsimperative 64
Evolution 67
Der Fehlschluss von der Notwendigkeit
auf die Möglichkeit 69
Gesellschaft der Gegenwarten 77
Fixierung auf Gegenwarten 85

4
(An-)Ordnung 93

Überall Akteure 97
Versammlungen oder Differenzierungen? 105
Was für Systeme? 119
(Un-)Erreichbarkeit 120

5
Andockstellen 125

Ambivalenz des Selbstverhältnisses 127
Sach- und Sozialdimension 131
Querlagen 135
Institutionenabhängige Lebenslagen 147

6
Arrangements 151

Institutionen 153
Filigrane Ordnung 161
Die verborgene Krise 169

7
Himmel 174

Gesellschaft als Familienangelegenheit 175
Moralüberschuss 190
Ex oriente lux? 196
Tianxia 203
Die Welt in Ordnung bringen 211

8
Organisation 218

Die Organisation der Gesellschaft 222
Gesellschaft als Organisation? 228

9
Offenheit 238
«Trade-tested Betterment» 238
Noch einmal: Krise 252

10
Latenz 255
Schutzlosigkeit 258
Physiodizee 266
Die Ungerechtigkeit des Sprechens 276
Latenzverlust in der Sachdimension 284

11
Konsum 289
Was macht einen Unterschied? 290
Unterhaltung 294

12
Was tun? 300
Sichtbarkeit/Unsichtbarkeit 302
Risiko-Lernprozesse 309
Genügt Evolution? 319
Ein Beispiel: Sterben als Risiko 320
Am Ende noch einmal: Latenz 328

Anmerkungen 340
Sachregister 376

Vorwort

Die theoriegeleitete soziologische Beschreibung der Gesellschaft bewegt sich primär in der Sozialdimension und passt sich damit auch anderen Selbstbeschreibungen ihres Gegenstandes an. Dieses Buch versucht zu zeigen, was mit dem soziologischen Verständnis der Gesellschaft passiert, wenn man sich nicht nur auf die Sozialdimension kapriziert, sondern auch die Sachdimension einbezieht. Es schließt damit an mein Buch «Der soziologische Diskurs der Moderne» (Suhrkamp 2006/2009) an, in dem ich die Geschichte des Faches anhand zweier Diskursstränge rekonstruiert habe, die sich vor allem im Hinblick darauf unterscheiden, dass der eine die moderne Gesellschaft als eine Arena in der Sozialdimension beschreibt, der andere als Form des Ordnungsaufbaus mit Schwerpunkt in der Sachdimension. Mit meiner Arbeit «Die Zeit der Gesellschaft» (VS Verlag 1993/2008) liegt eine solche Beschreibung mit Schwerpunkt in der Zeitdimension vor.

Dieses Buch nimmt diese Untersuchungen wieder auf, bewegt sich aber nicht auf dem Terrain der soziologischen Selbstbeobachtung, sondern stellt die Frage danach, welchen Unterschied es macht, gesellschaftliche Herausforderungen im Hinblick auf unterschiedliche Sinndimensionen zu beschreiben. Die COVID-Krise ist dabei nicht primärer Gegenstand des Buches, sondern diese und die Klimakrise dienen als Referenzkrisen, die den soziologischen Blick anleiten.

Das Buch ist zwischen dem Jahreswechsel 2020/21 und Mai 2021 geschrieben worden, also in der vorläufigen Spätphase der Pandemie. Danken möchte ich Gina Atzeni und Magdalena Göbl für kritisches Mitlesen, Jan Gehrmann für Recherchen unterschiedlicher Art und meiner Kollegin Paula-Irene Villa Braslavsky für einige weiterführende Hinweise. Ferner danke ich den Mitarbeiterinnen und Mitarbeitern laufender Drittmittelprojekte, deren Ergebnisse und Anregungen Eingang in den Text gefunden haben.

Am meisten habe ich wiederholt Irmhild Saake zu danken. Die Zusammenarbeit mit ihr ist wertvoller denn je.

Kurz nach dem Erscheinungstermin dieses Buches wäre der Münsteraner Soziologe Georg Weber 90 Jahre alt geworden. Er starb im Jahre 2013. Ich hatte ihm in meiner Zeit als junger Wissenschaftler viel zu verdanken, vor allem sehr viele Freiheiten im Denken, die Prämierung von Abweichung und Vertrauen in noch nicht Eingelöstes. Manches inhaltliche Motiv in diesem Buch hätte ihm gefallen.

Dem C.H.Beck-Verlag danke ich für die wiederholt sehr gute Zusammenarbeit und speziell Matthias Hansl für das kompetente Lektorat.

Gewidmet sei das Buch Annette Großlohmann. Sie weiß, warum.

Armin Nassehi

München, Pfingstsonntag 2021.

1
Einleitung

Dass die Gesellschafts- und Kulturentwicklung Kosten verursacht, ist keine originelle Diagnose. Von der Entzauberung und vom Sinnverlust über den Verlust eines wirksamen Kollektivbewusstseins bis hin zur negativen Dialektik reicht dieser Topos, der das Fortschritts- und Zukunftsbewusstsein der Moderne skeptisch begleitet. Und noch im Terminus «Spätkapitalismus» schwingt eine merkwürdige Ambivalenz mit, die sich zumeist wahrscheinlich wenig Rechenschaft darüber ablegt, ob sie dem alten Narrativ seiner geschichtlich verbürgten Überwindung folgt oder doch eher einer Kristallisationsthese, die nicht mehr mit grundlegend Neuem rechnet. Dass die gesellschaftliche Entwicklung beziehungsweise ihre Bewegungsgesetze die eigene Verunmöglichung beinhalten, ist eine intellektuelle Denkfigur, die sich bewährt hat. Sie ermöglicht Kritik, ohne zu konkret werden zu müssen, und sie kann damit alles Konkrete in ihren Bann ziehen. Mit einem solchen Skeptizismus hat die erste Generation der akademischen Soziologie durchaus einen Ton gesetzt – und traf ohne Zweifel einen Punkt, denn sie etablierte tatsächlich eine distanzierte Reflexionsform, die sehr selbstbewussten gesellschaftlichen Selbstbeschreibungen einen Spiegel vorhielt und die Widersprüche und Ambivalenzen der Selbsterzählungen der Moderne thematisierte. Beschreibungsanlass war letztlich das Krisenhafte an der gesellschaftlichen Entwicklung,[1] die freilich vor allem deshalb als Krise erlebt werden konnte, weil sie eine auf die Zukunft gerichtete und damit offene Zeitperspektive hatte.[2] Dass sich darin eben nicht nur eine utopische Fortschrittsvorstellung, sondern vor allem der Zweifel an den eigenen Möglichkeiten bis hin zu einer zentralen Betonung des Risikos aller Zukunftsorientierung etablierte, ist Teil dieses skeptischen Selbstverständnisses des Modernisierungsprozesses.[3]

Das Unbehagen in der Kultur ff.

«Unbehagen» reiht sich insofern in einen Topos ein, der wenig überrascht, erst recht nicht in diesen Zeiten, in denen sich das, was man «Krisen» nennt, in vergleichsweise kurzer Zeit ablöst. Begrifflich nimmt der Titel dieses Buches Bezug auf Sigmund Freuds späte kulturtheoretische Schrift «Das Unbehagen in der Kultur» (1930). Deren Hauptthese besteht darin, dass die Spannung zwischen dem Individuum und der Kultur mit deren Höherentwicklung eklatant zunimmt. Freud beschreibt einen Menschen, der letztlich nicht wirklich modernitätsfähig ist. In einem «kleinen Kulturkreis» mit hinreichender Übersichtlichkeit sei die Bindung der Menschen aneinander einfacher möglich, weil der Aggressionstrieb «einen Ausweg an der Befeindung der Außenstehenden gestattet. [...] Es ist immer möglich, eine größere Menge von Menschen in Liebe aneinander zu binden, wenn nur andere für die Äußerung der Aggression übrigbleiben.»[4] Soziale Kohäsion müsse also um den Preis der Abgrenzung erkauft werden, was insofern naheliegt, als das Objekt der Liebe damit erst angemessen qualifiziert werden kann. Nun nimmt die Kulturentwicklung eine Bewegungsrichtung an, die in immer abstraktere und damit unübersichtlichere Formen sozialer Kohäsion mündet, womit die Anforderungen an den Einzelnen durch die Kultur, durch ein starkes Über-Ich größer werden, nämlich entsprechend Gruppennormen zu erfüllen. Der Preis des kulturellen Fortschritts besteht dann darin, dass der Mensch den hohen und differenzierten Anforderungen einer solchen Kultur nicht gerecht werden könne und er deshalb Schuldgefühle entwickeln müsse, die auf anderem Wege zu kompensieren sind.[5] Die Kulturentwicklung verlangt mit zunehmender Komplexität mehr Normenerfüllung und überfordert den Einzelnen dadurch, dass er gewissermaßen haltlos wird. Zugehörigkeitsforderungen werden damit zu Problem und Lösung zugleich – sie sind Lösung, weil sie dem Einzelnen Anerkennung versprechen, sie sind das Problem, weil sie letztlich eine so starke Selbstkontrolle verlangen, die Freud für geradezu widernatürlich hält. Die Kultur verspricht Belohnung für etwas, das die Menschen von selbst nicht einhalten können. «Ganz ähnliche Einwendungen können wir gegen die ethischen Forderungen des Kultur-Über-Ichs erheben. Auch dies kümmert sich nicht genug um die Tatsachen der seelischen Konstitution des Menschen, es erläßt ein Gebot und fragt nicht, ob es dem Menschen möglich ist, es zu befolgen.»[6] Das führt dann zu Destruktion oder Autoaggression, vor allem wenn die normativen Forderungen zu stark und zu abstrakt werden. Freud spricht vom «unpsychologischen Vorgehen des Kultur-Über-Ichs»,[7] vor allem in der Forderung des «Liebe Deinen Nächsten wie Dich selbst», die letztlich nicht einzuhalten ist – umso weniger, je höher die moralischen Forderungen werden. Aktueller kann man es kaum formulieren, wie Freud hier schreibt: «Die sogenannte natürliche Ethik hat hier nichts zu bieten außer der narzißtischen Befriedigung, sich für besser halten zu dürfen, als die anderen sind.»[8]

Das Unbehagen, von dem hier die Rede ist, ist ein Unbehagen, das die Positionierung des Einzelnen in seinen sozialen Bezügen meint, es ist eine Asymmetrie zwischen den Ansprüchen der «Kultur» und den individuellen Ressourcen und Möglichkeiten, bei Freud gar eine zwischen der menschlichen Natur und der Kulturentwicklung. Das «Unbehagen in der Kultur» geht letztlich so weit, die Passung zwischen dem Menschen und der menschlichen Vergesellschaftung generell in Zweifel zu ziehen, soweit sie über die Übersichtlichkeit eines bestimmbaren Sozialverbandes hinausgeht. Es ist eine Kritik an der Kultur – im angelsächsischen Sinne würde man von Zivilisation sprechen –, die prinzipiell als nicht lösbar erscheint.[9]

Freuds ganze kultur- bzw. zivilisationskritische Perspektive zielt auf Überforderung – kulturelle Ansprüche, die der Mensch letztlich nicht erfüllen kann. Bei aller hehren Form der Moral und der kulturellen, moralischen und religiösen Ansprüche mündet dies fast zwangsläufig in autoritäre Strukturen, um diese Spannung zu bearbeiten. Das Bezugsproblem bleibt aber die Frage der gesellschaftlichen Kohäsion als Gruppenkohäsion. Moderne Vergesellschaftung sieht aus wie eine Vergesellschaftung in Großgruppen mit hohen Ansprüchen an starke Gruppenkohäsion, an die Zugehörigkeitsbedingungen, an gemeinsame Werte, an normative Vorgaben. Hierin gipfelt die klassische Selbstbeschreibung der gesellschaftlichen Moderne, sich in zumeist politischen Begriffen als Kollektivität darzustellen – bis heute ist das Lieblingsthema in «Krisen», den «gesellschaftlichen Zusammenhalt» zu beschwören. Und je unmöglicher dies erscheint, desto stärker fällt die Beschwörung aus.[10] Freuds Topos wurde oft variiert. Um es an zwei Beispielen zu verdeutlichen, die in ihren deutschen Übersetzungen bis in den Buchtitel hinein das Motiv des «Unbehagens» zitieren: Der kanadische Philosoph Charles Taylor spricht von «The Malaise of Modernity», in der deutschen Ausgabe: «Das Unbehagen an der Moderne». Die Quelle des Unbehagens ist auch bei ihm der Verlust oder die Unmöglichkeit von sozialer Kohäsion, die er im Individualismus der modernen Kultur ausmacht, die so etwas wie eine unbedingte Zugehörigkeit mit kollektiver Zwecksetzung erschwere, mit der Folge einer Verflachung kollektiver Anstrengungen zur Verbesserung der gemeinsamen Welt. Folge sei ein narzisstischer Individualismus.[11] Die Studie «La Société du malaise» des französischen Soziologen Alain Ehrenberg, auf Deutsch «Das Unbehagen in der Gesellschaft», kommt ebenfalls zu einer Diagnose einer narzisstischen Störung des Individuums in der Moderne, das sein Verhältnis zur kollektiven Ebene und zu den gesellschaftlichen Institutionen nicht angemessen gestalten kann.[12]

Gemeinsam ist diesen Diagnosen des Unbehagens, der *Malaise*, dass sie sich einerseits auf den Verlust übersichtlicher Zugehörigkeiten beziehen und die unpersönliche Form einer Gesellschaft unter Fremden betonen, dies andererseits vor allem auf «höhere» Formen der Vergesellschaftung anwenden. Das Problem der Moderne, der Gesellschaft, der Zivilisation ist danach vor allem das Problem der Gruppengröße und ihrer sozialen Komplexität. Das Bezugsproblem dieser Diagnosen liegt folglich in der *Sozialdimension*. Freud ruft die Monströsität von zu großen und zu großartigen Kollektivitäten auf, der Kommunitarist Taylor scheint die Logik familialer Zugehörigkeit als normatives Modell fürs Gesellschaftliche zu sehen, und Ehrenberg beschreibt die Gesellschaft als Quelle einer Erschöpfung, gegen die der Einzelne nicht mehr ankommt. So unterschiedlich diese Diagnosen jeweils ausfallen, so ausschließlich beziehen sie sich allesamt auf die Sinndimension des Sozialen. Sie kennen die Gesellschaft nur als Großgruppenphänomen, nur als sozialen Behälter, und Individuen nur als Gegenüber oder Elemente solcher Großgruppen. Gelungene Vergesellschaftung kann hier nur in Form eines Ausgleichs zwischen einer eher individuellen und einer eher gesellschaftlichen

Ebene gedacht werden. Solche Perspektiven tendieren in mitunter erhellender Weise dazu, das Individuum und dessen Leiden zu akzentuieren. Die Gesellschaft bleibt demgegenüber jedoch ein erstaunlich unterkomplexes Phänomen.

Nehmen wir das Beispiel Ehrenbergs, um die mit solchen Perspektiven verbundene Sackgasse näher zu beleuchten: Sein «erschöpftes Selbst», das die Vorlage auch für gegenwärtige Diagnosen etwa von Andreas Reckwitz bildet,[13] lässt sich nur von einem Modellsubjekt unterscheiden, das bei Ehrenberg vor allem an der Idee psychischer Gesundheit ansetzt. Das Subjekt in der Krise zu wähnen, ist insofern nicht originell, als schon die Figur des individuellen Subjekts vor allem als Leiden an der Welt dargestellt werden kann – zunächst als sündiges Gegenüber Gottes, dann als eine von Neigungen korrumpierte individuelle empirische Person, die bei Kant von dem Konstrukt eines vernünftigen Wesens abgegrenzt wird, über die Hegel'sche Konzeption eines Subjekts, das dem Allgemeinen unterworfen ist, ja bei dem Freiheit und Unterwerfung eine Synthese eingehen, bis hin zu Freuds grundlegendem Unbehagen des empirischen Subjekts in der Kultur. Man könnte die Reihe mit Foucaults diszipliniertem Subjekt und Derridas Dekonstruktion des Subjekts weiterführen. Das Subjekt *ist* Krise – es findet sich als literarische Figur vor, nicht zuletzt als gebrochenes Selbstverhältnis. Der Horizont ist stets eine explizite oder implizite Idee gelungener Subjektivität – als gebe es hinter dem durch die Welt korrumpierten Subjekt noch ein eigentliches, ein wirkliches, ein heiles Subjekt, das freizulegen die eigentliche Aufgabe der Selbstwerdung ist.[14]

Das legt der Krisenbegriff nahe, und das gilt auch für die Krisensemantik der Gesellschaft. Die Krisenmetaphorik kapriziert sich auf Fehlentwicklungen, die nur Fehlentwicklungen sein können, weil man hinter der Gesellschaft eine gute Gesellschaft oder eine angemessene Version davon vermuten kann,[15] denn andernfalls hätte die Krisenmetaphorik keinen Informationswert. Unbehagensdiagnosen der genannten Art jedenfalls suggerieren dies implizit – außer die Freud'sche Vorlage vielleicht, aus der man letztlich nur die Konsequenz ziehen könnte, dass jede höhere Vergesellschaftung der menschlichen Natur zuwiderläuft. Jedenfalls bleibt die Seite der Gesellschaft in all diesen Diagnosen merkwürdig unterbestimmt.

Gesellschaft wird stark mit Kollektivität assoziiert, mit einem mehr oder weniger politischen Raum des Zusammenhalts und möglicher Solidarität. Man könnte all dies nun soziologiehistorisch rekonstruieren und etwa zeigen, wie bei Émile Durkheim oder auch bei Talcott Parsons oder Norbert Elias, erst recht bei Jürgen Habermas ein Steigerungsverhältnis von gesellschaftlichen und individuellen Komplexitätsanforderungen beschrieben wird, mit starken Implikationen für Überforderungen und Krisendiagnosen.[16]

Worum es in diesem Buch geht, ist nicht eine Wiederholung dieser Diskussion, erst recht nicht als Klassikerexegese. Worum es hier geht, ist eine tatsächlich gesellschaftstheoretische Überforderungsdiagnose, die weniger aus dem Steigerungsverhältnis von gesellschaftlicher Komplexität und individueller Informationsverarbeitung dann Überforderungsdiagnosen am Individuum selbst festmacht – ganz in der Tradition eines überforderten Selbst wie bei Ehrenberg und Reckwitz oder als Klage über den Verlust sozialer Kohäsion wie bei Taylor oder etwa in Francis Fukuyamas zivilreligiös anmutender Diagnose mangelnden Aufgehobenseins des Subjekts in einem gesellschaftlichen Ganzen.[17] Solche Diagnosen münden am Ende notwendigerweise in politische Appelle, in denen die gesellschaftlichen Strukturen selbst merkwürdig unterbestimmt bleiben. Man denke etwa an Hartmut Rosas Resonanztheorie,[18] deren einzelne Elemente durchaus etwas für sich haben, aber in der Summe geradezu ein Paradebeispiel für eine sehr voraussetzungsreiche Setzung gelingenden Lebens sind, für die die Komplexität der Gesellschaft selbst nur ein Hindernis darstellt. Das Ergebnis ist neben einer erwartbaren Kritik an Steigerungslogiken und Wachstumsimperativen eine erstaunlich bürgerliche Kritik am «Weltverstummen», die sich dafür den eher unterbestimmten Begriff der «Entfremdung»[19] ausborgt.[20] Der blinde Fleck jedenfalls ist hier die Gesellschaft, also die Frage nach der Überforderung der Gesellschaft mit sich selbst und dem daraus resultierenden Unbehagen.

Die empirische Forschung über mögliches Unbehagen, über Lebenszufriedenheit, über *Well-Being*, hilft nur bedingt weiter. Sie ist nicht zufällig insbesondere Forschung über die angemessenen Indikatoren zur Messung von Lebenszufriedenheit. Dabei fällt auf, dass die Einschätzung der persönlichen Lebenszufriedenheit zumeist positiver ausfällt als die Einschätzung der gesellschaftlichen Gesamtlage und erheblich positiver als die Krisennarrative in der Öffentlichkeit. Obwohl diese eher zunehmen, hat sich die subjektiv erlebte Lebenszufriedenheit in Deutschland in allen Schichten erhöht, und es ist seit 2005 sogar zu einer Homogenisierung des Zufriedenheitsniveaus gekommen.[21] Es ist hier nicht der Ort, dies ausführlich zu diskutieren, aber die Literatur zu *subjective well-being* zeigt sehr deutlich, dass Lebenszufriedenheit einerseits stark vom Einkommen abhängig ist. Jedenfalls geht es stets um Einkommensrelationen und den wirtschaftlichen Gesamtstatus eines Landes.[22] Von besonderer Bedeutung sind andererseits auch Faktoren wie Vertrauen in das soziale Umfeld und Institutionen sowie die Gefahr des Statusverlustes – wobei Ersteres eher als erklärende Variable in wohlhabenderen Ländern, Letzteres in weniger wohlhabenden Ländern gilt[23].

Es weist einiges darauf hin, dass Lebenszufriedenheit bzw. das Unbehagen an der eigenen Lebenssituation viel mit dem Gefühl der Selbstwirksamkeit (d. h. mit dem Gefühl, aufgrund eigener Kompetenzen selbst etwas bewirken und sich eigenständig aus schwierigen Lagen befreien zu können) zu tun hat, auch viel damit, ob man das Funktionieren der gesellschaftlichen Institutionen schlicht voraussetzen kann. Wer genauer hinsehen muss, verliert Vertrauen, wer Vertrauen verliert, fühlt sich ausgeliefert, wer sich ausgeliefert fühlt, erlebt eine große Distanz zur «Gesellschaft», was das dann immer heißt.[24]

Nun sind solche Ergebnisse insofern erwartbar, als sie exakt die Semantik wiedergeben, mit der sich Personen selbst beschreiben und die ihre Lebenslage ausmacht, zumal das Konstrukt «Lebenszufriedenheit» erwünschte Antworten wohl kaum vermeiden kann. In jedem Falle, darauf weisen Untersuchungen international hin, gibt es einen eindeutigen Zusammenhang zwischen sozialer Ungleichheit, Armut und Lebenszufriedenheit,[25] was einerseits auf eines der großen sozialen Probleme verweist, aber andererseits die Grundlage der Fragestellung gar nicht erreicht: warum und wie die moderne Gesellschaft mit sich selbst überfordert ist. Soziale Ungleichheit ist *ein* Aspekt davon, aber nicht der einzige.

Die Frage

Es sollte deutlich geworden sein, dass das Motiv des «Unbehagens» an der oder in der Kultur, Zivilisation, Moderne oder Gesellschaft zumeist das Unbehagen des Individuums in und an sozialen Strukturen meint. Das ist ein gut eingeführter Topos, und er liegt nahe, wird die Gesellschaft doch spätestens mit der Individualisierung von Lebenslagen, der Etablierung von entscheidungsbasierten Lebensverläufen und nicht zuletzt der Unterbestimmung von konkreten Lebenslagen auch aus der Perspektive von Individuen erlebt und beschrieben. Das Leiden an der Welt ist dann vor allem ein Leiden an sich selbst, wie ja der Ausgangspunkt mit Freuds kulturtheoretischer Diagnose exakt das auf den Punkt bringt: Die Kritik an der modernen Kultur und dem «unpsychologischen Vorgehen des Kultur-Über-Ichs»[26] findet ihre normativen/diagnostischen Kriterien in der Natur des Menschen, nicht in der Struktur der Kultur/Gesellschaft. Und komplementär dazu verfehlt die Vorstellung einer «guten» Gesellschaft am Ideal der Kollektivität und des gesellschaftlichen Zusammenhalts die gesellschaftlichen Bedingungen des Unbehagens. Die eine Seite ist eine außergesellschaftliche Natur des Menschen, die andere das Ideal eines gesellschaftlichen Zusammenhalts ausschließlich im Sinne einer starken Großgruppenkohäsion. Beide Denkungsarten müssen den Eigensinn der Gesellschaft im Dunkeln lassen.

Meine Frage kehrt die Denkrichtung um: Sie nimmt die Frage der Selbstüberforderung der Gesellschaft ernst, sie sieht im Krisenerleben der Moderne vor allem eine Überforderung der Gesellschaft *mit sich selbst*. Es geht hier also nicht nur um die Überforderung von handelnden Personen, von Individuen, von Menschen in einer bestehenden Gesellschaft. Es geht auch und vor allem um eine Überforderung gesellschaftlicher Handlungs-, Reaktions- und Gestaltungsmöglichkeiten, die insbesondere etwas damit zu tun haben, dass die Strukturen und die Form der Gesellschaft sich selbst überfordern. Die Gesellschaft nutzt ihre Eigenkomplexität zur Lösung von Problemen – und sie stößt gleichzeitig an die Grenzen ihrer eigenen Verarbeitungskapazität. Das meint Überforderung *mit sich selbst*.

Man kann es an der COVID-Krise sehr deutlich herausarbeiten:

Die Überforderung, die Unfähigkeit der Bewältigung, die Konflikte usw. kaprizierten sich nicht auf das Virus, nicht auf seine chemische/biologische Existenz, nicht auf die Virushaftigkeit des Virus, sondern auf die Gesellschaft selbst, die an sich selbst erlebt hat, dass sie ihre Routinen offenbar nicht schnell genug, nicht genau genug, nicht konsequent genug, wie auch immer, auf die Herausforderung einstellen konnte. Die öffentlichen Konflikte waren gesellschaftliche Konflikte, also Konflikte innerhalb der Gesellschaft, nicht der Gesellschaft mit dem Virus – und selbst wenn es in den Sozial- und Kulturwissenschaften inzwischen en vogue ist, die Art und Zahl der «Akteure» auch auf nicht-menschliche Akteure zu erweitern (z. B. Viren, darauf werde ich zurückkommen), bleibt es eine innergesellschaftliche Konfliktlinie bzw. ein innergesellschaftlicher Verarbeitungsprozess. Für exakt diesen Verarbeitungsprozess interessiert sich dieses Buch.

Wenn man seit nunmehr dreieinhalb Jahrzehnten sozialwissenschaftlich in der universitären Lehre tätig ist, stößt man immer wieder auf ein ähnliches Motiv, an dem junge Studentinnen und Studenten manchmal geradezu verzweifeln wollen und in dem sich ein großer Teil jenes Unbehagens ausdrückt, von dem hier gehandelt werden soll. Die Erfahrung lautet: Diese Gesellschaft hat fast alles Wissen, fast alle Ressourcen, die meisten Mittel und auch die Gelegenheit, die großen Probleme der Welt zu lösen – von sozialer Verelendung über schreiende Ungerechtigkeit bis hin zum Klimawandel oder der ökologischen Zerstörung. Und doch sieht es so aus, als sei genau das nicht möglich, obwohl es doch offenkundig möglich ist. Die Frage lautet: *Wie können die Menschen, kann die Menschheit, kann die Gesellschaft so viel Leid und Problematisches zulassen, während sie die Mittel dagegen doch in der Hand zu halten scheint? Warum streben die Handelnden, obwohl sie doch die Mittel dazu hätten, nicht nach dem summum bonum, das alle besserstellen und Lösungen wahrscheinlicher machen würde?*

Um dieser Art Unbehagen geht es hier, um die Frage, wie sich die moderne Gesellschaft auf selbsterzeugte Probleme einstellen kann – *selbsterzeugt* meint ein Doppeltes: Es sind *einerseits* Probleme, die direkt der gesellschaftlichen Praxis entstammen. Die Gesellschaft kann sich vollends zerstören, weil sie selbst Waffen auf einem entsprechenden technologischen Niveau erzeugt hat, die das ermöglichen; der Klimawandel und die ökologischen Schäden sind nicht «Natur», sondern Folge gesellschaftlicher Praktiken; soziale Ungleichheit ist nicht gottgegeben, sondern selbstgemacht; selbst eine Pandemie geht auf gesellschaftliche Routinen zurück. *Andererseits* sind es selbsterzeugte Probleme, weil gesellschaftliche Instanzen, Institutionen oder Funktionssysteme wie Politik, Wissenschaft, Bildung, Recht oder Ökonomie nur die Herausforderungen in den Blick bekommen, die sie in den Blick bekommen oder die entsprechende Aufmerksamkeit erzeugen. So sind seit Anfang 2020 bis zum Manuskriptschluss dieses Buches ca. 3,7 Millionen Menschen weltweit an COVID verstorben, in Deutschland ca. 90 000, das am stärksten betroffene Land sind die Vereinigten Staaten mit fast 600 000 Toten. Die Welt ist in Aufruhr, und es findet eine beispiellose Reaktion darauf statt. Im Vergleich dazu haben nach Daten der Welthungerhilfe im Jahr 2019 690 Millionen Menschen, das ist jeder 11. Mensch, gehungert, mit einem Schwerpunkt auf Subsahara-Afrika und dem indischen Subkontinent. Besonders betroffen sind Kinder.[27] Die Aufmerksamkeitsökonomie ist eine gesellschaftlich erzeugte Form der Selektivität von Informationen, und zugleich werden «Probleme» insofern selbst erzeugt, als sie etwa vom politischen System als «lösbare Probleme» konstruiert werden – im Rahmen dessen, was zur Verfügung steht.

Selbsterzeugte Probleme kennen auch nur selbsterzeugte Lösungen, und selbsterzeugte Lösungen kennen nur selbsterzeugte Probleme. Diese radikale Immanenz der Gesellschaft ist es, die in diesem Buch rekonstruiert werden soll. Dabei wird es nicht um die COVID-Krise gehen, die COVID- und die Klimakrise werden lediglich kursorisch als Referenzkrisen herangezogen, um zu verdeutlichen, worum es geht. Es ist kein Krisenbuch, kein Buch über die Krise oder über Krisen, es ist auch keine Zeitdiagnose mit starken Sätzen für Lösungsvorschläge – es ist ganz explizit der Versuch einer Theorie, einer Theorie der überforderten Gesellschaft. Wer das Buch gelesen haben wird, soll zumindest in die Lage versetzt worden sein, die Immanenz von Krisen und ihre Bearbeitungsform besser zu verstehen. Und er oder sie soll Krisen dann nicht mehr für vorübergehende Phasen halten, die nach ihrer Lösung verschwinden. Das würde der Immanenz der Gesellschaft widersprechen.

Risiko Theorie

Was ich mit Unbehagen meine, habe ich angedeutet, ein Unbehagen daran, dass diese unfassbar leistungsfähige Gesellschaft so viel kann und doch so wenig. Dass ich das auf eine Selbstüberforderung zurückführe, habe ich auch angedeutet. Bleibt noch zu klären, dass im Untertitel nicht nur von der überforderten Gesellschaft die Rede ist, sondern von einer *Theorie* der überforderten Gesellschaft. Wer Theorie in den Titel schreibt, sollte sich dazu verhalten können. Was ist eine Theorie? Die Frage ist nicht einfach zu beantworten. In der Soziologie gibt es dazu unterschiedliche Traditionen. In der empirischen Sozialforschung wird unter einer Theorie eine empirisch getestete Hypothese verstanden, die so lange gilt, bis sie falsifiziert worden ist. Dieser Sprachgebrauch funktioniert gut in der hypothesentestenden Sozialforschung, verschweigt aber, dass bereits die Formulierung von Hypothesen und Fragestellungen nicht beliebig ist, sondern methodisch kontrolliert erfolgen sollte. Praktisch macht man das zumeist so, dass man auf vorherige Forschung verweist, deren Kenntnis in Kombination mit einem Forschungsinteresse forschungsrelevante Fragestellungen ergibt. Aber auch hier bleibt ein Rest – nämlich mindestens die Frage nach der Methodologie oder die Frage danach, wie das Feld angemessen zu beschreiben ist, was ja auch nicht zufällig oder ganz hemdsärmelig geschehen kann, sondern irgendeine Selbstkontrolle braucht.[28] Aber so weit muss man meistens nicht gehen – die Routine des Forschens und die Erwartung von *peer-reviews* in Zeitschriften und Verlagen erzeugt genügend Konventionen, mit denen man dann konventionell umgehen kann. Nur wer abweicht, muss das begründen, die Wiederholung ist meistens nicht begründungspflichtig.

In der soziologischen Theorie, also dort, wo Soziologie mit dem Ziel betrieben wird, sich theoretisch zu etwas zu verhalten oder eine Theorie-Aussage zu machen, verhält es sich anders. Hier stellt sich die Frage radikaler, weil die sagbaren Sätze nicht durch selbsterzeugte Daten oder wiederholbare Methoden eingeschränkt werden. Hier ist mehr möglich, und das gereicht diesem Teil der Soziologie nicht immer zum Vorteil. Aber auch hier gibt es Konventionen. Eine der Konventionen ist die Geschichtsschreibung des eigenen Faches, die sich selbst nicht nur als ein Nacheinander von Forschungsergebnissen beschreibt, sondern vor allem als ein Nacheinander von Theorien, die meistens mit Namen belegt sind und in Lehrbüchern in eine Systematik gebracht werden. In den meisten soziologischen Instituten, die ich kenne, ist deshalb oft der Erstkontakt mit dem Fach für junge Studentinnen und Studenten eine Konfrontation mit solchen «Theorien» – von Marx über Weber und Durkheim bis Bourdieu, Parsons, Luhmann und Latour.[29] Man muss diese Klassiker kennen, das ist gar keine Frage, aber ist das Referenzspiel mit ihnen «Theorie»?

Der Literaturwissenschaftler Peter V. Zima hat jüngst ein monumentales, mehr als 1000-seitiges Werk mit dem Titel «Soziologische Theoriebildung» vorgelegt.[30] Zima rekonstruiert Theoriebildung als Geistergespräch, also als explizite und implizite Bezugnahmen von Texten aufeinander, in denen man gewissermaßen die Selbstbewegung von begrifflichen Gebäuden im Dialog von Texten rekonstruieren kann. Das ist hochgradig anregend, aber es ist typisch, dass dieser Art Theoriebildung von einem Literaturwissenschaftler stammt, also einem Textwissenschaftler, dessen Gegenstand ohnehin das dialogische Prinzip der Intertextualität ist.[31] Ich erwähne dies deshalb, weil an diesem Beispiel deutlich wird, was unter «Theorie» zu verstehen ist. Es ist die methodisch (selbst-)kontrollierte Form der Gegenstandskonstitution – wobei ich Zima gar nicht zustimmen würde. Für einen Literaturwissenschaftler ist der Gegenstand von «Theorie» jenes intertextuelle Geistergespräch, für einen Soziologen wäre das zu wenig (oder zu viel, wie immer man es sieht). Aber Zima zeigt methodisch sehr deutlich, womit sich «Theorie» befasst: mit der Frage der Gegenstandskonstitution – über die man dann durchaus streiten kann. Von dem Literaturwissenschaftler jedenfalls lässt sich lernen, dass der Gegenstand nicht da ist, sondern konstituiert werden muss. Und literaturwissenschaftlich wird er anders konstituiert als soziologisch.

Wenn also die Frage nach «Theorie» beantwortet werden soll, geht es darum, dass die Gegenstandskonstitution Gegenstand konkreter Entscheidungen ist und nicht einfach auf Konventionen gesetzt wird. Theoretische Argumente sind solche, die sich zumuten, die Gegenstandskonstitution selbst kontingent zu setzen, also etwa das Verhältnis von Begriff und Gegenstand oder die Frage nach den erkenntnisleitenden Unterscheidungen oder auch nach der Art des jeweiligen Gegenstandes reflexiv behandeln und zugleich zum Gegenstand expliziter Entscheidungen machen. Was wir sehen, hängt stark von den Kategorien, Unterscheidungen und Begriffen ab, die wir dabei verwenden. Das gilt für jegliche Art kognitiver Verarbeitung von Informationen und Daten – und das gilt in besonderem Maße für solche wissenschaftliche Operationen, die Entscheidungen darüber treffen, was sie sich überhaupt ansehen sollen.

In den Naturwissenschaften ist das manchmal insofern einfacher, als zwischen die Erkenntnis und den Realgegenstand oftmals Apparate, Messgeräte, Wahrnehmungshilfen usw. geschaltet sind. Schon die Art solcher Messgeräte beinhaltet eine Entscheidung über die Konstitution des Gegenstandes. Aus der medizinischen Diagnostik ist Ähnliches bekannt. Die Elektrokardiografie und die Echokardiografie werden beide bei der Herzdiagnostik eingesetzt – ihr Gegenstand ist das Herz, beide arbeiten nicht-invasiv, aber genau genommen konstituieren sie ihren Gegenstand unterschiedlich. Die eine Methode misst Ableitungen der durch die Herzaktivität entstehenden Ströme, die andere kann per Ultraschall Hohlräume, Blutverteilung und die unmittelbare Materialität des Herzens (etwa Herzklappen, Herzwände etc.) sichtbar machen. Nun soll hier nicht das Fach Richtung Kardiologie gewechselt werden, aber dieses sehr einfache Beispiel zeigt, dass Messgeräte bereits deutliche Entscheidungen darüber beinhalten, was an interpretierbaren Informationen verfügbar werden soll bzw. kann. Darin steckt bereits eine «Theorie» in dem Sinne, dass nicht einfach zufällig etwas detektiert wird, sondern dass es eine theoretisch kontrollierte Entscheidung ist, was man als Output des jeweiligen Messgerätes zu sehen bekommt. Entscheidend ist, dass sich die Entscheidungen letztlich nur an sich selbst scharfstellen können – sie können nur durch Annäherungswerte, durch Erfahrung, durch Anwendung wirklich sehen, was ihre Entscheidungen bedeuten, denn es kann keine Realitätsprüfung jenseits der konkreten Messung geben. Man kann sehr wohl triangulieren, also etwa ein Herz zuerst mit dieser und dann mit jener Methode untersuchen, aber das ändert nichts daran, dass der jeweilige Beobachter stets an seine eigene Perspektive gebunden ist.

Aus dieser Paradoxie kommt man nicht logisch heraus, aber ansatzweise schon durch die eigene Praxis, also in der Zeit, in der sich die Ergebnisse kondensieren und dann auch bewähren können. Entscheidend ist aber, dass solche Perspektiven Gegenstand von Entscheidungen sind. Sie beinhalten eine «Theorie» dessen, was sie tun, die sich dann nur dadurch bewähren kann, dass sie sich bewährt, dass man daran anschließen kann.

Dasselbe gilt auch für theoretische Entscheidungen in den Sozialwissenschaften. Diese arbeiten mit selbsttragenden Unterscheidungen, sie erzeugen den Blick, mit dem sie auf die Welt sehen, selbst. Sie sind stets geprägt von vorherigen wissenschaftlichen Entscheidungen, von Konventionen, von Innovationen, auch von Interessen und Bornierungen, manchmal sogar von außerwissenschaftlichen Kriterien, vielleicht sogar ästhetisch oder durch schlichte Gewohnheit. Im Falle der Sozialwissenschaften kommt noch hinzu, dass theoretische Entscheidungen Teil ihres Gegenstandes sind, weswegen man ihnen stets vorhalten kann, dass sie einer «Ideologie» folgen, verstrickt sind in ihren Gegenstand, vielleicht unaufgeklärte selektive Blickrichtungen haben, vom Standpunkt des Forschers nicht zu trennen, von Vorurteilen geprägt sind – all das stimmt und ist beim besten Willen keine besonders überraschende, auch keine besonders komplexe Diagnose. Aber auch die Einsicht in solche Standortgebundenheiten und Restriktionen ändert nichts daran, wie stark die Konstitution des Gegenstandes von begrifflichen, methodischen, theoretischen Entscheidungen abhängig ist, die ihres paradox selbsttragenden Charakters nicht entkleidet werden können – es sei denn, man trägt die Kritik der Standortgebundenheit als Kritik a priori vor und simuliert an sich selbst so etwas wie einen Standort der Standorte. Das geht auch, aber dann muss man reflexive Formen der Selbstbeobachtung durch Engagement ersetzen. Auch dafür gibt es freilich einen Markt, sogar einen akademischen, weniger einen wissenschaftlichen.

Es war nun mehrfach von Entscheidungen die Rede. Nach diesem Verständnis ist «Theorie» ein Risiko, denn Entscheidungen verweisen auf Zurechnungsmöglichkeiten. Theoretische Vorentscheidungen entlasten davon, zufällig richtig gelegen zu haben, oder von der Gefahr, falsch zu liegen. Man kann dann immer noch richtig oder falsch liegen – aber es ist nun ein Risiko, das einem zugerechnet wird. Und exakt dieses Risiko geht der Untertitel ein. Es liegt hier keine Zeitdiagnose vor, die es dem Autor und den Leserinnen und Lesern leicht macht, auch kein Debattenbeitrag in der gesellschaftlichen Krisenerzählung, gerührt vom eigenen Engagement und zielend auf die, deren Lob einem am besten gefällt. Ein politisches Pamphlet schon gar nicht.

Im Fokus dieses Buches steht dies: *die Überforderung der Gesellschaft mit sich selbst, die sich in krisenhaften Selbsterzählungen äußert.* Die These lautet, dass die Struktur der Gesellschaft selbst jene Restriktionen enthält, die einerseits zu einer permanenten Überforderung an selbsterzeugten Problemlagen führen, die andererseits die Basis für Lösungsperspektiven sein können. Man kann nicht daran vorbeisehen, dass die moderne Gesellschaft tatsächlich überfordert ist mit den selbsterzeugten Krisen, derer sie nur mit den eigenen Bordmitteln gewahr und habhaft wird. An der COVID-Krise und an der Klimakrise lässt es sich geradezu paradigmatisch ablesen: Die Krisenhaftigkeit dieser beiden Ereignisse zeigt deutlich, dass die Gesellschaft vor allem sich selbst als krisenhaft erlebt, dass verschiedene Perspektiven innerhalb der Gesellschaft die Krisenhaftigkeit mit ihren je eigenen Mitteln bearbeiten – denn andere haben sie nicht. Die folgenden Überlegungen gehen von der Zustandsdeterminiertheit[32] der Gesellschaft aus, also davon, dass die Gesellschaft in ihren jeweiligen Instanzen und Systemen jeweils nur mit den Mitteln arbeiten kann, die ihr zur Verfügung stehen.[33]

Ich wähle wenig überraschend eine weitgehend systemtheoretische Vorgehensweise[34] – eine Perspektive, mit der ich schon lange arbeite und deren sozial- und gesellschaftstheoretisches Design einen eminent *empirischen* Zugang eröffnet.[35] Sie interessiert sich dafür, wie sich Ordnung innerhalb von Systemen und in ihrem Verhältnis zur Umwelt in je eigensinnigen Prozessen aufbaut. Sie interessiert sich dafür, wie die interne Differenzierungsform der Gesellschaft die gesellschaftsinternen Verarbeitungsregeln von Informationen und Handlungsmöglichkeiten prägt. Sie interessiert sich dafür, wie eine solche Gesellschaft Probleme imaginiert, die sie lösen kann, und wie sie mit eher unbestimmten Herausforderungen umgeht. Wahrscheinlich wird man von «Krisen» dann sprechen, wenn der gesellschaftlichen Praxis auffällt, dass sich bestimmte Ereignisse und Vorgänge nicht in habitualisierte und institutionalisierte Reaktionsroutinen einordnen lassen. Dann muss von der bloßen Auswahl von Entscheidungsalternativen auf Entscheidung unter Bedingungen von Unsicherheit umgestellt werden. Zugleich muss Sicherheit wiederhergestellt werden. Eine solche Theorie lässt sich von dem Satz leiten, dass Systeme nur sehen, was sie sehen können, aber nicht sehen, was sie nicht sehen können. Es geht darum, «daß jede Beobachtungsoperation eine eigentümliche Kombination von Blindheit und Sicht ist [...] und daß es die Blindheit für Bestimmtes ist, die Sichten auf Bestimmtes eröffnet, und daß diese Sichten ohne Blindheiten nicht zustandekämen.»[36] Diagnosen, Pamphlete, Streitschriften, Kritik gerieren sich oft, als könnten sie von der narrativen Position eines *auktorialen Erzählers* her argumentieren. Ein auktorialer Erzähler erzählt von außen, kann alle Elemente der Erzählung kontrollieren, sie hin und her schieben, sich Konstellationen imaginieren und Relationen festlegen.[37] Man könnte sagen: Wunsch und Wirklichkeit fallen hier zusammen. So zu erzählen, wäre eine insuffiziente theoretische Entscheidung. Die hier zugrundeliegende Theorie rechnet hingegen mit der Eigendynamik ihres Gegenstandes, und sie ist nicht *auktorial*, sondern folgt eher der Perspektive eines Beobachters, der selbst im Gegenstand vorkommt und seine ganz eigene Blindheit besitzt – eine Blindheit, die es ihm ermöglicht, die Entscheidung als eine Selektivität zu behandeln. Man kann die Dinge auch anders beschreiben. Erst das gibt der konkreten Beschreibung überhaupt einen Informationswert.

Die nachfolgenden Analysen gehen also das Risiko «Theorie» ein, d.h. sie kontrollieren ihren Gegenstand und ihre empirischen Aussagen an sich selbst – was übrigens auch dem Gegenstand selbst entspricht, dessen multiple, gleichzeitige, polyphone Eigendynamiken exakt das tun: ihre Möglichkeiten an sich selbst scharfzustellen. Deshalb ist die erkenntnisleitende Hypothese, die moderne Gesellschaft sei vor allem mit sich selbst überfordert, der entscheidende Zugang zu den nachstehenden Überlegungen – was immer dieses «Selbst» sei, das man narrativ so schön als ein Wir oder als das entsprechende Prädikat im «kollektiven» Handeln ansehen kann und dem man dann einen solidarischen Zusammenhalt wünscht.

Gerade weil das «Selbst» offen ist und aus analytischen Gründen auch zunächst offenbleiben *muss*, ist die für mich wichtigste Theorieentscheidung diejenige der Unterscheidung von Sinndimensionen, wie sie von Niklas Luhmann formuliert worden ist. Sinn ist der Verarbeitungsmodus von menschlichem Bewusstsein und von sozialen Systemen. Die Welt wird sinnförmig verarbeitet, also in einem Rahmen möglicher und aktualisierbarer Verweisungen. Sich einen Reim auf die Welt zu machen, geschieht stets und unvermeidbar und nicht-negierbar sinnhaft. Die Bedeutung, überhaupt die Auffassung von Phänomenen ist eingebettet in mögliche und tatsächliche Verweisungen, im allerweitesten Sinne.[38] Andere Theoriesprachen würden vielleicht sagen, dass es immer schon ausgelegte Welten sind, in denen wir uns bewegen – und diese Auslegungen verweisen auf Möglichkeiten, die sie zugleich einschränken.[39] Schon die sprachliche Form von Kommunikation verweist darauf, aber auch Symbole und sonstige Zeichen, sogar die Gestalthaftigkeit unserer Wahrnehmung, die eben nicht Identitäten *sind*, sondern durch Differenzen, durch Ausschluss, durch Selektivität, prozesshaft *erzeugt* werden.

Für mein Argument spielt jedoch die Unterscheidung von Sinnverarbeitungsregeln die entscheidende Rolle, von Sinndimensionen – und zwar nicht nur im Gegenstand, sondern auch in der soziologischen Beobachtung selbst. Diese Sinndimensionen lenken den Blick auf bestimmte Unterscheidungen und sinnhafte Selektivitäten. Sie konditionieren letztlich, was und wie wir die Welt sehen.

- Die *Sozialdimension* unterscheidet *alter* und *ego*, fragt also nach dem «Wer».
- Die *Sachdimension* unterscheidet zwischen Themen, Gegenständen, fragt also nach dem «Was».
- Die *Zeitdimension* unterscheidet Vergangenheit und Zukunft bzw. früher und später.[40]

Wohlgemerkt: Dies sind Verarbeitungsmodi von Sinn, die die Wirklichkeit ordnen. Sie erzeugen gewissermaßen Blickrichtungen, indem sie weitere Verweisungsmöglichkeiten einschränken. Diese theoretische Heuristik ist natürlich trennschärfer als die empirische Wirklichkeit, aber dafür ist es eben eine Heuristik. Sie ist ein methodisches Tool, um Ordnungsbildung und die innere Logik von Prozessen besser verstehen zu können, auch die Logik von gesellschaftlichen Selbstbeschreibungen. Gepflegte gesellschaftliche Selbstbeobachtung, das gilt auch für einen großen Teil der soziologischen Selbstbeobachtung der Gesellschaft, ist nach den Sinnverarbeitungsregeln der *Sozialdimension* gebaut, vernachlässigt aber die *Sachdimension*. Diese Heuristik dient nicht nur dazu, den Gegenstandsbereich besser zu verstehen, sondern auch die soziologische Theoriebildung selbst – die, weil Teil der Gesellschaft, auch zum Gegenstandsbereich gehört. Und so macht es einen Unterschied, ob man die Gesellschaft mit Hilfe von Kollektivbegriffen oder im Sinne von Strata oder Gruppen beobachtet oder aber auch einen Blick dafür hat, dass sich Gesellschaft nicht nur in der Sozialdimension als komplex und differenziert darstellt, sondern auch oder sogar vor allem in der Sachdimension, also im Hinblick auf inhaltliche Sektoren, auf Funktionen oder Ähnliches. Die Moderne als funktional differenzierte Gesellschaft zu verstehen, setzt voraus, die Funktion von Ordnungsbildung in der Sozialdimension und in der Sachdimension unterscheiden zu können. Das hat entscheidende Konsequenzen für das, was oben als die Funktion von «Theorie»-Entscheidungen eingeführt wurde: für die *Gegenstandskonstitution*. Man sieht etwas anderes und man sieht anders, wenn diese Unterscheidung von Sach- und Sozialdimension eine Rolle spielt. Und es wird sich zeigen, dass es sich dabei um keine bloße Geschmacksfrage handelt.

Man kann die Geschichte der Soziologie selbst durchaus parallel zu dieser Unterscheidung rekonstruieren und herausarbeiten, dass sich die entscheidenden theoretischen Differenzen in der Soziologie darin zeigen, ob man die Grundbegriffe des Faches und auch das Verständnis von «Gesellschaft» eher in Kategorien der Sozial- oder in Kategorien der Sachdimension scharfstellt und wie sich dies auf die zeitliche Dimension der Gesellschaft auswirkt. Dies habe ich in der Unterscheidung zweier Diskursstränge, eines «Arena-Modells» und eines Modells «operativer» Ordnungsbildung, als den *soziologischen Diskurs der Moderne* beschrieben.[41] Daran schließt diese Untersuchung an, indem sie gerade die Unterscheidung von Sozialdimension und Sachdimension als grundlegende Kategorie der soziologischen wie sonstiger Selbstbeschreibungen der Gesellschaft zugrunde legt. Es wird sich zeigen, dass sich nur so die spezifische Selbstüberforderung der Gesellschaft und das daraus resultierende Unbehagen soziologisch angemessen darstellen lassen.

2

Soziodizee

Die Frage, um die es hier geht, sei noch einmal wiederholt: *Wie können die Menschen, kann die Menschheit, kann die Gesellschaft so viel Leid und Problematisches zulassen, während sie die Mittel dagegen doch in der Hand zu halten scheint? Warum streben die Handelnden, obwohl sie doch die Mittel dazu hätten, nicht nach dem summum bonum, das alle besserstellen und Problemlösungen wahrscheinlicher machen würde?*

Diese Frage ähnelt dem alten Theodizeeproblem: wie angesichts der Allmacht Gottes das Leid auf der Welt zu erklären sei. *Das kann Gott nicht gewollt haben*, was darauf hindeuten könnte, dass er doch nicht allmächtig ist. Aber wenn er allmächtig ist, warum löscht er das Leid auf der Welt dann nicht aus? Oder ist es sogar ein Hinweis darauf, dass es ihn gar nicht gibt? Die europäische Ideengeschichte jedenfalls ist sich einig darüber, dass das Problem logisch nicht zu lösen sei. So hat etwa Kant angesichts des Theodizeeproblems gemeint, dass die menschliche Vernunft zu begrenzt sei, das Problem zu lösen,[1] für Hegel ist die Theodizeefrage keine Frage der Logik, sondern der sich vollendenden Geschichte,[2] und aus theologischer Perspektive wird der Zweifel an der Allmacht Gottes paradoxerweise mit der Allmacht Gottes und der Begrenztheit der menschlichen Perspektive bearbeitet.[3] Die Rechtfertigung Gottes kann also letztlich nicht wirklich gelingen, außer man setzt seine Güte schlicht voraus. Leibniz hat bekanntlich mit der Formel, die Welt sei die beste aller möglichen Welten, so etwas Ähnliches wie einen Vermittlungsversuch angeboten – in dem Sinne: *Mehr, als wir bekommen haben, ist nun einmal nicht zu erwarten.*

Manche datieren den Anfang der Moderne auf den Allerheiligentag des Jahres 1755, als ein Tsunami, ausgelöst durch ein Erdbeben 200 Kilometer vor der Küste Portugals, Lissabon zerstörte.[4] Es war ein sinnloses Geschehen, das man nicht einem Weltenplan oder gar Gottes Ratschluss subordinieren konnte, schon deshalb nicht, weil die Alfama, das Sündenviertel der Stadt, von den Zerstörungen weitgehend verschont blieb. Katastrophen hatte es immer gegeben, aber warum sollte diese der Ausgangspunkt der Moderne sein? Zumindest hat die Erfahrung des sinnlosen Ereignisses mit all seinen bösen Auswirkungen die alte Frage, wie Gott angesichts seiner Allmacht und Güte solches Unheil zulassen könne, neu belebt. Die *Theodizeefrage* freilich wurde nun nicht mehr primär religiös gelöst, sondern letztlich dadurch, Natur und Kultur, Notwendigkeit und Freiheit, Zufall und Sinn voneinander zu trennen. Modernität beginnt damit, unterschiedliche Lebensbereiche und Argumentationslogiken voneinander zu trennen. Immanuel Kant etwa hat im Gefolge der Katastrophe von Lissabon eine naturwissenschaftliche Theorie des Erdbebens und Tsunamis verfasst. Wiewohl diese sich am Ende als falsch herausstellte, diente sie doch dazu, die Ereignisse als das bloße Wirken von Naturkräften anzusehen, die letztlich mit der Frage nach einem angemessenen und guten Leben nichts zu tun haben.

Theodizee

Die Lehre aus Lissabon war eine doppelte Lehre. Zum einen lernte man, dass nicht der Tsunami selbst, nicht die vielen Toten und die Zerstörung eine Krise darstellten, sondern die Tatsache, dass man das Geschehen nicht angemessen interpretieren konnte. Zum anderen wurde immer deutlicher, dass die Menschen im neuen Zeitalter ihr Schicksal selbst in die Hand nehmen mussten, statt auf die Allmacht Gottes zu vertrauen. Es galt, die Welt fortan selbst zu gestalten. In diesem «klügeren» neuen Zeitalter traten rationale und wissenschaftliche Muster, so wie es die Fortschrittstheorien etwa im Stile Auguste Comtes nahelegen, an die Stelle der alten theologischen und metaphysischen Welterklärungen, um damit alles einem universalen Rechtfertigungszwang zu unterwerfen.[5] Letztlich wurde damit die Theodizeefrage aber nur verschoben, denn ihre Lösung konnte man nun zwar nicht mehr der Allmacht Gottes, aber dem Gang der Geschichte zurechnen.

Wir stellen uns die Aufklärung bisweilen als allzu triumphal und selbstbewusst vor. Sie war vielmehr von der Selbstverunsicherung geprägt, dass Krisenbewältigungsnarrative nun aus sich selbst heraus gewonnen werden mussten, weil keine anderen Kriterien mehr zur Verfügung standen. Um aber die Unzulänglichkeit der Gegenwart auszuhalten, bedarf es einer Anwesenheit, die nicht allzu sichtbar sein durfte, um eine solche Zurechnung tatsächlich vornehmen zu können. War es bis dahin noch Gott als Anwesenheit und Abwesenheit zugleich, erfand sich die Moderne die Zukunft als zugleich anwesenden und abwesenden Horizont. Sie konnte in die Zukunft verschieben, was gegenwärtig noch nicht lösbar war – wobei der Übergang fließend war, sich langsam und eher vorsichtig vom Rekurs aufs Religiöse emanzipierte, wie man Hans Joas' Studie über die «Sakralität der Person» entnehmen kann.[6] Wie man die imperfekte Sündenwelt zuvor als Prüfung Gottes und somit als Chance für das Bemühen um Überwindung der Sünde ansehen konnte, wird es nun möglich, die Gegenwart in all ihrer Unvernünftigkeit als vernünftig darzustellen. Selbst die Kontingenzen der Natur waren dann nicht mehr böse, sondern eben kontingente Natur. Und unvernünftige Menschen und Verhältnisse wurden zu Durchgangsstadien einer prinzipiellen Lösbarkeit des Problems.

Letztlich war die Moderne ein Kind der Krisenerfahrung – wie die unterschiedlichen Erfahrungen und Logiken des Lebens zusammengedacht werden konnten: etwa die Reiche der Notwendigkeit und der Freiheit angesichts eines Tsunamis wie 1755 oder die regulative Idee der Vernunft und der guten Gründe angesichts der Unvernunft der empirischen Menschen. Mit der Aussicht auf Versöhnung in der Zukunft lässt sich dann sogar die unvernünftige Gegenwart als vernünftig erfahren – der Höhepunkt ist wohl Hegels Behauptung der Vernünftigkeit alles Wirklichen in der Vorrede zur Rechtsphilosophie von 1821.[7] Hier wird Krisenerfahrung dadurch verschleiert, dass sie als ein notwendiger Schritt auf dem Weg zum historischen Heil interpretiert werden kann. Formulierungen aus der Rechtsphilosophie, dass der schlechteste Staat immer noch besser sei als keiner, weil sich in ihm die Wirklichkeit der sittlichen Idee und damit die Vernünftigkeit des gerade Wirklichen zeige[8], sind offenkundige Versuche, die Krisenerfahrung der Welt «aufzuheben». Ein Erdbeben an Allerheiligen, selbst in einem der katholischsten Länder überhaupt, kann dieser Aufhebung nichts mehr anhaben. Man kann dann beides haben: die Leiderfahrung und das Unvernünftige sowie die Heilserwartung und die Vernunft.

Susan Neiman wundert sich in ihrer Studie über das *Böse*, warum diese Verbindung gelingen konnte. Es hätte doch ausgereicht, Natur und Kultur, Vernunft und Unvernunft einfach zu scheiden. Neiman meint, nichts sei «leichter, als das Problem des Bösen ohne Gott als Prämisse zu formulieren, beispielsweise in der Auseinandersetzung mit Hegel: Das Wirkliche ist nicht das Vernünftige, ja nicht einmal mit diesem verbunden. Um diese Beobachtung zu machen, bedarf es keiner großen Theorie. Dazu sollte es genügen, die Welt ein paar Minuten zu beobachten.»[9]

Dass es dazu keiner *großen Theorie* bedarf, hört sich so an, als sei die große Theorie nur nicht zu dieser Einsicht vorgedrungen. Aber vielleicht muss man den Zusammenhang umkehren: *Man braucht große Theorie, um die Unabhängigkeit des Wirklichen vom Vernünftigen zu verdecken!* Anders formuliert: Die Moderne hat sich große Erzählungen gegeben, um mit ihren eigenen Erfahrungen des Disparaten, des Krisenhaften, der Selbstverunsicherung klarzukommen. Die großen Narrative der Moderne waren stets Krisenbearbeitungs- und -überwindungsnarrative. Die Vernunfterzählung sollte die Unvernunft besiegen, die man bei empirischen Menschen stets vorfand; die Erzählung der Nation trat dort auf, wo die Gesellschaft nach der großen Revolution Ordnung und Fortschritt versöhnen musste und an sich selbst erlebte, dass es schon genügte, komplexer und unregierbar werdenden Gemeinwesen einen Namen zu geben, damit man Kommandos und Versprechen adressieren konnte; die Erzählung der Freiheit leistete eine *Theodizee des freien Willens*, indem sie einerseits freie Entscheidungen postuliert, diese aber mit der Begrenzung auf *richtige* Entscheidungen erst ermöglicht. Das Problem lautet: *Wie kann es die Freiheit unseres Willens zulassen, dass wir aus freien Stücken das Falsche tun, ist Freiheit doch selbst Ausdruck unserer Vernünftigkeit?* Freiheit wurde deshalb immer mit Unterwerfung erkauft – Unterwerfung unter die Notwendigkeit des Vernünftigen, unter das bessere Argument und seine guten Gründe oder wenigstens unter das Diktat von professionellen Gute-Gründe-Lieferanten.[10]

Konnte die klassische Theodizeefrage noch unter Hinweis auf die logische Unerreichbarkeit des Problems ertragen werden, war die *Theodizee des freien Willens* auf eine Vernunft angewiesen, die man nicht mehr in der gleichen Weise externalisieren konnte wie den unerforschlichen Ratschluss Gottes. Denn es sollte ja die Vernunft sein, unser eigenes Vermögen, das, was den Menschen als Menschen ausmacht, was ihm dazu dienen sollte, die Welt selbst zu gestalten. Man stieß also schon in dem Moment, in dem man auf die Eigenverantwortung und die Selbstzurechnung stieß, auf logische Grenzen: Ist Freiheit mit Notwendigkeit kombinierbar? Kann ich frei sein, wenn ich das Notwendige tun muss? Oder andersherum: Kann ich das Notwendige tun, wenn ich frei bin? Und kann tatsächlich Vernunft die Quelle jener Freiheit sein, die mich dazu bringt, aus freien Stücken das Richtige zu tun? Können mich die Vernunft und die Einsicht und das bessere Argument zu etwas zwingen, das mich dann ja unfrei machen würde? Kann es eine größere Quelle von Unbehagen geben, diese Frage nicht einmal richtig stellen, geschweige denn beantworten zu können? Ist die darin liegende Überforderung endogen?

Man kann diese Fragen als bedeutungslos oder als bloße logische Spielerei abtun. Aber wenn Alltagsroutinen unterbrochen werden und Erfahrungen und Handlungskoordination nicht den alltäglich habitualisierten und erwartbaren Bahnen folgen, werden solche Fragen zu den entscheidenden *empirischen* Fragen. Während der Corona-Pandemie ließ sich das in unterschiedlichsten Situationen wie in einem Großversuch deutlich beobachten – denn es ging tatsächlich um die keineswegs theoretische Frage, ob Freiheit und Notwendigkeit kombinierbar sind. Wir haben doch die große Demütigung erlebt, dass offensichtlich die Schwäche des gewohnheitsmäßigen Alltagsverhaltens mit seiner reflexionsfreien Alltagsbewältigung stärker ist als das akademische Phantasma, Handeln sei der Ausdruck eines inneren Zwiegesprächs, in dem Gründe abgewogen werden. Das taugt allenfalls als eine Art transzendentaler Beschreibung, die die Bedingungen der Möglichkeit eines vollständig rationalisierbaren Handlungskonzepts ausloten kann, nicht aber als empirische Beschreibung.[11] Aber es war schon immer ein großes Problem gerade der wissenschaftlichen, besser: akademischen Sprache, zwischen Modell und Wirklichkeit angemessen zu unterscheiden.[12] Die Hauptfrage in der Pandemie-Bewältigung, nämlich *Lockdown oder Eigenverantwortung?*, hat diese Frage exekutiert und einem großen Publikum vorgeführt.[13] Es ist dies gewissermaßen die Empirisierung des grundlegenden Problems der Gesellschaftssteuerung, oder besser: der Verhaltenssteuerung. Es geht dabei um nichts Geringeres als um die Frage, ob das große Versprechen der Moderne tatsächlich einlösbar ist, der Krisendiagnose eine Handlungsmacht entgegenzusetzen, die sowohl unserer Freiheit entstammt als auch das Notwendige wird tun können. Befreit man die Frage von ihrer abstrakten Flughöhe und bezieht sie tatsächlich auf die Frage kollektiver oder gesellschaftlicher Handlungsfähigkeit angesichts von Herausforderungen wie dem Klimawandel oder in Reaktion auf die COVID-Krise, wird das Missverhältnis von Einsicht und Handlungsfähigkeit oder von Wissen und Lösungsperspektiven erst recht drastisch. Die Gesellschaft bringt beides hervor: das Wissen um die Bedingungen der Möglichkeit von Lösungen einerseits, die Bedingungen ihrer direktiven Nicht-Umsetzbarkeit andererseits. Und das Direktive bezieht sich letztlich sowohl auf die großen Themen der Gesellschaft als auch auf individuelle Verhaltensdispositionen – wir beklagen, dass wir das Problem des Klimawandels oder der weltweiten sozialen Ungleichheit nicht zu lösen vermögen, scheitern aber schon an der Veränderung des eigenen Beziehungs-, Ernährungs- oder Freizeitverhaltens. Das verweist darauf, dass die Form der Lösungskonzepte womöglich zu einfach gedacht ist oder die Struktur der Gesellschaft, auf die eingewirkt werden soll, verfehlt – oder eben auch darauf, dass wir womöglich mit allzu einfachen Konzepten von Gesellschaft arbeiten. Wahrscheinlich muss das Problem ebenso anders gefasst werden wie der Lösungshorizont.

Für meine Studentinnen und Studenten der Soziologie bietet sich tatsächlich kein leichter Ausweg, ein solcher der klassischen Theodizee schon gar nicht. Denn die Rechtfertigung des Leidens der Welt auf Gott zu projizieren, lässt zumindest den Ausweg zu, dass die Dinge nicht wirklich zu ergründen sind, dass Gott in seiner Transzendenz und Unerreichbarkeit die Erklärung unmöglich macht.[14] Man könnte sagen: Je unerreichbarer, also je jenseitiger, je weniger unmittelbar (gerade der monotheistische) Gott ist, desto eher lässt sich mit dem Leid leben, weil die Zurechnungsfrage möglichst abstrakt gehalten werden kann – oder das Leid sogar als Prüfung gedeutet wird, die in der *conditio humana* selbst liegt, was Viktor Frankl unter dem Begriff der «Pathodizee» verhandelt.[15] Ein möglichst transzendenter Zurechnungspunkt erlaubt es, eine Seite des Problems zu fixieren und sich durch seine Unerreichbarkeit stabilisieren zu lassen. Wenn aber beide Seiten zugänglich sind, geht das nicht – wenn also vernünftige Einsicht und die Widerständigkeit der Gesellschaft aufeinandertreffen, hat man es mit zwei Seiten zu tun, die beide kontingent zu setzen sind – das gilt für die Einsicht, an der offensichtlich gefeilt werden muss, aber auch für die Seite der Gesellschaft, die eben kein Raum der Transzendenz und Unerreichbarkeit ist. Die Unmöglichkeit der unmittelbaren Veränderung der Gesellschaft findet in der Gesellschaft statt – ebenso wie die Einsicht in Veränderungsdruck.

Handeln/Handlungsfähigkeit

Es gehört zu den Grunderfahrungen vieler Novizen in den Sozialwissenschaften, erstaunt darüber zu sein, wie sehr sich der Gegenstand unseres Faches, die Gesellschaft, die soziale Welt, die gesellschaftlichen Routinen, unser kollektives und individuelles Verhalten gegen notwendige Veränderungen sperrt. Bei diesen jungen Leuten handelt es sich meistens um besonders engagierte junge Männer und Frauen, die mindestens eine doppelte Erwartung an ihr Studienfach haben: *einerseits* etwas über die Strukturen, Prozesse und Formen der Gesellschaft zu lernen, *andererseits* mit einer kritischen, wirkmächtigen Attitüde auf diesen Gegenstand einwirken zu wollen. Fast unabhängig vom Gegenstand geht es stets auch um die Frage, ob es Alternativen, funktionale Äquivalente und andere Lösungen gibt als die bestehenden. Wenn es einen Grundsatz des sozialwissenschaftlichen Denkens gibt, dann ist es wohl dieser: Nichts, buchstäblich nichts ist mit absoluter Notwendigkeit so, wie es gerade ist, woraus sich ableiten lässt, dass alles auch anders sein könnte. Der Fachbegriff dafür ist *Kontingenz* – er meint: Nichts ist notwendigerweise so, wie es ist, aber eben auch nichts ist zufällig so, wie es ist.[16] Das sozialwissenschaftliche Denken beginnt also mit einer doppelten Erfahrung: Einerseits wissen wir am besten von allen, wie arbiträr, bisweilen sogar fragil, in jedem Fall aber historisch relativ und damit *konstruiert* das Meiste ist, andererseits wissen wir mit am genauesten, wie wirkmächtig gesellschaftliche Muster sind, wie stark unser Verhalten strukturiert ist und wie berechenbar unser individuelles Verhalten wie auch der Zustand sozialer Aggregate sind.[17] Das ist es, wofür sich die Soziologie interessiert: wie sehr sich das Verhalten der Menschen, ihr Handeln den sozialen, den gesellschaftlichen Antezedenzbedingungen verdankt und wie sehr selbst die Idee der Freiheit des Handelns sozialen Ursprungs ist. Der auf die bürgerliche, westliche, auf die Idee der Subjektivität zurückgehende Gedanke der Autonomie des individuellen Menschen, der vielleicht das erste Mal gegen die großen Universalmächte der Vergangenheit – gegen das «Reich» als politische Macht und gegen die «Kirche» als geistliche Macht – als Quelle von Emanzipation und Gestaltungskraft, von Kreativität und Autorenschaft in Stellung gebracht worden ist, ist nicht so selbstbezüglich, wie es scheint. Bei genauem Hinsehen stößt man stets auf so etwas wie «Auftraggeber», die das Subjekt zum Subjekt machen, wie Peter V. Zima treffend formuliert.[18] Bis Descartes war dieser Auftraggeber Gott, später die Vernunft und die sich entfaltende Geschichte.[19] Die Autonomie des Subjekts wurde stets mit einer Autonomiequelle versehen, was schon in sich wie ein performativer Widerspruch klingt – und das sollte nun nicht mit einer philosophischen Aussage verwechselt werden. Es ist eher ein argumentationspraktisches Argument, denn man kann die Vernünftigkeit des Subjekts, die Richtigkeit des Handelns oder die historische Angemessenheit eben nicht nur aus dem Subjekt selbst heraus erklären. Spätestens hier kommt die Gesellschaft ins Spiel.

Mit der «Gesellschaft» zu rechnen, fängt dort an, wo man das Handeln des Handelnden als Funktion von etwas betrachtet, das mehr ist, als dieses Handeln selbst garantieren kann. Oder anders ausgedrückt: Auf die Gesellschaft stößt man, wenn man die soziale Lage mit den Handlungen korreliert. Man kann es schon daran sehen, dass der Sinn einer Handlung immer von anderen Handlungen abhängig ist, von Relationierungen der Handlungen, deren Bedeutung sich der Situation, dem Kontext, der Erwartung anderer und nicht zuletzt der Gewohnheit unserer eigenen Bewährungsgeschichte verdankt. Handeln ist eine Schimäre – in dem Sinne, dass die Handlung selbst nur eine Verkürzung darstellt. Wenn ich sage, dass jemand etwas getan hat, dann ist das stets eine Verkürzung, weil die Zurechnung auf eine Handlung stets in einem komplexeren Zusammenhang steht. Jemanden nach dem Weg zu fragen, mag eine simple Handlung sein, aber die Fragehandlung findet die Bedingung ihrer Möglichkeit in Voraussetzungen, die das Handeln selbst und der Handelnde erst recht nicht kontrollieren können. Am schönsten ist das von Talcott Parsons, dem vielleicht wirkmächtigsten Soziologen des 20. Jahrhunderts überhaupt, auf den Begriff gebracht worden. Er hat gezeigt, dass man das Handeln nur *als System* beschreiben kann. Die Fragehandlung, die ich gerade angedeutet habe, wäre nach diesem Verständnis abhängig von mehreren Komponenten:

- von Motiven und Persönlichkeitsmerkmalen, die mich mit einem inneren Antrieb ausstatten, die mir eine entsprechende psychische Stabilität verleihen, mich einer solchen Situation auszusetzen;
- von einem Verhaltensapparat, der es mir ermöglicht zu sprechen, von räumlichen Voraussetzungen, mein Gegenüber zu erreichen, mich hörbar und sichtbar zu machen;
- von zumeist latent bleibenden kulturellen Voraussetzungen wie einer gemeinsamen Sprache oder Bedeutungen, die so eine Frage überhaupt verstehbar machen;
- schließlich von sozialen Voraussetzungen wie Rollenerwartungen oder Konventionen, die solch eine Kontaktaufnahme ermöglichen und strukturieren.[20]

Parsons hat das bloße Handeln einer Person als ein System beschrieben, das aus Komponenten besteht, die erst gemeinsam dazu führen, dass Handlungen möglich sind. Obwohl Parsons zu jenen Soziologen gehört, die an einem voluntaristischen Handlungsbegriff festhalten, die also davon ausgehen, dass das Handeln etwas ist, das der Handelnde willentlich hervorbringt und zielgerichtet absolvieren kann,[21] ist er doch auch jener Soziologe, der am deutlichsten darauf hingewiesen hat, dass es nicht der Handelnde als eine der Handlung externe Präsenz ist, die die Handlung hervorbringt. Vielmehr kann der Handelnde jene Komponenten, von denen das Handeln abhängig ist, gar nicht selbst kontrollieren oder gar hervorbringen. Die Handlung, um die es geht, das Handlungssystem, wie es bei Parsons heißt, konstituiert sich anders, als es unsere Zurechnungen üblicherweise nahelegen. Eine Handlung lässt sich immer nur als eine Handlung unter anderen verstehen, und die Voraussetzung des Handelns liegt exakt in diesen Komponenten, die je selbst nicht voraussetzungslos sind.

All das lässt sich empirisch gut nachverfolgen. Gegen den Widerstand der kulturellen Bedeutungszusammenhänge lässt sich schwer anhandeln, ebenso wenig gegen die sozialen Voraussetzungen von Rollensettings, Erwartungen und Strukturen, auch nur schwer gegen die physisch-körperlich-leiblichen Voraussetzungen des Handelns, von der Motivlage des Einzelnen ganz zu schweigen. Schon ein so einfacher Gedanke wie der einer Fragehandlung stößt also auf etwas, das unserer Intuition des Handelns eigentlich widerspricht und doch etwas bestätigt, was wir aus dem eigenen Alltag stets kennen.

In Parsons' Soziologie wird der gesamte Versuchsaufbau, den ich hier beschreiben will, verdeutlicht: Wir erwarten von einem *voluntaristischen* Verständnis der Handlung, also von einem Handlungskonzept, das durchaus auf Motive setzt, so etwas wie eine mögliche Wirkmächtigkeit des Handelns. Zugleich zeigt Parsons – paradigmatisch für die Soziologie – aber, wie stark solches Handeln von Voraussetzungen und Restriktionen abhängig ist, die die Handlung selbst und der Handelnde selbst nicht kontrollieren können. Darin bildet sich die gesellschaftliche Selbsterfahrung ab, dass wir ständig etwas zu bewirken versuchen, zugleich aber an die Grenzen des Handelns geraten bzw. auf Ressourcen zugreifen müssen, die der Handlung selbst bzw. ihrem Motiv äußerlich oder vorgeordnet sind. Man muss es so abstrakt formulieren, um zu verdeutlichen, dass die große Frage, warum es denn nicht gelingt, trotz allen Wissens, trotz klarer Ziele und womöglich trotz klarer Überzeugung das ins Werk zu setzen, was der Handelnde sich vornimmt, die große Frage der Gesellschaft ist. Es geht, einfach gesagt, um den gesellschaftlichen Ort des Handelns, der der Handlung selbst stets transzendent ist.[22]

Schon das Handeln an einen *gesellschaftlichen* Ort zu verlegen, macht das Theodizeeproblem virulent. Wie können unsere schönen Motive und Ziele misslingen, sind wir doch so sehr daran gewöhnt, dass man uns unser Handeln zurechnet? Wir gelten als zurechnungsfähige Leute, manchmal werden wir sogar Subjekte geheißen, und doch hängt der Sinn und vor allem die Wirkung unseres Handelns von Voraussetzungen ab, die wir nicht kontrollieren können. Wer auf die Gesellschaft stößt, stößt auf einen Widerstand, der nicht nur ein äußerer Widerstand ist, gegen den wir uns durchsetzen müssten. Dieser Widerstand ist sogar in uns selbst aufzufinden, weil wir vielleicht das Falsche wollen oder nicht die Vermögen haben, die Dinge im sozialen Raum durchzusetzen, weil dieser eben aus mehreren Handelnden besteht, die offensichtlich schwer kurzzuschließen sind.

Schon von «Handeln» zu reden, hat etwas Emanzipatorisches – haben die Menschen früherer Zeiten wirklich «gehandelt» in diesem eher emphatischen Sinne, oder haben sie eher Dinge ausgeführt, für die es erheblich weniger Spielräume gab? Von «Handeln» wird man erst dann sprechen, wenn man auch etwas anderes hätte tun können – in Lebensformen, in denen wenige Entscheidungen zwischen Alternativen zu treffen waren, etwa bezüglich Berufswahl, Partnerwahl, Wahl des Glaubensbekenntnisses, Tagesgestaltung, ästhetischer Vorlieben etc. geht es wohl weniger um «Handeln» in diesem Zuschreibungssinn. Das heißt selbstverständlich nicht, dass die Menschen einst gar keine Handlungsspielräume hatten, aber man braucht wenig Phantasie für die Diagnose, dass mit der Modernisierung von Gesellschaften vor allem die Handlungsspielräume gewachsen sind und deshalb entschieden werden *musste* – bzw. alles, was geschieht, seither auf Entscheidungen *zugerechnet* werden muss. Selbst wer keinen Handlungsspielraum hat, wird als Handelnder angesehen.

Die Zurechnung auf Handlungen hat etwas Befreiendes – wir beobachten Menschen, wie sie etwas tun, wie sie selbst Urheber ihres Tuns sind, wie sie sich Handlungsspielräume erarbeiten, wie sie gewissermaßen Freiheit umsetzen – und doch scheint das nicht ganz aufzugehen, denn wenn man genau hinschaut, wird man feststellen, dass die Sache mit dem Handeln ziemlich voraussetzungsreich ist. Ich wiederhole die Formulierung: abhängig von Voraussetzungen, die tatsächlich *voraus*gesetzt sind, will heißen: die schon da sind und darin die doppelte Erfahrung ausdrücken: dass nichts notwendigerweise so sein muss, wie es ist, zugleich aber nicht zufällig so ist, wie es ist.

Es ist eine der frappierendsten Erfahrungen schon des frühen sozialwissenschaftlichen Denkens gewesen, entgegen unserer Selbstbeschreibung, dass wir Urheber unserer eigenen Handlungen sind, festzustellen, wie regelmäßig und musterhaft unser Verhalten doch ist, ja sogar wie berechenbar und wenig originell. Ich habe das im Rahmen einer soziologischen Theorie der Digitalisierung die *erste Entdeckung der Gesellschaft* genannt.[23] Spätestens im 19. Jahrhundert, nach der Französischen Revolution, entdeckte die Gesellschaft sich als Gesellschaft – historisch gleichzeitig mit der Infragestellung einer vorherigen Ordnung, gesellschaftlich mit der Erfahrung der Entstehung von Nationalstaaten mit sich demokratisierender Politik, mit der Entstehung eines Betriebskapitalismus, einer Staatsverwaltung und einem Institutionengefüge, das vor allem die Gesellschaftsgestaltung im Sinn hatte. Die «soziale Frage», die Zubilligung gleicher Rechte, aber auch ganz neue Ungleichheitsfolgen durch neue Produktionsformen, die Urbanisierung der Gesellschaft mit der Notwendigkeit von Stadt- und Versorgungsplanung, die Entstehung von wissenschaftlichen, statistischen und musterhaften Beschreibungen gesellschaftlicher Prozesse usw. ließen die Idee der Gestaltbarkeit der Gesellschaft zu einer sehr konkreten Größe werden. Die Gestaltung der Welt setzte auch eine Verständigung darüber voraus, wie zu gestalten sei – das *Handeln* wurde gewissermaßen zu jener Größe, die als Gestaltungsmacht dienen sollte.

Von der Theodizee zur Soziodizee

Mit dem Handeln entstand das Problem der Handlungskoordination. Wie lassen sich unterschiedliche Interessen parallelisieren oder wenigstens produktiv aufeinander beziehen? Wie konnte man unterschiedliche Interessen bedienen? Wie konnte Macht ausgeübt, aber auch eingeschränkt werden? Was sollte als das normativ Richtige gelten? Wer gehört dazu, wer nicht? All diese Fragen fokussieren sich nun darauf, wie man Einzelhandlungen aufeinander bezieht – und in der politischen Philosophie entstand die Frage, wie sich nun durch Handlungsmöglichkeiten emanzipierende Personen, denen sogar rechtliche Gleichheit (nicht: ökonomische Gleichheit) zugestanden und zugemutet wurde, zueinander verhalten sollen. Prominent wird dieses Problem in der politischen Philosophie in vertragstheoretischen Modellen bearbeitet: Ausgehend von einem amorphen (und für die egoistischen Individuen gefährlichen) Naturzustand sollen sich die individuellen Spieler selbst einschränken, um Handlungskoordination sozialverträglich zu ermöglichen – oder besser: sozialvertraglich.

Die Lösungsperspektive ist gewissermaßen eine rechtsförmige Figur, nämlich ein Vertrag, der Parteien mit unterschiedlichen Interessen bindet – so formulierten es so unterschiedliche Philosophen wie Thomas Hobbes, John Locke und Jean-Jacques Rousseau, die zwar die Quelle des Vertrages je unterschiedlich verorten, aber auf dasselbe Bezugsproblem stoßen.[24] Es ist das Bezugsproblem der Handlungskoordination – aber letztlich stoßen sie gar nicht auf die Gesellschaft, sondern eher auf Individuen mit Besitz oder mit Interessen (was am Ende dasselbe ist), die sich irgendwie voreinander schützen und deshalb in ein Rechtsverhältnis treten müssen, das sie aneinander bindet. Und letztlich ähnelt das doch sehr dem Versuchsaufbau, den ich hier entwickle. Wäre nicht der Vertrag, der Gesellschaftsvertrag eine gute Idee für die Lösung jener Probleme, von denen wir ja wissen, dass sie da sind, und von denen wir auch wissen, wie sie gelöst werden müssen? Der Gesellschaftsvertrag liegt als Lösung nahe, weil er ja genau dieses Bezugsproblem zu lösen scheint: widerstreitende Interessen zu binden und einen «Naturzustand» zu vermeiden, in dem nur das Recht des Stärkeren gilt. Und genau deshalb wird die Metapher auch immer wieder in der gesellschaftspolitischen Debatte bemüht – sie entlastet davon, die Bedingungen eines solchen Vertrags bzw. die Bedingungen für die Bindung von Widerstreitendem überhaupt in den Fokus der eigenen Aufmerksamkeit zu bekommen, wahrscheinlich weil man sich so sehr an die Stabilität von Rechtsverhältnissen gewöhnt hat, dass die Metapher deswegen irgendwie ihre Wirkmächtigkeit mitverbürgt.[25] Das Recht hat die Funktion, normative Erwartungssicherheit zu erzeugen, aber das normativ richtige Verhalten kann es nicht erzeugen – und womöglich nicht einmal selbst voraussetzen.

Die Idee des Gesellschaftsvertrags wurde schon früh kritisiert – die vielleicht interessanteste Kritik stammt erstaunlicherweise nicht von den Revolutionären und den Fortschrittlichen, sondern eher von der anderen Seite, die tatsächlich die *gesellschaftlichen* Voraussetzungen des Vertrags in den Blick nahmen. In Frankreich unterzieht etwa der Gegenaufklärer Joseph de Maistre Jean-Jacques Rousseaus Idee des Gesellschaftsvertrages einer grundlegenden Kritik. Für ihn setzen die potentiellen Vertragspartner, die dem Gesellschaftsvertrag zustimmen sollen, bereits jenes Gemeinsame voraus, das sich angeblich erst durch den Vertrag konstituieren solle. Er wehrt sich gegen die Forderung, die Gesellschaft bzw. der Staat könne Ergebnis einer Wahl, eines Willens sein, statt ihn tiefer zu fundieren, als etwas, das den Akteuren/Individuen ontologisch und empirisch vorausgeht.[26] Die Ordnung zum Ergebnis einer freien Wahl zu machen, konterkariere den Charakter von Ordnung: nicht ins Beliebige zu gehen und damit selbst eine diktatorische Funktion zu haben. Dieses *soziologische* Argument gegen die Demokratie, gegen die Fundierung des Ganzen auf dem Willen des Volkes, das damit erst erzeugt wird, teilt de Maistre[27] mit Juan Donoso Cortés in Spanien.[28] Motive dieser Argumentation finden sich dann später auch in Carl Schmitts Konzept der politischen Theologie.[29]

Für den französischen Gegenaufklärer de Maistre war die Revolution vor allem ein Verrat an einer Ordnung, die den Einzelnen ihren Ort gewissermaßen unmerklich zugewiesen hat – in diesem Sinne *gilt* die Ordnung und muss nicht *gerechtfertigt* werden. Der Verlust besteht gewissermaßen darin, dass die Menschen nun zu einer Freiheit gezwungen sind, die sie überfordert. Hegel hat später vertragstheoretische Modelle – etwa von Thomas Hobbes – ähnlich kritisiert, aber ihn interessierte eher die logische Struktur des Arguments: Es müsse bereits eine das Recht konstituierende staatliche Struktur existieren, damit der Vertrag, der die Grundlage dieses Rechts sein solle, Geltung bekommen könne. Hegels Kritik der Vertragstheorie betont, dass der Gesellschaftsvertrag letztlich nicht einem privatrechtlichen Vertrag gleichen könne. Er meinte, ein privatrechtlicher Vertrag gehe auf zwei identische «Willen» zurück und sei «nur *ein durch sie gesetzter*, somit nur *gemeinsamer*, nicht an und für sich allgemeiner»[30] Wille, mithin also nicht in der Lage, der Idee des Staates tatsächlich zu entsprechen. Anders ausgedrückt: Schon aus logischen Gründen müsse die staatliche Ordnung bereits vorausgesetzt werden, damit so etwas wie ein gemeinsamer Wille zum Vertragsabschluss entstehen könne.

Aber anders als Hegel setzt de Maistre hier nicht auf Logik, sondern auf die empirischen Vorzüge einer ständischen Ordnung, die den Einzelnen davon entlasten könne, Autor des eigenen Lebens sein zu müssen. Der große Verrat der Revolution erfolgte dann gewissermaßen an einer Ordnung, deren Bedingungen latent bleiben konnten, schon weil man sie gar nicht befragen konnte und durfte. Zugleich hat de Maistre die Gleichheitsunterstellung der Revolution bekämpft – und zwar mit dem Hinweis, dass das Medium, das solche Gleichheit am ehesten herzustellen in der Lage sein könne, das Geld nämlich, zugleich die Quelle neuer, dann aber eben nicht mehr quasinatürlicher Ungleichheiten sein werde, was das Freiheitsversprechen korrumpiere. Jedenfalls beraube die moderne Idee der Freiheit die Menschen ihres Ortes, zu dem sie immer schon gehören.

Und doch: Genau da finden sie sich wieder vor. Denn die nachrevolutionäre Erzählung der Freiheit und der Wahl der Ordnung hat keineswegs jene Beliebigkeit hervorgebracht, die Autoren wie de Maistre beklagen. Ganz im Gegenteil: Die moderne Gesellschaft hat keineswegs Ordnung verloren und durch Unordnung ersetzt. Sie hat eine alte, zwar komplizierte, aber nicht allzu komplexe Ordnung durch eine vielfältige und komplexe Ordnung ersetzt. Die alte Ordnung konnte *alles* in ein hierarchisches Schema bringen – von den Weltbildern über die Taxonomien der Dinge und alles Seienden bis hin zu den Menschen und ihren Lebensordnungen. Die *neue* Ordnung ersetzt das hierarchische Prinzip durch ein Nebeneinander- und Gleichzeitigkeitsprinzip. Diese Ordnung verliert ihre Transparenz, sie sieht nicht von überall gleich aus, sondern ist divers und flach – und sie wurde *als Ordnung* sichtbar. Ich habe das an anderer Stelle, wie bereits angemerkt, die *erste Entdeckung der Gesellschaft* genannt. Hier wird nun deutlich, dass die Menschen nicht einfach einem einheitlichen Plan folgen, in dem sie nur unterschiedliche Rollen spielen und mit klaren Platzanweisungen versehen werden. Nun macht es einen Unterschied, was man tut, welches Problem man löst, in welcher Ordnung man sich in einem nun differenzierten, hochgradig arbeitsteiligen, komplexen System befindet. Diese *erste Entdeckung der Gesellschaft* hat dann beides gleichrangig umfasst:

die Erfahrung der Gestaltbarkeit in einer sich tatsächlich radikal verändernden Gesellschaft mit jenen Institutionenarrangements und nationalstaatlichen Ordnungsformen, die wir heute noch kennen, zugleich aber auch die Erfahrung der Regelmäßigkeit, der Strukturbildung, der stabilen Klassen- und Schichtenbildung, einer Stabilisierung gesellschaftlicher Funktionen und nicht zuletzt einer Musterhaftigkeit von Problem/Lösung-Konstellationen auf fast allen Gebieten der Gesellschaft. Diese Doppelerfahrung ist es, die die *Entdeckung der Gesellschaft* begleitet hat. Der Schlüssel liegt im «Handeln» – gar nicht zunächst als soziologischer Grundbegriff, sondern als eine sehr empirische Idee der zurechenbaren Gestaltungsfähigkeit.

Es stellt sich die Frage, wie sich die nun entdeckte Handlungsfähigkeit als Algorithmus der Weltgestaltung zur Welt verhält. Es stellt sich also eine soziologische Variante der alten Theodizeefrage: Theodizeefragen stellen sich angesichts von Tsunamis oder Naturphänomenen nicht mehr – doch das ist nur die halbe Wahrheit, denn heute werden Voraussetzungen oder Folgen solcher Naturphänomene als etwas entdeckt, das eben nicht mehr an die Natur ausgelagert werden kann. Wenn ein Tsunami dazu führt, dass ein japanisches Atomkraftwerk kollabiert, stellt sich die Frage nicht an den Tsunami, sondern an die Kalkulation der Höhe von Schutzmauern; wenn das Eis an den Polarkappen schwindet, dann muss man das naturwissenschaftlich erforschen, stößt aber auf einen anthropogenen Ausstoß von Treibhausgasen; wenn ein Virus eine Pandemie verursacht, ist schon dieser Satz falsch, weil sowohl die Zoonose als auch die Verbreitungswege und der Umgang mit dem Virus erst recht eben keine Naturphänomene sind, sondern auf menschliches Handeln, soziologisch sagen wir etwas vornehmer: gesellschaftliche Praktiken zurückgeführt werden müssen. Wir können uns wahrscheinlich kaum mehr so etwas wie Naturphänomene vorstellen, die im Sinne der klassischen Theodizeefrage vollständig auf Natur als Gegenkonzept zu Kultur oder Gesellschaft ausgelagert werden können. Selbst wenn ein Komet auf die Erde zurasen würde, der unser Leben zu bedrohen in der Lage wäre, würden wir das nicht allein einem externen Schicksal zurechnen, sondern die Katastrophe unserem Mangel an Abwehrstrategien zurechnen. In Hollywood wurde das filmisch bereits in «Armageddon – das jüngste Gericht» (1998) und «Deep Impact» (1998) durchgespielt. Abgesehen davon, dass die Dinge hier natürlich gut ausgehen, strotzen die Reaktionen geradezu davon, dass sie auf Handlungsfähigkeit setzen – zumeist natürlich männlich-heldische Formen, gebaut aus einer Kombination von technologischer Kompetenz, guten Frisuren und dezisionistischer Bereitschaft.

Dies ist kein Anlass für Spott, sondern zeigt sehr deutlich die Konstellation, die wir für die Lösung von Krisen letztlich voraussetzen: Handlungsfähigkeit als die Fähigkeit der Einwirkung auf eine Störung. Das ist exakt der Versuchsaufbau, um den es hier geht – und er löst das Theodizeeproblem nicht, sondern verschärft es, wenn man daran denkt, dass es mehr Leiden auf der Welt gibt, als technologisch, ökonomisch und politisch nötig wäre. Warum das so ist, ist genau die Grundfrage, mit der diese Überlegungen begonnen haben.

Nun könnte man dieser Grundfrage mit einer klassischen Kategorie begegnen, nämlich dem Begriff der *Ideologie*. Der Ideologiebegriff freilich ist ebenso ungenau wie vielseitig, meistens lehnt er sich aber an den marxistischen Sprachgebrauch des *falschen Bewusstseins* an, etwa in dem Sinne: Ideologisch sind Positionen dann, wenn sie ein gewissermaßen verschleiertes Bild der Wirklichkeit in dem Sinne haben, dass sie in subjektiver Verblendung die objektiven Gegebenheiten nicht anerkennen, oder aber, wenn sie nicht in der Lage sind, ihren eigenen gesellschaftlichen Ort zu reflektieren. Auf diese Weise ideologiekritisch wird gerne mit großer Verve simuliert, jene objektiven Gegebenheiten genau zu kennen (und damit einklammern zu können), um dann die subjektive Verblendung erst recht deutlich darstellen zu können und zu behaupten, es fehle an der Selbstreflexion der politischen (sic!) Standortgebundenheit des Denkens.[31]

Niemand bei Trost freilich wird heute eine solche Position reklamieren – außer als Karikatur einer misslungenen Ideologiekritik. Die klassische «ideologiekritische» Position laboriert an einem entscheidenden Problem: Sie muss immer schon um die objektiven Bedingungen genau wissen, die durch die ideologische Position verschleiert werden – zumeist in Form einer selbsterklärenden Kapitalismuskritik, die sich tatsächlich nicht die Mühe macht, das Problem der Widerständigkeit des Gegenstandes überhaupt zur Kenntnis zu nehmen. «Kapitalismus» wird dann zum leeren Signifikanten, zur Kontingenzformel, zum kulturellen Symbol, zum blinden Fleck, mit dem man alles erklären kann, weil der Begriff dann nur wenig bedeuten muss. Diese klassische Form der «Ideologiekritik» ist insofern fast etwas Ironisches, weil sie alles hat – nur kein Reflexionsvermögen der eigenen «Standortgebundenheit». Warum es gerade der Kapitalismus ist, der sich so trefflich als Beschreibungs- und Krisenfokus anbietet, liegt schlicht daran, dass die Chiffre «Kapitalismus» für jene Eigendynamik und jenen ausdifferenzierten Eigensinn steht, der in der modernen Gesellschaft freilich nicht nur das ökonomische System beschreibt.

Die Alternative dazu wäre eine Denkungsart, die sich nicht nur für die Standortgebundenheit der gesellschaftlichen Akteure interessiert, sondern auch für die Standortgebundenheit des Ideologiekritikers – was übrigens in den ganz frühen Texten der Kritischen Theorie durch Max Horkheimer viel besser beschrieben wurde.[32] Die obsessive Betonung, alles sei «politisch» und bewege sich doch nur im Bestimmungsbereich der «kapitalistischen Akkumulations- und Profitlogik»,[33] kommt in dieser Form über soziologische Folklore nicht hinaus – auch weil sie letztlich die Trägheit und Widerständigkeit des zu gestaltenden Raumes Gesellschaft nicht nur unterschätzt, sondern sich dafür gar nicht erst interessiert. Mit diesem Ideologiebegriff wird man also nicht weiterkommen. Mit dem Begriff der Soziodizee bietet Pierre Bourdieu eine Alternative an.

Drei Soziodizeen

In der Rezeption wird der von Pierre Bourdieu stammende Begriff der Soziodizee zumeist so verwendet, als handele es sich dabei um eine bloß leichte Abwandlung des klassischen Ideologiebegriffs. Auf den ersten Blick gibt es auch gewisse Parallelen, wenn Bourdieu etwa schreibt: «Wo immer die Gesellschaftsordnung sich produziert und reproduziert, da zeitigt sie greifbare, auf den ersten Blick unbestreitbare Fakten im Überfluß, die durchaus dazu angetan sind, einer illusorischen Vorstellung von ihr allen Anschein einer realen Grundlage zu verleihen. Kurz, die soziale Ordnung produziert im wesentlichen ihre eigene Soziodizee. So daß es ausreicht, die objektiven Mechanismen sich selbst oder sich ihnen zu überlassen, um die bestehende Ordnung zu billigen, ohne es auch nur zu wissen.«[34] Doch bei genauerer Lektüre zeigt sich, dass es Bourdieu – anders als seinen marxistischen Kollegen – mit der ‹illusorischen Vorstellung› vom Gang der Dinge um mehr geht als nur die Frage, wie unhaltbare gesellschaftliche Zustände durch ein falsches kollektives Bewusstsein gerechtfertigt werden. Im Zentrum seines Soziodizeeproblems steht vielmehr der praktische und operative Aspekt von Ordnungsbildung. Laut Bourdieu muss die soziale Praxis sich in der Illusion einer irgendwie praktikablen Form der Selbstbeobachtung einrichten, um überhaupt fortgesetzt werden zu können. Er macht gewissermaßen darauf aufmerksam, dass der Alltag kein *soziologischer* Alltag ist, in dem Sinne, dass er nur funktionieren könne, wenn wir die soziologischen Wirkkräfte wirklich kennen. Wenn Soziodizee – mit Rekurs auf den Theodizeebegriff – auf die Frage verweist, wie die gegenwärtige Ordnung zu rechtfertigen ist, so meint das eben nicht: im Hinblick auf eine objektive Beschreibbarkeit der Verhältnisse. Gemeint ist, dass die Selbstbeschreibung der Gesellschaft, also der Reim, den sich die Leute auf das Geschehen machen, stets hinter den Verhältnissen herhinkt. Die gesellschaftlichen Akteure sind eben keine soziologischen Beobachter, sondern solche, die unrettbar verstrickt sind in jene Verhältnisse, in denen sie sich vorfinden (was für den soziologischen Beobachter freilich prinzipiell auch gilt).

Für dieses unmittelbare Verstricktsein hatte Bourdieu eine starke Sensibilität. Man könnte sagen: Gesellschaftliche Praxis muss sich davor schützen, alles transparent zu machen, sich gewissermaßen über ihre eigenen Bedingungen klar zu werden. Sie muss die Grundlage dessen, was geschieht, im Dunkeln lassen, um sich kontinuieren zu können. Von der Hirnforschung kann man lernen, dass die Kontinuität des Bewusstseins und seine Reflexivität nur möglich sind, weil große Teile des Gehirns unterhalb der Bewusstheitsschwelle operieren. Michael Gazzaniga etwa weist darauf hin, wie wenig uns in unserer Bewusstseinstätigkeit bewusst wird, welche Hirnaktivitäten in komplexester Weise zusammenspielen, um die ungeheure Plastizität unserer Verhaltensmöglichkeiten zu gewährleisten – ohne dass diese Voraussetzung der Bewusstheit und des Bewusstseins auch nur ansatzweise bewusst werden könne. Wir sind uns selbst intransparent. Gazzaniga verwendet dafür die Eisbergmetapher: «Our conscious awareness is the mere tip of the iceberg of nonconscious processing. Below our level of awareness is the very busy non-conscious brain hard at work.»[35]

Es ist nicht nur eine begriffliche Analogiebildung, diesen Mechanismus nicht nur in der Ordnungsbildung des komplexen Systems Gehirn anzunehmen, sondern auch in dem komplexen System Gesellschaft und der gesellschaftlichen Ordnung. Wie das Gehirn muss auch die Gesellschaft eine handhabbare Version ihrer selbst erzeugen, um Komplexität bewältigen zu können. Und wie die Hirnforschung bzw. die Erkenntnis des «Eisbergs» unterhalb der Bewusstheitsoberfläche uns nicht beim Denken hilft, hilft auch die soziologische Erkenntnis der Bedingungen der Möglichkeit von gesellschaftlicher Ordnung nicht unbedingt im Alltag. Es geht also darum, diese Bedingungen latent zu halten – in der Soziologie ist dieser Gedanke mit der Latenzfunktion der Kultur von Talcott Parsons bereits gut ausgearbeitet worden. Parsons hat gezeigt, dass kulturelle Bedeutungsvoraussetzungen gewissermaßen latent vorausgesetzt werden müssen, damit so etwas wie eine gemeinsame Welt, also die Erfahrung einer gemeinsam geteilten Welt mit Hintergrundüberzeugungen und Selbstverständlichkeiten möglich wird. Parsons meinte natürlich nicht, dass solche Bedeutungen gewissermaßen ontologisch immer schon da seien – sie sind selbst Produkt gesellschaftlicher Praxis, aber sie laufen evolutionär mit und verändern sich unmerklich. Eine merkliche Veränderung würde die Latenz aufheben und zu Störungen führen. Deshalb sei die Latenzfunktion so wichtig – was dann auch heißt, dass die Aufklärung über Latenzen weder dem Gehirn noch der Gesellschaft dabei hilft, sich zu kontinuieren, sondern eher als eine Störung angesehen würde. Solche Störungen sind bisweilen nötig, aber am Ende dysfunktional, wenn die Latenz dadurch völlig verlorenginge. Eine soziologische Analyse muss auf diese Latenzen aufmerksam machen, um nicht einfach zu wiederholen, was die Gesellschaft ohnehin über sich selbst erzählt. Auf das Latenzproblem wird noch an entscheidender Stelle zurückzukommen sein.

Bourdieu hat deshalb die Soziologie in seiner Antrittsvorlesung im Collège de France nicht umsonst als eine Disziplin bezeichnet, die letztlich die Illusion ihrer nützlichen Selbstbeschreibung zerstört. Er hat das in der Antrittsvorlesung am Beispiel der Antrittsvorlesung selbst demonstriert, indem er den anwesenden Honoratioren und Fachkolleginnen und Fachkollegen den Spiegel vorgehalten hat, dass sie hier keineswegs nur einer akademischen Vorlesung beiwohnen, sondern auch einem Distinktionsspektakel und einer höchst kontingenten Beschreibung einer Gesellschaft, die stärker vom Milieu der Anwesenden abhängig ist als von der «Objektivität» ihrer Kategorien.[36] Bourdieu wollte zeigen, dass das Sichtbare von unsichtbaren Strukturen abhängig ist – es gilt freilich auch, und das unterscheidet sein Denken von einer naiven und zumeist kaum selbstbezüglichen Ideologiekritik, für seine eigene Aufdeckung der Latenz, die ihrerseits von dem Potential zehren muss, eben nicht alles vollständig transparent machen zu können. Letztlich stellt solches forschende Denken die Unerforschlichkeit seines Gegenstandes für sich selbst ins Zentrum. Sie objektiviert ihren Gegenstand und stößt darauf, dass dies das Ergebnis der eigenen Praxis ist.

Man könnte auch sagen: Solches Denken macht die Theodizeefrage, die durch die Transzendenz Gottes entschärft werden konnte, durch die Soziodizeefrage wieder aktuell, die es freilich mit *immanenten* Problemen zu tun hat: Nicht mit dem Verhältnis des unerforschlichen Ratschlusses Gottes und der Unvollkommenheit der immanenten Welt, sondern mit dem Verhältnis von Handlungsfähigkeit als dem Vermögen der Gestaltbarkeit der Verhältnisse und der Vorgeordnetheit der Verhältnisse vor aller Handlungsmöglichkeit. Weniger abstrakt formuliert: Sobald eine Frage die unmittelbare Reproduktion alltäglicher Routinen verlässt, öffnet sich die Soziodizeefrage. Die Gesellschaft und ihre Prozeduren werden zur Quelle von Unbehagen.

Dieses Unbehagen an der Gesellschaft ist gewissermaßen das Ergebnis eines Changierens zwischen Transparenz und Intransparenz. Gerade die moderne Gesellschaft, die permanent auf die Bedingung ihrer eigenen Möglichkeit hingewiesen wird, ist eine Quelle von Unbehagen, weil ihre Pluralität darauf aufmerksam macht, dass sich Perspektiven ihrem perspektivischen Blick verdanken. Deshalb bedarf es der *Soziodizeen* – auch wenn Bourdieu damit in erster Linie eine kritische Absicht verfolgte, ist damit eben nicht nur eine Entlarvung gemeint, sondern die Einsicht, dass gesellschaftliche Operationen sich gewissermaßen an ihre eigenen Selbstbeschreibungen und Konzepte gewöhnen müssen. Sie müssen sich in einer selbsterzeugten Welt zurechtfinden und diese für barere Münze nehmen, als sie ist. Nicht umsonst ist die Quelle dieses Unbehagens, nämlich die Visibilisierung unsichtbarer Bedingungen von Ordnung nach der (Französischen) Revolution zunächst den Reaktionären aufgefallen, nicht den Revolutionären, deren neues Narrativ ja den strategischen Vorteil hatte, sich *gegen* das Alte durchsetzen zu müssen, um so dem Besseren zum Durchbruch zu verhelfen. Die Reaktionäre – am deutlichsten: Joseph de Maistre – konnten die Bedingung der Möglichkeit von Ordnung viel genauer erkennen, weil sie als Beobachter der Alten Welt ja nicht die alte Welt gewissermaßen ontologisch oder theologisch oder kosmologisch als die einzige aller möglichen Welten ansahen, aber zumindest sehen konnten, dass diese Gesellschaften glaubten, dass sie es seien – im Übrigen: eine sehr moderne Beobachtungsform.

Dies ist, um es deutlich zu sagen, kein Plädoyer für eine reaktionäre Haltung, und dies ist auch kein reaktionäres Argument. Es verweist nur auf die Funktion von Selbstbeschreibungen, auf die Funktion der Latenz, auf die funktionale Bedeutung von Selbststabilisierung in komplexen Systemen – und genau darauf zielt auch der Gedanke der Soziodizee, wie Bourdieu sehr treffend sagt. Ich zitiere erneut: «[...] die soziale Ordnung produziert im wesentlichen ihre eigene Soziodizee.»[37]

Im Folgenden seien drei der vielleicht wirksamsten Soziodizeen kurz vorgestellt, nämlich das Konzept des *Handelns (a)*, die Erfahrung der *Gewohnheit des Alltags (b)* sowie die Forderung nach einem *Miteinander (c)*.

(a) Die Idee des *Handelns* ist in ihrer ganzen pathetischen Form die Soziodizee schlechthin. Handeln ist jene *illusio*, wie Bourdieu sagen würde, die die lineare Einwirkungsmöglichkeit auf den komplexen Gegenstand Gesellschaft symbolisch darstellt – und diese «primäre Evidenz» des Handelns ist es, die fast alle öffentlichen Diskurse über die handlungsmächtige Veränderung der Gesellschaft begleitet. «Handeln» ist damit sowohl eine emanzipatorische Idee des Empowerment und der Selbstzurechnung von Wirksamkeit, als auch eine Chiffre für ein erheblich komplexeres Geschehen, von dem ich oben mit Parsons gezeigt habe, dass es die Bedingungen seiner selbst eben nicht selbst kontrollieren kann.

Das Konzept «Handeln» ist die Soziodizee, die gewissermaßen die Vermittlung zwischen dem Selbstverständnis der Menschen als Akteure und ihrem Unvermögen ausmacht, das zu sein, was der Handlungsbegriff vorsieht. Sozialisation in der Erziehung, in der Schule, in der Ausbildung, im Rechtssystem, in der Ökonomie, in der Religion, als politischer Akteur usw. setzt auf Handlungsfähigkeit und Zurechnungsfähigkeit. Das Ideal der gesellschaftlichen Selbstbeschreibung liegt in der Frage nach der Selbstwirksamkeit – letztlich sind darauf die meisten Programme einer «individualistischen» Kultur ausgerichtet.[38] Die Soziologie weiß, dass dies eher regulative Ideen sind, eher nützliche Illusionen, eher Formen der Beschreibbarkeit komplexer Vorgänge, sicher auch, wenn man so will, «ideologische» Selbstberuhigungen. Aber sie sind Ausdruck einer Praxis, die sich exakt jener Illusion bedient, um die Soziodizee zu erreichen: die Rechtfertigung dafür, dass wir einerseits mit Handlungsmacht ausgestattet sind, diese sich andererseits aber stets daran bricht, dass die Handlung von Voraussetzungen abhängig ist, die sie nicht kontrollieren kann.

Dass wir *handeln* müssen, meistens: *endlich*, ist gewissermaßen der Schlachtruf aller Gesellschaftsveränderung. Ich habe diese Überlegungen mit der anfänglichen Enttäuschung von Studentinnen und Studenten gerade der Soziologie begonnen, die darin besteht, dass sie einerseits ganz beseelt sind von der Notwendigkeit, dass sich die Gesellschaft handelnd gestalten, verändern, verbessern, weiterbringen lassen soll. Andererseits werden sie damit konfrontiert, dass die Leute trotz besseren Wissens, trotz vorliegender Einsichten, auch trotz eigenen Willens sich viel musterhafter verhalten, als es das Konzept des Handelns nahelegt. Selbst in der Soziologie ist dieses Konzept von einer erstaunlichen Janusköpfigkeit – denn einerseits erscheint das Handeln als von den Akteuren selbst angetrieben, überall entdeckt man Forschungsobjekte, die selbst Subjekte sind und etwas tun und die exakt darin emanzipiert werden sollen, und am liebsten findet man dann die Widerstände der Gesellschaft und der Verhältnisse, die die Menschen daran hindern, das zu tun, was sie eigentlich wollen oder was sie eigentlich wollen sollen oder was sie wollen würden, wären die Verhältnisse nicht so, wie sie sind. Und das führt auf exakt die andere Seite, nämlich auf die erstaunliche Regelmäßigkeit und Musterhaftigkeit der kumulierten Einzelhandlungen. Die Individuen handeln individuell – aber sie handeln erstaunlich regelmäßig, je nach sozialer Lage, nach bestimmten Merkmalen, die man ihnen zurechnen kann. Auch wenn sie mittlerweile zur Phrase verkommen sein mag, trifft Marx' Formulierung aus der Einleitung zur dritten Auflage des «18. Brumaire» die Dinge immer noch am besten: «Die Menschen machen ihre eigene Geschichte, aber sie machen sie nicht aus freien Stücken, nicht unter selbstgewählten, sondern unter unmittelbar vorgefundenen, gegebenen und überlieferten Umständen.»[39] Das ist deswegen so zitierfähig, weil es so pathetisch daherkommt – aber der Gedanke gilt letztlich für alle Verästelungen menschlichen Handelns, die eben durch jene Verhältnisse eingeschränkt sind, die sie zugleich handelnd erzeugen wie erlebend reproduzieren. Der Gegenstand der Sozialwissenschaften, die Gesellschaft, ist ein komplexes System, in dem Akteure vorkommen, die je individuell mehr Verhaltensmöglichkeiten haben, als dann am Ende beobachtbar sind.

Insofern ist es riskant, auf die Soziodizee des Konzepts «Handeln» hinzuweisen, so als wolle man sagen, dass das Gegenteil gelte: nicht die Handlungsmöglichkeit, sondern die völlige Handlungsunmöglichkeit. Doch das ist nicht der Fall – es geht eher darum, darauf hinzuweisen, wie voraussetzungsreich das Handeln ist und wie sehr das Handeln von Voraussetzungen abhängig ist, die es nicht selbst kontrollieren kann, wie oben schon formuliert. All das freilich muss unsichtbar gemacht werden, um exakt diese Handlungsfähigkeit als Soziodizee bereitzustellen, als den Reim, den sich die Akteure und den sich die Gesellschaft auf sich selbst machen.

Das Attraktive am Konzept Handeln ist, dass man nur solches Verhalten als Handeln beschreiben würde, das auch anders hätte ausfallen können. Wenn man sagt: *A hat gehandelt*, meint man zugleich, A habe so und nicht anders gehandelt. Das Atmen oder ein Erschrecken wird uns nicht als Handeln zugerechnet, aber mit der U-Bahn und nicht mit dem Auto gefahren zu sein oder dieses und nicht jenes Produkt gekauft zu haben oder diese und nicht jene Partei gewählt zu haben, schon. Das Schöne am Handeln ist deshalb, dass es gerade deswegen stets Korrekturmöglichkeiten enthält. Fallen die Dinge nicht so aus, wie es sein sollte, dann kann man immer noch *anders* handeln – und genau darauf zielt diese Form der Beschreibung: Der Klimawandel als eine der entscheidenden Krisen in der Gesellschaft soll durch *anderes* Handeln gelöst werden – diese starke Vereinfachung führt dazu, dass man zumindest einen Ansatzpunkt findet, an dem man einen Hebel in der Gesellschaft vermutet. Und da es ja Handeln ist, ist das Scheitern gewissermaßen mit eingepreist und kann durch anderes, besseres Handeln gelöst werden. Das ist die Soziodizee, die es unnötig macht, auf die Bedingung der Möglichkeit des Handelns hinweisen zu müssen.

(b) Die Möglichkeit des Scheiterns verweist auf *Gewohnheit*. Diese Soziodizee ist anders gelagert als die erste. Sie ist gewissermaßen die passive Schwester des aktiven Handelns. Das Handeln als Konzept lebt von der Illusion der Kontrolle, die Gewohnheit lebt von der Emanzipation davon. Das Konzept «Handeln» versorgt die Gesellschaft mit einem Ansatzpunkt dafür, in das Geschehen der Welt eingreifen zu können, und vor allem die Individualisierung des Handelns vermag hier viel auszurichten.

Doch genau besehen, ist unser Verhalten viel seltener ein Handeln mit dem Zweck, ein bestimmtes Ziel zu verfolgen, sondern eher eingelebte, eingespielte, habitualisierte Gewohnheit. Das ist der Soziologie schon früh aufgefallen: Max Webers Modell des Handelns etwa ist eher als heuristisches Modell zu verstehen, oft ist Handeln laut Weber «nur ein dumpfes, in der Richtung der einmal eingelebten Einstellung ablaufendes Reagieren auf gewohnte Reize»;[40] George Herbert Mead konnte zeigen, dass das Verhalten der Menschen nur in Situationen starker Handlungshemmung durch Unterbrechung auf die aktive Beteiligung eines erwägenden Bewusstseins angewiesen ist;[41] und es ist wieder Bourdieu, dessen besonderes soziologisches Verdienst darin besteht, den Vorrang der habituellen, der praktischen Seite unseres Verhaltes vor der kognitiven Verhaltenssteuerung betont zu haben.[42] Dabei ist es empirisch tatsächlich leicht nachzuvollziehen: Die meisten unserer alltäglichen Tätigkeiten müssen kaum durch den Durchlauferhitzer unseres Bewusstseins auf Betriebstemperatur gebracht werden, sondern laufen eher habituell ab, vor allem innerhalb von Handlungsprozessen in der geordneten Koordination mit anderen. Wir gewöhnen uns sehr schnell an Standards, die in bestimmten

Kontexten gelten, wir können in einer komplexen Gesellschaft diese Standards sogar kontextspezifisch wechseln. Letztlich erlaubt es gerade die Regelmäßigkeit der Gesellschaft und die Strukturiertheit der entsprechenden Kontexte, gerade auf die Bedingungen der Kontexte nicht eingehen zu müssen. Wir zahlen mit Geld, ohne uns nach der Grundlage des Geldwertes kümmern zu müssen, wir vertrauen darauf, dass derjenige, der von links kommt, die Rechts-vor-links-Regel habituell anwendet, wir ziehen bestimmte Rollen unseres Gegenübers nicht in Zweifel, wenn diese durch Habitus, Kleidung oder Türschilder beglaubigt werden, und wir halten uns an Formen des Umgangs, die so automatisch ablaufen, dass man auf Reflexion weitgehend verzichten kann. Diese Tendenz zur *Veralltäglichung* ist vielleicht die wirksamste Soziodizee, weil sie uns tatsächlich mit der Ordnung selbst versöhnt – erst im Reflexionsfall fällt die Ordnung als kontingent auf oder als notwendigerweise veränderbar. Man müsste dann auf Handeln umschalten und stellt womöglich fest, dass die Handlungsmuster der Gewohnheit folgen.

Man kann sehen: Alles könnte auch anders sein, auch weil alle in der Lage sind, etwas anderes zu tun – aber wie das Gehirn die Teile des Eisbergs, die unterhalb der Bewusstseinsoberfläche sind, nicht zur bewussten Kenntnis nimmt, verzichtet gesellschaftliche Praxis auf die permanente Infragestellung der eigenen Praxis, deren Funktion ja gerade ist, das Infragestellen möglichst unwahrscheinlich zu machen.

Man kann diesen Mechanismus der Herstellung einer eigenen Soziodizee, wie es Bourdieu formuliert, etwa an dem Beispiel im COVID-Jahr 2020 beobachten, als es zumindest in nicht-organisierten Praxisfeldern kaum gelang, das Verhalten der Menschen zu verändern. Es dauerte sehr lang oder war mit erheblichen Aufmerksamkeitsüberschüssen verbunden, gewohntes Verhalten zu ändern – und unter Freunden auf Abstand zu bleiben, sich aus dem Weg zu gehen, bestimmte Freizeitaktivitäten zu vermeiden usw. Man kann daran die Funktion der Soziodizee der Gewohnheit gut studieren: Ihre Funktion ist es, von Reflexion zu entlasten und die Dinge zu habitualisieren. Genau deswegen werden wir «falsche» Gewohnheiten und Verhaltensweisen so schwer los. Die Soziodizee des Handelns und die Soziodizee der Gewohnheit sind gewissermaßen die thematisierbare und die nicht-thematisierbare Seite, wie sich Gesellschaften bzw. soziale Ordnungen ihre Funktionsweise plausibel erklären.

Paradoxerweise gab es viel Widerstand gegen diese erzwungenen Gewohnheitsänderungen – paradoxerweise deshalb, weil die Aufdeckung dieser Soziodizee der Gewohnheit viele Menschen dazu gebracht hat, durchaus Ungewohntes zu tun: zu protestieren, sich durchgeknallten Querdenkern anzuschließen, idiotische Verschwörungstheorien zu glauben usw. Diese Abweichungen waren zumeist Abweichungen mit hoher emotionaler Dichte und Verve – was ja ein Hinweis darauf ist, wie schwer diese Visibilisierung der Theodizee ist. Um im alten Bild zu bleiben: Die Leute fallen geradezu vom Glauben ab und leiden darunter. Übrigens ist die Gegenreaktion die, wie schnell sich neue Gewohnheiten ausbilden, sobald sie funktionieren – von berührungslosem Alltagsverhalten bis zum geradezu perfekten Umgang mit Übertragungstechnik in allen möglichen Bereichen der Gesellschaft.

(c) Das *Miteinander* ist die vielleicht wirkmächtigste Soziodizee, die die Moderne kennt. Während das Handeln dem Individuum zurechnet und Gewohnheit die Zurechnung suspendiert, ist die Beschwörung von Gemeinsamem eine der wirkmächtigsten Formen der Beschreibbarkeit der Welt und der Einwirkung auf die Gesellschaft. Die gesellschaftliche Erfahrung der Moderne besteht letztlich in der Entfernung von Kontexten voneinander – was die Adressierung eines Miteinanders von besonderem Wert macht. Es wäre eine Romantisierung der Vergangenheit, im Erleben der Alternativlosigkeit früherer Lebensformen mit ihren kaum zur Diskussion stehenden Regeln so etwas wie starke soziale Kohäsion sehen zu wollen. Wahrscheinlich war es eher soziale Kontrolle, die die Menschen aneinandergebunden hat: die klare auf Ungleichheit bezogene Form der Verteilung von Rechten und Ressourcen, ein Ehrkodex, der nicht den Menschen an sich, sondern nur den Zugehörigen zu bestimmten Gruppen/Schichten/Familien satisfaktionsfähig machte. Mit Modernisierungsprozessen, mit der Zumutung von Gleichheitsidealen, mit der stärkeren Unterbestimmung des Menschen, mit der Vermenschlichung von vorherigen Gruppenangehörigen ging eine Differenzierung der Gesellschaft einher, die mit der Verselbständigung ökonomischer, politischer, rechtlicher und wissenschaftlicher Logiken eine höhere Varianz im Verhalten ermöglichte. Ordnung musste also mit abstrakteren semantischen Mitteln ermöglicht werden. Man kann das etwa in der Entwicklung der philosophischen Ethik sehen, die sich stark auf eine Prinzipienethik konzentriert – Kants kategorischer Imperativ ist kein konkreter, kein empirischer Imperativ, sondern einer, der auf die Verallgemeinerungsfähigkeit der Handlungsmaxime zielte. Und Émile Durkheims Insistieren auf einer neuen, abstrakteren Moral, die die Gesellschaft brauche, um das eher konkrete Kollektivbewusstsein früherer Zeiten abzulösen, zielt darauf, dass so etwas wie die Zurechnung auf Kollektive die Verbindung von Unterschiedlichem ermöglichen sollte. Er stellte sich eine differenzierte Gesellschaft vor, deren unterschiedliche Berufsgruppen ihren gesellschaftlichen Ort nicht mehr allein durch ihre Tätigkeit rechtfertigen können, sondern durch eine gemeinsame Geschichte, eine gemeinsame Moral, einen gemeinsamen Platzanweiser zusammengehalten werden müssen.

Die wirksamste Soziodizee des Gemeinschaftlichen war ohne Zweifel die Nation als jene Form von Moral, die einen Zusammenhang dort stiftete, wo er nicht da war. Wenn man es sehr vereinfacht auf den Punkt bringen will: Die Nation hat zusammengefügt, was nicht zusammenpasste, sie hat für jene «Gegenwart» gesorgt, die sich gesellschaftsstrukturell unmöglich gemacht hat – dies werde ich im nächsten Kapitel genauer erläutern. Jedenfalls wird an der Nation sichtbar, dass die Beschwörung des Gemeinsamen die Soziodizee einer Gesellschaft darstellt, die dieses Gemeinsame gar nicht kennen kann. Man kann daran übrigens auch sehen, dass die Nation, die moderne Nation für die reaktionären gar nicht taugt, denn sie war zumindest im 18./19. Jahrhundert insofern eine sowohl emanzipatorische als auch modernisierende Idee, weil sie etwas thematisch machen musste, was zuvor durch eine ziemlich konkrete Praxis geregelt war: Plätze anzuweisen.

Die Nation ist nicht Ideologie, sie ist Moral. Sie verdeckt nichts – außer dass sie das, was sie stiften will, selbst ist. Moral unterscheidet Achtung und Missachtung, Gut und Böse.[43] Deshalb eignen sich Großgruppen wie die Nation auch perfekt zur moralischen Selbstvergewisserung, weil sie den Mitgliedern auch dann Achtung erweist, wenn es keinen Grund dafür gibt – zum Beispiel, weil man sich nicht kennt oder weil man so unterschiedliche Dinge tut oder weil es darauf gar nicht ankommt. Die Moralität besteht darin, durch innere Kohäsion (und externe Abstoßung) Schicksalsräume zu entwerfen, die letztlich die Gesellschaft nicht nach ihrer Operationsweise beschreiben, sondern eine Beschreibung anbieten, die die Soziodizee der Differenzierung ermöglicht – ganz wie es Durkheim beschrieben hat. Wenn es stimmt, dass die moderne Gesellschaft sich durch die Differenzierung unterschiedlicher Funktionen auszeichnet und für die Koordination dieser Funktionen letztlich kein zentraler Ort zur Verfügung steht, dann bedarf es einer Soziodizee dieses Verlustes von Unmittelbarkeit. Eine funktional differenzierte Gesellschaft reduziert letztlich alle Perspektiven auf ihre Systemreferenz und verliert den Bezug zum Ganzen – und braucht deshalb eine besonders wirksame Form der semantischen Herstellung des Ganzen. Die Erfindung der Nation als inklusiver und exklusiver Form der Moralisierung der Gesellschaft war dafür das historisch bis dato erfolgreichste Modell.

Das Miteinander, die Beschwörung von gemeinsamem Schicksal oder einer gemeinsamen Moral ist natürlich nicht auf die Nation beschränkt, aber das semantische Potential des «Gemeinsamen», der Anstrengung eines «Miteinanders», die Versuche der Integration des Unterschiedlichen – all das ist eine der wirksamsten Soziodizeen der Gesellschaft, indem sie nämlich als etwas behandelt wird, das sie nicht ist. Aber das Miteinander macht vor nichts Halt: Es identifiziert den migrantisch Fremden ebenso wie die Menschheit, die in einer gemeinsamen Kraftanstrengung den Klimawandel bändigen muss. Das Miteinander ist die vielleicht simpelste Adresse, die man sich vorstellen kann – sie ist so wirksam, weil es kein gesellschaftsstrukturelles Korrelat dafür gibt.

So weit die versuchsweise Beschreibung der drei Soziodizeen. Es sollte deutlich geworden sein, wie sehr die moderne Gesellschaft eine Quelle von Unbehagen ist – ein Unbehagen, das damit zu tun hat, dass die Beschreibungen der Gesellschaft ihrer Struktur zuwiderlaufen. Man muss das nicht als Verlustgeschichte erzählen, denn die in Modernisierungsprozessen vonstattengehende Verlagerung vom äußeren in einen inneren Zwang lässt als Alternative letztlich nur eine Ordnung zu, die nicht nur den Werten widerspricht, die mit der Moderne verbunden sind, sondern ließe sich in einer modernen Gesellschaft nur mit extremem Zwang durchsetzen – und der Konjunktiv ist hier völlig fehl am Platze, weil die pathologischen Formen der Moderne, wie wir sie im 20. Jahrhundert in unterschiedlicher Gestalt gesehen haben, den kollektiv organisierten Zwang bis ins Äußerste perfektioniert haben.

Sigmund Freud hat, wie anfangs schon erwähnt, in seiner Schrift «Das Unbehagen in der Kultur» von 1930 die These vertreten, dass der Preis des kulturellen Fortschritts darin bestehe, dass der Mensch den hohen und differenzierten Anforderungen einer solchen Kultur nicht gerecht werden könne und er deshalb Schuldgefühle entwickeln müsse, die auf anderem Wege zu kompensieren sind.[44] Was Freud hier vorlegt, ist keine Verlust-, sondern eine Überforderungsdiagnose. Sie ähnelt meiner Argumentation insofern, als sie auch auf ein Missverhältnis zwischen unseren Begriffen und unserer Selbsterfahrung aufmerksam macht. Hier geht es freilich nicht um die Übertragung psychoanalytischer Begriffe auf die Kultur (die Freud selbst durchaus auch kritisch gesehen hat), sondern darum, dass die Entdeckung der Gesellschaft selbst die gesellschaftliche Selbstbeschreibung von jenem Latenzschutz befreit, den sie braucht, um sich zu organisieren.

Pierre Bourdieu benutzt dafür den Begriff der *illusio*, die nötig sei, das Spiel zu spielen, das gespielt werden muss.[45] Aber es geht um mehr. Es geht um die Frage, wie die Lösung von Problemen, wie die Einwirkung auf die Welt, wie die Handlungsfähigkeit der Gesellschaft sich zu jenen semantischen Ausstattungen und strukturellen Restriktionen verhält, die in unseren Konzepten selten auftauchen. Die Semantik der Krise suggeriert, dass es so etwas wie einen wohlgeordneten Status geben könnte, der sowohl modern als auch nichtkrisenhaft wäre. Womöglich ist genau das in der und durch die Struktur der modernen Gesellschaft ausgeschlossen. An den beiden unbestreitbaren Großkrisen der heutigen Zeit: der eher temporären COVID-Krise und der länger andauernden Klimakrise lässt sich deutlich ablesen, dass zwischen den Konzepten, die wir verwenden, und den Möglichkeiten, vor allem den Steuerungsmöglichkeiten Abstände klaffen, die nicht durch Skalierung zu lösen sind.

Dass ich meine Überlegungen mit dem Soziodizeeproblem begonnen habe, liegt daran, dass mit diesem Begriff gezeigt werden konnte, dass das Verhältnis von Gesellschaftsstruktur und Semantik auch darin bestehen kann, dass Zweiteres Ersteres unsichtbar macht. Das hört sich fast an wie die marxistische Unterscheidung von Basis und Überbau: Der (ideologische) Überbau verdeckt die Basis der Gesellschaft. Diese Unterscheidung freilich setzt nur eine der beiden Seiten kontingent. Was die *Basis* ist, weiß solches Denken schon immer. Hier soll beides kontingent gesetzt werden, um die Frage nach dem Verhältnis angemessen stellen zu können. Man kann es auch hier funktionalistisch ausdrücken: *Für welches Problem müsste eine begriffliche Fassung der Dauerkrisenhaftigkeit der Moderne eine Lösung sein?*

3
Versuchsaufbau

Um den Versuchsaufbau angesichts der studentischen Frage noch einmal zu formulieren: Wir wissen fast alles, was zu tun ist, um die Klimakrise zu lösen: Der CO_2-Ausstoß muss gesenkt werden, der Flächenverbrauch, insbesondere von Grün- und Waldflächen, muss zurückgefahren werden, unsere Mobilitätsprofile müssen sich ändern – und die Liste der Aufgaben ließe sich noch erheblich verlängern.[1] Es gibt kaum eine Krise bzw. kollektive Aufgabe, über die wir mehr wissen und bei der es weniger Differenzen und Konflikte über die Ursachen des Problems gibt. Anders als in der COVID-Krise, bei der sich die Gesellschaft wie ein lernendes System sowohl in Gestalt ihrer Wissenschaft als auch in den anderen Funktionssystemen zunächst mit der Problembeschreibung schwertat, könnte die Klimakrise als Referenztest für die Frage dienen, warum sich eine moderne Gesellschaft so schwertut, das Richtige zu tun und durchzusetzen, denn wir wissen das Meiste in ziemlich unstrittiger Form schon seit Jahrzehnten. Sie kann deshalb als Referenztest dienen, weil es kaum ernst zu nehmende Zweifel an der Diagnose und an der Notwendigkeit der Lösung des Problems gibt.

Dennoch scheint es schwierig zu sein, die gesteckten Ziele zu erreichen. Auf internationalen Konferenzen werden Ziele – «1,5 Grad-Ziel» – vereinbart, politische Programme enthalten Selbstverpflichtungen, die Lösung des Problems wird zum Staatsziel erklärt, es werden rechtliche Normen festgelegt, die unangemessenes Verhalten sanktionieren oder sogar die Verpflichtung zur Bekämpfung des Klimawandels festschreiben, weil dieser die Freiheit einschränkt.[2] In den Entwicklungsabteilungen von Unternehmen wird an neuen Antrieben, an neuen Energiemodellen und an veränderten Produktionskonzepten gearbeitet, pädagogische Programme wirken auf den Anthropos im Anthropozän ein, in den Medien wird das Thema mit großer Aufmerksamkeit versehen, Universitäten setzen Studiengänge zum Thema auf, eine generationstypische Protestbewegung stabilisiert sich am Thema, das fast überall moralisierbar ist. Für die Wissenschaften ist es geradezu ein Querschnittsthema – von den naturwissenschaftlichen Grundlagen des Problems über die ökonomische Rekonstruktion von Anreizstrukturen zur Verhaltensänderung und sozialwissenschaftliche Analysen der Folgen der Krise für Gesellschaftsstrukturen bis hin zur Aufarbeitung der literarischen Repräsentation des Problems in den Textwissenschaften und theologischen Reflexionen über die Bewohnbarkeit der Schöpfung. Man kann also nicht behaupten, dass das Problem des Klimawandels in der Gesellschaft nicht vorkomme oder dass sich niemand darum kümmere. Ganz im Gegenteil: Selbst diejenigen, die den Klimawandel für eine Erfindung von Eliten mit dem Ziel der Beherrschung gesellschaftlicher Prozesse halten, erkennen damit den Klimawandel als ein wichtiges Thema an. Dass sich Populisten, System- und Elitenkritiker ausgerechnet am Klimawandel abarbeiten, zeugt davon, dass das Thema offensichtlich von der Gesellschaft registriert wird. Die lautstarke Leugnung ist wahrscheinlich eine der höchsten Formen der Anerkennung.

Die Frage des Klimawandels ist deshalb ein Referenzpunkt, weil sie einerseits allgegenwärtig ist, weil andererseits eine große Ratlosigkeit darüber herrscht, wie das durchaus bekannte Problem zu lösen sei – und zwar das Problem der gesellschaftlichen Implementierbarkeit angemessener Strategien. Angesichts der Drastik des Problems scheinen auch nur drastische Lösungen von eschatologischer Wucht denkbar zu sein. Im deutschsprachigen Raum wird eine solche Lösung seit langer Zeit vor allem von dem Ökonomen Niko Paech durchexerziert. Was man Paech lassen muss: Mit seiner Diagnose, eine Lösung des Klimaproblems sei innerhalb der Routinen der bestehenden Gesellschaft nicht denkbar, bringt er den entscheidenden Punkt auch dieses Versuchsaufbaus ziemlich genau auf den Punkt. Paech formuliert das so: «Eine Postwachstumsökonomie beruht auf verschiedenen sich ergänzenden Strategien, die darauf abzielen, industriell-arbeitsteilige Versorgungssysteme schrittweise zurückzubauen.»[3] Der Vorschlag lautet, einen großen Teil der industriellen Produktion durch subsistenzförmige Produktions- und Lebensformen zu ersetzen. Zu einiger

Evidenz gelangen solche Forderungen durch die Beobachtung von Gruppen, die solche Modelle bereits regional ausprobieren, meistens Gruppen mit hoher sozialer Kohäsion, was die Komplexität der Handlungskoordination erheblich reduziert. Das Argument wird dann gewissermaßen extrapoliert, indem auch diese Sozialform extrapoliert wird. So plausibel solche Reduktions- und Umbaufantasien sind und sosehr sie angesichts der Drastik des Problems auch nur mit geradezu religiöser Verve vertreten werden können, so unrealistisch und in diesem Sinne geradezu verharmlosend ist die Diagnose, die sich nicht weiter damit belasten muss, dass solche Modelle in einer bereits bestehenden Gesellschaft implementiert werden müssen, die ihre eigenen Zugzwänge erzeugt. Die gesellschaftliche Eigendynamik und Differenzierung wird schlicht ausgeklammert: Demnach reicht es aus, das Problem des Klimawandels mit der Soziodizee des Gemeinschaftlichen zu bearbeiten – überhaupt ist dieser Postwachstumsdiskurs voll von Hinweisen auf «kollektives Handeln» als argumentatives Letztelement, das zwar eine starke normative Komponente hat, aber empirisch eben nur für bestimmte Gruppen gilt, die von der Drastik der eigenen Motive auf ihre Legitimation wie ihre Machbarkeit schließen. Dass diese Machbarkeit nicht einfach eine Funktion starken Wollens ist, bleibt aufgrund der Soziodizee unsichtbar.[4] Das Argumentationsmuster findet sich nicht nur im Klimadiskurs, sondern auch in anderen Feldern, in denen die Kritik an vorherrschenden gesellschaftlichen Praktiken vor allem auf der Folie eines idealisierten Modells interaktionsnaher Solidarräume vorgenommen wird. Dabei handelt es sich jedoch um eine sträfliche Missachtung der mittlerweile schon als klassisch zu bezeichnenden sozialwissenschaftlichen Unterscheidung von Interaktion und Gesellschaft, von unmittelbarem Erfahrungsraum und vermittelten Erfahrungen.[5]

Der inzwischen jahrzehntelange Diskurs folgt erwartbaren Bahnen: Es gelingt offensichtlich nicht, dass «die Gesellschaft» wie aus einem Guss auf das Problem reagiert. Akteure welcher Couleur auch immer sind offensichtlich nicht in der Lage, ihr Verhalten schlicht auf eine klimaverträgliche Form umzustellen. Ich formuliere absichtlich naiv: Es gelingt offensichtlich nicht, nur noch politische Programme zu verabschieden, die das Klimathema rigoros behandeln – das liegt schon daran, dass in der Politik offensichtlich konkurrierende

Programme geschrieben werden müssen, was die Zielformulierung schon aufweicht. Dasselbe gilt auf Märkten. Wer wagt sich mit neuen Technologien auf den Markt? Ist es ökonomisch nicht klüger, bisherige Erfolgsmodelle noch möglichst lange weiterzuverwenden? Die Automobilindustrie ist dafür ein gutes Beispiel. Und warum wird der erhoffte Wandel nicht einfach politisch durchgesetzt? Siehe oben: Das eine politische Programm ist immer das andere Programm eines anderen, und es muss wählbar sein. Und warum lässt sich die wissenschaftlich gut begründete Gefahrenlage nicht klar in Verhaltensstandards abbilden?

Änderungsimperative

Die Gesellschaft soll sich ändern – wahrscheinlich ist das die Grundlage aller Weltbeobachtung und aller Gesellschaftsverhältnisse, seit die Welt als Gesellschaft beobachtet wird.[6] Sie soll sich ändern – dabei scheint sie etwas zu sein, was stabiler ist, als es zunächst scheint. Es hört sich paradox an: Von «Gesellschaft» spricht man erst, seit die Verhältnisse der Welt als änderbar gelten, seit es so etwas wie Öffentlichkeiten gibt, in denen über allgemein relevante Fragen diskutiert werden kann, seit man diese Gesellschaft als ein Objekt der Gestaltung entdeckt hat, seit sie wie eine öffentliche Arena erscheint, in der über die wichtigsten Fragen verhandelt wird, und seit es Medien (Buch, Zeitung) gibt, in denen Kritik und Kritik der Kritik gepflegt werden können. Zugleich aber erscheint die Gesellschaft als etwas, das stabiler und träger ist, als es den Anschein hat. Letztlich ist dies die Grundlage und Geburtsstunde der Gesellschaftswissenschaften, die ja weniger mit der Idee der Gestaltbarkeit begonnen haben, sondern eher mit der Einsicht, dass das Verhalten der Menschen von ihrer gesellschaftlichen Lage, von ihrer Klassenlage, von ihren Deutungsmustern, von ihren kulturellen Vorannahmen und nicht zuletzt von ihren Gewohnheiten abhängig ist. Daraus folgte die Einsicht, dass sich das Verhalten der Menschen und die Strukturen der Gesellschaft offensichtlich viel weniger direkt und weniger schnell und weniger instrumentell verändern lassen, als es notwendig erscheint. Schon der erste Augenschein am Referenzthema Klimawandel zeigt, dass sich diese Gesellschaft weniger veränderungsbereit zeigt, als all die Appelle, Überzeugungen und Zielformulierungen es nahelegen – übrigens werden diese Appelle, Überzeugungen und Zielformulierungen alle *innerhalb* der Gesellschaft formuliert, sie *sind* geradezu selbst die Gesellschaft, die sie adressieren.

Die Gesellschaft nimmt den Klimawandel an sich selbst mit gesellschaftlichen Mitteln wahr, versucht, ihn mit den eigenen Bordmitteln, also mit gesellschaftlichen Mitteln, zu lösen – und scheitert am Ende an ihrer gesellschaftlichen Form. Die Adressierung der Gesellschaft zur Lösung gesellschaftlicher Problemlagen findet in der und durch die Gesellschaft selbst statt. Selbst wenn man die allerbesten Gründe und die allerbesten Absichten und die beste Strategie zur Bekämpfung des Klimawandels zur Hand hat, wird sich diese gesellschaftliche Selbstadressierung bei der Problembearbeitung nicht in Luft auflösen. Vielmehr wird sie in anderen Kontexten umgedeutet und mit anderen Relevanzen versehen, ja geradezu neutralisiert.

Ich habe solche Sätze schon öfter gesagt oder geschrieben – und sehr oft ist die Reaktion darauf, als sei diese Diagnose irgendwie auch Ausdruck eines mangelnden Willens oder eines mangelnden Interesses daran, die Probleme endlich zu lösen.[7] Im Corona-Jahr 2020 etwa, während des ersten Lockdowns vor Ostern, hatten manche Beobachter tatsächlich die Erwartung und sahen in den strikten Maßnahmen des Staates einen Beweis dafür, dass man offensichtlich doch durchregieren, offensichtlich doch strikte und radikale Veränderungen vornehmen, offensichtlich doch relativ einfach radikal sein kann. Natürlich entstand die Erwartung, dass die Gesellschaft im Angesicht des Virus an sich selbst lernen konnte, wie sehr doch eine rigorose politische Umgestaltung möglich sei. Und diese Rigorosität scheint eine erhebliche Anziehungskraft zu besitzen.

«Wir können die Welt verändern» titelte etwa Hartmut Rosa in einem wirklich lesenswerten Zeitungsessay kurz nach dem Ende des ersten Lockdowns.[8] Freilich hat Rosa den Ausnahmecharakter der Situation erkannt und geschlussfolgert: «Die gegenwärtige Stilllegung der Hamsterräder scheint daher geradewegs auf einen Systemzusammenbruch hinauszulaufen – jedenfalls dann, wenn sie noch länger dauert. Daher bleibt nur die Alternative, die Gesellschaft beziehungsweise ihren Stabilisierungsmodus entweder neu zu erfinden oder aber die Beschleunigungsmaschine so schnell wie möglich wieder in Gang zu setzen. Letztere Strategie zu verfolgen wäre keine gute Idee.» Ich stimme dieser Diagnose aus methodischen Gründen versuchsweise zu. Sie besagt: Dieses Stillstellen der Gesellschaft ist ihr äußerlich, ist gewissermaßen eine existentielle Störung für die Gesellschaft, deren Folgen katastrophal für das System wären – Katastrophe ist hier im wörtlichen Sinne gemeint, als Wendepunkt, der die bisherigen Routinen und Strukturen grundlegend in Frage stellt. Und nun folgt der Schluss daraus: *Entweder* muss die Beschleunigungsmaschine wieder in Gang gesetzt werden, gemeint ist eine Rückkehr zum Normalmodus des Systems; *oder* aber das System müsse sich und seinen Stabilisierungsmodus neu erfinden. Letzteres freilich wird gar nicht aus der Möglichkeit des Durchregierens selbst abgeleitet, sondern aus der Notwendigkeit einer Veränderung. Also sieht auch diese Diagnose, dass die Störung in der und durch die Ausnahmesituation des Lockdowns letztlich die Immunreaktionen des Systems aktiviert – dagegen wird nur gesetzt, dass es «keine gute Idee» sei, zum alten Modus zurückzukehren. Und aus der Perspektive eines eher im öffentlichen Dienst arbeitenden als von unmittelbarer Wertschöpfung abhängigen Milieus mag man die zeitweise Entschleunigung auch goutieren. Insofern erscheint die Rückkehr zum alten Modus als noch schlechtere Idee, so als wäre der Lockdown so etwas wie ein Vorschein auf die Postwachstumsgesellschaft.

Es wäre jedoch etwas voreilig, Gesellschaft auf eine gute oder schlechte «Idee» zu reduzieren. Durch den starken politischen Eingriff in der Ausnahmesituation hat sich an ihrer Operationsweise jedenfalls gar nicht viel geändert – was man daran erkennen konnte, dass direkt nach den ersten Lockerungen nach dem Lockdown die Routinen der Gesellschaft schneller zurückkehrten, als es sich selbst die Protagonisten der Lockerungen vorstellen wollten und konnten. Ich habe das auf die Formel gebracht, das Virus habe alles verändert, aber es ändere sich letztlich nichts.[9] Und tatsächlich ließ sich empirisch beobachten, dass alle Akteure in ihre Perspektiven und Rollen, vor allem aber in die Erfolgsbedingungen ihrer eigenen Handlungsmöglichkeiten zurückgekehrt sind. Man könnte sagen: Gerade die radikale Störung durch den Lockdown hat die gesellschaftlichen Routinen nicht evolutionär verändert, sondern eher disruptiv unterbrochen, gewissermaßen gelähmt. Die gesellschaftlichen Ordnungsmuster waren jedenfalls in der logischen Sekunde wieder präsent, in der politische und rechtliche Beschränkungen zurückgenommen wurden – wohl wissend, dass diese starke politisch-rechtliche Regulierung der Gesellschaft nur deshalb funktionieren konnte, weil es eben eine Anomalie war und keine Restabilisierung von neuen Mustern.

Evolution

Man könnte dies nun ausführlich evolutionstheoretisch erklären – in dem Sinne, dass eine Variation noch lange keine dauerhaften selektiven Auswirkungen hat, von einer Restabilisierung ganz zu schweigen. Aber das ist an dieser Stelle nicht nötig.[10] Der entscheidende Denkfehler besteht oft darin, schon die bloße Variation für ein evolutionäres Geschehen, also für eine stabilisierungsfähige Veränderung zu halten. Man kann es an eigenen Verhaltensänderungen gut ablesen: Nehmen wir an, ich sollte in meinem Alltag bestimmte Dinge vermeiden, zum Beispiel weniger oder kein Fleisch mehr essen oder mehr Sport treiben oder mir für bestimmte Dinge mehr Zeit nehmen. Solche Fragen gehören zu den üblichen Herausforderungen unseres Alltags – und meist versuchen wir Verhaltensänderungen dadurch zu ermöglichen, dass wir genau mit dem Gewünschten beginnen: weniger zu essen, oder kein Fleisch mehr, oder mehr Sport zu treiben usw. Das gelingt meistens, oftmals sogar im Sinne einer durchaus disruptiven Veränderung. Wir neigen dann womöglich dazu, die Dinge sogar zu übertreiben oder besonders exzessiv zu betreiben (oder zu unterlassen, wenn es ums Vermeiden geht). Dauerhafte Veränderungen sind in solchen Fällen freilich unwahrscheinlicher als eine Rückkehr zu den alten Gewohnheiten, deren Stabilität es ja gerade war, die die Änderung notwendig machte. Man wird sich fast immer darauf einigen können, dass es «keine gute Idee» sei, zu den alten Gewohnheiten zurückzukehren – um dann festzustellen, dass die Sache gar nicht auf einer Idee beruht, sondern darauf, dass sich bestimmte Strukturen und Praktiken eingespielt und offensichtlich bewährt haben. «Bewährung» ist hier völlig wertneutral gemeint – dass sich etwas bewährt, bedeutet, dass es sich selbst reproduziert und offensichtlich ohne größeren Aufmerksamkeits- oder Energieaufwand wiederholt.[11] Genau das hat sich nach dem ersten Lockdown im Frühjahr und auch im Sommer 2020 ereignet. Diese Disruption hat nicht einmal dazu getaugt, sich angemessen auf das damals gegenwärtige Problem einzustellen, und dürfte folglich einige Hinweise dafür liefern, wie wenig erfolgversprechend es ist, andere Großprobleme wie den Klimawandel, den überbordenden Konsum, die Schnelligkeit der Gesellschaft usw. durch zentralisierte Eingriffe in gesellschaftliche Routinen zu lösen. Es war doch frappierend, wie schnell die meisten Akteure im Sommer bei sehr niedrigen Infektions- und Todesraten so getan haben, als sei das Problem gelöst. Hinweise auf eine im Herbst und Winter zu erwartende weitere Infektionswelle mit erheblich höheren Amplituden auf den Kurven als zur Zeit des sehr strengen ersten Lockdowns verpufften geradezu. Man kann das natürlich im Modus der politischen Anklage formulieren: Es sind in der Tat Fehler gemacht worden, es ist versäumt worden, Strukturen für den Winter aufzubauen, es ist versäumt worden, die Bevölkerung semantisch auf einen schwierigen Winter vorzubereiten, man hat Masken zunächst für eine ostasiatische Merkwürdigkeit gehalten – die Liste lässt sich beliebig verlängern. Aber das reicht als Erklärung nicht aus, denn ganz offensichtlich waren es auch andere als politische Akteure, die sich in der sommerlichen Normalität eingerichtet haben – und das, so lange es nur irgendwie ging.

Hier hat sich etwas Ähnliches ereignet wie das, was ich oben für den Klimawandel als paradigmatischen Fall für unser Problem beschrieben habe: Das Frappierende am Klimawandel hatte ich ja darin gesehen, dass wir alles wissen, was wir wissen müssen – was aber offensichtlich nicht wirklich weiterhilft. Im Falle der Pandemie ist es genauso. Man kann nicht behaupten, dass man im Sommer nichts davon wusste, was im Winter passieren würde – man wusste auch, dass noch kein Impfstoff vorhanden sein würde, man kannte also Prognosen, die sich im Nachhinein als exakter herausgestellt haben, als es im Sommer kommunizierbar war. Eine psychologische Erklärung mag vielleicht darauf hinweisen, dass es nach der schwierigen Phase des ersten Lockdowns bei bestem Wetter und einer nachholenden Kompensation all der Entbehrungen durchaus verständlich ist, dass die Langsicht fehlte, sich auf schwierige Entscheidungen im Winter vorzubereiten. Aber das ist nur eine Ausflucht, die letztlich einen Zirkelschluss enthält: Es soll ja gerade erklärt werden, warum es eigentlich zu einer solchen Reaktion des Vergessens, der totalen Gegenwartsorientierung und des Leugnens gekommen ist.

Die gerade in der veröffentlichten Meinung angewachsene Diskussion um den angeblich autoritären bzw. illiberalen Charakter der Corona-Maßnahmen war sicher auch der Versuch, sich davon zu entlasten, das Erwartbare in den Blick zu nehmen – vor allem im politischen System, das aber eben nicht einfach «falsch» entscheidet, sondern seine Entscheidungskriterien vor allem einem Blick in die Loyalitätsbedingungen seines Publikums verdankt, das von einschränkenden Maßnahmen zunächst nichts mehr hören wollte. Die COVID-Krise als einen Anlass zu stilisieren, dass Gesellschaften doch irgendwie zu unmittelbaren Lernprozessen in der Lage seien, wirkt eher wie ein performativer Widerspruch, denn an der Krise selbst lässt sich ja beobachten, dass es offenbar nicht einmal in der akuten Phase des Problems selbst gelingt, die geradezu radikale Gegenwartsorientierung der Gesellschaft aufzuheben. Der Hinweis auf die Lernfähigkeit ist damit eben nur ein Hinweis auf mögliche Variationen und zeitweise Selektionen, aber bei weitem nicht auf Restabilisierungen im Sinne nachhaltiger Veränderungen.

Der Fehlschluss von der Notwendigkeit auf die Möglichkeit

Was man hier beobachten kann, ist ein merkwürdiger Fehlschluss. Es wird nicht analytisch, sondern ausschließlich auf einer appellativen Basis argumentiert: im *Schluss von der Notwendigkeit oder Drastik auf die Möglichkeit oder Realisierbarkeit*. Es wirkt wie ein Heilsversprechen, wie eine geradezu magische Vorstellung, dass hinter der bestehenden Welt eine perfekte Version derselben zu finden sei, also eine, die die eigentlichen Potentiale der Welt enthält, die in der empirischen Welt nur verschüttet sind – anders kann man nicht auf die Idee kommen, die Gestalt der Welt füge sich einer Idee, die nur entsprechend umgesetzt werden muss.[12] Die Logik besteht gewissermaßen darin, dass die «eigentliche» Gesellschaft eine ihr immer schon inhärente Lösungsperspektive enthält, die letztlich nur freigelegt werden muss. Es ist fast ungerecht, hier einen Autor wie Habermas als Beleg anzuführen, da dessen *zweistufiges* Gesellschaftskonzept nicht nur einen «immer schon» auf Verständigung angelegten Raum der Handlungskoordination kennt, sondern auch andere Formen der Handlungskoordination, etwa durch politische und Verwaltungsmacht oder durch Geld. Aber in Habermas' sprach- und kommunikationstheoretischer Grundlegung des Sozialen kommt diese Denkungsart deutlich zum Ausdruck.

Habermas rekonstruiert das Sprechen als einen performativen Akt, der «immer schon» die Möglichkeit zwangloser Verständigung enthält, weil sprachliche Akte stets Geltungsansprüche anmelden und damit auf eine Begründungsebene bezogen sind, die einen pathologischen Sprachgebrauch nicht ausschließt, aber die Kriterien eines gelingenden Sprachgebrauchs formulieren kann. Diese Denkungsart begründet das normative Potential sprachlicher Kommunikation in der empirischen Verfassung von Kommunikation.[13] Ganz ohne Zweifel lassen sich aus den Strukturen der Kommunikation Formen der Handlungskoordination ableiten,[14] aber am Ende bleibt doch ein erheblicher normativer Überschuss, der noch in der misslungensten sprachlichen Form der Handlungskoordination die Bedingungen des Gelingens angedeutet finden kann. Daraus resultiert ein erstaunliches Vertrauen in Kommunikation – das letztlich mit der Grundintuition erklärt werden kann, dass «Gesellschaft» gerade in ihrer politisierbaren Idee als Arena von Sprechern der eigentliche normative Kern gegen eine *empirische* Gesellschaft ist, die ihre Potentiale nicht entfaltet (oder dass in der Fehlallokation von Geld und Macht die Potentiale der Gesellschaft verschüttgehen). Der *Fehlschluss von der Notwendigkeit auf die Möglichkeit* zehrt also von der Diagnose, dass die Gesellschaft «besser» sei als ihre empirische Gestalt – und letztlich scheint hier ein letzter Strahl eines irgendwie Hegel'schen geschichtsphilosophischen Verständnisses auf, das die Lösung der Probleme einer Zukunft abtrotzen will, die sich noch entfalten muss. Dadurch wird im Übrigen auch das Vorurteil genährt, wir lebten in einer demokratischen Gesellschaft – und nicht in einer Gesellschaft mit einem auf Demokratie programmierten politischen System, das freilich auch auf nicht im engeren Sinne politische Formen der Kommunikation zurückwirkt.[15] Dieser Fehlschluss ist es, der vor allem die «kritische» Selbstbeobachtung der Gesellschaft charakterisiert, die am Ende von der Nichterfüllung zehrt – aber es ist zugleich eine Quelle und eine der Ausdrucksformen für das, was man tatsächlich ein *Unbehagen an der Gesellschaft* nennen kann. Die Gesellschaft bringt einerseits die Möglichkeit hervor, sie sprachlich, begrifflich, performativ nicht nur zum Thema zu machen, sondern sogar direkt zu adressieren – zumeist mit dem Impetus der Solidarität, des Gemeinsamen in einer Arena von Sprechern und gegen den Individualismus der Eigeninteressen. Aber schon die Tatsache, dass das *als* Gesellschaft und *in* der Gesellschaft stattfindet, macht jenes merkwürdige Verhältnis zwischen Sprecher und Gesellschaft aus – eine *Intern-Extern-Dublette*, die an sich selbst vollzieht, was sie kritisiert.

Wie schnell jedenfalls starke Sätze implodieren, die aus Variationen (Durchregieren des Staates in einer Ausnahmesituation) schon Potentiale (Lernprozesse für andere Krisen) ableiten – wie etwa in Hartmut Rosas Phänotyp der «kritischen» Kommentierung der Gesellschaft –, verweist darauf, dass dieser Gegenstand «Gesellschaft» offensichtlich eine dauernde Quelle einer Konfusion ist: zwischen Gestaltbarkeit und musterhafter Stabilität, zwischen gut begründeter Kritik und einem geradezu stupenden Eigensinn. Das Ergebnis ist im Ganzen eine erhebliche Überforderung.

Übrigens besteht die andere Seite jenes Fehlschlusses von der Notwendigkeit auf die Möglichkeit in einer Unterschätzung der Restabilisierungsfunktion in der Evolution. Dafür ist unsere merkwürdige Aufmerksamkeitsökonomie der beste Beweis. Evolutionäre Prozesse sind eher langsam – und wahrscheinlich kann man generalisieren, dass die unmittelbaren Zeitgenossen von Evolutionsprozessen nicht unbedingt die besten Zeitzeugen sind, denn es braucht durchaus eine gewisse Wiederholung und Veralltäglichung von Variations- und Selektionsprozessen, bis diese sich restabilisiert haben können. Unsere Aufmerksamkeit und Wahrnehmung sind erheblich sensibler geeicht auf starke Variationen bzw. auf große Differenzen zwischen Erwartungen und Erfahrungen.

Dies lässt sich an dem von Aladin El-Mafaalani so deutlich

beschriebenen «Integrationsparadox» festmachen. Seine These lautet, dass wachsende Konflikte und Unzufriedenheiten mit der migrantischen Situation in der Gesellschaft und ihre stärkere öffentliche Präsenz keineswegs auf mangelnde, sondern eher auf gelungene Integration von migrantischen Gruppen hinweisen.[16] Dass die Belange und Interessen von Migrantinnen und Migranten überhaupt gehört werden, hat nach dieser Auffassung damit zu tun, dass erst jetzt Nachkommen von Einwandererfamilien einen sozialen Aufstieg erfahren haben, der sie zu Konkurrenten auf Arbeits-, Aufmerksamkeits- und Deutungsmärkten gemacht hat. Erst weil sie in dem Sinne integriert sind, haben sie überhaupt die Chance, *zum einen* als bedrohlich oder als Konkurrenten wahrgenommen zu werden, *andererseits* ihre eigenen Interessen zu formulieren, zu denen sehr wohl auch migrationsspezifische Erfahrungen von Differenz und Ungleichbehandlung gehören.

Worauf ich hinauswill: Diese Interessenbekundungen und Deutungskonflikte erzeugen eine hohe Aufmerksamkeitsdichte, werden sichtbar, generieren in der öffentlichen Debatte einen veritablen Informationsschub, was gerade aufgrund der Konflikthaftigkeit der Themen den *Anschein* erweckt, als habe sich die Situation der Migranten verschlechtert oder als erführen diese nun mehr Gegenwind. Aber der *evolutionäre*, nachgerade unmerkliche, auch unmerklich erfolgreiche Integrationsprozess, der erst jene Sprecherpositionen geschaffen hat, fällt kaum auf. Das liegt daran, dass solche Veränderungen nur wenig Informationswert erzeugen, sondern sich eben evolutionär in der Zeit zu Gewohnheiten stabilisieren können. Dass unsere Gesellschaft seit den 1970er Jahren recht erfolgreich darin war, sozialen Aufstieg durch Bildungsteilhabe, durch einen Wandel in der Arbeitswelt, auch durch eine gewisse normative Sensibilität für Gerechtigkeitsfragen zu ermöglichen, ist dagegen kaum aufgefallen. Diese Entwicklung ist gewissermaßen unter dem Radar der Beobachtung mitgelaufen, letztlich als eine Art Selbstverständlichkeit, gerade weil Variation und Selektion in kleinen Schritten erfolgten und eben auch migrantische Gruppen von der inklusiven Kraft sozialen Aufstiegs und der Bildungsexpansion profitiert haben – was vielleicht erfolgversprechender war, als wenn es im Sinne einer disruptiven starken Variation hätte geschehen sollen.

Nicht einmal die akademische Beobachtung des Problems hat diesen Prozess angemessen mitbekommen – was zum einen wahrscheinlich an der merkwürdigen Erwartung der Sozialwissenschaften liegt, sozialen Wandel und vor allem soziale Verbesserungen bestimmter Lebenslagen gerne auf Programme, auf Intentionen, auf Konflikte und nicht zuletzt auf Emanzipationsprozesse zurückführen zu wollen; zum anderen fehlt den meisten soziologischen Theorien ein angemessenes evolutionstheoretisches Verständnis, das eben nicht von jeder Variation gleich eine sich selbst stabilisierende Weltveränderung erwarten kann.

Was hier für die Frage der Migration und Integration angedeutet wurde, gilt auch für andere gesellschaftliche Konfliktthemen aus der ersten Reihe der Aufregung erzeugenden Konflikte, etwa für die Geschlechterfrage, für den Rassismus, für Fragen der Sexualität oder auch für das Problem der Behinderung psychischer oder physischer Natur. Man kann nicht daran vorbeisehen, dass etwa Geschlechterfragen eine erhebliche Resonanz in öffentlichen Debatten haben – von der Orthofonie im Sprachgebrauch über die ungleiche Repräsentation von Frauen in bestimmten Positionen bis hin zu einer Kritik an geschlechtlichen Asymmetrien unterschiedlicher Formen. All das soll hier nicht diskutiert werden, lediglich der Hinweis sei erlaubt, dass man mit bestem Willen nicht behaupten kann, dass die Omnipräsenz der Geschlechterfrage in der Gegenwart über Fragen der Gleichberechtigung bis hin zu einer (rechtlich in Grenzbereiche gehenden) Gleichstellung der Geschlechter der Ausdruck einer Verschlechterung im Hinblick auf die gesellschaftliche Position von Frauen ist. Das Gegenteil ist der Fall: Erst die evolutionäre Veränderung einer stärkeren Inklusion von Frauen auch in den Leistungsbereich der gesellschaftlichen Funktionssysteme hat dazu geführt, dass Geschlechterfragen nun an Stellen diskutierbar sind, wo sie zuvor als eher kuriose Frage gegolten hätten. Aber auch hier bekommt die schnelle Variation bzw. ihre Forderung eine höhere Aufmerksamkeit als die kontinuierliche Veränderung über einen längeren Zeitraum.

Die Akademisierung von Genderfragen (die sich in Form von «queeren» Perspektiven längst von der Grundunterscheidung in Männer und Frauen emanzipiert hat) hat nicht unbedingt zu theoretisch bedeutsamen Neuerungen geführt, die nicht sozialwissenschaftlich schon zur Verfügung standen – die Platzierung des Themas als Forschungsthema und als Gegenstand berufsrelevanter Lehre, die zugleich auch die Berufsfelder mitprägt, ist aber eine echte Erfolgsgeschichte. Und sie ist zugleich Ausdruck einer teilweisen Lösung des Problems. Das möge nicht als Kritik gelesen werden, sondern als Ausdruck jener merkwürdigen Aufmerksamkeitsparadoxie, die daher rührt, dass die Platzierung eines Themas als Problem bereits Teil der Lösung ist.

Zusammenfassend jedenfalls lässt sich an den angedeuteten Beispielen zeigen, dass es keine Punkt-für-Punkt-Korrelation zwischen gesellschaftlichen Problemlagen und ihrer semantischen, auch akademisch-semantischen Repräsentation gibt, sondern dass die Aufmerksamkeiten durchaus etwas damit zu tun haben, ob es gelingt, genug Informationswert in der Kommunikation zu platzieren.

Vor diesem Hintergrund lohnt sich die Lektüre von Hedwig Richters Rekonstruktion der Demokratie.[17] Ihre Hauptthese könnte man exakt so zusammenfassen: Die Durchsetzung der Demokratie als Form verdankte sich gerade nicht disruptiven Veränderungen, sondern eher den kleinen evolutionären Veränderungen und Errungenschaften, die dann aufeinander aufbauen konnten und jeweils Plausibilitäten für das Errungene ermöglicht haben, auch wenn Richter ihr Argument allzu teleologisch darstellt und die Konflikte und Widerstände zu wenig thematisiert, die jene Reformen ermöglicht haben. Richtig ist freilich die Grundintuition, einen eher evolutionären Entwicklungsprozess den disruptiven Erklärungsversuchen gegenüberzustellen. Das heißt übrigens nicht, dass dies ein *automatischer* oder gar *notwendiger* Prozess gewesen wäre. Alle Innovationen und semantischen Verschiebungen sind abhängig von einer Rekombination von Möglichkeiten, von der Möglichkeit der Abweichung, von handhabbaren Variationen, auch vom Verwerfen von Alternativen. Konkret gesagt: Erst in einem Milieu, in dem «Ideen» entstehen, wird genügend Abweichung erzeugt, damit es zu Variationen und Selektionen kommen kann. Und erst dort, wo Konflikte möglich werden, kommt es auch zur Neukonstellation von Elementen. Und nur dort, wo sich Machtpotentiale entfalten, entstehen überhaupt Veränderungsdruck und damit auch Komplexitätschancen. Diese Komplexitätschancen müssen genutzt werden – aber wann und wo Komplexität als Chance (Risiko) und nicht als Gefahr erlebt wird, lässt sich nicht eindeutig bestimmen. Das gilt auch für die Klimafrage, mit der ich diese Überlegungen begonnen habe. Auch hier gilt auf der Ebene der Sichtbarkeit und der Aufmerksamkeit, auf der Ebene der Beschreibbarkeit und des Informationswertes ohne Zweifel, dass die prinzipielle Nicht-Lösbarkeit des Problems plausibler erscheint als die eher kleinen evolutionären Schritte, die durchaus zu beobachten sind. Man kann es etwa an der Wirkung von Klimaprotesten durch die «Fridays for Future»-Bewegung beobachten: Der hohe Aufmerksamkeitswert wird durch die – ohne Zweifel zutreffende – Dringlichkeit der Forderung nach grundsätzlichen Schritten für eine Lösung auf dem Weg zur Dekarbonisierung von Produktion, Verkehr und Energiegewinnung verstärkt. Aber die größten Erfolge der Bewegung liegen eben nicht in einer unmittelbaren Umsetzung der Protestziele, auch nicht darin, dass die Protestierenden mit solchen Umsetzungen hätten zufrieden sein können. Der Erfolg der Proteste liegt schlicht darin, dass sie das Thema platzieren können, dass sie letztlich alle politischen, ökonomischen, religiösen, pädagogischen, rechtlichen, medialen und nicht zuletzt wissenschaftlichen Akteure geradezu dazu zwingen können, sich zum Thema verhalten zu müssen. Offen bleibt dabei die Kausalitätsrichtung. Sind die Proteste Ursache und Beförderer der Virulenz des Themas und der ja ohne Zweifel stattfindenden evolutionären Veränderungen – oder sind es diese Veränderungen, die den Protest erst recht wahrscheinlich machen? Diese Frage lässt sich nicht eindeutig beantworten. Vieles freilich spricht für das Zweitere, denn analog etwa zu den Konflikten um Genderfragen oder den Rassismus scheint eine sichtbarere Konfliktform, wie oben gezeigt, auch Ausdruck dessen zu sein, dass sich die Verhältnisse evolutionär in die entsprechende Richtung verändert haben. Und die Frage liegt nahe: Das Thema der ökologischen Zerstörung und des Klimawandels ist in der Öffentlichkeit seit einem halben Jahrhundert präsent, es liegt seitdem viel Wissen vor, es sind sogar mit grünen Parteien in vielen Ländern zusätzliche politische Akteure entstanden, und es gibt durchaus ein Umweltbewusstsein, das bereits zu sehr starken Veränderungen geführt hat. Aber die Dringlichkeit in der öffentlichen Wahrnehmung auch über ein spezielles engagiertes Milieu hinaus ist relativ neu. Auch hier lässt sich also beobachten, dass es vor allem die Möglichkeit von Abweichungen, von Variationen und auch Selektionen ist, die das ökologische (sic!) Milieu schaffen, um dann auch nachhaltige Veränderungen zu ermöglichen. Wie man die Stabilität und die Musterhaftigkeit von gesellschaftlichen Strukturen und Praktiken nicht unterschätzen darf, so darf man auch nicht die Eigendynamik gesellschaftlicher Strukturen unterschätzen, die selten disruptiv, sondern eben in Schritten vonstattengeht, an die sich diese Praktiken selbst gewöhnen müssen, deren Variation und Selektion sich dann restabilisieren kann – und deshalb im Informationshaushalt der Gesellschaft nicht mehr, oder wenigstens: nicht als Disruption auftaucht. Aus der Perspektive einer Protestbewegung erscheinen solche «Lösungen» ohnehin als Niederlagen, nicht als Lösungen.[18]

Die Geschichte lässt sich natürlich viel einfacher und auch viel plakativer so erzählen, dass aus der individuellen Aktion einer schwedischen Schülerin eine weltweite Protestbewegung wurde. Das ist unter Aspekten der Phänomenologie des Geschehens auch nicht falsch. Aber auch der Auftritt Greta Thunbergs reiht sich ein in eine gesellschaftliche Entwicklung, in der das Thema Resonanz erzeugt – und im Übrigen auch Veränderungen auf den Weg bringt, die eher unsichtbar, unterhalb der Schwelle unmittelbarer Aufmerksamkeit zu Veränderungen führt: zum Ausstieg aus bestimmten Technologien, zur Veränderung von Verhaltensstandards, zur politischen Selbstverpflichtung auf Klimaziele, zur langsamen Umsetzung solcher Ziele in Form von Technologie- und Industriepolitik, zur rechtlichen Normierung von Standards usw. All das geschieht quasi evolutionär, muss sich an konkreten Fällen bewähren, muss politisch darstellbar werden, ökonomisch funktionieren und für Konsumenten akzeptabel sein. Aber womöglich ist das der Veränderungsmodus einer Gesellschaft, die im Falle einer modernen Gesellschaft mit so vielen Variationen und Variationsmöglichkeiten ausgestattet ist, dass sie sich durch Strukturbildung gewissermaßen davor schützen muss, aus jeder Variation eine Systemänderung abzuleiten. Das beeindruckendste Beispiel dafür ist vielleicht, wie wenig die radikalen militärischen, moralischen und technischen Disruptionen des 20. Jahrhunderts die Gesamtstruktur der Gesellschaft verändert haben, obwohl zugleich gesellschaftlicher Wandel stattgefunden hat.

Das sind unsympathische Sätze, weil sie auf den ersten Blick negieren, dass es so etwas wie geplante Veränderungen, wie Verbesserungen, wie gewollten Wandel geben kann – aber genau besehen sind die evolutionären Errungenschaften der Gesellschaft auch davon abhängig, vor zu schnellem sozialen Wandel geschützt zu werden. Der Rechtsstaat darf nicht in Gefahr geraten, nur weil einzelne Entscheidungen den Gerechtigkeitserwartungen des Publikums nicht entsprechen; die Demokratie sollte nicht in Gefahr geraten, selbst wenn zeitweise Demokratieverächter in Parlamente gewählt werden; der Mechanismus wissenschaftlichen Fortschritts wird nicht dadurch aufgehalten, dass es auch wissenschaftlichen Unsinn gibt; und die Institution der Familie scheint sich durch hohe Scheidungsraten kaum beeindrucken zu lassen (zumal die hohen Scheidungsraten nur möglich sind, weil die Leute immer wieder heiraten). Das Verhältnis von Wandel und gewolltem Wandel – wenn man so will: zwischen Evolution und Revolution – scheint also komplex zu sein und ist gerade für diejenigen, die sich für geplanten Wandel interessieren, zunächst ein Enttäuschungsanlass.

Gesellschaft der Gegenwarten

Zwischen Evolution und Disruption klafft nicht nur eine logische, sondern vor allem eine zeitliche Lücke. Informationstheoretisch lässt es sich leicht erklären, warum die Aufmerksamkeit für die Thematisierung bestimmter Sachverhalte eher am Disruptiven als an der unmerklichen Veränderung orientiert ist. Schon der Terminus der *unmerklichen* Veränderung legt dies nahe. Etwas muss einen Unterschied machen, um einen Unterschied zu machen, also um einen Informationswert zu haben. Deshalb ist es für evolutionäre Entwicklungen so schwierig, von sich selbst Kenntnis zu nehmen, und deshalb ist es erheblich einfacher, in sichtbaren Variationen bereits einen nachhaltigen Veränderungseffekt zu vermuten. Und deshalb ist es noch einfacher, disruptive Veränderungen zu fordern, als auf kleinschrittige und damit mit höherer Wahrscheinlichkeit nachhaltige Wege zu setzen.

Würde ich diese Sätze als *Kritik* formulieren, würden sie ihren diagnostischen Sinn verlieren, denn es gibt durchaus empirische Gründe, warum in einer modernen Gesellschaft die Perspektive eher auf die Gegenwärtigkeit schrumpft als auf einen langsichtigen Planungs- und Handlungshorizont. Die etwa von Norbert Elias diagnostizierte Tendenz zu einem «Zwang zur Langsicht»[19] im Laufe des Modernisierungsprozesses widerspricht dem nicht, denn der Zwang zur Langsicht beruht ja gerade darauf, dass in komplexeren Situationen die Zukunft eher problematischer, unbestimmter und kontingenter wird als in traditionalen Verhältnissen, die die Zukunft direkt aus der Vergangenheit ableiten konnten. Die Gegenwartsorientierung der modernen Gesellschaft und Kultur, auf die ich weiter unten noch ausführlicher zu sprechen kommen werde, hängt unmittelbar mit der gesellschaftlichen Struktur zusammen. Man denkt dabei an breit diskutierte und wohlbekannte Topoi: die Beschleunigung gesellschaftlicher Prozesse,[20] die Schrumpfung der Zeit[21] und die Individualisierung von Eigenzeiten.[22] Sie alle bringen die Gegenwartsorientierung der modernen Gesellschaft gut auf den Punkt: Die Erfahrung von Beschleunigung bedeutet vor allem eine Erhöhung der Taktfrequenz notwendiger Entscheidungen und der Veränderung, die Schrumpfung der Zeit resultiert daraus, sie meint nämlich vor allem eine Schrumpfung der Gegenwart in dem Sinne, dass so etwas wie ausgedehnte Erfahrungen von Kontinuität und Stabilität unsicherer werden, und die Rede von der Eigenzeit thematisiert vor allem eine Gegenüberstellung formaler Zeitprogramme und individuellen Zeiterlebens.

Diese durchaus bekannten und oft variierten Diagnosen moderner Zeitverhältnisse verweisen freilich auf mehr als nur auf die temporale Dimension unseres Erlebens. Sie verweisen direkt auf die Gesellschaftsstruktur. Ich verwende den Gegenwartsbegriff im Plural. Von *Gegenwarten* ist hier nicht nur in dem Sinne die Rede, dass sich Gegenwarten schneller ablösen, also die Gegenwart und ihr Erleben schrumpfen. Gemeint ist vor allem das *Nebeneinander* von Gegenwarten, von *gleichzeitigen* Gegenwarten. Es ist wohl kein Zufall, dass Theorien der modernen Gesellschaft zunehmend *operative* Theorien sind, also Theorien, die sich für den Ordnungsaufbau durch Praxis- oder Ereignisgegenwarten interessieren. So unterschiedliche Theorien wie der Pragmatismus eines George Herbert Mead, die phänomenologische Soziologie eines Alfred Schütz, die Praxistheorie eines

Pierre Bourdieu, vor allem aber die Systemtheorie eines Niklas Luhmann haben eines gemeinsam: Sie gehen von je konkreten operativen Gegenwarten als kleinsten Einheiten des Sozialen aus. Sie setzen nicht einen gesellschaftlichen Raum von Strukturen, von Arenen, von politischen Verbänden voraus, sondern rekonstruieren Ordnungsbildung als das Nacheinander von einzelnen Ereignissen, die sich durch Wiederholung von Veränderungen zu Strukturen verdichten und so Ordnung jeweils neu praktisch hervorbringen müssen.

Es macht einen Unterschied, ob man Gesellschaft als integrierte oder integrierbare Einheit von Kollektiven beschreibt oder als Bearbeitung des Bezugsproblems konkreter Praxis- oder Handlungsgegenwarten. Das hört sich sehr abstrakt an – und ist es auch, wenn man es als den vielleicht entscheidenden Unterschied markiert, mit dem man zwei Diskursstränge des soziologischen Diskurses der Moderne rekonstruieren kann.[23] Doch diese abstrakte Unterscheidung hat erhebliche Konsequenzen für unsere Ausgangsfrage der Lösung gesellschaftlicher Herausforderungen, die wie kollektive Krisen aussehen und demnach auch kollektiver Veränderung harren. Angedeutet habe ich es für die Klimakrise, aber auch für die COVID-Krise: Die Grundintuition lautet stets, dass solche Krisen in einer kollektiven Kraftanstrengung zu lösen seien, es wird auf Einsichtsfähigkeit ebenso beharrt wie auf die politische Steuerbarkeit der Gesellschaft. Ich habe oben angedeutet, wie geradezu begierig der Reflex angesichts des ersten Lockdowns im Frühjahr 2020 aufgenommen wurde, die gesamte Gesellschaft durch einschneidende Maßnahmen disruptiv zu verändern – eine verführerische Vorstellung wenigstens für diejenigen, die nach der kollektiven Integrationsfähigkeit der Gesellschaft suchen.

Aber schon in dem Moment, in dem es zu Lockerungen kommen musste, ist diese Integrationsfähigkeit geradezu verschwunden – und die Gesellschaft dekomponierte sich wieder in konkrete Kontexte und unterschiedliche Praxisgegenwarten. Darin bildet sich das Differenzierungsschema der modernen Gesellschaft ab.

Gelang es während des Lockdowns, die Gesellschaft durch politische, also kollektiv bindende Entscheidungen stillzustellen, verschwand diese Möglichkeit schnell wieder. Die Pandemie dekomponierte sich in unterschiedliche Perspektiven:

80 Versuchsaufbau

- Aus *medizinischer* Perspektive blieb sie ein Problem zunächst fehlender Behandlungsmöglichkeiten und fehlender Konditionalprogramme, die es im Medizinsystem sonst für die meisten Diagnosen gibt. Das Maß der Pandemie war die Frage nach dem virologischen und epidemiologischen Zusammenhang von menschlichem Verhalten und der Krankheitsausbreitung.
- Aus *ökonomischer* Perspektive wurde die Pandemie vor allem als Unterbrechung von Wertschöpfungsketten registriert, als Gefahr von Strukturverlusten in Unternehmen, auch als das Problem der Bindung von Beschäftigten. Es war vor allem ein Problem der gestörten Kontinuität von Geschäftsverläufen auf Waren-, Produktions-, Finanz-, Dienstleistungs- und Arbeitsmärkten mit zum Teil erheblichen ökonomischen Ungleichheitsfolgen.
- Aus der Perspektive des *Bildungssystems* stellten sich ebenso Probleme der Kontinuität und von Ungleichheitseffekten dar. Zunächst wurde Distanzunterricht als ein methodisch-didaktisches Problem registriert, dann auch als ein organisatorisches der Gestaltung von begrenztem Präsenzunterricht an Schulen und Universitäten.
- Für *familiale* Kontexte ergab sich eine Überforderung durch Anwesenheit, auch erhebliche Rollenkonflikte, zum Teil mit erheblichen Auswirkungen auf das Arrangement der Geschlechter. Für die nah am Leben gebaute, Unterstützungsformen ermöglichende Form des Familiären ergab sich eine besondere Herausforderung, weil man nicht mehr auf das gewohnte Repertoire des Kontextwechsels der Familienmitglieder an Arbeitsplätzen, Bildungs- und Betreuungseinrichtungen und sonstigen Orten setzen konnte.
- Für das *Rechtssystem* ergab sich eine komplexe Debatte über die Abwägung von Grundrechtseinschränkungen. Auch hier fehlten die entsprechenden Konditionalprogramme, wie sie in anderen Rechtsfeldern erwartbar sind.
- Für die *Massenmedien* stellte sich letztlich keine Krisensituation ein, weil all dies erhebliche Informationschancen bot.
- Für *Politik* stellte sich gerade *nach* dem Ausgang aus dem Lockdown das Problem, dass sich die Prozesse nicht mehr so kontrollieren ließen wie zuvor, ganz abgesehen davon, dass sie eine Art moderierende Funktion der unterschiedlichen Problemlagen in

ihre Entscheidungen bringen musste – wie vermittelt man ökonomische, bildungsmäßige, medizinische und familiale Ansprüche? Das Problem besteht darin, dass Politik all dies eben nicht integrieren kann und deshalb womöglich politische Risiken für bestimmte Entscheidungen als stärker erachtet wurden als medizinische.

– *Wissenschaft* hat getan, was sie stets tut – sie stellt eigensinnige Fragen und gibt darauf eigensinnige Antworten und musste an sich selbst erleben, dass äußere Erwartungen an Konsistenz und Eindeutigkeit von wissenschaftlichen Sätzen nicht gestillt werden konnten. Wissenschaft hat vorgeführt, wie sie Wissen erzeugt und wie stark ihre eigene Perspektive auf die Welt von selbsterzeugten Daten, Theorien und Methoden abhängig ist.

– Für *Kunst und Kultur* gab es letztlich keine *immanenten* Probleme, sondern eher Probleme der organisatorischen Kontextualisierung. Obwohl die Krise genug Stoff und Anlass für künstlerische Verarbeitung geboten hätte, widersprachen ihre Praxisformen der Einhaltung von Abstandsregeln.

Das sind stichwortartige Beschreibungen sehr unterschiedlicher Kontexte, die eben nicht zu einem Ganzen integrierbar sind und jeweils unterschiedliche Praxisgegenwarten erzeugen. Vielmehr ließ sich deutlich beobachten, dass Akteure sehr unterschiedliche Probleme lösen mussten, die sich eben nicht eindeutig vermitteln und integrieren ließen. Es gab eine gesellschaftliche Selbsterfahrung darüber, wie stark unsere alltäglichen Routinen von der Gleichzeitigkeit *unterschiedlicher* Kontexte abhängig sind – dass Familien vor allem von Escape-Möglichkeiten leben, wie sehr ökonomische Stabilität von Kontinuität abhängig ist und wie sehr das medizinisch Richtige Folgen für andere Bereiche der Gesellschaft haben kann.

Das mag zunächst sehr einfach und erwartbar klingen – aber entscheidend ist an dieser Diagnose, dass die Integration der unterschiedlichen Teile unmöglich war und zugleich der gesellschaftliche Konflikt und Diskurs davon zeugte, wie sehr Sprecherpositionen aus den jeweils unterschiedlichen Kontexten auf ihre je eigene Problemdefinition pochten – mit erheblichem Stresspotential, denn die unterschiedlichen Perspektiven haben je funktionale Plausibilitäten.

82 Versuchsaufbau

Dass es aus medizinischer Perspektive plausibler erscheint, einen totalen Lockdown zu fordern als aus unternehmerischer oder familialer, liegt schlicht in der Struktur einer Gesellschaft begründet, die eben nicht als integrierbare Kollektivität beschreibbar ist, sondern als ein System, das sich in unterschiedliche Kontexte und Gegenwarten differenziert. Stresskommunikation hat gerne je nach Couleur die Herrschaft je eines dieser Kontexte behauptet – von der «Herrschaft der Virologie» war die Rede, vom Versuch autoritärer politischer Herrschaft und selbstverständlich vom Primat der kapitalistischen Verwertungslogik vor dem Leben. Der einzige, der es fertiggebracht hat, all diese Diagnosen gleichzeitig zu bedienen, ist übrigens ein Soziologe.[24]

Es geht hier gar nicht um eine detailgetreue Analyse der COVID-Krise. Sie soll vielmehr als Anschauungsbeispiel dafür dienen, was es für einen Unterschied macht, ob man die Gesellschaft nur als eine integrierbare Arena eines Kollektivs beschreibt oder als die Gleichzeitigkeit von unterschiedlichen Gegenwarten.

Nach meinem Dafürhalten ist dies die entscheidende Stelle, an der es zum Schwur kommt und an der sich Diagnosen voneinander zu entfernen beginnen:

– *Entweder* man behandelt Gesellschaften wie Kollektive, dann hält man sie für politische Verbände und kann letztlich nicht anders, als die Probleme mit Hilfe einer Logik zu bearbeiten, die sehr nah an interaktionsförmiger Vergesellschaftung gebaut ist: Man muss auf Einsichtsfähigkeit, auf Achtung und Verachtung (Moral) und auf eine sich selbst immunisierende Idee des «guten Lebens» setzen. Es handelt sich gewissermaßen um die Übertragung der Erfahrung zwischenmenschlicher Formen des Interessensausgleichs auf ganze Gesellschaften. Gesellschaften in diesem Sinne ausschließlich als *Sozialverbände* anzusehen, wenn man so will: als Großgruppen, unterschätzt die Eigendynamik und den Eigensinn, damit aber auch die Leistungsfähigkeit ausdifferenzierter Funktionen. Auf die systemtheoretische Unterscheidung von *Sozial-* und *Sachdimension* bezogen, kennt dieses Gesellschaftsmodell nur die Sozialdimension und ist deshalb kaum in der Lage, die Eigenlogik als mehr anzusehen denn als eine Störung eines *eigentlich* auf Ausgleich, Solidarität und Gerechtigkeit hin ausgerichteten Gemeinwesens. Es ist nah an der Funktion des Politischen gebaut und betrachtet die Integrierbarkeit der Gesellschaft als Problem politischen Willens und politischer Programmierung.

– *Oder* man behandelt Gesellschaft als einen operativen Raum, in dem Handlungen, Kommunikationen, Strukturen und Prozesse nebeneinander statthaben – und das nicht einfach als Setzung, sondern aus empirischen Gründen. Denn es fällt nicht schwer, zu sehen, wie sehr unsere Handlungen durch die unterschiedlichen Kontexte bestimmt werden und ihre Erfolgsbedingungen in den Kontexten selbst vorfinden. Wie man bei der Rekonstruktion etwa der COVID-Krise sehen kann, erscheint die Krise unter den unterschiedlichen Erfolgsbedingungen und Logiken nicht nur unterschiedlich, vielmehr werden daraus auch zum Teil diametral unterschiedliche Konsequenzen gezogen. Dies erzeugt eine konflikthafte Dynamik in der Sachdimension, gegen die sich die Beschreibung der Gesellschaft ausschließlich aus der Perspektive der Sozialdimension wie eine Verharmlosung anhört.

Die zweite Version nimmt ernst, dass die moderne Gesellschaft letztlich keinen Ort kennt, an dem diese unterschiedlichen Kontexte nachhaltig aufeinander abgestimmt werden können. Sie ist näher am Bezugsproblem wissenschaftlicher Unterscheidungen gebaut, nämlich am Bezugsproblem der Bedingung von Ordnungs- und Stabilitätsbildung in einem dynamischen, auf gegenwärtigen Operationen basierenden System. Dieser wissenschaftliche, analytische Vorteil erzeugt einen Nachteil auf der Ebene der prallen und selbsterklärenden Beschreibungen. Die erste Version hat das Dramatische und die Adressierbarkeit auf ihrer Seite, so dass die zweite aussieht, als handle es sich um eine Rechtfertigung eines Status quo – ich habe dies oben unter dem Stichwort einer *Soziodizee* angedeutet.

Eine solche theoretische Vorüberlegung hat offensichtlich erhebliche empirische Konsequenzen. Bezogen etwa auf die COVID-Krise könnte der Streit zwischen diesen beiden Lösungen darin bestehen, welche der beiden Stadien in der Anfangsphase der Pandemie man für den operativen Normalfall hält – die Situation des starken Lockdowns, der die Gesellschaft tatsächlich temporär integriert hat, oder die Phase danach, als die Kontexte sich wieder gewissermaßen voneinander emanzipiert haben und die Logik der Differenzierung wieder sichtbar wurde.

Nun ist dies fast im Gestus einer Suggestivfrage gestellt – es kann kaum Zweifel daran geben, dass die Phase der Ausnahmesituation eben die Ausnahmesituation ist, selbst wenn hier eine temporäre Integrationsphase zu beobachten war. Für mich ist dies jedenfalls eine Bestätigung einer früheren These, die da besagte, dass der *Krieg*, und zwar der klassische Krieg der Nationen, der einzige Faktor war und ist, dem es historisch gelang, eine gesamtgesellschaftliche Perspektive zu erzeugen, die durch die funktionale Differenzierung letztlich ausgeschlossen ist. Nicht umsonst tauchte die Semantik des «Krieges» gegen das Virus gerade in der Phase des ersten Lockdowns mehrfach auf. US-Präsident Trump verglich das Virus mit dem Angriff auf Pearl Harbour (was zugleich eine rassistische Konnotation hat, waren doch beides «asiatische Angriffe»[25]), und der französische Präsident Macron sprach von «la guerre du coronavirus».[26] In diesem Sinne ist der Krieg zugleich Ausnahmezustand und Normalfall der Moderne gewesen – Ausnahmezustand, weil er den Mechanismus der Differenzierung temporär unsichtbar zu machen versucht, und Normalfall insofern, als der Krieg nicht nur ein technologischer und organisatorischer Modernisierer gewesen ist, sondern auch ein *gesellschaftlicher*. Der Krieg war in der Lage, die Zentripetalkräfte des Ökonomischen, des Religiösen, des Rechtlichen, des Erzieherischen, des Medialen, des Künstlerischen und nicht zuletzt des Politischen politisch so aufeinander zu beziehen, dass es zu temporären Integrationskräften kam – und deshalb war der Krieg auch für die europäischen Nationalstaatsbildungen von so großer Bedeutung. Dies gehört letztlich zur «dunklen Seite» des Modernisierungsprozesses.[27] Wie stark diese Funktion des Krieges war, lässt sich wohl am Strukturwandel des Krieges hin zur, wie Herfried Münkler formuliert, «Entstaatlichung» und Asymmetrisierung des Krieges im 20. Jahrhundert jenseits einfacher Staatsantagonismen ablesen.[28]

Es sollte deutlich geworden sein, dass die Multiplikation von Gegenwarten durch funktionale Differenzierung der Gesellschaft die Vorstellung jener Einheit in Frage stellen muss, die eine integrierte Gesellschaft suggeriert. Daraus lässt sich übrigens keineswegs die

Konsequenz ziehen, als handle es sich um eine harmonische oder gar konfliktfreie Vorstellung des Gesellschaftlichen. Ganz im Gegenteil – die gesellschaftliche Struktur selbst ist auf Differenzen, Differenzierungen, auf Reibungsflächen, auf Konflikte hin gebaut. Das größte Problem einer differenzierten Einheit ist deshalb das Synchronisationsproblem: Wie lassen sich gleichzeitig ablaufende Logiken, ökonomische, politische, mediale, rechtliche, wissenschaftliche, familiale, religiöse Logiken synchronisieren? Die Antwort lautet nicht: *gar nicht*. Die Antwort lautet: nicht zentral und nicht ein für alle Mal, sondern stets jeweils aus der Perspektive der je operativen Gegenwarten. Der Vorteil eines solchen operativen, systemtheoretischen Denkens liegt darin, dass es wirklich ernst nimmt, wer wo was und mit welchen Reichweiten tun kann und was nicht. Es ist eine geradezu naive Vorstellung, in oder hinter der Differenzierung in unterschiedliche Systeme eine wohlgeordnete Zuständigkeitsverteilung oder gar eine organisierte Arbeitsteilung zu vermuten. Es ist keine Teilung in ontologische Seinsbereiche, deren Gemeinsames dann ein Ganzes ergeben. Vielmehr zerfällt die Gesellschaft operativ in unterschiedliche Systeme, die *je eigene System/Umwelt-Verhältnisse* haben und sich auf «das Ganze» eben nur aus ihrer je eigenen Perspektive beziehen können. Exakt deswegen erfolgt auch Synchronisierung im Plural – eben weil sich so etwas wie ein gemeinsames Zeitprogramm für die Gesellschaft nicht ausmachen lässt. Genau deswegen ist eine «Gesellschaft der Gegenwarten» eine, die offensichtlich nicht *aus einem Guss* agieren kann und zugleich eine Fixierung auf die je konkrete Gegenwart bzw. auf je konkrete Gegenwarten erlebt.

Fixierung auf Gegenwarten

Um es noch einmal an der Reaktion auf die COVID-Krise zu verdeutlichen: Nach Ostern 2020 wurde gewissermaßen die *gemeinsame Gegenwart des Lockdowns* wieder aufgehoben, und die Gesellschaft dekomponierte sich wieder in die unterschiedlichen Perspektiven und Positionen, mit ihren je eigenen System/Umwelt-Verhältnissen. Dabei ging es auch, aber nicht nur um «Interessen» und «Interessenpolitik». Selbstverständlich haben die einen besonders für offene Schulen gestritten, die anderen für den Einzelhandel, die Gastronomie und die Industrie, die nächsten begrüßten die «Rückkehr» zu den Grundrechten, wieder andere waren froh, dass Freizeitaktivitäten wieder möglich waren, zugleich wurde es für Warner aus der Wissenschaft und der Medizin schwieriger, mit Hinweisen auf einen schwierigen Herbst und Winter durchzudringen. Auch das mag sich banal anhören, aber man konnte mit sehr erwartbaren Perspektiven und Einstellungen, Interpretationen und Forderungen rechnen.

Vor einiger Zeit habe ich gemeinsam mit Peter Felixberger ein kleines Buch mit dem Titel «Deutschland. Ein Drehbuch» vorgelegt. Darin haben wir an einigen öffentlichen Debatten von der Flüchtlingsfrage bis zur Diskussion um den ärztlich assistierten Suizid nachgezeichnet, wie erwartbar und vorgezeichnet die verschiedenen Sprecherpositionen zu diesen Themen waren.[29] Selbstverständlich gibt es für öffentliche Debatten kein wirkliches Drehbuch, schon weil es weder die Position des Autors noch die eines Regisseurs geben kann, auch keine Probenmöglichkeiten. Das ist aber auch gar nicht nötig, denn die Gesellschaft stabilisiert sich ja offensichtlich dadurch, dass sie Formen ausdifferenziert, die in ihrer Regelmäßigkeit und Musterhaftigkeit starken Erwartungen folgen. Dabei geht es gar nicht darum, dass die Argumente stets dieselben sind. Aber die jeweiligen Positionen und Sprechweisen halten sich erstaunlicherweise an bestimmte Formen und Regeln für Anschlussfähigkeit. Seit Talcott Parsons spricht man von «symbolisch generalisierten Kommunikationsmedien», die Systemen die Möglichkeit geben, sich trotz interner Vielfalt und Variationsmöglichkeiten an bestimmte Anschlussformen zu halten. So wird das Wirtschaftliche stets auf den Geldwert kommen, politische Fragen immer auf Macht, das Recht auf konsistente normative Erwartungen, Wissenschaft auf die Wahrheitsförmigkeit ihrer Sätze und Familien auf so etwas wie niedrigschwellige Formen der Unterstützung, der Zugehörigkeit und der Sorge.[30]

Diese unterschiedlichen Kommunikationsformen sehen die gesamte Gesellschaft, die gesamte Welt aus je eigenen Perspektiven – und es fehlt tatsächlich auch im Konfliktfall an einer koordinierenden Instanz. Man denke etwa an die Folgen der nun aufs Home-Office verlegten Erwerbsarbeit für die Rollenarrangements in Familien und den durch die Pandemie erhöhten Betreuungsbedarf für Kinder oder Alte. Oder an die virologischen Forderungen nach frühzeitiger Prävention, um das Infektionsgeschehen im Herbst unter Kontrolle zu halten, und die gleichzeitige Erhöhung des politischen Risikos, die Bevölkerung im Sommer mit der Aussicht auf einen erneuten Lockdown gegen sich aufzubringen. An diesen Beispielen aus dem Sommer 2020 lässt sich nachvollziehen, wie sehr die Handlungsformen der unterschiedlichen Akteure tatsächlich an je eigenen Gegenwarten mit relativ überschaubarem Zeithorizont orientiert waren. So etwas wie eine nachhaltige Form der Vorsorge und der Gestaltung über den Tag hinaus blieb fast aus.

Damit ist nicht gesagt, dass sie unmöglich gewesen wäre – aber sie war unwahrscheinlicher als dieses Arrangement einer dekomponierten Gesellschaft, die eben nicht in der Lage war, «aus einem Guss» auf die Pandemie zu reagieren. Selbst als die Infektionszahlen danach wieder stiegen, versuchte man sich in einer möglichst kurzfristigen Planung, obwohl man durchaus wissen konnte, dass das nicht ausreicht – sicher ist noch erinnerlich, dass man Ende Oktober glauben machte, mit einigen kleinen Maßnahmen bis Anfang Dezember könne man «Weihnachten retten». Es kam dann anders, auch weil die Gesellschaft sich in Form ihrer Massenmedien mit der Gleichzeitigkeit ihrer unterschiedlichen Stimmen und Sprecherpositionen konfrontiert sah. Die Massenmedien informieren – d. h. sie überraschen immer wieder mit erwartbaren Sätzen der entsprechenden Sprecherpositionen. Und die Gesellschaft beobachtet sich dann dabei, dass sie sich offensichtlich erst wieder stillstellen kann, wenn es gar nicht mehr anders geht, d. h. wenn akute Gefährdungen sichtbar werden. Präventive Maßnahmen, die der Überlastung der Krankenhäuser entgegenwirken sollen, sind erst möglich, wenn tatsächlich absehbar ist, dass Intensivbetten knapp werden, nicht schon dann, wenn sich abzeichnet, dass es später so kommen könnte.

Um es deutlich zu sagen: Im Umgang mit der Pandemie wurden auf verschiedensten Ebenen eklatante Fehler gemacht. Statt einfache Schuldzuweisungen vorzunehmen, geht es mir jedoch darum, den Typus von Fehlern identifizieren zu können, der auf die fundamentale Gegenwartsorientierung funktional differenzierter Gesellschaften zurückzuführen ist. Eine große Stärke einer funktional differenzierten

Gesellschaft besteht darin, dass einzelne Funktionen besonders leistungsfähig werden und der enorme wissenschaftliche, kulturelle, technologische und soziale Fortschritt der Moderne direkt darauf zurückzuführen ist – und das galt in manchen Bereichen auch während der Pandemie, wenn man etwa an die schnelle Etablierung angemessener Behandlungsmöglichkeiten für Patienten denkt, an die Erforschung des Virus, an die schnelle Entwicklung von Impfstoffen, aber auch an ökonomische Anpassungsfunktionen. Zugleich waren andere Bereiche teils radikal überfordert, etwa Familien oder auch Schulen.

Andererseits wird das durch die Schwäche erkauft, dass es gerade deshalb keine Form der Gesamtkoordination geben kann – auch wenn man so gerne alles auf *ein* Prinzip zurückführen und alles, was geschieht, möglichst unter *einer* Hinsicht subsumieren möchte. Deshalb sind gerade in der Moderne Einheitsbeschreibungen so beliebt – der Nationalismus als Versuch der Gleichschaltung der Funktionen auf einem Territorium und als Möglichkeit einer vereinfachten gesellschaftlichen Selbstbeschreibung zum Beispiel. Ich habe schon auf den klassischen Krieg der Nationen hingewiesen, der eben auch dazu diente, so etwas wie eine Simulation von Integration zu ermöglichen.

Das andere Modell wäre die geradezu obsessive Konzentration der Gesellschaftsdiagnose auf den Kapitalismus bzw. den Industriekapitalismus als die Quelle allen Übels, die die Gesellschaft im Ganzen als *kapitalistische* Gesellschaft beschreiben will. Das ist ebenso verkürzend, wie andere Programme einzelner Funktionssysteme als Beschreibungsfolie für das Ganze zu verwenden. Genauso unplausibel problematisch ist es, von einer *demokratischen* Gesellschaft, von einer *aufgeklärten* Gesellschaft oder gar einer *wissenschaftlichen* Zivilisation zu sprechen. Man würde wohl auch nicht sagen wollen, die Gesellschaft sei vollständig durch die rechtliche Form normativer Erwartungssicherheit zu beschreiben oder als gebildete Entität. Die Konzentration auf *Kultur* im Sinne der Nation und die Konzentration aufs *Ökonomische* als Kapitalismus machen die Dinge gut beschreibbar – beides verkennt aber gerade die sachliche Differenzierung der Gesellschaft und ihre Effekte auf die Form der Koordination ihrer unterschiedlichen Teile. Es macht in der sozialwissenschaftlichen Intelligenz offensichtlich Schwierigkeiten, die *Differenz* der Funktionen nicht in einer Form der *Einheit* aufzuheben – politisch, gemeinschaftlich oder normativ.

Nun mag man einwenden, diese Fixierung auf unterschiedliche Gegenwarten sei ein Effekt einer akuten krisenhaften Ausnahmesituation. Dagegen wäre freilich vorzubringen, dass es sich bei der gegenwartsorientierten Operationsweise der Gesellschaft um deren Normalmodus handelt, der schon aus logischen Gründen etwas mit der dezentrierten Form der Synchronisation gesellschaftlicher Perspektiven zu tun hat. Die Gegenwartsorientierung fällt freilich in krisenhaften Situationen besonders stark auf, weil gerade in solchen Phasen die entgegenlaufende Erwartung bzw. Notwendigkeit konzertierter Aktionen und langfristiger Planung aufscheint. Das COVID-Jahr 2020 war dafür geradezu ein Groß- und Freilandversuch, weil hier konzertierte Aktionen und Gegenwartsorientierung in einen erheblichen Konflikt gerieten. Dabei wurde jedoch nur etwas sichtbar, was ohnehin im gesellschaftlichen Selbstverhältnis stets mitläuft: Das funktional differenzierte Gesellschaftssystem ist unfähig, als Einheit zu fungieren und damit *gesamtgesellschaftliche* Strategien anzugehen. Das kann natürlich versucht werden – aber eben immer nur aus der Perspektive der jeweiligen Systemreferenz: *Politisch* klingt es am plausibelsten, weil die Funktion des Politischen ja auf kollektiv bindende Entscheidungen zielt, aber eben nicht auf kollektiv bzw. gesellschaftlich kontrollierbare Wirkung. Aber man kann es auch anders versuchen: *wissenschaftlich* zum Beispiel. Nicht wenige wissenschaftliche Strategien versuchen exakt das: aus der wissenschaftlichen Evidenz auf gesellschaftsweite Lösungen zu drängen. Auch hier ist die COVID-Krise ein hervorragendes Anschauungsbeispiel. Oder *ökonomisch* – der Versuch, aus allem einen Markt zu machen und alles über Knappheitsmanagement zu regeln, um dann festzustellen, dass exakt das an Grenzen stößt, selbst in der stärksten sogenannten neoliberalen Phase in den ersten zehn Jahren des 21. Jahrhunderts. Oder *religiös*, wie es in manchen Weltregionen versucht wird, um dann festzustellen, dass die politischen und vor allem ökonomischen, aber auch die kulturellen Folgen unkontrollierbar werden.

Auch hier fallen mir auf den ersten Blick fast nur *krisenhafte* Situationen ein, also solche, die sich selbst *als Krise* beschreiben würden, dabei ist die moderne Gesellschaft genau genommen permanent im Krisenmodus, wenn man darunter verstehen will, dass sich alles als *vorläufig* herausstellt. Das Erleben von Beschleunigung oder Orientierungslosigkeit oder Unübersichtlichkeit stellt sich exakt deswegen ein, weil der abstrakte systemtheoretische Satz, dass die Gesellschaft keine Spitze und kein Zentrum hat und haben kann, sich empirisch als genau das herausstellt, was die gesellschaftliche Dynamik ausmacht: Die Vorläufigkeit aller Lösungen und die Multiplikation von Perspektiven verhindert es geradezu, dass das System sich zugunsten einer konzertierten Form integriert.

Dasselbe ließe sich auch für die Klimakrise durchexerzieren. Die Klimakrise wird aus der Perspektive unterschiedlicher Funktionssysteme und damit unterschiedlicher Akteursebenen nicht nur unterschiedlich wahrgenommen, so dass unterschiedliche Entscheidungs- und Beschreibungsbedingungen entstehen – diese unterschiedlichen Perspektiven bleiben auch radikal unkoordiniert. Selbst wenn es einen semantischen Konsens über die Notwendigkeit von Maßnahmen, über die Notwendigkeit kollektiver Ziele oder auch eine Einsicht in die Nicht-Sagbarkeit des Gegenteils gibt, so hebt das weder die Differenz der Perspektiven auf, noch ist so etwas wie eine konzertierte Form in der Sachdimension denkbar – sie kann allenfalls in der Sozialdimension beschworen werden.

Man mag eine solche Diagnose für eine Ausrede halten – für ein Ausweichen vor der Größe des Problems, das nicht *wirklich* angegangen, nicht radikal gelöst, nicht so ernst genommen wird, wie die Diagnosen es nahelegen. Und mit dem Verdikt der Ausrede hat man eine wunderbare Ausrede zur Hand, die radikale Forderung bereits für die Problemlösung zu halten. Denn was hier deutlich wird, ist die tatsächlich strukturelle Überforderung der Gesellschaft in zweierlei Hinsicht: *Einerseits* zeigt sich die Selbstüberforderung der Gesellschaft, die sich der Herausforderung von Krisen nur polyphon, eher unkoordiniert stellen kann; *andererseits* zeigt sich die Überforderung in Diagnosen, die eben nicht mit der Komplexität der Gesellschaft rechnen bzw. diese offensichtlich nicht erreichen können.

Aber auch diese Krise findet als Krise der Gesellschaft eben auch als Krise *in der* Gesellschaft statt – und zwar in der bestehenden Gesellschaft, in der vieles instabil scheint, kontingent ist, in der man sich auf wenig verlassen kann. Verlassen kann man sich allein darauf, dass ökonomische, politische, wissenschaftliche, mediale und rechtliche Logiken sich schwer verunsichern und zugunsten kollektiver Problemlösung so integrieren ließen, dass sie einen Masterplan abzuarbeiten in der Lage wären. Wie oben gesagt: Allenfalls im Krieg oder im durchregierten Lockdown könnten sie es, temporär und unter hohem Aufwand einer geradezu gewaltsamen Kontrolle der Gesellschaft.

Damit kehre ich zum Ausgangspunkt dieser Überlegungen zurück, nämlich zu der Frage, warum es trotz ziemlich eindeutigen Wissens um die Ursachen und zumindest um die natur- und geowissenschaftlichen Konsequenzen nicht gelingt, das Klimaproblem nachhaltig zu lösen. Es sollte wenigstens deutlich geworden sein, dass es nicht das *Wissen* ist, das die Gesellschaft in dem als nötig befundenen Sinne zu integrieren in der Lage ist. Das heißt übrigens gar nicht, dass sich die Gesellschaft nicht auf diese Frage einstellen kann – sie tut es seit Jahrzehnten evolutionär, in kleinen, zu kleinen, aber nicht wirkungslosen Schritten, die durchaus Folgen haben, aber schwer wahrnehmbar sind. Es sind Veränderungen von Grenzwerten für die Exposition von CO_2, es sind rechtliche Vorschriften für die Gestaltung von Technologien, es sind sich langsam ändernde Gewohnheiten, es ist zum Teil ein Kulturwandel, es ist eine Etablierung des Themas in unterschiedlichen Zusammenhängen usw. Es sind also all die Dinge, die zwar durchaus etwas verändern, aber genau genommen nur einen Hinweis darauf geben, dass nicht genug und vor allem nichts Disruptives geschieht. Ich habe darauf mit einem evolutionstheoretischen Argument geantwortet, das nicht nur die operative Ebene betrifft, sondern auch die Struktur dieser speziellen Aufmerksamkeitsökonomie zwischen Prozesshaftem und Disruptivem beschreibt.

Die Gesellschaft tut also, was sie stets tut – sie ist leistungsfähig dort, wo es um konkrete Lösungen geht (und macht dann doch nachgerade unfassbare Fehler), sie ist insuffizient dort, wo es um grundlegende Lösungskonzepte geht (und ist gerade deswegen in ihren je unterschiedlichen Funktionen und Logiken so leistungsfähig). Das könnte bereits ein früher Hinweis darauf sein, wie Lösungen und Probleme, Probleme und Lösungen in einem komplexen System aufeinander bezogen sein können – anders jedenfalls, als man es im

Hinblick auf aufmerksamkeitsökonomische Erwartungen erwartet. Das ist es, was ein prinzipielles, ein grundlegendes, ein unheilbares Unbehagen an der Gesellschaft erzeugt, ein Unbehagen, das die Welt letztlich immer in der Krise wähnt – und damit Recht hat. Das ist der Versuchsaufbau dieser Überlegungen: dass man wohl nie mehr konnte als heute und dass es gleichzeitig nie aussichtsloser war, große Ziele zu erreichen.

4

(An-)Ordnung

Die vorherigen Überlegungen endeten mit dem Gedanken, eine moderne Gesellschaft sei leistungsfähig dort, wo es um konkrete Lösungen gehe, und sie sei insuffizient dort, wo es um grundlegende Lösungskonzepte gehe. Auch wenn es schon so oft gesagt wurde: Sie kann nicht aus einem Guss handeln, weil sie als *Gesellschaft der Gegenwarten* ein komplexes System ist, das sich in unterschiedlichste eigensinnige Formen ausdifferenziert hat. Nimmt man die Klimakrise und die COVID-Krise als hinreichend unterschiedliche Krisen als Referenzgrößen in den Blick, wird sehr deutlich, wie wenig es einer modernen Gesellschaft gelingen kann, sich über diese Differenzierung hinwegzusetzen bzw. mit ihr zu rechnen. Ein Resultat ist aber ein generelles Unbehagen – ein Unbehagen, das wohl auch latent daher rührt, dass die Krise ganz offensichtlich nicht durch das SARS-CoV-2-Virus ausgelöst wurde und auch nicht durch die Konzentration von Kohlendioxid in der Atmosphäre, sondern durch die Gesellschaft selbst. Die Gesellschaft selbst ist die Krise – und damit ist nicht die Banalität gemeint, dass der Klimawandel anthropogen sei und dass die Ausbreitung des COVID-Virus einschließlich der Zoonose, also der Übertragung des Erregers vom Tier (wahrscheinlich Fledermaus) auf den Menschen, etwas mit gesellschaftlichen Praktiken der Tierhaltung und der Auswirkungen unserer Lebensform auf Artenvielfalt etc. zu tun hat.

Beide Referenzkrisen zeigen jedenfalls deutlich, dass die Gesellschaft an sich selbst scheitert – nicht an einem Corona-Virus einer Größe von maximal 160 nm (= 160 mal 10^{-9} Meter) und auch nicht an einer zu hohen CO_2-Konzentration in der Atmosphäre, sondern daran, wie gesellschaftliche Routinen mit diesen Befunden umgehen, obwohl es sprachliche Ausdrücke gibt, die ziemlich genau repräsentieren können, wie die Wirkverhältnisse sind. Das Bewirken ist das Problem – das Prädikat ist zugleich der wichtigste Bestandteil von sprachlichen Sätzen und das größte Problem der Transformation in eine wirksame Praxis. Es ist kein Zufall, dass diese beiden Referenzkrisen wenigstens so wahrgenommen werden können, als habe man es mit einem der Gesellschaft eher *äußerlichen* Geschehen zu tun, zugleich aber deutlich wird, dass die Gesellschaft nicht an diesem Geschehen scheitert, sondern *an sich selbst* – wobei diese Erkenntnis meist eher einem Eindruck als einer Erkenntnis gleicht.

Das Scheitern der Gesellschaft erscheint dann als kollektive Verantwortungslosigkeit, als Fehlen von Solidarität, als Verlust von gesellschaftichem Zusammenhalt – und geheilt werden kann das logischerweise nur durch Anwendung der Soziodizee der Gemeinsamkeit. Kollektiver Verantwortungslosigkeit kann man nur kollektiv begegnen – also durch Konzentration auf die Sozialdimension – was dann von den strukturellen Sachfragen entlastet. Die Empörung und die Anklage ebenso wie die Beschwörung des Gemeinsamen hat eine erhebliche Entlastungsfunktion.

Es gehört zu den klassischen Themen der Moderne, einerseits Großkollektive zu «erfinden», andererseits Mobilisierung über Zugehörigkeit zu ermöglichen – und dies nicht nur im europäischen/nordamerikanischen «Westen», sondern weltweit, wie es vor allem Shmuel N. Eisenstadts Konzept der *multiple modernities* verdeutlicht.[1] Eisenstadt[2] konzipiert die gesellschaftliche Moderne als Bewegung, als Projekt. Modernität heißt für ihn Kontingenzbewusstsein und ein Verhältnis zur Welt, das auf Änderbarkeit und Gestaltbarkeit zielt. «Subjekt» solcher Änderung und Gestaltbarkeit sind nicht mehr geschlossene Oberschichten, sondern politisch erzeugte und erzeugbare Kollektivitäten, deren ansprechbare Identität für revolutionäre Energien sorgt. Der enorme Vorteil von Eisenstadts Vorschlag besteht darin, *modernization* und *westernization* nicht identisch zu setzen. Modernisierung heißt für ihn, dass weltweit mit unterschiedlichen kulturellen Vorzeichen und mit sehr unterschiedlichen Erfahrungen auf den Verlust stabiler Weltbilder und unbefragter Hintergrundüberzeugungen mit kollektiver Mobilisierung und politischen Bewegungen reagiert wird – das gilt für das europäische Modell des ethnischen Nationalstaates ebenso wie für revolutionäre oder religiös-fundamentalistische politische Bewegung und neuerdings auch für eher identitätspolitische Bewegungen.[3] Er formuliert also eine strukturelle, von konkreten Inhalten zunächst völlig unabhängige Form von Modernität, die freilich einen erheblichen politischen *bias* hat: Es geht um die Idee kollektiver, d. h. politischer Weltgestaltung, um die politische Umwälzung der Gesellschaft. Modernität hat es in diesem Verständnis mit der Adressierbarkeit von «Gesellschaft» bzw. «Kollektivität» zu tun. Solche Kollektivitäten liegen in der unterstellten politischen Einheit der Gesellschaft eigentümlich quer zur Logik der funktionalen Differenzierung der Moderne, die die moderne Welt im Vergleich zu den modernen Projektionen angeblich einheitlicher Weltbilder früherer Epochen als entzweit, als in sich widersprüchlich, als geradezu unbehaust erscheinen lässt. Eisenstadt spielt darauf an, dass alle modernen revolutionären Bewegungen – von den bürgerlichen Revolutionen einschließlich der amerikanischen über die faschistischen und kommunistischen Revolutionen des 20. Jahrhunderts bis zu den religiös formierten Fundamentalismen unserer Tage – exakt an jenen inneren Widersprüchlichkeiten der differenzierten Moderne ansetzen und dagegen das Therapeutikum der Einheit, der Integration, der Bewegung, der Gemeinschaftlichkeit, der Einsicht in die Notwendigkeit und der Solidarität setzen. Was Eisenstadt hier beschreibt, entspricht letztlich dem, was ich oben die *Soziodizee des Gemeinschaftlichen* genannt habe.

Ich habe es oben mit der COVID-Krise durchgespielt, deren Zielkonflikte und unaufhebbare Perspektivendifferenzen die Gesellschaft an den Rand ihrer Möglichkeiten bringen. In solchen Situationen entsteht jenes Soziodizeeproblem, das zur modernen gesellschaftlichen Selbsterfahrung gehört.

Der «Rand der Möglichkeiten» ist ein *Effekt der Differenz der semantischen Erreichbarkeit der Gesellschaft durch Chiffren und Figuren in der Sozialdimension bei gleichzeitiger Unerreichbarkeit der Gesellschaft in der Sachdimension. Die Sozialdimension erzeugt eine Art Überzeitigkeit des Gemeinsamen, während die Sachdimension eine Gleichzeitigkeit von Unterschiedlichem erzeugt.* Diese abstrakte Figur meint: *Erreichbar* ist die Gesellschaft semantisch als Großgruppe, als Gemeinschaftliches, als Gemeinsames, also unter Anwendung der entsprechenden Soziodizee; *unerreichbar* ist sie in ihrer Struktur, in der Sachdimension, in ihrem fast verborgenen

Eigensinn. Wer sich an die Unterscheidung von Basis und Überbau erinnert fühlt, liegt nicht ganz falsch, es ist die wissenssoziologische Unterscheidung von gesellschaftlicher Struktur und ihrer semantischen Verarbeitung.

Diese wissenssoziologische Unterscheidung gehört zum traditionellen Bestand der Soziologie, auch wenn die konkreten theoretischen und empirischen Modelle sich unterscheiden. Wie tief allerdings die Beschreibbarkeit und Erreichbarkeit der Gesellschaft von der Soziodizee des Gemeinsamen, von der Sozialdimension imprägniert ist, lässt sich am besten an Soziologien nachzeichnen, die meinen, exakt dies überwunden zu haben. Man könnte sie als Soziologien des *Postsozialen* oder *postsoziale Soziologien* bezeichnen, die gerade angetreten sind, jene naiven Formen des Sozialen zu dekonstruieren.[4] Es wird sich herausstellen, dass besonders diese Formen einer verfremdenden Beschreibung des Sozialen der klassischen Form der Sozialität nicht entkommen und deren Bedingung damit noch unsichtbarer machen. Man muss sie nur nicht wegen der beliebten Verfremdung nur affirmativ lesen, sondern gegen den Strich bürsten – und beim Wort nehmen.

Bezogen auf die beiden Referenzkrisen Pandemie und Klimawandel entsteht mit einer ziemlich radikalen soziologischen Neubestimmung des Sozialen eine Ahnung von dieser Selbstreferentialität des Unbehagens an der Gesellschaft selbst – aber letztlich schreckt auch dieses auf den ersten Blick sehr radikale Denken davor zurück, daraus auch radikale Konsequenzen zu ziehen. Statt die Gesellschaft selbst als Quelle des Problems zu entdecken, werden dann Viren oder Kohlendioxidgase – das eine unsichtbar klein, das andere geruchs- und farblos flüchtig – lieber gleich in die Gesellschaft integriert, eingemeindet, wenn man so will: inkorporiert – auf Kosten womöglich einer analytischen Schärfe. Was dabei herauskommt, ist eher eine exotisierende Beschreibung, die sehr radikal aussieht, aber auch eigentümlich entlastend wirkt. Es ist in der Soziologie wohl die Akteur-Netzwerk-Theorie und vor allem der französische Soziologe Bruno Latour, der dafür stilbildend ist. Es lohnt sich, dessen Lösung und ihr Scheitern ausführlicher zu rekonstruieren. Deshalb ist es nötig, etwas detaillierter in diese Theorierekonstruktion einzusteigen.

Überall Akteure

Latour hat schon in den 1990er Jahren die Unterscheidung von Natur und Kultur auf den Kopf gestellt: Das klassische Bild sei, dass die Natur nicht unsere Konstruktion sei, Gesellschaft/Kultur dagegen sei das Reich der Freiheit und damit der freien Konstruktion (zumindest im Hinblick auf ihre historische Variabilität). Dieses Verhältnis habe sich umgekehrt: Nun werde irgendwann Natur eine künstliche Konstruktion im Labor und in den Wissenschaften, während Kultur/Gesellschaft offensichtlich unsere Einwirkungsmöglichkeiten übersteige, geradezu transzendent werde. Er nennt das zwei «Paradoxe von Natur und Gesellschaft». Während also die Natur nun quasi wie Kultur und Gesellschaft gestaltbar erscheint, bekommen wir durch unsere Erfahrung, aber auch durch die sozialwissenschaftliche Reflexion beigebracht, dass sich die Gesellschaft unserem Zugriff entzieht. Dieser Gefahr, so Latour, werde dadurch begegnet, dass man die Grenze zwischen Natur und Gesellschaft noch deutlicher und rigoroser ziehen müsse. Latour spricht von einer «Reinigung» – und es dürfe letztlich keine Vermittlung geben. «Auch wenn wir die Natur konstruieren, ist es, als konstruierten wir sie nicht», schreibt Latour einerseits, andererseits: «Auch wenn wir die Gesellschaft nicht konstruieren, ist es, als konstruierten wir sie.»[5]

Für die sozialwissenschaftliche Intelligenz ist dies schon deshalb attraktiv, weil es zum einen eine exotische Beschreibung ermöglicht, andererseits sieht es auf den ersten Blick tatsächlich aus wie das Versprechen eines gewissen Freiheitsgrades in der Anordnung der unterschiedlichen Entitäten. Das Attraktivste war dann letztlich die Konsequenz, die Latour für den Status von Akteuren aus seiner Analyse zieht. Es geht letztlich um eine Emanzipation aller Arten von Entitäten: «Wir wollen, daß das sorgfältige Sortieren der Quasi-Objekte möglich wird, daß es aber nicht mehr offiziös und heimlich vonstatten geht, sondern offiziell und öffentlich.»[6] Was sich schon lange abzeichne, solle nun anerkannt werden: «Wissenschaften und Techniken sind bemerkenswert, nicht weil sie wahr oder effektiv sind [...], sondern weil sie die nicht-menschlichen Wesen, die in der Fabrik der Kollektive rekrutiert werden, vervielfachen und unsere Gemeinschaft mit diesen Wesen inniger machen.»[7] Als Kandidaten für solche nicht-menschlichen Wesen nennt Latour «Mikroben, Elektrizität, Atome, Sterne, Gleichungen zweiten Grades, Automaten und Roboter, Windmühlen und Pumpkolben, Unbewußtes und Neurotransmitter»[8] – zudem könnte man sagen: schlicht alles, dem man irgendwie zurechnen kann, dass es Auswirkungen auf Konstellationen hat.

Ich referiere dies hier aus zwei Gründen. Zum einen wird in der Rezeption dieses Denkens fast nur die Öffnung gesehen, also die Möglichkeit der Neuordnung, der Neukonstellation, der neuen «Versammlung», wie es später heißen sollte. Aber dass Latour gerade mit der Verdoppelung der Perspektive, nämlich der Trägheit, der regelrechten «Naturalisierung» (in der alten Nomenklatur) der Gesellschaft einen wichtigen Punkt macht, wirkt natürlich nicht so attraktiv wie die Möglichkeit der Neuordnung. Aber es gehört durchaus zur gegenwärtigen Erfahrung, dass beide Paradoxa im Hinblick auf das Verhältnis von Natur und Gesellschaft/Kultur gelten, oder besser: wirken.

Zum anderen scheint dieses Denken insofern radikal zu sein, als es im Hinblick auf die beiden Referenzkrisen mit einiger Verve zeigen kann, dass sich die Probleme eben nicht in dem Sinne externalisieren lassen, dass Gase in der Atmosphäre und Mikroben mit pathogenen Eigenschaften nicht Teile einer Anordnung sind, die die Gesellschaft erweitern, mit denen man dann leben muss. Man muss dann womöglich «Gemeinschaften mit den nicht-menschlichen Entitäten» bilden, um sich dann doch wieder die alten und klassischen «gesellschaftlichen» Fragestellungen einzuhandeln.

Sehr schön hat dies die Soziologin Sabine Hark während des ersten Lockdowns im Frühjahr 2020 in einem Zeitungsbeitrag auf den Begriff gebracht – ohne direkt auf Latour Bezug zu nehmen, aber schon bis in die Begrifflichkeiten mit entsprechenden Referenzen, was ein Hinweis auf die Normalisierung und die Selbstverständlichkeit solcher Exotisierung in der sozialwissenschaftlichen Intelligenz ist. Sie schreibt: «Die Pandemie macht aber auch deutlich, dass wir diese Strukturen der Unterstützung sowie die Netzwerke des Lebens dort, wo sie fehlen, auch und gerade unter der Bedingung ihres Fehlens beziehungsweise ihrer systematischen Verhinderung schaffen müssen: im eigenen, derzeit kontaktreduzierten Alltag genauso wie auf den griechischen Inseln, vor den Küsten Libyens, in den Asylunterkünften Brandenburgs, in überfüllten Hospitälern und geplünderten Supermärkten. Das ist, was jetzt zu tun ist: Von der Verwundbarkeit der anderen ausgehend handeln, im Wissen darum, dass es nicht SARS-CoV-2 allein ist, das tötet, sondern die Verweigerung, mit anderen Wesen, menschlichen wie nicht-menschlichen, zu denken, sowie der politisch induzierte Mangel an unterstützenden Infrastrukturen und Solidarität. In diesem Sinne: Haltet Abstand. Bildet Virengemeinschaften!»[9]

Diese Sätze zeigen sehr deutlich, wie wenig eine exotisierende Erweiterung der Akteurskategorien vor einer sehr traditionellen Idee der Ordnungsbildung schützt. Was ich oben als *Soziodizee* beschrieben habe, wird hier sehr deutlich. Das Problem wird durch den Rekurs auf «Gemeinschaft» entschärft – und schon erzeugt die Beschreibung eine gleichzeitige Dramatisierung und Entdramatisierung der Beschreibung, was die Nähe zur Theodizee nochmals deutlich macht. Es scheint also nicht fundamental zu helfen, die Zahl bzw. die Diversität der Aktanten zu erhöhen, wenn man das Ordnungsproblem, das Handlungsproblem, das der Bewirkung nicht lösen kann. Und es wäre nun wohlfeil, dies der zitierten Perspektive vorzuwerfen, sie demonstriert nur, dass die Exotisierung der Beschreibung nur das Soziodizeeproblem löst. Nicht die Sache selbst.

Die Sache selbst, also das Anordnungsproblem, stellt sich aus den unterschiedlichen Perspektiven von Akteuren doch recht unterschiedlich dar. Man kann sagen, dass das Virus bisweilen ganz erfolgreich ist – denn das Erfolgskriterium eines solchen Virus ist ja gerade nicht identisch mit dem Erfolgskriterium für menschliche Anordnungen, um es so zu sagen. Das Virus scheint ein ziemliches «Interesse» daran zu haben, sich zu verbreiten, Wirte zu befallen, sich durch Mutation gegen Eindämmung zu wehren, möglichst nicht alle Wirte gleich zu töten, weil es dann auch selbst aus dem Kreislauf der Gemeinschaften herausfällt usw. Was für das Virus gut ist, ist es für seine Wirte nicht – letztlich die klassische Konstellation einer «Gemeinschaftssoziodizee». Nach Gemeinschaft muss man aber nur rufen, wenn die Elemente irgendwie doch nicht so recht zusammenpassen wollen. So produktiv und lohnend die Erweiterung der Akteure im Rahmen der Akteur-Netzwerk-Theorie auch ist, das grundlegende Ordnungsproblem kann diese Erweiterung nicht lösen. Gemeinschaft zu sein, das haben wir schon gehört, und wenn es mit der Gemeinschaft nicht hilft, dann sollte der Konflikt wenigstens mit Sinn und Verstand ausgetragen werden – was Latour mit seiner wunderbaren Metapher eines «Parlaments der Dinge» sehr schön auf den Begriff bringt.[10]

Latour hat die Probleme seiner Akteur-Netzwerk-Theorie in seinem späteren Werk durchaus gesehen, aber nicht prinzipiell gelöst – sondern nach meinem Dafürhalten durch eine weitere Exotisierung unsichtbar gemacht. Er hat die von James Lovelock entwickelte *Gaia*-Hypothese aufgenommen. Lovelock, ein Inspirator der Ökologie-Bewegung, hat die Erde als Lebewesen beschrieben, um damit auf die Verletzlichkeit des Erdsystems hinzuweisen, und sprach sogar von der Rache der Erde gegen den Menschen.[11] Das muss man nicht unbedingt ernst nehmen – zumal auch hier womöglich die Sprache die Verführerin für eine starke, exotisierende Diagnose gewesen sein mag, so dass die «Erde» vom grammatischen Subjekt zum realen Subjekt mutiert, damit es zurechnungsfähig wird. Wenn man diese Sätze schreibt, muss man vorsichtig sein, nicht von der Attraktivität solcher Formulierungen «infiziert» (sic!) zu werden, weil die Bilder so schön sind. Aber man fügt sich dann nur der exotisierenden Entlastung. Inhaltlich kommt nichts dabei heraus. Aber darauf kommt es nicht an. Latour jedenfalls verteidigt Lovelock. Er wirft seinen Kritikern vor, das Bezugsproblem von Lovelock gar nicht begriffen zu haben: «Das Problem, mit dem Lovelock kämpft, nehmen sie gar nicht erst wahr. Wie kann man Verbindungen verfolgen, ohne Holist zu sein?»[12]

Ja, wie kann man das? Holismus wäre die Idee einer prästabilierten Form der Verbindung – aber die gibt es nicht, deswegen muss die entsprechende Soziodizee «Gemeinschaft» fordern. Die Herausforderung besteht nicht darin, Elemente, Akteure und sonstige Entitäten zu unterscheiden. Die Herausforderung besteht in der Form ihrer Verknüpfung. Darauf weist Latour hin, wenn er den bei Lovelock womöglich tatsächlich etwas mythischen *Gaia*-Gedanken säkularisiert: Es gehe nicht darum, «daß Gaia über eine Art ‹große empfindsame Seele› verfügt, sondern daß der Begriff Gaia die Intentionalität in sich auffängt, die an alle Akteure verteilt ist, von denen jeder seine Umgebung so modifiziert, wie es ihm passt.»[13]

Es hat fast etwas Tragisches, dass ein solcher Satz aus einer Soziologie stammt, die den klassischen Gegenstand der Soziologie, die Gesellschaft nämlich, weit hinter sich gelassen hat – oder genauer: hinter sich lassen wollte. Bruno Latour ist ein Denker, der der Soziologie mit Recht den Spiegel vorhält, wenn er ihr bescheinigt, sie denke zu sehr in Kategorien einer wohlgeordneten, geradezu stabilen Welt, in der alles seinen Platz habe wie in einem Organismus. Er spricht von einer «Organismusmetapher – dieses kuriose Amalgam aus Sozialtheorie, Staatskonzeption und Maschinismus», die gewissermaßen «einen Generalingenieur unterstellt, der [...] fähig wäre, alle diese Akteure zum Besten Aller zusammenzufügen.»[14] Mit einiger Polemik, aber nicht ganz unzutreffend, ruft Latour in Erinnerung, «daß Soziologie und Biologie ihre Metaphern unaufhörlich miteinander austauschen [...]. In allen Natur- und Gesellschaftswissenschaften geht das Gespenst ‹Organismus› um, aus dem immer mehr oder weniger unter der Hand ein ‹Superorganismus› wird, das heißt ein Dispatcher, dem die Aufgabe – oder vielmehr das Mysterium – übertragen wird, die Teile miteinander zu koordinieren.»[15] Latour bringt hier die Besessenheit auf den Begriff, die Unübersichtlichkeit, die Intransparenz und das Fehlen einer Zentralinstanz weder theoretisch noch empirisch zulassen zu können. Seine eigene Lösung der Theodizeefrage besteht darin, diesen Gedanken einem soziologischen/sozialwissenschaftlichen Publikum letztlich nur über die Exotisierung einer am Ende dann doch traditionellen Lösung zu präsentieren.

Zunächst freilich gelingt es Latour, die Begriffe der Soziologie zu historisieren.[16] «Um es grob zu skizzieren, ist die Gesellschaft, diese Erfindung des 19. Jahrhunderts, eine merkwürdige Übergangsgestalt, in der sich der Leviathan des 18. Jahrhunderts und das Kollektiv des 21. mischen. Weil man von der Gesellschaft verlangt hat, zwei Aufgaben gleichzeitig zu erfüllen, nämlich das Kollektiv nachzeichenbar zu machen und die Rolle eines Ersatzes für Politik zu spielen, ist sie nie in der Lage gewesen, eine von ihnen richtig zu erfüllen. Die angebliche Existenz einer Gesellschaft ist nicht nur der Emergenz eines gut versammelten Kollektivs zuvorgekommen, sondern hat auch alle Anstrengungen vereitelt, die merkwürdige Art von Körperschaft zu definieren, die politische Aktivitäten weiterhin bilden sollten.»[17]

Latour versieht den Akteursstatus mit einem Moment Kontingenz. Er betont sehr einleuchtend die performative, die praktische Genese von Aktanten und beschreibt deutlich, wie soziologische Beobachter üblicherweise auch nach der Dekonstruktion einer starken Subjektivität dazu neigen, den nicht erklärbaren Rest sozialer Prozesse dann doch auf Intentionalitäten, auf Subjektivität, auf eine Innenwelt und eine mentale Ausstattung zurückzuführen – um so die Routinen des Alltags nur soziologisch zu wiederholen, statt sie in ihrer performativen Genese zu analysieren.[18]

Dass dann auch nicht-menschliche Zurechnungspunkte auffallen, ist nur empirisch konsequent. Begrifflich gelungen nennt er jene «Transportmittel, die Individualität, Subjektivität, Persönlichkeit und Innerlichkeit befördern»[19], *Plug-ins*. Die Attraktivität soziologischer Beschreibungen und Analysen dürfte tatsächlich darin bestehen, die Dinge anders zu beschreiben – anders als eine Alltagsroutine, die immer schon weiß, wie die Dinge stehen. Die Akteur-Netzwerk-Theorie in der Latour'schen Fassung jedenfalls hat hier Vieles zu bieten. Und lernen kann die Soziologie dabei womöglich mehr von der Idee, dass menschliche Akteure in ihrer mentalen Menschlichkeit ebenso problematisch sind, d. h. *a posteriori* plausibel gehalten werden, als von der Schlussfolgerung, nicht-menschliche Akteure wie Menschen zu behandeln. Denn das tut Latour ausdrücklich nicht.

Aber, und darauf kommt es hier an: Der Grundgedanke oder die grundlegende Intuition von Latour ist dann doch tatsächlich traditioneller, als es auf den ersten Blick aussieht. Auch die Exotisierung befreit nicht davon, dass die Überforderung der modernen Gesellschaft offensichtlich nur durch die Soziodizee des Gemeinschaftlichen auszuhalten ist. Zum einen kann sich Latour Gesellschaften bzw. Kollektive dann doch nicht als strukturierte, differenzierte und vor allem geordnete Einheiten vorstellen, sondern nur als inkludierende Mitgliedschaftsgeneratoren; zum anderen, damit zusammenhängend, fügt er der alten soziologischen Inklusionsverheißung eine weitere Inklusionsgeschichte hinzu.

Unbestritten scheint für Latour zu sein, dass die Gesellschaft aus Akteuren besteht – ein sehr altbackener Gedanke. Den entscheidenden Unterschied macht dann nur noch die Frage, wer als Akteur zugelassen wird und wer nicht – und dies ist die alte Emanzipationsgeschichte des gesellschaftlichen Arena-Konzepts des 19. Jahrhunderts,[20] das bis heute die Zahl und die Diversität der legitimen Sprecher erhöht oder erhöhen will.[21] War es bei Hegel noch der Bürger, der die Gesellschaft bevölkerte, erweiterte Marx das Spektrum um den Proletarier, Weber um den kulturell Anderen, und Parsons feierte die Generalinklusion aller in die Gesellschaft. Die phänomenologische Soziologie legitimiert dann den naiv-natürlichen Alltagssprecher, Habermas will zwar die Argumente auf die besseren verknappen, dafür aber die Zahl der Sprecher erhöhen, die Rational-Choice-Theorie modelliert auch Unvernünftige als vernünftige Nutzenmaximierer, die Gender-Studies machen auf Geschlechtlichkeit aufmerksam, um sie unsichtbar zu machen, die *cultural studies* emanzipieren (erfundene) Subkulturen zu Vollmitgliedern, und der neue Kosmopolitismus entdeckt überall legitime Sprecher, fast unabhängig davon, was sie sagen. Die Geschichte dieser Beschreibungsformen ist geprägt davon, die Zahl der legitimen Sprecher und auch Sprecherinnen zu erhöhen – und komplettiert wird diese Liste bei Latour nun mit nicht-menschlichen Akteuren, mit Objekten und Dingen, Tieren und Göttern, und der Autor kann es sich bis in die Formulierungen hinein nicht recht verkneifen, das irgendwie als Emanzipationsgeschichte zu erzählen.

Mit einem sehr gelungenen Aufsatztitel macht Gesa Lindemann treffend darauf aufmerksam, wie sich die Zahl der legitimen Bürger der revolutionären Republik entscheidend erweitert: *Allons enfants et faits de la patrie.*[22] *Auch eine solche exotisierende Perspektive kann sich eine Gesellschaft offensichtlich nur als politische Veranstaltung vorstellen: mit Mitgliedern eines Kollektivs, die man ein- und ausgrenzt, mit Kämpfen um Anerkennung und mit der Selbstzurechnung an die Soziologie, dafür sorgen zu müssen, wie alle beteiligt werden können.* Latours Textästhetik ist dabei sehr subtil. Sie changiert zwischen einer analytischen Einstellung, die aufgrund ihrer letztlich mitgliedschaftstheoretischen Ausrichtung allzu konventionell daherkommt, und würzt das Ganze dann doch mit einem politisierenden Pathos, das aus den entdeckten Dingen und Objekten tatsächlich «Bürger» macht, legitime Partizipanden. Latours Epistemologie wird zur «politischen Epistemologie»[23], weil er sich dann doch nicht mit der Kontingenz des Akteursstatus abfinden kann.

Das wirklich Neue an diesem Denken beschränkt sich also darauf, das Kollektiv und die Zahl und Art der Versammelten erweitert zu haben. Aber eine bloße Erweiterung der Sprecherpositionen bleibt auf halbem Wege stehen – auf halbem Wege zu einer möglichen Theorie der Gesellschaft, die an sich lernen könnte, wie performativ nicht nur jene angeblich politische Einheit der klassischen, von Latour so beschriebenen «kritischen» Soziologie erzeugt wird, sondern auch die Akteure selbst. Es ist erstaunlich, dass Latour dies für menschliche Akteure genauer beschreibt als für jene, die er nun als legitime Gegenstände der Soziologie und damit als Mitglieder der Gesellschaft inaugurieren möchte. An Latour anzuschließen würde also bedeuten, tatsächlich ernst zu nehmen, wie sich soziale Operationen an Materialitäten orientieren, d. h. Materialitäten als Ankerpunkte für Kommunikationsprozesse behandeln und dabei ebenso selektiv sind wie ein soziologischer Blick, der eben nicht einfach ein Materialismus ist, sondern eine Idee davon hat, dass der Gegenstand der Soziologie ein instabiler, gegenwarts- und ereignisbasierter Operator ist, dessen einzige Realitätsgarantie darin besteht, dass etwas geschieht. Damit wirklich ernst zu machen, würde bedeuten, die Unterscheidung von Gesellschaft und Natur, von menschlichen oder nicht-menschlichen Akteuren, nicht nur zu kassieren, sondern auf die Ebene der Operationen selbst zu ziehen.

Was am Ende bleibt, ist dann doch nur die *Soziodizee des Gemeinschaftlichen* und damit die *Politisierung des Gesellschaftlichen*. Die Soziodizee des Handelns wird dekonstruiert, indem Latour die Diversität der Akteure auf nicht-menschliche Entitäten erweitert, aber am Ende bleibt alles beim Alten: Es geht um die Anordnung der Akteure, und die ganze Exotisierung dieser Geschichte verdeckt dann doch die Kapitulation vor der Frage, wie denn nun die Neuordnung vonstatten geht, was ihre Logik ist und mit welchen Unterscheidungen sie zurande kommen muss. Die Dekonstruktion der Natur/Gesellschaft-Unterscheidung ist gelungen, die Dekonstruktion des Akteurs aber nicht, obwohl Latour durchaus an einer Radikalität festhält, die auf einen entscheidenden Punkt hinsteuert. Er wehrt sich dagegen, den Routinen der Gesellschaft und der klassischen Unterscheidungen zu folgen. Bezogen auf ökologische Fragen macht er darauf aufmerksam, dass man das Problem nicht ernst nimmt, wenn man es für eine «Krise» hält, die nur noch nicht angemessen bearbeitet wurde. Er schreibt: «Von ‹Krise› zu sprechen heißt aber leider, sich mit der Auskunft zu beruhigen, daß ‹sie vorübergeht›, daß wir sie ‹bald hinter uns haben›. Wenn es doch nur eine Krise wäre! Wenn es doch nur eine Krise gewesen wäre!»[24]

Der *empirische* Latour ist wirklich innovativ und erweiternd, weil er etwa für die Klimakrise, für ökologische Fragen, aber auch für die Frage der Bedeutung der Technik und überhaupt der materiellen Infrastruktur der Gesellschaft, oder besser: der gesellschaftlichen Form auf materieller Basis einen Perspektivenwechsel erreichen kann, der die Verschränkung von menschlichen und nicht-menschlichen Aktanten in den Blick bekommt. Der *theoretische* Latour freilich ist dagegen sehr traditionell, geradezu altbacken, weil die Vermehrung der Akteure und Akteurstypen am Ende keine Hinweise auf das Verhältnis der Akteure enthält. Latours Metaphern der «Versammlung», der «Kollektive», der «politischen Epistemologie» und eines «Parlaments der Dinge» suchen die Ordnung der Dinge eben nicht in den Dingen, sondern letztlich in ihrer «sozialen» Beziehung – eine Diagnose, die insofern ungewöhnlich ist, als Latour seine ganze Arbeit als Arbeit gegen die «Soziologie des Sozialen» versteht, gegen eine traditionelle Soziologie, die ein instrumentelles Verhältnis zu sich selbst hat. Stattdessen aber endet er in Metaphern des Sozialen, die der Soziodizee des «Gemeinschaftlichen» nachempfunden sind.

Versammlungen oder Differenzierungen?

Nein – hier geht es nicht um Latour und eine Latour-Exegese. An Latour lässt sich nur sehr deutlich zeigen, wie nahe es für die gesellschaftliche Selbstbeschreibung liegt, an die Soziodizeen des Handelns und des Gemeinschaftlichen anzuschließen. Das Unbehagen an der Gesellschaft ist tatsächlich ein Unbehagen, das darin begründet liegt, dass die Gesellschaft offensichtlich als unerreichbar erlebt wird, als eine Entität, die sich dem unmittelbaren Zugriff entzieht. Vielleicht ist «Gesellschaft» eine Chiffre für den Verlust von Unmittelbarkeit und Wirkmächtigkeit des «Handelns». Und genau deshalb ist die Soziodizee des Gemeinschaftlichen und der Versammlung eine Lösung, die wieder so etwas wie Latenzschutz herstellen kann – eine Latenz freilich, die eher auf eine Utopie verweist als auf das empirische So-Sein der Gegenwart. Ohnehin ist die Auslagerung der (Auf-)Lösung in die Zukunft eine probate Kulturtechnik, die es erlaubt, die Unzulänglichkeit der Gegenwart mit der Unerreichbarkeit der Zukunft hinnehmbar und aushaltbar zu machen. Deshalb ist die Soziodizee so wichtig: Sie versöhnt mit der Welt in all ihrer Unzulänglichkeit – wie die Theodizee auf die Unerforschlichkeit von Gottes Ratschluss und die Transzendenz Gottes verweist, verweist die Soziodizee auf die Unerreichbarkeit der Gesellschaft und auf die Transzendenz aller Handlung – die Wirkung ist der Handlung deshalb transzendent, weil das Handeln seine eigenen Voraussetzungen weder garantieren noch kontrollieren kann. Es ist letztlich diese Unabgelöstheit der Welt, die es ermöglicht, mit dem imperfekten Zustand der Welt umzugehen. Das wenigstens hatte Latour gesehen, als er ausrief: «Wenn es doch nur eine Krise gewesen wäre!»

Der entscheidende Unterschied in der Denkungsart ist das, was man in Begriffen der soziologischen Systemtheorie die *Sozialdimension* und die *Sachdimension* nennt. Es geht tatsächlich um Ordnung und Anordnung. Latour hat den Topos «Gesellschaft», zumindest in seiner Variante der «kritischen» Soziologie, geradezu spöttisch als eine Art Sozialtechnologie, als ein maschinenartiges Gebilde, vor allem aber als eine durchschaubare und über die eigene Ordnung verfügbare Einheit beschrieben, die dem selbsterzeugten Phantasma der internen Steuerungsfähigkeit und Gestaltbarkeit unterliegt und davon zehrt, wie geordnet sie ist. «Maschine» meint als Metapher hier tatsächlich eher das klassische industrielle Maschinenmodell und nicht den kybernetischen Maschinenbegriff.[25] Dagegen setzt Latour eine Neuordnung – die mit der Verschiebung von Natur/Kultur-Grenzen beginnt und auf die Erweiterung der Akteure zielt, die sich neu versammeln und damit politisch werden. Der Begriff des Politischen taucht dann immer auf, wenn es um Ordnungsbildung und vor allem Neuordnungsbildung geht. Der semantische Sinn des Begriffs «politisch» ist oft auch im Alltag ein Hinweis darauf, dass sich die Dinge neu ordnen sollen. Kritik etwa muss sich stets als «politisch» ausflaggen – denn es bedeutet, die gewohnten Formen der Ordnung zu verlassen und neue Ordnungsbildung mit kollektiver

Geltung zu ermöglichen. Der performative Sinn des Begriffes «politisch» entspricht letztlich der Idee des kritischen Neuordnens und verleiht exakt dieser Möglichkeit eine Bedeutsamkeit.

Es ist gar nicht so einfach, das zu beschreiben, ohne dass der Eindruck entsteht, man wolle nicht «kritisch» sein oder interessiere sich nicht für Neuordnung. Darum geht es aber nicht. Was ich im Sinn habe, ist, *überhaupt* auf Ordnungsbildung zu kommen, *überhaupt* die Frage zu beantworten, wie sich Ordnung aufbaut – vielleicht sollte man tatsächlich nicht mit der Frage der *Neu*ordnung beginnen, sondern mit Ordnung überhaupt. Man kann sagen: Große Teile des Milieus der Sozialwissenschaften und des «kritischen» Denkens sind fixiert auf diese Selbstvergewisserung des «Politischen» als Kritik der Macht, als Kritik der Ordnung.[26] Die Ordnungsbildung selbst rückt aber durch ihre semantische Politisierung ganz aus dem Blick. Deshalb kann man die Geschichte des soziologischen Denkens in zwei Diskurssträngen erzählen. Ich habe es im letzten Kapitel bereits so formuliert: *Es macht einen Unterschied, ob man Gesellschaft als integrierte oder integrierbare Einheit von Kollektiven beschreibt oder als Bearbeitung des Bezugsproblems konkreter Praxis- oder Handlungsgegenwarten.*[27] *Nun sind die Kollektive um Akteure anderer Provenienz, also nicht-menschliche Akteure, ergänzt worden – aber an der Grundfrage ändert sich dadurch nichts.*

Ganz offensichtlich reicht es doch nicht, sich nur für neue «Versammlungen» zu interessieren, also für neue soziale Verhältnisse, Verbindungen, «Virengemeinschaften», wie wir gehört haben. Wahrscheinlich muss man sich von der Soziodizee des Gemeinschaftlichen als allzu starke Vereinfachung befreien, um dem Problem auf die Spur zu kommen. Denn eine moderne Gesellschaft lässt sich ganz offensichtlich nicht als Form einer kontingenten Versammlung von Akteuren, sondern als eine bestimmte Ordnung von Aktionen begreifen. Anders ausgedrückt: Es geht nicht um die Anordnung von Handelnden, sondern um die Anordnung von Handlungen.

Bezogen auf die beiden Referenzkrisen, die hier im Hintergrund mitlaufen, habe ich das oben bereits erläutert, und zwar an der COVID-Krise. Es gibt kein gesellschaftsweites Verständnis dieser Krise. Sie erscheint aus unterschiedlichen Perspektiven gesellschaftlicher Funktionen durchaus unterschiedlich. Die funktionale Differenzierung der Gesellschaft in unterschiedliche Funktionssysteme mit je unterschiedlichen Funktionen und vor allem sehr unterschiedlichen Erfolgsbedingungen für Handlungen liegt quer zur Ebene von Akteuren, die quer zu diesem Differenzierungsschema liegen. Die Behauptung ist jedenfalls, dass sich die moderne Gesellschaft eben nicht nur in der *Sozialdimension* beschreiben lässt, sondern dass sie vor allem in der *Sachdimension* differenziert ist. Im Vergleich zu Latour ist das auch eine Denkungsart, die die sogenannte kritische Soziologie kritisiert – Latour hatte dabei im Blick, dass man von der Idee der allzu klaren Gestaltbarkeit und eindeutigen Ordnung der Gesellschaft Abstand nehmen muss, allerdings bleibt seine Perspektive immer noch stark gefangen in jener Sozialdimension, die die Gesellschaft für eine *Arena* hält, für einen Ort politischer Machtkämpfe, deren Akteure sich gewissermaßen um Hegemonie bemühen – nur dass sich durch die Erweiterung des Akteurssets letztlich auch die Deliberationsmedien verändern. Man hat es nun mit Akteuren zu tun, deren Geltungsansprüche sich anders darstellen als zuvor.

Doch letztlich findet Ordnungsbildung der Gesellschaft weniger in dieser Sozialdimension, sondern eher in der Sachdimension statt.[28] Mit dem Hinweis auf die sachliche Differenzierung der Gesellschaft spiele ich natürlich auf die funktionale Differenzierung der modernen Gesellschaft an. Das Konzept gehört ohne Zweifel zu den dienstältesten Konzepten soziologischer Gesellschaftstheorie, hat aber als Konzept aufgehört, theoretisch interessant zu sein, weil man es entweder orthodox wiederholt hat – Orthodoxie ist stets auf Wiederholung angewiesen, sonst lassen sich die richtigen Doxa nicht wirklich durchhalten. Oder man hat innerhalb der Soziologie aufgehört, den Zusammenhang zwischen den unterschiedlichen Differenzierungsdimensionen wirklich ernst zu nehmen, und den Streit dadurch befriedet, von den «zwei Soziologien»[29] zu sprechen, was ja impliziert, dass man sich entweder für die Sozialdimension (v. a. Ungleichheit) interessiert oder für die Sachdimension (funktionale Differenzierung).

Vielleicht muss man viel simpler beginnen und darauf hinweisen, dass moderner Gesellschafts- und Organisationsalltag empirisch stets auf so etwas wie sachliche Differenzen stößt. Man denke etwa an die multiprofessionelle Realität von Organisationen, etwa von Krankenhäusern, in denen tatsächlich unterschiedliche sachliche Problemlösungsformen aufeinandertreffen. In einem von uns in München durchgeführten Forschungsprojekt über klinische Ethikkomitees[30] etwa konnten wir zeigen, dass sich die Differenz somatisch-medizinischer, psychiatrischer, rechtlicher, pflegerischer, religiös-seelsorgerlicher, wissenschaftlich-ethischer, politischer und ökonomischer Natur gewissermaßen als Differenz von unterschiedlichen, durch symbolische Generalisierung und professionelle Sozialisation codierten Problemlösung-Konstellationen zeigt. Diese haben selbstverständlich auch einen Aspekt in der Sozialdimension, wenn man etwa an die Statusunterschiede unterschiedlicher Berufsgruppen denkt oder an Machtkonstellationen. Aber darin erschöpft sich die Vielfalt solcher Praxisgegenwarten nicht – und die dadurch verursachten, unlösbaren Konflikte lassen sich nicht durch Zusammenhalt, schon gar nicht: sozialen Zusammenhalt bearbeiten. Soziologisch relevant ist vielmehr, dass sich Komplexitätsprobleme hier unterschiedliche Wege der Bearbeitung suchen – und dass sie diese auch finden. Eine ist die Ausdifferenzierung bestimmter funktionsspezifischer Handlungstypen, eine andere ist eine Form von Professionalität, die an sich selbst lernt, in organisatorischen Ordnungsformen mit der Gleichzeitigkeit unterschiedlicher Kontexte zu rechnen – und dabei dann Formen zu etablieren, die dies auszuhalten lernen und in Entscheidungen umrechnen. Klinische Ethikkommissionen etwa sind Orte, an denen sich die Differenzierung der Gesellschaft in der Sachdimension mit entsprechenden Folgen in der Zeit und in der Sozialdimension beobachten lässt.[31]

Ein anderes Beispiel aus aktueller eigener Forschung ist die Frage, wie die moderne Gesellschaft mit einem Phänomen wie Intersexualität umgeht.[32] Wir haben am Beispiel einer Ethikratsdebatte über Intersexualität untersucht, wie sich sachliche Differenzierungen der Gesellschaft in einem konkreten Setting zeigen. Es ging um die Frage, wie sich intersexuelle Menschen in medizinischen und rechtlichen Kontexten bewegen und wie ihre eigenen Anliegen eben sowohl medizinisch als auch etwa personenstandsrechtlich gesellschaftlich behandelt werden. An dieser Ethikratsdebatte und überhaupt an diesem Feld lässt sich sehr deutlich zeigen, was den Unterschied der beiden Denkungsarten ausmacht. In der sozialwissenschaftlichen Reflexion über Minderheitenpositionen wird meistens das große Geschirr der Anerkennungsfragen aufgefahren. Man kann sich die Gesellschaft demzufolge nur als Anerkennungsraum vorstellen, in dem Solidarität und entsprechende «Versammlung» dazu führt, Gemeinschaften zu bilden, in denen man die Minderheit davor schützt, unangemessen behandelt zu werden. Das ist normativ ebenso überzeugend wie soziologisch geradezu ohne jegliche Erklärungskraft.[33] Eine «anerkennungstheoretische» Perspektive kann sich die Gesellschaft nur in der Sozialdimension vorstellen, nur als einen gemeinschaftlichen Raum, aber die strukturelle Form der Ordnung bleibt dann unsichtbar. Ganz ohne Zweifel ist ein gewisses Maß an normativer Anerkennung durch einen veränderten öffentlichen Diskurs nötig, damit solche Prozesse überhaupt möglich werden, damit sich der Ethikrat, der Gesetzgeber und auch die Öffentlichkeit überhaupt mit einem solchen Thema differenziert auseinandersetzen. Das in Abrede zu stellen, wäre naiv. Aber es ist dann am Ende nicht die normative Anerkennung, nicht die konfessionelle Unterstützung, die die Dinge dann «gesellschaftlich» verarbeiten, sondern ebenjene funktional differenzierten Instanzen der Gesellschaft – und das mit je eigenen und je begrenzten, dafür aber umso leistungsfähigeren Mitteln. Wir konnten an dem besagten Fall empirisch zeigen, wie sich medizinische, rechtliche, politische und auch Betroffenen-Perspektiven unterscheiden und wie stark gerade diese Ausdifferenzierung der unterschiedlichen Problemlagen erst die Potentiale freigesetzt hat, Adressaten für Kritik zu finden, konkrete medizinische und rechtliche Praktiken überhaupt zu kritisieren und ihnen die Chance zu geben, sich auf die Situation der betroffenen Gruppe einzustellen. Dieses Beispiel klingt nach einem marginalen Phänomen der Gesellschaft, aber genau besehen geht es hier um alles: um die Funktionsweise einer Gesellschaft, die nicht einfach einen Raum der Anerkennung und der Berücksichtigung von Akteuren kennt, sondern eben auch die Differenzierung in der Sachdimension – also den Unterschied, den eine juristische, eine medizinische und eine konkret lebensweltliche Perspektive machen.

Diese Perspektive ist anstrengend und eine Zumutung für alle Beteiligten – aber sie kann von der Soziodizee des Gemeinschaftlichen absehen, für die das, was man großspurig «Anerkennungstheorie» nennt, eben nur ein Versuch ist, Augenhöhe herzustellen, statt zu sehen, wie komplex sich eine moderne Gesellschaft auf solche Fragen einlässt. Man muss es genau sagen: Eine Gesellschaft, die *nur* auf Anerkennung und Binnenmoral setzen könnte und würde, hätte nur die Alternative, die betroffene Gruppe entweder zu integrieren oder ganz auszugrenzen – dazwischen gäbe es nur wenig, und historisch gesehen war das exakt die Reaktion, auf die stark integrierte Sozialformen stets hinausgelaufen sind. Erst eine moderne Gesellschaft hat wenigstens das Potential – nicht: einen Automatismus –, durch eine entsprechende differenzierte Form der Problembearbeitung und durch eine Trennung der Phänomene in unterschiedliche sachliche Ebenen jene Leistungsfähigkeit zu entwickeln, die man braucht, um komplexen Problemen auch komplex begegnen zu können – statt nur eine Symmetrie mit den Betroffenen vorzuführen. Nur so wird es möglich, zuvor marginalisierte, diskriminierte, exkludierte Gruppen in die Leistungsbereiche der Gesellschaft hineinzuholen. Bezogen auf diesen Fall: Erst wo sich ein Rechtssystem abstrakt auf so etwas wie Gleichheitsnormen und -prinzipien einlassen kann, kann es von jenen Konkretionen absehen, die durch abweichende Formen entstehen und die sich bisweilen einer sensiblen Anerkennung entziehen. Nur die Ausdifferenzierung einer Medizin, die sich ganz von den konkreten Anerkennungsverhältnissen emanzipiert, kann sich auf die medizinische Dimension wirklich einlassen. Erst diese Verfahrensform ist in der Lage, sich nicht nur mit schönen Worten, sondern auch operativ auf die Situation der Personen einzustellen. Und bevor zu schnell geschlossen und geschossen wird: Das ist eine *notwendige* Bedingung, keine *hinreichende*.

Für unseren Zusammenhang: Es macht einen Unterschied ums Ganze, ob die Reflexion der Gesellschaft, auch die akademische Reflexion sich in aller Schlichtheit auf die Soziodizee der Gemeinschaft stützt oder ob sie die empirischen Bedingungen ihrer Möglichkeit auslotet – die empirischen wohlgemerkt. Es reicht nicht aus, einerseits die Zahl und die Art der Akteure zu erweitern, wie es die Akteur-Netzwerk-Theorie mit Bruno Latour so meisterhaft und exotisierend macht, andererseits aber das Verhältnis der Akteure nur als einen in einem sehr weiten Verständnis gefassten Sinne «politisch» zu ordnen, etwa anerkennungstheoretisch, also nur in der Sozialdimension. Die komplexen Übersetzungsleistungen in der Sachdimension bleiben dann unbegriffen.

In unserem Forschungsprojekt über solche «Übersetzungskonflikte»[34] unter der Leitung von Irmhild Saake und mir wird sehr deutlich, wie sehr die moderne Gesellschaft die Erwartungen enttäuscht, die mit der Soziodizee des Gemeinschaftlichen verbunden sind – und sich freilich erst recht ein Unbehagen an der Gesellschaft einstellt, wenn man auf die unterkomplexe Form des Gemeinschaftlichen setzt. Aber die Verwandtschaft zur Theodizee besteht eben darin, dass man das dann vermeintlich besser aushalten kann.

Im Rahmen unserer Forschung haben wir uns noch mit weiteren ähnlichen Themen befasst, in denen die Erwartungen an das Feld in hochmoralisierten Formen bestehen, das Richtige zu tun, die Lösungen dann aber vor allem durch die Differenzierung der Sachdimension erfolgen. Man könnte auch formulieren: Erst wenn die Verarbeitungsprozesse sich der Komplexität der Aufgabe stellen, kommen am Ende Ergebnisse heraus und nicht nur normative Appelle. So haben wir etwa die Verfahren der Organtransplantation untersucht, die in der Lage sind, Differenzen unterschiedlicher funktionaler Perspektiven, die nicht direkt aufeinander abbildbar sind, eben durch ihre organisierte Form zu entdramatisieren und zu Anordnungen zu kommen, die auch davon entlasten, diese Differenzen durch eine allgemeine Erwartung an Verständigung oder Konsentierung einzuziehen.[35] Gerne setzt hier eine Kritik an bürokratischen Verfahren ein, die womöglich den Einzelfall zu sehr standardisieren oder nicht schnell und flexibel genug sind. Beliebt ist es, die Komplexität aus der empirischen Situation geradezu mutwillig herauszuschreiben und die Organspende als «Gabe» zu rekonstruieren, statt die Verfahrensförmigkeit als Entlastung von solchen Zumutungen der mehr oder weniger direkten Reziprozität zu interpretieren.[36] Aber gerade die Verfahrensförmigkeit nutzt die gleichzeitig unterschiedlichen Potentiale unterschiedlicher Funktionen aus, um jene Komplexität aufzubauen, die man in der Sozialdimension so niemals würde herstellen können – oder nur um den Preis, eben keine universalistischen, nachvollziehbaren und auch normativ belastbaren Prozeduren zu ermöglichen.

Gerade am Beispiel der Organspende kann man sehr schön sehen, dass sich die exotisierende Perspektive einer Erweiterung der Akteure prinzipiell gar nicht gegen die Integration in eine die Sachdimension mitberücksichtigende Perspektive sperren müsste. Dass das Organ ein Akteur sein kann, der andere dazu bringt, etwas zu tun oder tun zu können, dass die technische Infrastruktur und die Parameter der biochemischen Passung von Spender und Empfänger, dass die Neudefinition des Todes oder besser: seine Doppelbedeutung als Hirntod bei lebendem Organ usw. ganz neue Akteure erzeugt, die eben die Komplexität so erhöhen, dass all diesen Entitäten Akteurscharakter zugesprochen werden muss – je nach funktionssystemspezifischer Logik natürlich –, ist weniger aufregend, als die verfremdende Perspektive glauben machen will. Worauf es ankommt, ist, die Komplexität des empirischen Feldes auch zu erreichen.

All die genannten Beispiele heben die Unmittelbarkeit der Situation auf und nehmen die Komplexitätsverarbeitung ausdifferenzierter Funktionssysteme in Anspruch. Es werden in solchen Verfahren gleichzeitig ganz unterschiedliche Probleme gelöst – und erst das Verfahren ist in der Lage, wenigstens ansatzweise so etwas wie eine Ordnung in die unterschiedlichen Funktionen zu bringen –, temporär und operativ, unter hohem Komplexitätsdruck, aber eben auch operativ wirksam. Dabei sind die Beispiele, die ich hier aus der eigenen Forschung erwähnt habe – klinische Ethikkomitees, Intersexualität, Organspende – noch insofern eher domestizierte Beispiele, als es Organisationen oder organisierte Verfahren mit klaren Entscheidungsalgorithmen sind, die für Synergie und Synchronisation sorgen. Den beiden Referenzkrisen Klima und COVID fehlt dieses Charakteristikum. Beide Krisen lassen und ließen sich offensichtlich nicht aus einem Guss beschreiben und schon gar nicht operativ behandeln.

Wir haben gerade mit einem weiteren Forschungsvorhaben begonnen, zu dem erste, noch unpublizierte Ergebnisse vorliegen, die auf die Diskontinuität und Differenz unterschiedlicher Funktionssysteme verweisen. Das von der DFG geförderte, auch von Irmhild Saake und mir geleitete Projekt heißt «Gesellschaftliche Andockstellen für Flüchtlinge» und ersetzt einen in der Migrationsforschung verbreiteten Topos, das Problem der Integration von Flüchtlingen wiederum anerkennungstheoretisch zu erklären und entstehende Probleme eben auf ein Defizit von Anerkennung und Symmetrie zurückzuführen.[37] Auch hier kann man sagen: Der Forderung nach Anerkennung kann man kaum widersprechen, aber der Verarbeitungsmechanismus von Flucht in die Bundesrepublik wird durch erheblich komplexere Mechanismen bewältigt. Wir sehen uns deshalb empirisch weniger die Einstellungen von handelnden Personen an oder die Frage nach dem Status von Fremdheit oder ähnlichem, sondern nehmen ernst, dass das Verhältnis von Individuen zur Gesellschaft ein differenziertes Inklusionsverhältnis ist. Wir sehen uns Andockstellen an, an denen Flüchtlinge auf die Gesellschaft treffen, und versuchen zu ergründen, wie die Gesellschaft an diesen Andockstellen mit den geflüchteten Menschen umgeht. Solche Andockstellen sind das Amt, die Schule/Ausbildungsstelle, der Arbeitsplatz, die Arztpraxis oder auch das Theater. Das Besondere an dieser Herangehensweise ist, dass die Andockstellen in der Sachdimension unterschieden werden, also im Hinblick auf das Differenzierungsschema der Gesellschaft selbst.

Erste Ergebnisse zeigen, dass diese ja im Ganzen unkoordinierten, nicht-integrierten Andockstellen jeweils nach einer eigenen Logik funktionieren: im Sinne einer Gleichzeitigkeit von Unterschiedlichem. So zeigt sich etwa, dass sich eine medizinische Logik der Gesellschaft bei kranken Flüchtlingen auch gegen die restriktiven Zugangsvoraussetzungen und nur begrenzten Anspruchsberechtigungen durchsetzt. Dasselbe gilt für Arbeitsstellen. Schon unsere ersten Datenerhebungen zeigen sehr deutlich, wie schnell in solchen praktischen Zusammenhängen das Flüchtlingsmerkmal hinter dem des Arbeitnehmers, des arbeitenden Menschen, eines Menschen innerhalb der ökonomischen Verwertungskette verschwindet. Die übliche Kritik an einem solchen Satz lautet, dass die einzige Anerkennungsform, die man Flüchtlingen entgegenbringt, offensichtlich ihre kapitalistische Verwertbarkeit sei[38] – ein schönes Argument, weil es die ganze pralle Form des Anerkennungsanspruchs auf den Begriff bringt –, ohne dass man dabei freilich sehen will, dass auch das Leben der Autochthonen davon bestimmt ist, sich über die Teilhabe an Arbeit zu reproduzieren. Das ist die Form der ökonomischen Existenz in einer Gesellschaft, die die Anerkennung ebenso differenziert. Wir waren bei einem Blick auf die Daten erstaunt, wie schnell die Flüchtlinge ihren Flüchtlingsstatus gerade in betrieblichen Zusammenhängen verlieren und wie sehr die ökonomische Logik und die betrieblichen Strukturen übrigens zu so etwas wie Anerkennung geführt haben. Anerkennungslinken Kritikern mag das zu wenig sein – marxistische Linke wussten hingegen noch, welche – gleichwohl problematischen – Inklusions- und Anerkennungsbedingungen die Arbeit in einer Marktökonomie hat und welche identitätsstiftende Anerkennung darin liegt, wenn man nicht als ganze Person, sondern über die Möglichkeit der eigenen Leistungsfähigkeit in einer bestimmten Situation für relevant gehalten wird. Ich habe oben schon darauf hingewiesen, wie zweischneidig Anerkennung als Mechanismus der Integration ist, denn dieser erlaubt dann nur Einschluss – und logischerweise bei Nichterfüllung Ausschluss, selbst wenn man normativ natürlich alle einschließen will. Im nächsten Kapitel werde ich ausführlich auf die komplexen Inklusionsverhältnisse in modernen Gesellschaften zu sprechen kommen.

Um nicht falsch verstanden zu werden: Wir behaupten nicht, dass das Leben von Flüchtlingen nicht prinzipiell schwieriger, womöglich entbehrungsreicher ist als das der Autochthonen, und wir behaupten auch nicht, dass es nicht so etwas wie Anerkennungsprobleme in Form von Feindschaft, Rassismus und Ähnlichem gäbe. Davon gibt es ungleich mehr, als wir uns üblicherweise eingestehen. Und wir bestreiten auch nicht, dass es in der Gesellschaft – oft wird dafür der diffuse untechnische Begriff der *Zivilgesellschaft* verwendet – Formen der Anerkennung geben muss, damit Akteure sich entsprechend einsetzen und Themen auf der Agenda landen. Aber besonders wichtig sind doch die Leistungsbereiche der Gesellschaft: Rechte zu haben, Menschen- und Bürgerrechte, Anspruchsberechtigungen für staatliche, medizinische und Bildungsleistungen, auch soziale Rechte, all das führt letztlich über die Leistungsbereiche von Funktionssystemen dazu, dass man die Rechte überhaupt einklagen kann. Nicht umsonst ist etwa der Migrationsdiskurs spätestens in dem Moment konflikträchtiger geworden, in dem solche Berechtigungen selbstverständlicher geworden sind. In vielen Fällen ist die lebensweltliche Anerkennung eben nicht die Voraussetzung, sondern die nachholende Folge von Inklusionsprozessen in der Sachdimension. Entscheidend für uns ist, dass es gerade die differenzierten Andockstellen sind, die für Anlässe und Bedingungen von Anerkennung sorgen – eben weil die moderne Gesellschaft kein großer Anerkennungsraum in der Sozialdimension ist.

Im Übrigen ist auch der Rassismus ein Ausdruck der Soziodizee des Gemeinschaftlichen. Die Funktion des Rassismus besteht vor allem darin, die Welt in der Sozialdimension zu ordnen, er ist ein Ordnungsfaktor, der der allzu komplexen Ordnung der modernen Welt eine simplere Ordnung entgegenhält – das war exakt die Funktion für das, was ich als Soziodizee bezeichnen möchte. Der Rassismus in seinen unterschiedlichsten Gestalten ist eben auch eine Konzentration auf die Sozialdimension und damit auf das Gemeinschaftliche, auf die Versammlung. Er ist dem Integrationsgedanken der Gesellschaft im Medium der Anerkennung erheblich ähnlicher, als es scheint. Wie schon erwähnt, impliziert die Konzentration auf Anerkennung als zentralem sozialen Mechanismus nicht nur den Einschluss und die Zugehörigkeit, die Integration und das Gemeinsame, sondern eben auch seine andere Seite: den Ausschluss und die Fremdheit, die Desintegration und das Feindschaftliche. Es ist schon aus logischen Gründen unmöglich, das eine ohne das andere zu denken, denn es müssen ja qualifizierende Kriterien genannt werden, die die Integration bewerkstelligen. Das erfolgreichste Kriterium war und ist bis heute ethnische und/oder nationale Zugehörigkeit, deren Kehrseite eben stets ihre Kehrseite ist. Der logische Fehler einer universalen und universalistischen Form des Einschlusses und der Anerkennung besteht darin, dass auch das Universalistische bezeichnet und damit unterschieden werden muss. Wer den Humanismus zum Kriterium für Rassismus- und Antisemitismuskritik macht, hat normativ alles Recht auf seiner Seite, aber logisch und empirisch bleibt es eine Unterscheidung, denn diese Ausgrenzungen bleiben geradezu obligatorisch – empirisch in den Praktiken der Welt, theoretisch in den kritischen Konzepten des Universalistischen, die ja etwa im Falle des Rassismus empirisch richtig betonen, dass der nationale Partikularismus des Nationalen und der Universalismus Europas mit der partikularen Ausgrenzung des Anderen, des Fremden, des Schwarzen, des Ungleichzeitigen, des nur Menschenähnlichen erkauft wurde.[39] Die Praxis dieser Humandifferenzierung, also der Einteilung der Welt in Identitäten und Differenzen, ist gewissermaßen von der praktischen Handhabbarkeit als Soziodizee direkt in die gesellschaftliche, in die gesellschaftswissenschaftliche und in die (identitäts-)politische Praxis der Gesellschaft aus- und eingewandert: zum Teil mit guten Gründen. Die Sachdimension wurde und wird dem stets nachgeordnet. Unser Projekt über die Andockstellen kehrt die Blickrichtung um und interessiert sich zunächst für die (An-)Ordnung in der Sachdimension, um dann die Funktion, nicht die Phänomenologie der Differenzierung in der Sozialdimension besser verstehen zu können.

Gerade an diesem Beispiel lässt sich deutlich zeigen, wie sehr die gesellschaftliche Komplexität es erschwert, übersichtliche Verhältnisse zu ermöglichen. Die Soziodizeen des Handelns und des Gemeinschaftlichen und Identitären versuchen diese Komplexität zu verdecken – aber sobald komplexere Anordnungen sichtbar werden, gelingt diese Verdeckung nur um den Preis eines Unbehagens an der Erreichbarkeit gesellschaftlicher Strukturen. Die in der Sachdimension differenzierte Anordnung der unterschiedlichen Andockstellen für Flüchtlinge sieht geradezu aus wie eine Verhinderung von Integration, von anerkennender Aufnahme in ein Gemeinwesen, von Solidarität und der Aufnahme der ganzen Person. Aber zugleich ist diese Teilung auch der Garant dafür, dass die moderne Gesellschaft in Form ihrer Funktion von dieser «ganzen Person» absehen kann, von jenen Personenmerkmalen, die gerade im Falle von Migrantinnen und Migranten für die Markierung von Differenz verantwortlich sind. Das heißt nicht, dass diese Markierung verschwände oder nicht vorkäme, es heißt aber, dass das *Problem* Differenzierung zugleich auch eine *Lösung* darstellt – und diese Lösung besteht in der Entkoppelung von Komplexitätslagen. Man wird gewissermaßen vom Flüchtling zum Patienten, zum Schüler, zum Arbeitnehmer, zum Anspruchsberechtigten oder auch zum Adressaten von Kunst und Kultur emanzipiert. Und was hier ebenso zu lernen ist: All das gilt *strukturell* auch für autochthone Personen – was wiederum sowohl Quelle von Unbehagen als auch Lösung des Problems zu kompakter Anerkennungsverhältnisse ist.

Es sollte an all diesen Forschungsbeispielen deutlich geworden sein, dass es um eine Denkungsart geht, die sich für die sachliche Differenzierung der Gesellschaft interessiert, denn sie ist eine der Quellen jenes Unbehagens, auf das die Gesellschaft mit der Rhetorik der Soziodizee des Gemeinschaftlichen, aber auch des Handelns reagiert. Es ist übrigens ein nicht zu unterschätzendes Votum, dass diese durchaus begrenzten Forschungsfelder, deren Zufallsauswahl einen Teil meiner empirischen Forschungsprojekte an meinem Lehrstuhl umfasst, für die grundlegende Strukturfrage der modernen Gesellschaft herangezogen werden kann. Es wird hier an der (An-)Ordnung der unterschiedlichen Sprecherpositionen in den entsprechenden Feldern die grundlegende Differenz zwischen sozialen und sachlichen Formen der Ordnungsbildung sichtbar. Die Soziologie interessiert sich zumeist schwerpunktmäßig für die Sozialdimension, so dass ihr gerade die Zielkonflikte, Perspektivdifferenzen und Spezialisierungen vor allem in Begriffen der Sozialdimension erscheinen: als Problem divergierender Interessen, als Frage der Macht oder aber als Fragmentierung. All diese Diagnosen stimmen – aber sie bilden eben nur einen Teil ab, weil sie kein systematisches, sondern nur ein symptomatisches Verständnis für die *Unterscheidung* von Sozial- und Sachdimension haben. Das Unbehagen an der Gesellschaft speist sich aber gerade an dieser Unterscheidung: Gerade *weil* die Differenzierung in der Sachdimension so stark ist, setzt die Moderne auf Entdifferenzierung in der *Sozialdimension*. Genau das führt zu jener Ambivalenz von Inklusionsformen, die uns am Beispiel von Flüchtlingen die Verhältnisse umkehren lässt: Gerade die Differenzierung in der Sachdimension scheint dabei zu helfen, die Differenzierung in der Sozialdimension wenigstens ansatzweise zu neutralisieren. Und die anderen Beispiele legen nahe, dass die entsprechenden Probleme klinischer Ethik oder der Organspende oder des Status intersexueller Personen weniger auf der Ebene des Appells nach Anerkennung liegen (Sozialdimension), sondern eben auf der sachlichen Fragmentierung und Differenzierung des Problems. Erst diese erlaubt es, die Problemstellung auf das Komplexitätsniveau seiner möglichen Lösung zu heben. Auf den ersten Blick aber erscheint diese Differenzierung als Quelle eines Unbehagens, das bei genauerem Hinsehen jedoch daher rührt, dass die Soziodizee des Gemeinschaftlichen, also der Verdeckung der komplexen Struktur, durch eine selektive Simplifizierung der Lage an ihre Grenzen gerät. Es wird manifest, was zuvor latent blieb. Darauf komme ich im achten Kapitel zurück.

Was für Systeme?

Die Entscheidung, die strukturbildende interne Vielfalt der Gesellschaft in der Sachdimension zu sehen, ist vor allem ein systemtheoretisches Argument. Die Systemtheorie als ein in der Mitte des 20. Jahrhunderts entstandenes Forschungsprogramm hat zunächst nicht in den Sozialwissenschaften eingesetzt, sondern in der Mathematik, in der Biologie, in den Neurowissenschaften, in der Informationstheorie und der Kognitionswissenschaft. Gemeinsam ist systemtheoretischen Denkweisen vor allem der Hinweis auf die Differenz von System und Umwelt, was stets impliziert, dass nur innerhalb von Systemen operiert werden kann und diese Operationen sich als Austausch-, Anpassungs- und Selbstorganisationsprozesse beschreiben lassen.[40] Systeme erzeugen also ihre interne Struktur durch ihre Operationen selbst, indem ihre interagierenden Elemente sich auf sich selbst beziehen und so in selbsterzeugten Strukturen operieren müssen. Systeme sind stets zustandsdeterminiert und setzen stets an den Folgen ihrer eigenen Operationen an, sie erzeugen eine «Dynamik der Geschlossenheit»[41] – das gilt auch für Reaktionen auf Umweltveränderungen, auf die je nur mit den eigenen Bordmitteln reagiert werden kann, weil Operationen des Systems stets innerhalb des Systems stattfinden.[42]

Die Soziologie verdankt insbesondere Niklas Luhmann eine ausgearbeitete Theorie der operativen Schließung von sozialen Systemen, die wechselseitig für sich Umwelt sind und sich nach eigenlogischen Gesichtspunkten reproduzieren, was dann auf der Ebene des Gesellschaftssystems eine funktionale Ausdifferenzierung von Wirtschaft, Politik, Recht, Wissenschaft, Religion, Erziehung usw. impliziert. Der Clou einer solchen systemtheoretischen Wendung der Gesellschaftstheorie besteht darin, dass Differenzierung im Sinne von Vielfalt nicht einmal ansatzweise die andere Seite von Zusammenhalt oder Integration ist.[43] Integration als bedingungsnotwendige Voraussetzung wird nur dort impliziert, wo – in der Tradition Durkheims – Differenzierung als Arbeitsteilung gedacht war oder wo man Differenzierungen in der Sozialdimension für die primäre Differenzierungsschicht der Gesellschaft hält. Es gibt freilich keinerlei

Hinweise darauf, dass Schichten, Kulturen oder sonstige soziale Vielfältigkeiten zu systemischen Schließungen geführt hätten. Solche Analysekategorien liegen schlichtweg auf einer anderen gesellschaftstheoretischen Ebene.[44] Vielleicht lässt sich so etwas wie «Zusammenhalt» als die andere Seite von Vielfalt als speziell politisches Programm auffassen, das von der Funktion des politischen Systems zehrt, nämlich kollektiv verbindliche Entscheidungen zu generieren und, wie ich als Erweiterung der Funktion des Politischen vorgeschlagen habe, Kollektivitäten zu erzeugen und damit Solidaritätszumutungen Fremden gegenüber zu plausibilisieren. Aber das ist tatsächlich ein politisches, kein soziologisches Programm[45] – und als soziologisches Programm hat es in der Tat einen sozialen Bias.

Es ist natürlich leichter, an die Vernunft der Vernünftigen zu glauben als an die Gleichzeitigkeit von Unterschiedlichem; es ist leichter, politische Probleme zu vermitteln («Zusammenhalt in der Vielfalt»), als den Blick an wissenschaftlich generierten Problemen scharfzustellen (Komplexität angesichts der Gleichzeitigkeit des Strukturaufbaus von Unterschiedlichem); und es ist leichter, Differenzierung in der Sachdimension am Modell der Arbeitsteilung scharfzustellen, weil man dann an Strukturen und Steuerungsfähigkeit glauben kann. Schwieriger ist es, das Ordnungsproblem wirklich ernst zu nehmen und neue Fragen zu stellen. Dazu kann eine systemtheoretische Rekonstruktion von «Vielfalt» dienen – was hier in aller Kürze formuliert sei. Und noch verkürzter: Eine solche Rekonstruktion von Ordnungsdynamiken und ihren Folgen kann womöglich heute besser jenes «kritische» Forschungsprogramm der Soziologie beerben, das in seinen allzu politisch codierten Denkungsarten stets den traurigen Verzicht lernen musste, dass die bloße Absicht und die bessere Einsicht nicht die Medien sind, die strukturelle Veränderungen ermöglichen.[46]

(Un-)Erreichbarkeit

Es ist hier nun nicht der Ort, die Theorie der funktionalen Differenzierung und das zugrundeliegende systemtheoretische Design konkret zu rekonstruieren – die Figur ist inzwischen auch außerhalb des dazugehörigen Spezialdiskurses genug eingeführt, um damit arbeiten zu können. Der Ertrag dieses Kapitels soll vielmehr darin liegen, die erheblichen Konsequenzen aufzuzeigen, die eine Beschreibung der Gesellschaft in der Sozialdimension statt in der Sachdimension zeitigt. Wenn man das Unbehagen an der modernen Gesellschaft, ihre permanente Unabgeschlossenheit, ihr krisenhaftes Selbstverhältnis und die Frage der Bewältigung solcher Krisen verstehen will, muss diese Unterscheidung der Sinndimensionen ins Zentrum der Aufmerksamkeit gerückt werden. Deshalb habe ich die Akteur-Netzwerk-Theorie von Bruno Latour so ausführlich dargestellt: zum einen weil sie einen direkten Zugang zu den beiden Referenzkrisen – COVID und Klima – ermöglicht, zum anderen weil gerade ihr exotisierender Versuch der Erweiterung der Akteure und Akteurstypen, der Symmetrisierung von Entitäten und der ergebnisoffenen Aufforderung zur Neuordnung von Kollektiven (sic!) bis in die Nomenklatur nicht aus der Sozialdimension ausbrechen kann – gewissermaßen aus einer Emanzipations- und Anerkennungserzählung, die alles einschließt, was in den Rang eines Akteurs erhoben wurde. Auch hier wirkt die Soziodizee des Gemeinschaftlichen.[47]

Hier bedarf es einer anderen Anordnung. Und diese andere Anordnung ist die Differenzierung in der Sachdimension, die zweierlei bewirkt: *Zum einen* ordnet sie Anschlüsse und Anschlussfähigkeiten, *zum anderen* macht sie das Gesamtsystem unerreichbar. Ein System, also: ein Kollektiv möglicher Ereignisse, um es in dieser Theoriesprache zu sagen, würde an seiner eigenen Komplexität zugrunde gehen, wenn jedes Element gleichzeitig mit jedem anderen Element verknüpfbar wäre. Das gilt in der Sach- wie in der Sozialdimension. In der Sozialdimension etwa neigen Akteursgruppen ab einer bestimmten Größe und ab einer bestimmten räumlichen Trennung dazu, interne soziale Grenzen aufzubauen, weil sonst die Übersicht verlorenginge. Es hat in der Sozialdimension viel mit Sichtbarkeit zu tun – also mit dem Management von Nähe und Ferne, von Erreichbarkeit und Unerreichbarkeit, von Ansprechbarkeit und Unansprechbarkeit. In frühen Gesellschaften differenziert man sich dann in Stämme oder Dörfer oder in unterschiedliche Gruppen, oder aber man erfindet abstrakte Kriterien der Zugehörigkeit und generalisiert Symbole der Zugehörigkeit – von der Kleidung über die Sprache bis zur Hautfarbe oder sonstigen, geradezu beliebigen Formen der Anordnung.

Mit einer gewissen Größe werden solche Anordnungen so unübersichtlich, dass es einer besonderen Form der Ordnung bedarf: In der Menschheitsgeschichte waren das vor allem Hierarchie und Stratifikation, die dann Menschentypen ganz unterschiedlicher Form erzeugen und alle und alles in einem hierarchischen System anordnen konnten, so dass alles sich dieser Idee des Oben und des Unten fügte – in Weltbildern, in Denkgebäuden, in Klassifikationssystemen, in der sozialen Ordnung und in der Humandifferenzierung. Der Vorteil eines solchen Modells besteht darin, dass alles einen klaren Ort hat und die Gesellschaft von überall her unmittelbar erreichbar ist.

Das zweite Modell in der Sozialdimension stellt sich dann ein, wenn der Komplexitätsgrad der Gesellschaft so hoch wird, dass so etwas wie Gleichheitszumutungen entstehen, mit denen man die Ordnung symbolisieren muss: ethnische und nationale Identität etwa, deren Funktion unter anderem darin besteht, Gleichheit generierende Zugehörigkeit mit einer Außengrenze trotz interner Ungleichheit, Hierarchie und Differenziertheit zu ermöglichen. Das freilich sind Formen, die erst in Modernisierungs- und Differenzierungsprozessen entstehen: Ethnischer und nationaler Sinnüberschuss ist eine Reaktion auf die sachliche Differenzierung von Gesellschaften mit der Entstehung des Betriebskapitalismus, der politischen Verwaltung, der Sozialplanung, der Verrechtlichung von Beziehungen, der Bildung von Bevölkerungen, der Notwendigkeit gemeinsamer Erfahrungsräume durch öffentliche Deliberation und dem Komplexerwerden von Problem/Lösung-Konstellationen. Nicht ohne Grund sind die großen Gemeinschaftsideologien wie der religiöse Fundamentalismus, der ethnische Fundamentalismus, der Nationalismus, der Faschismus, der Kommunismus, der Rassismus, der Konfessionalismus und der Kulturalismus nicht nur, aber vor allem Kinder der Neuzeit und der Moderne – weil ihre Funktion darin besteht, die Gesellschaft beschreibbar zu machen und zu simulieren, dass man sie semantisch erreichen kann.[48]

Denn die Erreichbarkeit ist das große Thema: Wer die beiden Referenzkrisen in der Sozialdimension lösen will, stößt auf die

Semantiken des Zusammenhalts und der Solidarität, der kollektiven Kraftanstrengung und der Beförderung des Gemeinsamen. Dies sind Semantiken der Soziodizee des Gemeinschaftlichen – und sie leisten große Dienste: *Sie simulieren die Erreichbarkeit der Gesellschaft*, weswegen sie auch meistens in der Form der politischen Rede auftreten, denn die Funktion des Politischen ist die Herstellung kollektiv bindender Entscheidungen für politisch angebbare Kollektive – hier kommt übrigens auch die Latour'sche Begrifflichkeit her. Ich erinnere an meinen Rekurs auf Shmuel N. Eisenstadts Konzept der *multiple modernities* am Anfang dieses Kapitels: *Modernities* erreichen ihre semantische, projekthafte Betriebstemperatur vor allem durch die Politisierung und Bewegungsförmigkeit kollektiver Adressen.

Dies ist, wie oben bereits angekündigt, das entscheidende Argument: *Das Unbehagen an der Gesellschaft, die der modernen Gesellschaft inhärente Krisenhaftigkeit ist ein Effekt der Differenz der semantischen Erreichbarkeit der Gesellschaft durch Chiffren und Figuren in der Sozialdimension bei gleichzeitiger Unerreichbarkeit der Gesellschaft in der Sachdimension. Die Sozialdimension erzeugt eine Art Überzeitigkeit des Gemeinsamen, während die Sachdimension eine Gleichzeitigkeit von Unterschiedlichem erzeugt.*

Die Differenzierung der Gesellschaft in der Sachdimension, also die funktionale Differenzierung der Gesellschaft, ist nicht einfach eine kontingente Form der Arbeitsteilung, sondern der Versuch des Gesellschaftssystems, die prinzipielle Verknüpfbarkeit aller Operationen miteinander so einzuschränken, dass das System nicht an seiner Komplexität zugrunde geht. Die Ausdifferenzierung in Funktionssysteme, ihre vielbeschriebene Emanzipation voneinander, die Spezialisierung von Wissen und die praktische Ausdifferenzierung von Problemlösungskonzepten ökonomischer, wissenschaftlicher, rechtlicher, bildungsmäßiger, religiöser, familialer, medialer und auch politischer Art ermöglichen es diesem «Kollektiv von möglichen Ereignissen» – in der Latoursprache –, sich von der Kollektivität des Gemeinsamen zu emanzipieren und durch die Spezifizierung von Medien wie Geld, Macht, Gerechtigkeit, Glaube, Wissen, (wissenschaftliche) Wahrheit usw. voneinander zu entkoppeln. Dadurch entsteht mehr Ordnung, aber zugleich weniger Übersichtlichkeit, was wie ein Widerspruch klingt. Dadurch entsteht ein System, in dem *gleichzeitig Unterschied-*

liches und Unkoordiniertes geschieht, das nur in Gegenwarten zusammengehalten werden kann, also eine hochgradig strukturierte, aber gleichzeitig operativ nicht erreichbare Gesellschaft. Das komplexe (Welt-)Gesellschaftssystem schützt sich gewissermaßen durch funktionale Differenzierung, indem es verteilte Intelligenzen in der Sachdimension einsetzt – beschreibt sich aber gerne in der zentralisierten Intelligenz der Beschreibungszumutungen in der Sozialdimension, von der partikularen Identitätszumutung bis zur universalistischen Anrufung des Menschen als allgemeinster verbindender Adresse.

Die Schutzfunktion der funktionalen Differenzierung erzeugt einerseits eine grandiose Leistungsfähigkeit der Teilbereiche der Gesellschaft in der Moderne, die andererseits durch die Unmöglichkeit der vollständigen Koordinierung erkauft wird. Das kann man nur aushalten, wenn man die Erreichbarkeit der Gesellschaft in der Sozialdimension geradezu hypostasiert. Diese Spannung ist die Quelle des Unbehagens, weil sie nicht nur zu einer temporären Krise oder temporären Krisen führt, sondern die Moderne selbst als einen Krisenmodus etabliert. Die Quelle des Unbehagens ist deshalb vor allem eng verbunden mit den Inklusionsverhältnissen in der modernen Gesellschaft, denen sich das nächste Kapitel widmen wird. Viel lernen kann man dabei aus dem Design unseres Forschungsprojektes zu Andockstellen von Flüchtlingen.

5

Andockstellen

Wenn man die Moderne beschreibt, stößt man unweigerlich auf Großerzählungen in der Sozialdimension. Im letzten Kapitel habe ich mit Shmuel N. Eisenstadt Modernisierungsprozesse als Prozesse beschrieben, die eine Mobilisierungskraft entwickeln, eine politische Mobilisierungskraft. Fast kann man sagen, dass Gesellschaften in der Moderne *politische Gesellschaften* werden – das mag als soziologische Beschreibung nicht taugen, aber in den Arenen der Gesellschaft, in ihren entstehenden (nationalen) Öffentlichkeiten, in der Selbstthematisierung der Gesellschaft als gestaltbaren Raums wird das Selbstverständnis von Gesellschaften wie von selbst politisch. «Politisch», das bedeutet: als ein Raum der Kollektivität und Zugehörigkeit und der Zumutung für kollektiv bindende Entscheidungen. Es ist schon darauf hingewiesen worden: Die Ideologien der Moderne sind weniger Ideologien der religiösen Erlösung, der immanenten Verwirklichung einer transzendenten Heilsgeschichte oder einer übergreifenden Ordnung, die je nach kultureller Form entweder statisch bleibt oder ein Ziel verfolgt. Die Moderne ist unweigerlich verbunden mit dem Einschluss und dem Ausschluss – sie erzeugt für Mitglieder, für Staatsbürgerinnen und -bürger, für die innen also, Rechte, Ansprüche und Sprecherpositionen. Und sie erzeugt das Gegenteil davon für die außen. Das gilt aber auch für andere Formen des Einschlusses und des Ausschlusses: für Milieus und Klassen, für Konfessionen, auch für Regionen. Der Einschluss derer innen erzeugt eine merkwürdige Ebene der Gleichheit, die zuvor nicht denkbar war, weil die Ungleichheit dieser Gleichen letztlich gar kein Thema war. In der Moderne, jener Epoche der merkwürdigsten Gleichheitszumutungen und der Vermenschlichung des Menschen, wurden diese Gleichen erst ungleich. Damit ist der enorme semantische Aufwand zu erklären, mit dem man die Eigenen eingeschlossen hat, und der noch größere Aufwand, mit dem das Äußere auszuschließen war.

Modernität heißt deshalb im Hinblick auf ihr Selbstverhältnis: Sie traf auf sich selbst in der Sozialdimension. Sie hat stets und ohne Rest dafür gekämpft, ihre Mitgliedschaftsbedingungen klar zu umreißen. Sie erfand Ethnien und Nationen, Traditionen und Abstammungsgeschichten, sie erfand innere und äußere Feinde, um sich zu homogenisieren – auch gegen jegliche Evidenz ihrer empirischen Verfasstheit. Sie hat sich von Rousseau eine *volonté generale* und ein *moi commun* einschreiben lassen.[1] Sie hat es vermocht, sich selbst mit einer kollektiven Energie auszustatten, die tatsächlich die Welt aus den Angeln gehoben hat. Und zugleich hat sie jenes Missverhältnis etabliert, das Sigmund Freuds «Unbehagen in der Kultur» als Überforderungssyndrom rekonstruiert. Das «Über-Ich» der gesellschaftlichen Erwartungen und Anforderungen ist so hoch, dass der Einzelne kaum in die Lage versetzt werden kann, diesen Ansprüchen zu genügen. Er soll sein Leben selbst führen, unterschiedlichen Erwartungen gerecht werden, dann auch noch Kriterien fürs Entscheiden selbst begründen können, Subjekt seiner selbst sein – und stößt doch auf vielfältige äußere Erwartungen, die schon prinzipiell nicht zu erfüllen sind. Der moderne Mensch soll autonom sein, zugleich aber vielfältige äußere Erwartungen erfüllen. Er soll *unterschiedliche* Anforderungen erfüllen, aber die Einheit seines Ichs pflegen und auch noch dem allgemeinen Ich gerecht werden. Und aus dieser Überforderung entsteht jenes Unbehagen, das sich kaum empirisch messen lässt, weil die Selbstauskunft ja am Ende positiv ausfallen muss – das ist ja gerade die Quelle des Unbehagens. Vielleicht sind so Ergebnisse der Zufriedenheitsforschung zu erklären, dass die Menschen ihre eigene Lage notorisch besser einschätzen als die Gesamtlage.[2] Das ist es, was Freud mit jenem inhärenten Unbehagen gemeint haben könnte, das die Moderne, die «Kultur» begleitet.

Ambivalenz des Selbstverhältnisses

Hier stoßen wir erneut auf die Funktion der Soziodizee. Um sich beschreibbar zu halten, um sich selbst organisieren zu können, um der Überforderung zu entgehen, entsteht ein Selbstverhältnis der Kalkulierbarkeit, der Handhabbarkeit und der selektiven Selbstbeschreibung, um sich selbst in einer kalkulierbaren Welt vorfinden zu können. Systemtheoretisch gesprochen bedeutet das: Ein Bewusstsein muss die Schnittstellen zu seiner Umwelt selektiv handhaben, sich mit der Illusion einer kalkulierbaren Welt ausstatten, der Überforderung der es umgebenden Gesellschaft entgehen und sich dabei in Routinen einrichten. Diese selektive Form der Verarbeitung der Umwelt ist es, die den Menschen in die Lage versetzt, sich wie ein Subjekt verhalten zu können – und zugleich unsichtbar zu machen, wie unmöglich das am Ende ist. Michel Foucault hat die bürgerliche Gesellschaft des 19. Jahrhunderts eine «Gesellschaft der blühendsten Perversion»[3] bezeichnet, in der die Einhegung der Sexualität in der Ehe als eine dieser Anforderungen der Gesellschaft an das Subjekt und seinen Körper dafür gesorgt hat, so etwas wie Gegenkräfte aufzubauen, die wiederum durch bestimmte Sozialtechniken unterstützt wurden, so etwa das Geständnis. Man habe um den Sex herum «einen unübersehbaren Apparat konstruiert [...], der die Wahrheit produzieren soll»[4]. Die Vorläufer des modernen Geständnisses sind etwa die Ausgestaltung des Bußsakraments durch das Laterankonzil von 1215, aber auch andere Ermittlungsmethoden, etwa die Inquisition, die nicht einfach Schuld nachweisen wollte, sondern ein Geständnis von Beschuldigten anstrebte. Die neue Instanz, die diese Aufgabe übernimmt, ist nun die Wissenschaft, eine *scientia sexualis*, die den Geständigen mit Kriterien darüber versorgt, was eine Perversion ist und was nicht. Damit erzeugt sie eine spezifische Macht, die jene Sexualität erst formt, die als sozialverträgliche Variante einer wirklich authentischen privaten Lebensform gelten kann und die allgegenwärtige Perversion zu einem Anlass für Geständnisse macht, in denen das Individuum zu jenem Subjekt wird, das sich selbst regiert und in einer Weise vernünftig wird, wie es einem Subjekt gut zu Gesicht stehen würde. Frei können solche Subjekte nur sein, wenn sie sich aus freien Stücken, will heißen, ohne unmittelbare Kontrolle, an das halten, was sie tun sollen. Bürgerliche Subjekte werden sie dadurch, dass sie sich selbst regieren, bzw. dadurch, dass sie wollen, was sie sollen.[5]

Die stärkste Soziodizee ist wohl die Unterstellung eines autonomen Handlungsträgers, eines Subjekts, dem man sein Weltverhältnis selbst zurechnen kann. Sie dient dazu, das Individuum für sich selbst verantwortlich machen zu können, es vor allem aber als Adresse für soziale Erwartungen einzurichten. Freud bescheinigt dem Individuum folglich ja auch, dass es durch diese Erwartungen zugleich wird, was es sein soll, will, was es wollen soll – und dass es im Scheitern an diesen Erwartungen jenes Unbehagen erfährt, das sein Weltverhältnis ausmacht. Das moderne Subjekt ist prekär – freilich ist das auch die Basis seiner Leistungsfähigkeit, aber dazu später mehr.

Aber die Ambivalenz der Subjektivität und des Selbstverhältnisses ist schon früher aufgefallen, eine Ambivalenz, die heute unter dem Stichwort der Autonomie und der Fähigkeit zum eigenen Willen diskutiert wird. *Nihil enim minus in nostra potestate est quam animus*, nichts ist nämlich weniger in unserer Macht als unser Geist. Dieser Satz stammt keineswegs aus einem Manifest von Hirnforschern aus dem 21. Jahrhundert, sondern von dem französischen Frühscholastiker Petrus Abaelardus aus dem 12. Jahrhundert. Dass unser Geist nicht wirklich in unserer Macht steht, scheint also ein altes Thema zu sein – dass wir uns viel weniger *als* ein Ich vorfinden, sondern eher *in* einem Ich. Diese Denkfigur hat das gesamte moderne europäische Denken des Subjekts bestimmt. Immanuel Kants Idee vom Ich, das all unsere Vorstellungen muss begleiten können, war ja bereits so formuliert, dass hier nicht einfach ein Ich vorausgesetzt wurde, sondern dass sich Bewusstseinstätigkeit tatsächlich nur praktisch, also unhintergehbar in sich selbst vorstellen lässt. Das Ich findet sich in sich selbst vor und hat deshalb keine andere Chance, sich auf sich selbst zu beziehen als durch sich selbst. Schon hier wird das Bewusstsein, das sich stets als ich-förmig-eigenes Bewusstsein vorfindet, gewissermaßen *praktisch* begründet – als Vollzug einer Tätigkeit, die das Vollziehende nicht schlicht voraussetzt, sondern eben vollzieht. Exakt deshalb verlegte man sich auf transzendentale und nicht auf empirische Begründungen.

Nun ist das Ich, wie wir es für eine fast anthropologische Tatsache zu halten uns angewöhnt haben, eine historisch relativ späte Erscheinung. Die Idee des starken Ichs, des Subjekts und des autonomen Individuums ist in einer Welt entstanden, in der gesellschaftliche Ordnung zunehmend darauf angewiesen war, Menschen nicht mehr schlicht durch äußeren Zwang oder alternativlose Konventionen zu dem zu bringen, was sie tun sollen, sondern durch je eigene Motive und durch je eigenen Willen. Eine komplexer werdende bürgerliche Gesellschaft brauchte Persönlichkeiten, die die unterschiedlichen, zunehmend unkoordinierten Anforderungen der Gesellschaft in sich selbst aufheben und sich als starkes, autonomes Ich stilisieren konnten. In allen Bereichen der Gesellschaft wurden insofern seitdem Iche vorausgesetzt, deren eigentlicher Referenzrahmen das eigene Erleben ist: In der Ethik formuliert man keine Gebote mehr, sondern einen Algorithmus, der das Individuum dazu bringt, in sich selbst die Verallgemeinerungsfähigkeit seiner Entscheidung aufzufinden; auf Märkten kommen individuelle Spieler vor, deren Eigennutz die eigentliche Referenzgröße wird; das Recht ist geradezu ein Generator von individueller Zurechnungsfähigkeit; religiös setzt sich überkonfessionell ein protestantisch-unmittelbares Ich-Du-Verhältnis zwischen Gott und Mensch durch; die Erziehung hat zum Ziel, durch äußeren Einfluss innere Autonomie zu befördern; die (romantische) Liebe setzt zwar auf Verschmelzung, aber zuvor müssen unverwechselbare Iche auf entsprechende Betriebstemperatur gebracht werden können; und legitimer Kunstgenuss setzt ein urteilendes Ich geradezu voraus, das im Medium des eigenen Erlebens urteilt. All das kulminiert in der bürgerlichen Vorstellung, das Sollen mit dem Wollen zu verbinden und ein je eigenes Leben zu führen – und in Literatur, Film, Erziehung, Sport und in Karriere- und Selbstvervollkommnungssemantiken werden wir mit Bildern und Kopiervorlagen versorgt, deren *basso continuo* lautet, keine Kopie sein zu sollen/wollen. Dass Menschen starke Iche seien, Subjekte, autonome Individuen, ist kein Anthropologicum, sondern eine gesellschaftliche und kulturelle Konvention – aus der es kein Entrinnen gibt, weil sie die Welt ausmacht, in der wir uns unhintergehbar vorfinden.

Unmerklich ist die Argumentation verrutscht – von der Frage der Moderne als einer Quelle kollektiver Zugehörigkeiten und motivierender Adressierung als Teil von etwas Großem hin zu der Frage der Selbstbehauptung des Ichs in einer Gesellschaft, die die unterschiedlichsten Anforderungen miteinander verbinden muss und die Widersprüche der Gesellschaft in sich selbst auszuhalten hat. Aber dieses Verrutschen ist kein Zufall, weil es genau die Spannung anzeigt, die die Position des Ich in der Gesellschaft so prekär macht. Es ist gewissermaßen die Spannung, die die klassische bürgerliche Gesellschaft ausgemacht hat: orientiert einerseits an jenem Allgemeinen des Staates als Hegels «Wirklichkeit der sittlichen Idee» mit all seinen insbesondere über die nationale Kohäsion gestifteten kollektiven Identitätszumutungen, andererseits konterkariert durch Hegels «bürgerliche Gesellschaft» als System der Bedürfnisse, in dem die Menschen Konkurrenten sein dürfen und individuelle Interessen zu verfolgen haben. Klassisch konnte man diese Spannung dadurch versöhnen, dass man die Sphäre des Staates, des großen Narrativs der Zugehörigkeit, für die allgemeinere Sphäre gehalten hat als die ökonomische Sphäre des legitimen Einzelinteresses. Daher rührt sicher gerade im deutschsprachigen Raum jenes Naserümpfen dem Ökonomischen gegenüber – zumal dieses schon früh die nationalen Integrationsgrenzen gesprengt hat.

Die «bürgerliche Gesellschaft» als System der Bedürfnisse ist eher in der Sachdimension als in der Sozialdimension gebaut. Hält man die Gesellschaft nicht nur für einen politischen Raum, kann man schon an dieser Hegel'schen Gesellschaftstheorie lernen, dass die Problembezüge der beiden Sphären radikal unterschiedlich sind: Staatlich-politisch stellt sich die Frage nach der Versöhnung aller Entzweiungen unter einem Allgemeinen, das in der Sozialdimension Kollektivität, Unterwerfung, Freiheit und Individualität vermittelt, während im System der Bedürfnisse nicht nur das Gegensätzliche unterschiedlicher Interessen, sondern auch die Differenz unterschiedlicher Fertigkeiten, Vermögen, Berufe, Kompetenzen und Problemlösungstools aufeinander bezogen werden müssen. In der bürgerlichen Gesellschaft geht es folglich in erster Linie um die Vermittlung von Differenzen in der Sachdimension, also in der Dimension der jeweiligen Spezialisierung von Handlungen, Handlungstypen und nicht zuletzt beruflichen Orientierungen. Die große Stärke dieses Modells ist seine Sensibilität für Formen der Handlungskoordination, die eben nicht an der gemeinsamen Unterwerfung unter ein Allgemeines orientiert, sondern sachlich erfolgen, will heißen: auf unterschiedlichen Kompetenzen beruhen. Hier geht es bei Hegel um die Arbeitsteilung, um die Besonderheit der Personen und der Bedürfnisse, um Bildung, um Produktion, vor allem aber um Arbeit als das Vehikel der Herstellung nicht nur von Gütern, sondern auch der Gestaltung der Welt. Es geht um Tätigkeit und Problemlösung – und um die Kriterien einer differenzierten Handlungskoordination, die vor allem deswegen vonnöten ist, weil es eben um unterschiedliche Tätigkeit geht, nicht nur um unterschiedliche Interessen am Selben.[6]

Sach- und Sozialdimension

Exakt hier verläuft die Schnittstelle zwischen Sozial- und Sachdimension. Auch wenn die Moderne sich gerne über Zugehörigkeitschiffren beschreibt – ich habe das nun schon mehrfach die Soziodizee des Gemeinschaftlichen genannt –, scheinen diese Zugehörigkeitschiffren nicht auszureichen, um die sachlichen Anforderungen der Gesellschaft miteinander zu vermitteln. Im vorigen Kapitel führte mich diese Annahme zu der These: *Das Unbehagen an der Gesellschaft, die der modernen Gesellschaft inhärente Krisenhaftigkeit ist ein Effekt der Differenz der semantischen Erreichbarkeit der Gesellschaft durch Chiffren und Figuren in der Sozialdimension bei gleichzeitiger Unerreichbarkeit der Gesellschaft in der Sachdimension. Die Sozialdimension erzeugt eine Art Überzeitigkeit des Gemeinsamen, während die Sachdimension eine Gleichzeitigkeit von Unterschiedlichem erzeugt.*

Diese Gleichzeitigkeit von Unterschiedlichem ist es, die für moderne Lebenslagen relevant ist. Wie kann ein Leben gelebt werden, obwohl es für niemanden einen vordefinierten, klaren, eindeutigen Ort gibt? Oder in zeitlichen Begriffen ausgedrückt: Wie können in einer komplexer werdenden Gesellschaft mit hoher institutioneller Dynamik, hohen Vernetzungsgraden und starken Diskontinuitäten kontinuierliche Lebensverläufe ermöglicht werden? *Man kann es auf die Formel bringen, dass der Eigensinn der Gesellschaft sich vom Eigensinn von Lebensformen unterscheidet.*

Ich habe im letzten Kapitel angekündigt, dass das Design unserer Forschung über Andockstellen für Flüchtlinge einen Schlüssel für das Verhältnis von Sach- und Sozialdimension, genauer: von gesellschaftlicher Dynamik und der Lebenslage von Menschen enthält. Es macht einen erheblichen Unterschied, ob man sich ankommende geflüchtete Menschen zunächst in der Sozialdimension vorstellt oder zunächst in der Sachdimension. Im ersten Fall stößt man auf Anerkennungsfragen, auf Fragen der Zugehörigkeit zu sozialen Gruppen, man stößt auf Defizite in der kulturellen Passung und nicht zuletzt auf mangelnde oder geforderte Solidarität. Um nicht falsch verstanden zu werden: All das sind gewichtige Themen und Kategorien, aber sie unterschätzen die empirischen Bedingungen, die Flüchtlinge in einem Aufnahmeland tatsächlich vorfinden. Das Flüchtlingsthema hat insofern einen parabolischen Charakter, als man daran etwas sehen kann, was sonst zunächst unsichtbar bleibt: Wenn Flüchtlinge ins Land kommen, treffen sie auf eine Gesellschaft, die sie zunächst medial, manchmal wie im Sommer 2015 auch mit einer charismatischen Willkommensgeste empfängt, manchmal eher gerührt von der eigenen Rührung, öfter wohl mit Skepsis und Ablehnung, meist auch eher neutral und ohne großes Interesse. Aber diese Reaktionen des Aufeinandertreffens allochthoner und autochthoner Gruppen sind zunächst temporär und von geringer Nachhaltigkeit. Wie Flüchtlinge konkret auf die Gesellschaft stoßen, blieb in der Diskussion um die sogenannte Flüchtlingskrise mehr oder weniger unsichtbar, denn das Aufeinandertreffen von Gruppen, die sich zunächst für fremd halten, nach einiger Zeit vielleicht weniger, die sich mehr oder weniger positiv oder negativ gegenüberstehen, ist nur ein kleiner Aspekt dessen, was tatsächlich stattfindet. Denn Flüchtlinge werden sogleich von ganz unterschiedlichen Instanzen der Gesellschaft sehr unterschiedlich für relevant gehalten – von Ämtern und Instanzen, die rechtliche Aspekte, Asylverfahren, Anspruchsberechtigungen etc. klären, von Wohnquartieren, in denen sie zunächst wohnen, bis sie weiter verteilt werden und nach einiger Zeit selbst auf einem Wohnungsmarkt auftauchen, von Bildungsinstitutionen, die sie nach ihrer Beschulungsfähigkeit, nach Zertifikaten, Kenntnissen etc. verarbeiten, von Arztpraxen und Krankenhäusern, wo sie zwar als Patienten mit besonderen, oft begrenzten Anspruchsberechtigungen auftauchen, aber eben doch als Patienten, an Arbeits- und Ausbildungsplätzen, wo sie einerseits Flüchtlinge sind, vor allem aber Beiträger zur Wertschöpfung. Die Lebenslagen von Flüchtlingen sind besondere Lebenslagen, anders als die der Autochthonen, aber strukturell macht die Gesellschaft mit ihnen nichts anderes als mit allen Personen, die auf gesellschaftliche Instanzen treffen. Man muss sich vielleicht zunächst an den Gedanken gewöhnen, denn über Flüchtlinge zu forschen, bedeutet zunächst, die Unterschiede zwischen ihnen und den Autochthonen zu betonen, allenfalls wird man feststellen, dass ihre Lebenslage denen anderer wenig privilegierter Gruppen durchaus ähnlich ist – oder umgekehrt: die Lage unterprivilegierter Gruppen womöglich Flüchtlingen ähnlicher, als man es erwartet. Wie oben gezeigt, ist dies womöglich die bessere Alternative für Flüchtlinge selbst, als wenn sie tatsächlich nur auf stabile Gruppen mit starken Integrationsansprüchen und Zugehörigkeitszumutungen treffen würden. Denn die Formen, wie Flüchtlinge von den genannten Instanzen der Gesellschaft nach ihren je eigenen Relevanzen behandelt werden, sind die Formen einer Gesellschaft, die ihre Leistungsbereiche und ihre Funktionen in der Sachdimension geteilt hat. Flüchtling und Patient, Flüchtling und Anspruchsberechtigter, Flüchtling und Schüler oder Schülerin, Flüchtling und Arbeitnehmerin oder Arbeitnehmer, Flüchtling und Mieter usw. zu sein, ist besser, als nur Flüchtling zu sein. Flüchtlinge werden oft schlecht behandelt, auch von den genannten Instanzen, aber der Zugzwang dieser Instanzen ist meistens größer als die Motive der handelnden Personen, die die Leute schlecht behandeln. Wie es aussieht, wenn Flüchtlinge all die genannten Rollen nicht haben, sondern nur Flüchtlinge sind, konnte man im Jahre 2015 in Ungarn sehen, wo der Staat sich geweigert hat, dass die gesellschaftlichen Instanzen ihre Arbeit aufnehmen. Oder man kann es in Flüchtlingslagern beobachten, wo ja schon die räumliche Trennung von den Leistungsbereichen der Gesellschaft Flüchtlinge ohne Rest auf den Status von Flüchtlingen festlegt und ihnen nur eine Existenz als Insassen von Lagern, also Organisationen zugesteht.

In solchen Situationen sind Flüchtlinge stark integriert – gewissermaßen mit Haut und Haaren gefangen in einer Struktur, die es ihnen nicht erlaubt, in sachlich geteilter Weise für relevant gehalten zu werden. Sie haben dann wenige subjektive Rechte, keine Möglichkeit zu arbeiten oder medizinische Hilfe über ein basales Maß hinaus in Anspruch zu nehmen, von Ausbildungs- oder Arbeitsmöglichkeiten ganz zu schweigen. Wie sehr diese Lagersituationen der modernen Form der Inklusion in die Gesellschaft widersprechen, kann man ästhetisch sehen. Und dass Autoren mit großem Interesse für Verfremdung und Effekte dann das Lager zum paradigmatischen Fall der Moderne machen, wie etwa Giorgio Agamben, ist letztlich eine intellektuelle Übersprungshandlung. Den Menschen als *homo sacer* darzustellen und die Reduzierung auf das *nackte Leben* gerade in den Lagern, beim Flüchtling, bei Häftlingen zu diagnostizieren, verweist gerade auf den Ausnahmecharakter dieser Form, deren Monströsität geradewegs auf die moderne Form als ihr Gegenteil verweist. Es lässt sich aber gut zitieren als jener Gegen-Fall, der dann die Fähigkeit der Moderne zur Einverleibung multipler Formen nicht mehr sehen kann.[7] Sobald Flüchtlinge aber auf die Gesellschaft ohne Internierungsformen treffen, wird die inkludierende Kraft der Gesellschaft wirksam – genau darin haben übrigens Kritiker einer eher flüchtlingsfreundlichen, überhaupt migrationsfreundlichen Politik recht: *Wenn die Leute da sind, sind sie da – und verschwinden letztlich im Mahlstrom der Gesellschaft*. Sie tauchen wieder auf in Bildungs- oder Arbeitsstatistiken, aber auch in Kriminalstatistiken, in denen man dann sehen kann, wie sehr sich ihre von den autochthonen Lebenslagen nach einiger Zeit immer noch unterscheiden.

Wir wissen aus der klassischen Migrationsforschung, wie sich der Status von Migranten dadurch verändert, dass sie sich nicht mehr mit der randständigen Position des *marginal man* begnügen, sondern selbst zu Konkurrenten innerhalb der Gesellschaft werden. Hat die klassische Theorie des Fremden etwa mit Robert Park noch die Marginalität des Wanderers zwischen kulturellen Welten betont,[8] der sein Auskommen oft in ethnisch formierten ökonomischen Nischen fand – ein Bild, das für das Einwanderungsland USA charakteristisch war –, wandelt sich der Migrant nach einiger Zeit von einer ökonomischen Position «defizitärer Funktionserfüllung»[9] in ökonomischen Nischen, die von Autochthonen nicht bedient werden, zu einem Konkurrenten auf Arbeits-, Wohnungs-, Heirats- und Geltungsmärkten. Insbesondere Letzteres spielt heute eine entscheidende Rolle, da im Falle Deutschlands die Nachfahren von Arbeitsmigranten, vulgo: Gastarbeitern, sehr sichtbar und sehr deutlich auf den Geltungsmärkten vorkommen, was den Eindruck vermittelt, als sei Migration ein umstritteneres Thema als zuvor. Dabei handelt es sich nur um einen Effekt der Aufnahme- und Inklusionsfähigkeit einer funktional differenzierten Gesellschaft, die sogar gegen die expliziten Intentionen von Akteuren inklusiver wird.[10]

Zurück zu unserem Forschungsdesign: Wir sehen uns die Andockstellen von Flüchtlingen an, um exakt jenen Mechanismus der modernen Gesellschaft in den Blick zu nehmen, der nur auf den ersten Blick allein für migrantische Lebenslagen gilt – auf den zweiten Blick stimmt das schon nicht mehr. Deshalb referiere ich diesen Forschungsansatz gewissermaßen im Stil einer Differentialdiagnose: An den migrantischen Lebenslagen lässt sich ein Mechanismus sichtbar machen, der für die moderne Gesellschaft generell gilt, und dieser hat mit dem Verhältnis von Sach- und Sozialdimension zu tun. Zunächst ist zu zeigen, wie sehr migrantische Lebenslagen strukturell den autochthonen gleichen, und erst dann wird in der Differenz der Lebenslagen der Mechanismus freigelegt, der das Verhältnis von Sozial- und Sachdimension angemessen beschreiben kann.

Querlagen

Zunächst bedarf es aber einer begrifflichen Klärung. In der soziologischen Systemtheorie wird die Art und Weise, wie Personen von sozialen Systemen für relevant gehalten werden, als Inklusion bezeichnet. Inklusion ist der Mechanismus, wie soziale Systeme auf Personen zugreifen. In der soziologischen Tradition wird, etwa im Sinne von Talcott Parsons, die Teilhabe von Personen am sozialen Geschehen über die *Integrationsfunktion* vermittelt. Wie das soziale System durch die normative Bindung seiner Teile *integriert* wird, erfolgt die Integration über die Internalisierung der integrierenden Elemente des sozialen Systems.[11] Ganz in der Tradition Durkheims stehend, wird in diesem Verständnis die solidarisierende Funktion der Integration darin gesehen, dass es zu einer Angleichung individueller Aspirationen und gesellschaftlicher Norm- und Wertvorstellungen kommt.[12] Die Integrationsfunktion von Gesellschaften wird in der Formulierung von Parsons in der *gesellschaftlichen Gemeinschaft* gesehen, also in der Bereitstellung eines Horizonts der unbedingten Zugehörigkeit. Und selbst wenn die Soziologie begrifflich und vor allem auf der Ebene der Referenz von Parsons nichts mehr wissen will, so ist doch diese Funktion der *gesellschaftlichen Gemeinschaft* so restlos ins kollektive Gedächtnis der sozialwissenschaftlichen Intelligenz gesickert, dass es des Rekurses auf Parsons gar nicht mehr bedarf. Würde man Parsons' Begriff dafür verwenden, könnte man behaupten, dass diese Funktion in die Latenz verschoben wurde: Es ist die Bedingung der Möglichkeit des Denkens von Gesellschaftlichem überhaupt. Vielleicht wird an dieser Stelle noch einmal deutlich, warum ich im vorigen Kapitel Bruno Latours Soziologie als Referenz verwendet habe, dass selbst unter Bedingungen extremer Verfremdung des Blicks auf den Gegenstand nur *gesellschaftliche Gemeinschaft* als Denkhorizont bleibt, selbst wenn die Zahl und Art der zu integrierenden Akteure erweitert wird.

Dies vermag eine systemtheoretische Perspektive mit einem *Inklusionskonzept* hinter sich zu lassen, das explizit vom Primat der Sozial- auf die Sachdimension umstellt. Hier kann die Systemtheorie auch ihren strategischen Theorievorteil ausspielen, die Grundeinheit bzw. Grundelemente sozialer Systeme eben nicht in Menschen oder Personen zu sehen, die wie die Aktanten von Latour angeordnet und versammelt werden müssen. Die Grundeinheit des Sozialen ist demgegenüber *Kommunikation*, also eine zumeist als Handlung ausgewiesene ereignisförmige Einheit, deren Anordnung in der Zeit für Prozesse und Strukturen sorgt und Ordnung dadurch schafft, dass bestimmte Anschlüsse wahrscheinlicher werden als andere.[13] Das mag sich sehr abstrakt anhören, und auch innerhalb der Soziologie wird das oft nicht wirklich verstanden. Aber der Vorteil dieser Konstitution des Gegenstandes besteht darin, nicht schon im Vorhinein gewissermaßen vorempirische Entscheidungen darüber treffen zu müssen, wie das Verhältnis von Personen und gesellschaftlicher Dynamik beschaffen ist. Wenn man Gesellschaft für eine Entität aus Menschen hält, muss man Ordnung immer schon und vor allem primär in der Sozialdimension bilden – so dass Gesellschaft wie etwas erscheint, das aus sozialen Räumen besteht, in denen sich Menschen als Mitglieder wiederfinden: durchaus differenziert und ungleich angeordnet. Deshalb hat die klassische Soziologie so große Probleme damit gehabt, das Verbindende der modernen Gesellschaft zu beschreiben, an deren Differenzierungsform man kaum vorbeisehen konnte.[14]

Paradigmatisch und komplementär lässt sich das an den beiden Klassikern Émile Durkheim und Max Weber studieren – die in der Soziologiegeschichtsschreibung als deutliche Antipoden gehandelt werden. Aber in einem, vielleicht dem entscheidenden Punkt sind sie sich einig. Beide sehen das Besondere moderner Gesellschaften darin, dass sie sich in der Sachdimension, also funktional, ausdifferenzieren. Émile Durkheim stößt auf «organische Solidarität», also auf eine Gesellschaft, in der die Unterschiede der Tätigkeiten und Berufe, der Aufgaben und Problemlösungen zunehmen und die durch Arbeitsteilung zusammengehalten werden muss. Im Vergleich zu früheren Gesellschaften fehlt Durkheim an der Moderne ein «Kollektivbewusstsein» – ausdrücklicher in der Sozialdimension kann man es nicht beschreiben. Was ist nun das funktionale Äquivalent des vorherigen (vor allem religiös, in gemeinsamen Weltbildern und mechanisch aufeinander bezogenen Praktiken fundierten) Kollektivbewusstseins? Für Durkheim kann es nur eine «neue Moral» sein, die einerseits abstrakt genug ist, um die unterschiedlichen Tätigkeiten und sachlichen Orientierungen zu versammeln, andererseits konkret genug, um tatsächliche empirische Bindungskräfte freizusetzen.[15] Historisch gesehen war diese Moral vor allem eine nationale/nationalstaatliche Form, also eine politisch hergestellte Form des Gemeinsamen. Die Nation (und davon abgeleitet der Nationalismus) war gewissermaßen die klassische Form der Soziodizee des Gemeinschaftlichen – man könnte sagen: der Invisibilisierung der sachlichen Differenziertheit der Gesellschaft und ihrer Zentripetalkräfte durch die zentrifugale Zumutung, trotz Ungleichheit, unterschiedlicher Aufgaben und hoher gesellschaftlicher Komplexität eine Einheit zu sein. Diese *politische* Form der gesellschaftlichen Selbstbeschreibung sollte seitdem stilbildend sein – eben in der Form des Gemeinschaftlichen.

Max Weber beschreibt diese Entwicklung ähnlich. Seine These von der Ausdifferenzierung unterschiedlicher Wertsphären, die wie ein «Kampf der Götter» erscheint, in dem Wissenschaft und Politik, Ästhetisches und Religiöses eben nicht aufeinander abgebildet, geschweige denn integriert werden kann, ist die vielleicht stärkste frühe Differenzierungstheorie.[16] Zumindest ist sie so konsequent, dass Max Weber auf einen elaborierten Gesellschaftsbegriff verzichtet – wohl auch wegen der explizit *politischen* Konnotation, die der Gesellschaftsbegriff fast automatisch erhält, wenn man ihn in der Sozialdimension bildet. Zur Erklärung: Die Funktion des politischen Systems besteht darin, einerseits kollektiv bindende Entscheidungen zu generieren, andererseits das Kollektiv, das für den Entscheidungsraum steht, zu definieren und semantisch zu stabilisieren. Anders gesagt: Die Nation ist eine politische Kategorie, ein Vehikel politischer Schließung und eine Simulation von Kollektivität. Die Gesellschaft wird politisch in der logischen Sekunde der Entdeckung, dass das Politische auch nur ein Aspekt einer differenzierten Struktur ist. Letztlich dementiert dieser politische Gesellschaftsbegriff die Gesellschaftlichkeit selbst, nämlich die Erfahrung, dass die Funktionen innerhalb der Gesellschaft auseinandertreten. Die frühe Soziologie wusste das genau – und hat im Falle Durkheims die eigene Diagnose der Teilung der gesellschaftlichen Arbeit durch die Konzentration auf eine übergreifende Moral ohne wirklichen Ort (aber durch Hypostasierung des Politischen) dementiert; und hat im Falle Webers die eigene Diagnose dadurch dementiert, dass dieser davor zurückschreckt, exakt in der Unvermittelbarkeit der unterschiedlichen Wertsphären die Form ihrer Vermittlung zu denken. An dieser Diskrepanz zwischen empirischer Hellsichtigkeit und der Kapitulation durch die Soziodizee des Gemeinschaftlichen krankt die Soziologie, wie wir etwa bei Bruno Latour sehen konnten, bis heute.[17]

Zurück zum Inklusionsproblem: Kapriziert man sich nicht nur auf die Beschreibung in der Sozialdimension, sondern auch auf die empirische Differenzierung in der Sachdimension, hat das Konsequenzen für die Beschreibung des Ortes von Menschen und Personen in der theoretischen Beschreibungsfigur *und* in der Gesellschaft. Das leistet der Inklusionsbegriff.

Unter Inklusion ist in diesem Sinne derjenige Mechanismus zu verstehen, nach dem «im Kommunikationszusammenhang Menschen bezeichnet, also für relevant gehalten werden»[18]. Der Begriff *Inklu-*

sion bezeichnet also die Art und Weise, wie Kommunikation auf Menschen zugreift. Ein Begriff von Inklusion wird theoretisch dann sinnvoll, wenn man das Soziale nicht auf die intentionalen, psychischen Operationen von Aktanten zurückführt, sondern mit dem Begriff des Sozialen ausschließlich den Anschlusszusammenhang von Kommunikationen aneinander meint. Für eine so gebaute Theorie ist die Frage des Zugriffs sozialer Systeme auf Psychisches bzw. Menschliches nicht schon per se beantwortet, sondern sie wird als erläuterungsbedürftiger, weil kontingenter Horizont geführt. Es wird also nicht mehr nach – funktional als bestandserforderlich angesehenen – *Integrationsbedingungen* gesucht. Vielmehr wird das, was üblicherweise als *Integration* firmiert, nun zu einem kontingenten, historisch unwahrscheinlichen Sachverhalt. Sie ist nicht mehr *Bedingung der Möglichkeit* sozialer Systembildung und individueller Teilhabe, vielmehr wird ihre *Möglichkeit* nun als abhängige Variable gesellschaftsstruktureller *Bedingungen* vorgestellt.

In vormodernen Gesellschaften war Inklusion tatsächlich gleichbedeutend mit der Integration von Personen in stabile Verbände – Schichten, Familien, Höfe usw. Hier war die Gesamtheit der individuellen Existenz durch Gruppenzugehörigkeit geprägt. Die *Inklusion in die funktional differenzierte Gesellschaft* folgt dagegen einer völlig anderen Logik. Wurde Inklusion in früheren Gesellschaften mit der gesellschaftlichen Struktur parallelisiert, hat die funktionale Differenzierung der Gesellschaft zur Folge, dass gesellschaftliche Struktur und Individualität *quer* zueinander stehen: Da funktionale Differenzierung die Gesellschaft nicht in gruppennah bzw. gruppenanalog gebaute Systeme aufteilt, sondern in kommunikative Systeme, deren *differentiae specificae* in der *exklusiven Erfüllung je einer gesellschaftlichen Funktion* zu sehen sind, verlangt die moderne Gesellschaft von Personen eine *gleichzeitige* Zugehörigkeit zu *verschiedenen* Teilsystemen der Gesellschaft. Während solche *Mischexistenzen* für vormoderne Gesellschaften nahezu ausgeschlossen waren, bringt die moderne Gesellschaft eine Form der Multiinklusion hervor, weil sie Personen nicht mehr nur einem gesellschaftlichen Teilsystem zuordnen kann: Niemand wird nur erzogen, nimmt ausschließlich an Zahlungen teil, führt eine ausschließlich politische, wissenschaftliche, familiale oder religiöse Existenz.[19] Aber zugleich muss jeder

Mensch rechtsfähig und geschäftsfähig sein, am Geldverkehr und an politischer Kommunikation teilnehmen können, eine Familie gründen können, über wirtschaftliche Ressourcen verfügen, medizinische Versorgung und religiösen Zuspruch in Anspruch nehmen oder an Erziehung und Bildung partizipieren können. Sosehr sich die konkreten Inklusionsformen der verschiedenen funktionalen Teilsysteme auch unterscheiden, so ist doch allen gemeinsam, dass sie ausschließlich ihr jeweiliges Bezugsproblem abarbeiten und keinerlei Inklusion bzw. Integration in das gesellschaftliche Gesamtsystem anbieten.

Der Inklusionsmechanismus erzeugt eine merkwürdige Kombination von Gleichheit und Ungleichheit: In einer funktional differenzierten Gesellschaft werden alle auf gleiche Weise in Funktionssysteme inkludiert, aber die Inklusionsformen erzeugen erhebliche Ungleichheiten. Wer arm ist, ist auch ökonomisch inkludiert, wer kein Recht bekommt, kann das nur im Hinblick auf ein Rechtssystem, sich politisch nicht repräsentiert zu fühlen, ist eine spezifische Form politischer Inklusion. Dieser Zusammenhang ist übrigens kein Grund, eine differenzierungstheoretische Soziologie gegen die Ungleichheitssoziologie auszuspielen.[20] Während eine Gesellschaftstheorie, die die Gesellschaft vor allem im Hinblick auf soziale Ungleichheit strukturiert, für differenzierungstheoretische Fragen nahezu blind ist,[21] gilt das umgekehrt keineswegs, zumindest nicht konzeptuell. Der entscheidende Unterschied besteht darin, dass die Differenzierungstheorie soziale Ungleichheit gewissermaßen in die zweite Reihe schiebt – nicht wegen der Unwichtigkeit des Themas, sondern im Hinblick auf die Gesellschaftsstruktur selbst. Die moderne Gesellschaft differenziert sich in Teilsysteme in der Sachdimension, in Funktionssysteme, nicht in ungleiche Strata. Das bedeutet dann nicht, dass es keine Ungleichheit gibt, im Gegenteil: Sie wird wilder, unstrukturierter, volatiler, extremer, regional unterschiedlich und von vielen Faktoren abhängig. Eine Differenzierungstheorie schließt übrigens nicht einmal die Annahme von Klassenbildung aus – die Ausbildung von Klassen, also Ungleichheitsstrukturen, die tatsächlich ganze Bevölkerungsteile auch kulturell und in ihren Inklusionschancen beschränkt. Klassen definieren sich dann auch kulturell – was international durchaus unterschiedlich ausgeprägt ist. So mag die Ungleichheitsstruktur etwa zwischen Deutschland und Großbritannien nicht nur objektiv unterschiedlich sein, sondern auch im Hinblick auf ihre kulturelle und habituelle Repräsentation in Klassen.[22] Klassenbildung ist eine empirische Frage – und ohne Zweifel leben wir in einer Klassengesellschaft im Hinblick darauf, dass es zwar stärkere Formen sozialen Aufstiegs und andere Formen sozialer Diffusion gibt, zugleich aber Ungleichheitsstrukturen sich über Generationen und im Hinblick auf Lebenschancen und Lebensformen vererben. Das ist analog zu dem, was Stefan Hirschauer «Humandifferenzierung»[23] nennt, zu der nicht nur ethnische, sexuelle, kulturelle, konfessionelle, «rassische» usw. Kategorien gehören, sondern auch und besonders die klassischen Ungleichheitsstrukturen. Wir leben aber *nicht* in einer Klassengesellschaft in dem Sinne, dass die Klassenformation bereits das Grundcharakteristikum der modernen Gesellschaft sei. An dieser Formation lässt sich theoretisch der Gehalt der gesellschaftlichen Moderne gerade nicht ablesen, so dass die Funktion des Klassenbegriffs *als theoretischen Begriffs* womöglich darin besteht, die Gesellschaft nach dem einfacheren Schema in der Sozialdimension beschreiben zu können, statt sich der überfordernden Form der funktionalen Differenzierung und ihrer Querlage zu sozialen Unterscheidungen zu stellen.[24] Die Persistenz und die Erheblichkeit von Klassenlagen ist dann tatsächlich in ihrer «Funktionslosigkeit»[25] zu suchen – Humandifferenzierungen, auch: Klassenbildung, sind dann eher als Folge der funktionalen Differenzierung der Gesellschaft zu verstehen, nicht als ihre Voraussetzung oder als ihr zentrales Charakteristikum.[26] Wenn man es genau nimmt, müsste man sagen: Eine *klassenlose* Gesellschaft wäre wohl nur als funktional differenzierte Gesellschaft denkbar – nicht weil es zu ihrem (nicht vorhandenen) Programm gehörte, sondern wegen der Querlage der sozialen Differenzierung zur Differenzierungsform des Gesellschaftssystems.

Ganz ähnlich wie mit der Klassenfrage verhält es sich mit der Frage der postkolonialen Kritik «westlicher» Perspektiven. In den kulturwissenschaftlichen *postcolonial studies* geht es seit den 1990er Jahren hauptsächlich um die Frage der Repräsentation kulturellen Wissens etwa in der Literatur, aber auch in alltagsrelevanten kulturellen Formen. Einer der wichtigsten Autoren ist hier sicher Homi Bhabha, der in der epistemologisch privilegierten Position sogenannter nicht-westlicher Perspektiven in den Metropolen des Westens –

etwa als Literatur oder Literaturwissenschaft – eine merkwürdige Form des «Dazwischen» markiert, die darauf aufmerksam macht, wie arbiträr und kontextbezogen jegliche Kulturproduktion ist.[27] Und Edward Said hat darauf hingewiesen, wie sich sowohl die Perspektive des westlichen Universalismus wie ihrer nicht-westlichen Kritiker durch die Konfrontation ihrer wechselseitigen Stereotype verändert – im historischen und kolonialen Machtgefälle sicher nicht auf Augenhöhe, aber epistemologisch gesehen eben schon.[28] Diese frühe Generation des Postkolonialismus ist übrigens weit entfernt von jener Hypostasierung nicht-westlicher Positionen gewesen, deren heutige Gestalt bisweilen so tut, als sei die nicht-westliche Position letztlich nicht weiter erklärungsbedürftig, sondern aufgrund der eigenen Unterdrückungsgeschichte gewissermaßen der Beobachtung entzogen. Said formuliert, «daß die bloße Existenz als unabhängiger, postkolonialer Araber oder Schwarzer oder Indonesier weder ein Programm noch ein Prozeß noch eine Vision ist. Sie ist vielmehr nichts weiter als ein geeigneter Ansatzpunkt, an dem die wirkliche Arbeit, die harte Arbeit, beginnen könnte.»[29] Der Postkolonialismus ist inzwischen eine der akademischen Leitkritikformen – bewegt sich aber vornehmlich auf der Ebene der kulturellen Repräsentation, weswegen prominente Konflikte sich auch mit diesen Beispielen beschäftigen – Sprach- und Benennungsformen, Repräsentation von Sichtbarkeit, soziale Gerechtigkeit, museale Kanonisierung, Restitution usw. Theoretisch freilich ist er kaum über diesen Topos der Repräsentationsfrage hinausgekommen.

Die Soziologie tut sich mit dem Postkolonialen bis heute schwer – nicht weil sie keinen Sensus für diese Repräsentations- und Benennungsfragen hätte, sondern weil sie der postkolonialen Kritik womöglich wenig entgegenzusetzen hat.[30] Der Vorwurf lautet zumeist: Die Begriffe oder das Verständnis der Soziologie seien europäisch «universalistisch» und damit vor allem von der Rationalität des «Westens» geprägt und ließen keinen Raum für Erfahrungen anderer Teile der Welt.[31] Die Diskussion dazu ist notwendig, aber theoretisch eher unergiebig geblieben. Worum es geht, sind auch hier allzu stabile Zuschreibungen – Universalismus hier, «andere» Formen dort. Kritisiert wurde, dass etwa der Gesellschaftsbegriff zu sehr an den Institutionen und am Staatsmodell des «Westens» hänge und zu viele normative Kategorien mit sich trage – und deshalb wurde aus der Diskussion auch eher ein kultursoziologisches Programm statt ein gesellschaftstheoretisches.

Die Kritik ist durchaus berechtigt – aber in einem anderen Sinne. Letztlich hatte die Soziologie kaum Mittel, die Selbstdementierungen der normativen Vorstellungen der Moderne mitzudenken. Die Katastrophe des Faschismus und des Nationalsozialismus, auch die chinesische Kulturrevolution oder die Diktaturen Südamerikas oder des sowjetischen Herrschaftsbereichs waren keine der Moderne äußerlichen Formen, sondern moderne Erscheinungen durch und durch, die auch mit den radikalen Optionssteigerungen der Moderne zu tun haben – darauf werde ich im achten Kapitel noch zurückkommen. Der Kolonialismus gehört durchaus in diese Reihe – und ist nicht ohne Grund eine traumatische Erfahrung in den von hier aus so gesehenen Peripherien der Weltgesellschaft. Autoren wie etwa Achille Mbembe haben durchaus recht, wenn sie die Versklavung der Schwarzen in einen Modernisierungszusammenhang stellen[32] – auch wenn es Sklaverei schon erheblich früher auch in anderen Weltregionen gegeben hat.[33] Was die Soziologie daraus lernen kann, ist die Erfahrung, dass die moderne gesellschaftliche Struktur normativ indifferenter ist, als es unser Selbstbewusstsein glauben macht. Dafür braucht man aber einen Gesellschaftsbegriff, der weniger unausgesprochene normative Implikationen mit sich führt – was dann in die merkwürdige Bredouille führt, einerseits den Zustand der Welt normativ mit den Mitteln des westlichen Universalismus zu kritisieren, andererseits feststellen zu müssen, wie kontext- und opportunitätsabhängig seine Durchsetzung ist.

Ich sehe das Problem darin, das Institutionenarrangement mit der Gesellschaft zu verwechseln. Dass Gesellschaft in der globalen (sic!) Welt unbedingt als «Weltgesellschaft» zu denken ist, kann man nicht sehen, wenn man keinen angemessenen Gesellschaftsbegriff hat und wenn man mit dem Weltbegriff nicht angemessen umgehen kann. «Welt» wäre phänomenologisch ohnehin als Perspektivenbegriff zu denken – die Welt hängt von der Weltsicht ab, und so erscheint die Gesellschaft aus unterschiedlichen globalen Perspektiven sehr unterschiedlich. Das ist genau genommen eine Banalität – aber es hängt soziologisch davon ab, die Struktur einer funktional differenzierten

Gesellschaft als eine weltweite Struktur zu denken, deren je lokale Erscheinungsform kulturell, institutionell und praktisch radikal unterschiedlich ist.[34] Auch hier geht es um die Unterscheidung zwischen Sach- und Sozialdimension. Wer die postkoloniale Kritik nur in der Sozialdimension verarbeitet, unterschätzt womöglich ihre Drastik. Wie bei der «Klassenfrage» zeigt sich auch hier, wie sehr Sach- und Sozialdimension quer zueinander stehen.

Das Entscheidende ist tatsächlich diese *Querlage*. Es ist dies zunächst eine Art geometrisches Argument. Während die funktionale Differenzierung der Gesellschaft eine horizontale Anordnung gesellschaftlicher Funktionen bedeutet, die für jene Komplexität sorgt, die die Moderne so unübersichtlich macht, liegen Lebenslagen quer dazu, d. h. Lebenslagen, aber auch Problemlagen halten sich nicht an die Grenze der Funktionssysteme – die Funktionssysteme aber schon. Für die beiden Referenzkrisen habe ich das schon deutlich gezeigt: Sowohl die COVID- als auch die Klimakrise werden vor allem deshalb als krisenhaft erlebt, weil die Lösungsroutinen und die Verarbeitungsmechanismen der Funktionssysteme nach ihren eigenen Logiken arbeiten, die Problemlage aber dieser Teilung nicht folgt. Die Folge sind je selbsterzeugte Problemlagen und Problemdefinitionen, denen sich die Dynamik beider Krisen entzieht. Das politische System etwa ist, um handlungsfähig zu sein, auf die «Konstruktion einer regierbaren Welt»[35] angewiesen – und kann diese Konstruktion eben nur selbst leisten. Das Problem ist stets, ob und wie die Komplexität des Problems durch die Problemlösung (ökonomisch, rechtlich, wissenschaftlich etc.) erreicht werden kann, was ein paradoxer Satz ist, weil die Komplexität des Problems eben nur durch die Eigenkomplexität der gesellschaftlichen Systeme und Akteure erreichbar ist. Das ist der Ausgangspunkt der Krisenerfahrung, die Ahnung, dass das Problem unerreichbar ist, und die Ahnung, dass die Lösung selbsterzeugter Probleme eben immer im Horizont der selbsterzeugten Möglichkeiten bleibt.

Differenzierung, Teilung der Problemlagen, die Eigenkonstruktion von Problemlösung-Konstellationen, die Interdependenzunterbrechung von Lösungskonzepten, die Gleichzeitigkeit unterschiedlicher Handlungsformen, der Verzicht auf die vollständige Integration von Lösungen – all das ist Problem und Lösung zugleich, Reaktion auf den erheblichen Komplexitätsdruck durch Erhöhung der eigenen Komplexität. Das ist es, was die moderne Gesellschaft ausmacht – und das ist es, worauf die gesellschaftliche Selbstbeschreibung durch Soziodizeen reagiert: durch die Konstruktion handhabbarer Benutzeroberflächen.

In der Sachdimension ist das einleuchtend – und auch handhabbar. In der Sozialdimension ist es ungleich schwieriger. Um es systemtheoretisch zu formulieren: Dem Gesellschaftssystem und den Organisationssystemen stehen Mechanismen wie Differenzierung, Gleichzeitigkeit, Unterbrechungen, Selbstzerstörung von Strukturen, evolutionäre Brüche und radikale Beschleunigung zur Verfügung. Gesellschaft kann mit Diskontinuitäten umgehen – im sachlichen wie im zeitlichen Sinne, sie nutzt diese Diskontinuitäten, um sich auf Komplexität einzustellen, sie kann aus bestimmten Perspektiven bestimmte Probleme ungelöst lassen, um die eigene Kapazität zu erhöhen. Diese Lösung sieht wie eine Krise aus, weil die «Probleme» so nie erreichbar werden, aber nur so gelöst werden können. Ein unlogischer Satz? Höchstens so unlogisch wie die Logik der gesellschaftlichen Differenzierung, die auch eine Abschottung der eigenen Kapazitäten gegen zu hohen Problemdruck ist. Will man es klassisch systemtheoretisch auszudrücken: *Die Umwelt ist stets komplexer als das eine Eigenkomplexität aufbauende System.* Oder in Luhmanns Worten: «Den Systemen fehlt die ‹requisite variety› (Ashby), die erforderlich wäre, um auf jeden Zustand der Umwelt reagieren bzw. die Umwelt genau systemadäquat einrichten zu können. Es gibt, mit anderen Worten, keine Punkt-für-Punkt-Übereinstimmung zwischen System und Umwelt».[36] Das «Fehlen» hört sich fast wie ein Nachteil an, ist aber zugleich die Bedingung der Möglichkeit des Aufbaus einer eigenen Komplexität und nicht zuletzt der funktionalen Lösungen von Differenzierung, Unterbrechung und Diskontinuität.

Psychischen Systemen und den Körpern von Menschen steht dieser Mechanismus so nicht zur Verfügung. Zwar gilt auch hier der Verzicht auf Punkt-für-Punkt-Korrelation mit der Umwelt – das ist kein neuer Befund, sondern letztlich die Grundlage der klassischen bewusstseinsphilosophischen Erkenntnis über den selbstreferentiellen und prozesshaften Aufbau bewusster Eigenkomplexität.[37] Gerade in der Phänomenologie, die ja durchaus ein Vorbild für die systemtheoretische Beschreibung von prozesshaftem Ordnungsaufbau ist, spielt die Herstellung eines Aktkontinuums, eines Bewusstseinsstroms eine entscheidende Rolle. Und das Bewusstsein, das psychische System ist demnach ein System, das auf diesen einen Bewusstseinsstrom angewiesen ist, das nicht ausdifferenziert werden kann, das sich nicht unterbrechen kann, das Überforderung nicht durch die Gleichzeitigkeit von Unterschiedlichem ausgleichen kann, das eindeutige Komplexitätsgrenzen hat. Die Koppelung an die Gesellschaft muss also eine Kontinuität herstellen, die das gesellschaftliche Gegenüber nicht per se mitbringt.

Das mag sich sehr formal anhören, aber man muss die Grundlage der Überforderung und des Unbehagens in der und an der modernen Gesellschaft tatsächlich in dieser formalisierten Weise rekonstruieren, um die Problemlage genau beschreiben zu können. Die Komplexität und Differenziertheit der modernen Gesellschaft bilden sich demnach nicht in der Struktur ihres psychischen Gegenübers ab. Dieses muss vielmehr mit Einlinigkeit antworten – auch an dieser Stelle findet sich eine Ähnlichkeit zu Sigmund Freuds These von der Überforderung des Ichs durch das gesellschaftliche Über-Ich.

Rein formal gesprochen, ist es tatsächlich Einlinigkeit oder fast Punkt-für-Punkt-Korrelation, die für vormoderne Sozialformen galt, war es doch möglich, Inklusionsverhältnisse im wesentlichen durch *fremdreferentielle Operationen* aufrechterhalten – es reichte weitgehend die Orientierung an tradiertem, gruppenspezifischem Regelwissen und an einer zwar ausgeklügelten, aber doch durchschaubaren Hierarchie als Grundprinzip des Sozialen. Es waren eher frühe Organisationen (Kirche, Klöster, Universitäten, Höfe) und vor allem Oberschichteninteraktion, die Komplexitätssteigerungen und subtile Verhältnisse zwischen Sozialstruktur und Individuen erlaubten, aber generell waren vormoderne Lebensverhältnisse durch durchschaubare Mitgliedschafts- und Zugehörigkeitsverhältnisse geprägt.

Die Teilhabe von Personen am gesellschaftlichen Geschehen in der funktional differenzierten Gesellschaft kann dagegen kaum mehr über einfache fremdreferentielle Beobachtung allein gesichert werden. Analog zu den gesellschaftlichen Teilsystembildungen selbst, die sich über die zunehmende Referenz auf sich selbst voneinander wegdifferenziert haben, spielt die *Selbstbeobachtung* und *Selbst-*

beschreibung von Individuen eine im Modernisierungsprozess zunehmend wichtige Rolle. Dieser in der soziologischen Literatur seit den Klassikern geführte Diskurs um die *Individualisierung persönlicher Lebenslagen in der Moderne* stellt sich aus der systemtheoretischen Perspektive als Folge der Umstellung auf eine Form funktionaler Differenzierung dar, die sich von individuellen Lebenslagen und ihren Bedingungen für stabile Gruppenbildung weitgehend abgekoppelt hat: «Das Prinzip der Inklusion ersetzt jene Solidarität, die darauf beruhte, daß man einer und nur einer Gruppe angehörte.»[38]

Institutionenabhängige Lebenslagen

Diese formale und theoretische Beobachtung führt, wie gezeigt, geradewegs zu einer Individualisierungsdiagnose. Das Individuum wird darin gewissermaßen zum Dreh- und Angelpunkt seiner selbst, weil die Gesellschaft selbst keinen Ansatzpunkt mehr kennt, von dem her das Individuum vollständig bestimmt werden könnte. Unser Forschungsdesign über Flüchtlinge variiert also den Gedanken, dass Flüchtlinge nicht auf Gruppen treffen, sondern auf Andockstellen in der Gesellschaft, auf Multiinklusion – und übrig bleibt das Individuum, das diese unterschiedlichen Ansprüche der Gesellschaft miteinander vermitteln muss. An dieser Gruppe wird etwas besonders deutlich, das für Lebenslagen in der Moderne ohnehin gilt. Die sich gesellschaftlich voneinander wegdifferenzierenden funktionalen Teilsystemperspektiven bündeln sich in individuellen Lebenslagen. Von der Systemreferenz der Gesellschaft her gesehen, werden nicht ganze Menschen, nicht *Individuen* in die gesellschaftlichen Teilsysteme inkludiert, sondern lediglich rollen- bzw. inklusionsspezifische Teilaspekte der Person, die dann aus den jeweiligen teilsystemspezifischen Perspektiven als *Dividuum* erscheint. Dabei bedingen sich funktionale Erfordernisse des Gesellschaftssystems und der (In-)Dividualität gegenseitig: Während sich die «‹dividuelle Existenz› [...] parasitär zum Gesellschaftssystem»[39] verhält, indem sie die Disparität der Teilsystemperspektiven dazu ausnutzen kann, sich einer generellen Konditionierung durch Gesellschaft zu entziehen, nutzt das Gesellschaftssystem seinerseits das multiple Selbst, um die Komplexität von Situationen handhabbar zu halten. Man stelle sich vor, jeder Teilnehmer an Zahlungen müsste sich als ganze Person und nicht nur als Zahler in das ökonomische System einbringen! Die Wechselseitigkeit des selektiven Zugriffs auf Gesellschaft bzw. auf den Menschen ermöglicht erst sowohl die spezifisch moderne Form individualisierter Lebenslagen als auch die funktionale Differenzierung: *Auf der einen Seite* bringt erst der selektive Zugriff der Gesellschaft auf den Menschen jene Form moderner Individualität hervor, die durch Begleitsemantiken der Individualität, der Menschen- und Bürgerrechte und der Gesellschafts- und Staatsferne einer privaten Sphäre kulturell gestützt wird. *Auf der anderen Seite* kann sich Gesellschaft erst dadurch an Funktionsgrenzen differenzieren und somit die hohe Komplexität und Pluralität der Moderne bewältigen, dass Personen selektiv, d.h. funktionsspezifisch auf ihre zentralen Instanzen zugreifen und auf vollständige Inklusion/Integration nicht mehr angewiesen sind.

Flüchtlinge treffen also auf keine aufnahmebereite Gesellschaft, sondern auf gesellschaftliche Ansprüche unterschiedlicher Natur – die von ihnen selbst vermittelt werden müssen. Dass diese Vermittlung bei dieser besonderen Personengruppe besonders schwierig und voraussetzungsreich ist, macht den Mechanismus umso sichtbarer: Sie haben letztlich keinen Ort, der für sie vorgesehen ist – sie haben nur Andockstellen. Die Gesellschaft ist kein Behälter, in dem man drin sein kann, sondern ein vibrierendes System, an das Individuen multipel andocken und in dem es letztlich für niemanden einen festen Platz gibt. Dass sich individuelle und gesellschaftliche Perspektiven dennoch synchronisieren lassen, ist eine erhebliche Leistung, die immer wieder neu erbracht werden muss. Dabei unterscheidet sich «migrante Inklusion»[40] nicht prinzipiell von Inklusion überhaupt.

Im ersten Kapitel habe ich auf den Gegenaufklärer Joseph de Maistre hingewiesen, dessen Kritik an der Französischen Revolution viel deutlicher als die Revolutionäre die Bedingung der Möglichkeit von Ordnung wahrnehmen konnte: in ihrer Fraglosigkeit nämlich, die durch die Revolution zerstört wurde. Nimmt man de Maistres Kritik an der Revolution ernst, dann ist es eine Kritik daran, dass mit der Aufgabe dieses Ordnungsmodells letztlich die Kontrolle über die Lebensverhältnisse – im Selbst wie im Fremdverhältnis – verschwindet.[41] Der französische Gegenrevolutionär war kein Romantiker – er glaubte nicht an die Göttlichkeit einer konkreten Ordnung. Er war einer der ersten Soziologen – und als solcher erkannte er die Funktion eines solchen eindeutigen Kontrollverhältnisses: Wenn eine Gesellschaft nicht mehr die Tradition ihrer hierarchischen Gliederung anerkennt, wird sie ordnungslos, weil die Kontrollverhältnisse aus den Fugen geraten. Die deutsch-romantische Variante dieser Diagnose findet sich in der Jenaer Romantik.[42] Die Grundmotive der Frühromantik kann man als eine Kritik an den Entzweiungen der Moderne paraphrasieren. Philosophisch, ästhetisch, religiös und im Naturverständnis kritisierte diese Bewegung um 1800 den Verlust von Einheit und suchte nach der Versöhnung des Entzweiten. Vor allem in Jena hat sich um 1800 um die Schlegel-Brüder, um Ludwig Tieck, Friedrich Wilhelm Schelling und Novalis eine Bewegung etabliert, die gegen die Differenzierungsprozesse der Moderne deren inneren Zusammenhang setzte, die Natur und Geist nicht als Gegensatz betrachtete, die eine Wiederbelebung des Religiösen gegen die Säkularisierung des Denkens forderte. Eines der wirkmächtigsten Motive der Modernitätskritik war, den Zusammenhang von Identität und Differenz zu denken, um die Trennungen und Differenzierungen der Moderne auszuhalten. Die frühromantische Grundidee ist folglich nicht einfach eine rückwärtsgewandte Ideologie, sondern sie ist bereits eine Reaktion auf jene Modernisierungserfahrungen, in denen sich die Wissenschaften versachlichen und rationalisieren, der Staat zum Anstaltsstaat wird und sich die Frage nach der Vernunft von der Religion entfernt. Es ist der Versuch, die Welt als Einheit beschreibbar zu machen und den Ursprung aller Teile in einem aufheben zu wollen – und darin ist sie auf eine erstaunliche Art und Weise modern, was immer man darunter genau verstehen will. Es ging darum, alle Gegensätze (Natur/Geist, Herrscher/Untertan, Mann/Frau usw.) zu überwinden, ohne aber klare Hierarchien in Frage zu stellen. [43]

Dass solche Denkungsarten an der Schwelle zur Moderne entstanden, ist eine Reaktion auf ihre Ambivalenz und auf den Verlust unbefragter Sicherheiten. Die interne Differenziertheit und Komplexität der Gesellschaft schließt die alten, eindeutigen Kontrollverhältnisse geradezu aus – nur um neue Kontrollverhältnisse zu etablieren, die aber nicht mehr von jener Latenz und jener primordialen

Kraft leben konnten wie zuvor. Man kann es an den gesellschaftlichen Veränderungsstichworten des 19. Jahrhunderts festmachen: dem Nationalstaat als komplexe Verwaltungseinheit mit starken bürokratischen Planungshorizonten; der Entstehung des Betriebskapitalismus als völlig neue Form der Organisation von Arbeitsteilung; der u. a. daraus folgenden Urbanisierung der Zentren; der Entstehung von Familienformen mit stabilen Geschlechterrollen; der Etablierung von Bildungskarrieren; der Gestaltung von sozialer Ungleichheit als staatliche Aufgabe und der Entstehung der «sozialen Frage»; den rechtlichen Gleichheitsversprechen bei gleichzeitiger ungleicher Verteilung von Lebensmöglichkeiten; der Verwissenschaftlichung des Wissens usw.

Wahrscheinlich waren die Lebensverhältnisse in früheren Mangelgesellschaften für den Großteil der Bevölkerung erheblich schwieriger, aber das Verhältnis von individuellem Überleben und gesellschaftlicher Dynamik war sicher einfacher, zumindest einfacher zu verstehen und einfacher in dem Sinne, dass es wenig Alternativen der je individuellen Lebensgestaltung gab. Eine moderne, hoch arbeitsteilige, funktional differenzierte Gesellschaft musste diese Form der Lebensgestaltung je neu erfinden – und deshalb wurde auch die Schaffung konkreter Orte für das Leben der Menschen zum entscheidenden Gestaltungsthema gesellschaftlicher Auseinandersetzungen. Es müssen also Institutionenarrangements etabliert werden, die quer liegen zur Gesellschaftsstruktur in der Sachdimension.

6

Arrangements

Gesellschaften unseres Typs verzichten auf starke Kontrollverhältnisse – sie reagieren auf Komplexität etwa mit der Erfindung des Individuums, das sich in den unterschiedlichen Ansprüchen der Gesellschaft nun selbst zurechtfinden darf und muss. Die Freiheitssemantik dockt an beide Erfahrungen an: Das Individuum ist im bürgerlichen Sinne frei, denken zu dürfen, was es will, Entscheidungen selbst zu treffen und Verantwortung für sein Leben zu übernehmen; in Marx'scher Diktion ist es – anders als der Sklave – frei, seine Arbeitskraft auf den Markt zu tragen, aber eben auch frei von der Verfügung über Produktionsmittel. Darin wird deutlich, wie die Gesellschaft gerade durch Verzicht auf eindeutige Kontrollverhältnisse das eigene Komplexitätsproblem löst – sie kann den freien Arbeiter ebenso loswerden wie sich bisweilen von der freien Meinung ihres Personals unabhängig machen. Sie kann genügend Komplexität aufbauen, weil Freiheit Variation und Flexibilität aufbaut und ermöglicht, sie muss deshalb keine zu kompakten Lebensverhältnisse schaffen, in denen alles vorstrukturiert ist. Sie verzichtet damit auf quasi natürliche Ordnungen, muss aber mit der Volatilität ihrer eigenen Dynamik umgehen.

Das Individuum ist in diesem Sinne nicht unteilbar, sondern letztlich, wieder mit Marx gesprochen, ein «Ensemble der gesellschaftlichen Verhältnisse»[1]. Das Individuum steht nicht der Gesellschaft gegenüber, sondern wird in seiner Individualität von der Gesellschaft erzeugt – und zwar in differenzierter Vielfalt: Das Rechtssystem erzeugt ein zurechnungsfähiges Rechtssubjekt, Arbeitsmärkte erzeugen Karrierewege und damit individuelle Berufsbiografien, Produktmärkte erzeugen den individuell entscheidenden Konsumenten, die politische Öffentlichkeit verlangt politische Bekenntnisse und Wahlstimmen von jedem und jeder Einzelnen, der Staat macht aus

Menschen Bürger, das Bildungssystem erzeugt Persönlichkeiten und einen Habitus der Langsicht im Hinblick auf spätere Tätigkeiten, die Medizin erzeugt eine Orientierung an der eigenen Körper-/Krankheitsgeschichte, die Massenmedien versorgen die Einzelnen mit Bildern und Chiffren, wie man sich als Individuum beschreiben und darstellen kann, und selbst die Religion verlangt in unseren Zeiten eine bewusste individuelle Entscheidung für Zugehörigkeit oder Nicht-Zugehörigkeit. Selbst die Erlösungsfähigkeit wird individualisiert.

Der Zusammenhang dieser unterschiedlichen Individualisierungsformen aber wird nicht durch kompakte Orte hergestellt. Zwar erzeugt die Gesellschaft erhebliche soziale Ungleichheiten, Milieus und sehr unterschiedliche Zugangsmöglichkeiten, aber das ist eher das Ergebnis als die Voraussetzung der gesellschaftlichen Dynamik. Das moderne Versprechen, dass jeder und jede etwas werden kann, heißt eben auch, dass nicht jeder und jede auch etwas wird. Das ist das Bezugsproblem einer Gesellschaft, die darauf angewiesen ist, Individuen einerseits stark gesellschaftlich zu formieren, andererseits aber auch ausreichend unterbestimmt zu lassen.

Diese Unterbestimmtheit resultiert aus der Querlage von Sozial- und Sachdimension. Die moderne Gesellschaft hat darauf durch die Etablierung von sekundären Institutionen und Institutionenarrangements reagiert. Im Unterschied zu früheren Differenzierungsformen sieht die funktionale Differenzierungsform selbst keine einlinigen Orte vor, keine Kontinuität für den Lebensverlauf, keinen – nur in diesem Sinne – *natürlichen* Ort für die Person. Auf einer abstrakten Ebene erfand sie die Lebensführung – die selbst eine genuine Quelle von Unbehagen ist, weil Lebensführung gewissermaßen zwischen den Andockstellen der Gesellschaft vermitteln muss. Lebensführung heißt: Das Leben muss als Entscheidungsgeschichte bzw. als ein Nacheinander von Entscheidungen gelebt werden. Entscheidungen sind eine Funktion von Uneindeutigkeit und Wahlzwang. Sie verweisen auf eine Welt hoher Komplexität und prinzipiell unkontrollierbarer Folgen. Wenn man die Geschichte der modernen Gesellschaft betrachtet, stößt man auf *gesellschaftlicher* Ebene auf eine starke Ausdifferenzierung von Funktionen, aber auf einer *institutionellen* und *organisatorischen* Ebene auf den Versuch, die Volatilität der Gesellschaft mit der notwendigen Einlinigkeit von Lebensformen zu vermitteln.

Entscheidungen brauchen Wahlmöglichkeiten und Alternativen. Zwar lautet die Selbstbeschreibung zumeist so, dass der Entscheider selbst entscheiden kann und damit gewissermaßen der Autor seiner Entscheidungen ist. Aber genau besehen finden die meisten Entscheidungen in Entscheidungslagen statt, das heißt: nicht in einem unbestimmten Raum, der durch Entscheidungen zu einem bestimmten Raum wird. Vielmehr sind die meisten Entscheidungen bereits durch die Selektivität von Wahlmöglichkeiten vorbereitet. Entscheider treffen bereits auf eine in ihrer Komplexität reduzierte bzw. geformte Welt, sonst würde die Entscheidung in haltloser Komplexität fast unmöglich werden. Entscheidungen brauchen Anhaltspunkte, und diese Anhaltspunkte müssen vorbereitet sein.

Exakt das leisten die sekundären Institutionen und Institutionenarrangements der Gesellschaft, die letztlich Entscheidungs- und Wahlmöglichkeiten bereitstellen, damit ein Leben überhaupt geführt werden kann. Die allein gesellschaftstheoretische Konzentration auf die *prinzipielle* Unterbestimmtheit des Menschen in der Moderne übersieht dann womöglich die funktionale Notwendigkeit der selektiven Erzeugung von Entscheidungsräumen mit Wahl- und Bestimmungsmöglichkeiten. Die öffentlichen Auseinandersetzungen der Gesellschaft haben selten die *gesellschaftliche* Differenzierung selbst im Blick, sondern das kollektiv mehr oder weniger verbindliche Institutionengerüst gesellschaftlicher Praxis, das erst jene Adressen erzeugt, an denen sich Lebensverläufe und Lebenslagen orientieren können.

Institutionen

Die klassische Institutionentheorie etwa von Arnold Gehlen gilt als konservative, manchen gar als reaktionäre Theorie[2] – dabei beschreibt sie letztlich nur die andere Seite jener Weltoffenheit, die durch die Unterbestimmung des Menschen in der Moderne markiert wird. In seinem Buch *Urmensch und Spätkultur* verbindet Gehlen ein anthropologisches mit einem zeitdiagnostischen Argument. Institutionen sind für Gehlen überpersönliche, auf Dauer gestellte Muster, die den Menschen entlasten. Das instinktreduzierte Wesen Mensch nennt er ein organisches Mängelwesen, «er wäre in jeder natürlichen Umwelt lebensunfähig, und so muß er sich eine *zweite Natur*, eine künstlich bearbeitete und passend gemachte Ersatzwelt [...] erst schaffen.»[3] Diese zweite Natur seien für den Menschen jene Institutionen, die ihm die Dauerreflexion abnehmen können. Gehlen spricht von der «Entlastungsfunktion der Institutionen»[4], die dem Menschen jene Orientierung geben, die ihm in seiner prinzipiellen Weltoffenheit abhandenkommen kann.

Wendet man dieses anthropologische Argument soziologisch, dann ist jene Instinktreduziertheit des Menschen ein Effekt des Verlusts fragloser Institutionen. Ein ähnliches Motiv trieb ja schon den Gegenaufklärer de Maistre an: Der Verlust einer als quasi-natürlich geltenden Ordnung mündet nicht in den Ordnungsverlust, sondern in den Zwang zur Neuerzeugung von Ordnung. Dass die semantische Selbstbeschreibung seit zwei Jahrhunderten auf die Freiheit des Menschen und die Gestaltbarkeit der Welt setzt, ist gewissermaßen der dialektische Versuch, diese Freiheit gleichzeitig so einzuschränken, dass sie Material für die Auswahl von Möglichkeiten bekommt. Die Selbstbeschreibung setzt auf die Autonomie des Menschen, setzt auf die Freiheit der Entscheidung, setzt auf die Potentiale der Freiheit und der Kreativität, setzt auf Autorenschaft und Kritik – und ist doch abhängig von jenen Institutionen, die der Freiheit eine entsprechende Form geben. Noch in der wohl individualistischsten Form der Ethik, im Kant'schen kategorischen Imperativ, wird die Freiheit der individuellen Handlungsmaxime dadurch eingeschränkt, dass sie ein allgemeines Gesetz werden können müsste, dass sie also institutionalisiert werden kann.

Wenn man Freiheit formalisiert, stößt man auf eine merkwürdige Paradoxie: Freiheit ist nur dort auszuhalten, wo sich das Individuum in seiner freien Entscheidung aus freien Stücken an Regeln hält, die seine Freiheit nicht einschränken. Der Wille ist frei, so lange Wollen und Sollen in Einklang zu bringen sind – das ist gewissermaßen die praktische Seite jener Freiheit, die aussieht, als käme sie mit weniger Bezügen aus als vorherige Lebensformen mit ihren engen Ligaturen und Verflechtungen, mit ihren eindeutigen Erwartungen und ihrer radikalen Überbestimmtheit des Menschen (der dadurch eben gar kein Mensch sein musste, sondern Zugehöriger von Gruppen jedweder Natur). Genau besehen ist die Moderne also davon geprägt, Kompensationsleistungen für die Unterbestimmtheit von Situationen und Menschen zu erfinden – und dabei jene Freiheit zu ermöglichen, die die Moderne sich selbst verspricht. Man kann diese Geschichte als Geschichte von Disziplinierungstechniken im Sinne Michel Foucaults erzählen, man kann sie als Ideologie abtun und betonen, dass die Freiheitssemantik völlig verdeckt, wie sehr wir in gesellschaftliche Erwartungen verstrickt sind, man kann sie auch als eine Illusion erzählen, die uns falsche Bedürfnisse einpflanzt – oder man kann sie wie Gehlen als eine Art Verblendung brandmarken, «daß der moderne Subjektivismus ein Produkt der Kulturverhältnisse ist: die Überschwemmung mit fremdgesetzten Reizen und Affektüberlastung werden durch eine Innenverarbeitung und ‹Psychisierung› bewältigt, die außenprovoziert ist, ohne es zu wissen.»[5] Er fügt geradezu schaudernd an: «Überall schießen die ‹Ideen› empor, mit denen sich nichts anderes anfangen läßt, als sie zu diskutieren, die Diskussion ist die zugeordnete, angemessene Form der Außenverarbeitung.»[6]

Man kann die Moderne neben diesen Geschichten einer bloß karikaturesken Freiheit auch als eine Geschichte der Etablierung sekundärer Institutionen erzählen, die so etwas wie eine formierte und geführte Freiheit erst ermöglichen. Eine positiv gewendete Institutionentheorie würde also nicht als Kritik der Moderne fungieren wie bei Gehlen, sondern die Gehlen'sche Beobachtung mit und gegen Gehlen wenden und zeigen, dass die Gesellschaft es mit ihren Institutionen ist, die den Menschen aus der Überlastung befreien (sic!) kann, indem Wahlalternativen zur Verfügung gestellt werden. Absolute Freiheit ist anstrengend, weil sie in haltlose Komplexität führt – totale Außenlenkung ist totalitär, weil sie jegliche Komplexität (also: die Möglichkeit von Alternativen) vernichtet. Dieses Spannungsverhältnis ist der Freud'schen Unbehagensdiagnose nicht unähnlich, und es lenkt den Blick auf jene intermediären Institutionen, die moderne Lebenslagen erschaffen – Lebenslagen, die nicht in der Gesellschaftsstruktur selbst aufzufinden sind, sondern erst sekundär geschaffen werden müssen.

Solche Institutionen sind:

- *Bildungswesen*
  Institutionen der Bildung von der Entstehung der Schulpflicht bis zur Ausdifferenzierung von Bildungswegen und der Etablierung sogenannten lebenslangen Lernens positionieren Individuen in den institutionalisierten Formen der Gesellschaft durch (ungleiche) Zuweisung von Zugangsberechtigungen und nicht zuletzt durch eine Kontinuierung von Bildungs- und Berufsbiografie.
- *Erwerbsarbeit und kapitalistische Marktwirtschaft*
  Moderne Lebenslagen sind geradezu konstitutiv davon abhängig, Einkommen und Arbeit miteinander zu koppeln. Die vielleicht bedeutendste Institution der gesellschaftlichen Moderne besteht in der Legitimation von Versorgung im Medium Geld durch Beteiligung am Arbeitsprozess oder durch eine Position innerhalb von Beschäftigungsinstitutionen. Wie Bildungsinstitutionen die Bedingung des Zugangs zu solchen Positionen regulieren, reguliert Erwerbsarbeit die ungleiche, aber kontinuierliche Form der Anpassung des Menschen an seine eigene Kontinuität. Man kann das Voraussetzungsvolle dieses Mechanismus daran erkennen, wie sehr sich technologische Veränderungen, also Veränderungen in der institutionalisierten ökonomischen Wertschöpfung, auf die Aufrechterhaltung dieser Funktion der Herstellung von Kontinuität des Lebens auswirken. Die unterschiedlichen industriellen Revolutionen seit der Erfindung der Dampfmaschine – im 20. und 21. Jahrhundert die Umstellung auf den Fordismus, der Wechsel der Leittechnologie von Schwerindustrie zu Datenverarbeitung, der Siegeszug der Robotik, die Umstellung auf immaterielle Wertschöpfung usw. – haben das immer wieder gezeigt. Die Verbetrieblichung des Kapitalismus[7] und die Organisation von Arbeit müssen Personen in der Lage versetzen, von ihrer Arbeit zu leben. Der Kapitalismus muss als institutionalisierter Betriebskapitalismus gewissermaßen mitgarantieren, dass die Kontinuität der Arbeitskraft mit der Diskontinuität von Markt- und Produktionszyklen kompatibel wird. Gleichzeitig wird die Versorgung der Gesellschaft mit Massengütern umso voraussetzungsvoller, je komplexer eine Gesellschaft ist. Hier bedarf es eines aufwändigen

logistischen Institutionenarrangements, das Personen als Produzenten, Käufer und Distributoren aufeinander abstimmt und die Versorgung einer Gesellschaft nach Mustern des Erwartbaren ermöglicht. Güter, Dienstleistungen usw. müssen in ausreichender Menge vorhanden sein und synchron bereitstehen, ohne dass es dafür so etwas wie eine zentrale gesellschaftliche Planung geben kann. Gerade in der COVID-Krise wurde sehr deutlich, wie fragil der Vernetzungsgrad der unterschiedlichen Akteure und Institutionen ist, um so etwas wie eine «Benutzeroberfläche» von Produkt- und Dienstleistungsangeboten zu ermöglichen. Einem größeren Publikum wurde sowohl der Vernetzungsgrad als auch die wechselseitige Abhängigkeit logistischer Systeme vorgeführt, aber eben auch, wie voraussetzungsreich es ist, flächendeckende Versorgung zu ermöglichen, wie konkrete Inklusionslagen von Menschen von weitreichenden Liefer- und Versorgungsketten abhängig sind und welch kleiner Eingriffe es bedarf, dass die Schnittstellen durcheinandergeraten.

– *Ehe und Familie*
Genauso entscheidend sind Institutionen der Kontinuierung von Lebensverläufen durch nicht-bezahlte Tätigkeiten – von der Kindererziehung über die eheliche Beziehungspflege bis hin zur Pflege älterer Menschen. Vielleicht sind die Ehe und die Familie deshalb so zentrale Institutionen der modernen Gesellschaft, weil sie die Voraussetzungen dafür schaffen, dass andere Institutionen funktionieren. Die Erfindung des Arbeitsethos (männlich konnotiert) korreliert mit der Erfindung des privaten Schutzraums (weiblich konnotiert) und etabliert institutionalisierte Geschlechterrollen ebenso wie Kindheit als eine Institution der Vorbereitung auf die weiteren Lebensrollen. Man kann an diesen Andeutungen sehen, wie verschränkt die institutionellen Lösungen sind, um die Kontinuität des Lebens herzustellen und die Gesellschaft zugleich davon zu entlasten, solche Orte genau zu definieren. Es war immer wieder ein Gegenstand politischer Auseinandersetzungen, dass Ehe, Familie und Elternschaft zugleich extrem überbestimmt und extrem unterbestimmt waren. Sie waren überbestimmt, indem sich stark normative Semantiken um klare Rollenarrangements herum etablierten und zugleich eine starke

Verrechtlichung dieser Beziehungen stattfand. Sie waren aber auch unterbestimmt in dem Sinne, dass das, was innerhalb dieses Raums stattfand, im extremen Sinne «privat» ist, sich als *oikia* der *polis* (Aristoteles) und als Familie der bürgerlichen Gesellschaft (Hegel) entzieht. Diese Institutionen der wechselseitigen Fürsorge – abgestützt durch rechtliche und ökonomische Institutionen – bilden kontinuierliche Ligaturen aus, Solidaritätszumutungen konkreten Personen gegenüber und asymmetrische Relevanzstrukturen zum Rest der Gesellschaft. Familie ist Familie – heißt die Kontingenzformel, die den sozialen Einschluss und Ausschluss regelt. Und selbst wo sich diesbezüglich Diskontinuitäten im Lebensverlauf (Scheidungen, serielle Familienbildung etc.) auftun, wird doch die Logik des Familialen nicht außer Kraft gesetzt.

– *Sozial- und Wohlfahrtsstaat*
Das funktionale Äquivalent zur Familie in der Sphäre des Systems der Bedürfnisse ist der Sozial- und Wohlfahrtsstaat, der Diskontinuitäten und Zeitlücken auf unterschiedlichen Ebenen ausgleicht.[8] Er gleicht Konjunkturschwankungen aus, ist gewissermaßen ein Kondensator, der die Amplituden der Volatilität der ökonomischen Konjunktur im Bereich der Lebensführung vermindert, also die Ausschläge abfedert. Zugleich erzeugt der Sozial- und Wohlfahrtsstaat eine planbare Form des Lebenslaufs – auf unterschiedlichem Niveau und mit unterschiedlichen Begründungen, wie man an der langen Diskussion um die unterschiedlichen Wohlfahrtsstaatsregime beobachten kann.[9] Die Stabilität von Lebenslagen wird folglich auch durch die Institutionalisierung von staatlichen und halbstaatlichen, aber auch staatlich geförderten privaten Versicherungssystemen hergestellt, die sowohl Ausfallzeiten als auch Zeiten ohne Erwerbsarbeit (Arbeitslosigkeit, Krankheit, Alter etc.) in eine Kontinuität bringen. Diese institutionellen Bedingungen variieren, ähnlich wie allgemein Wohlfahrtsstaatsmodelle, von flächendeckenden Lösungen bis hin zu einer eher elementaren Form der Grundversorgung. Es lässt sich festhalten: Nur aufgrund der intermediären Funktion des Sozial- und Wohlfahrtsstaates kann die Entkoppelung von Funktionen in der funktional differenzierten Gesellschaft über-

haupt gelingen, ohne dass es zu einem Motivationsverlust beim Personal der Gesellschaft kommt.
- *(Parlamentarische) Demokratie, politische Parteien und Nationalstaat*
Gerade eine auf Massenloyalität angewiesene Demokratie ist ein gutes Beispiel dafür, wie Wahlmöglichkeiten dadurch entstehen, dass politische Alternativen mit entsprechenden Themenpuffern quantitativ und qualitativ eingeschränkt werden. Die Institutionalisierung von politischen Verfahren, politischen Alternativen und politischen Ideologien erzeugt im Idealfall eine Kontinuität über die tagespolitische Volatilität hinaus und ermöglicht politische Identitäten, die dann auch die Zugehörigkeit zu unterlegenen Minderheiten sowohl erträglich machen als auch diese in den demokratischen Prozess integrieren. Eine besondere Rolle kommt hierbei den politischen Parteien zu. Für konservative Parteien ging es um die Rettung sogenannter gewachsener Lebensformen und die Verteidigung einer überkommenen Schichtung der Gesellschaft bei gleichzeitiger Anerkennung der Komplexität der modernen Gesellschaft, die sie vor allem durch Rekurs auf die *imagined community* der Nation als Einheit simulieren – eine Einheit, die die Gesellschaft nicht ist. Die semantische Übersteigerung der Nation reagiert auf die Unmöglichkeit, mit ihr das zu kompensieren, was der Konservatismus für die eigene Tradition hält. Der Konservatismus ist eine eminent moderne politische Form, weil er eine semantische Problemlösung für Modernisierungsfolgen anbietet. Seine Nähe zum Staat als Garant einer gewachsenen Ordnung schließt meist auch die Idee einer sozialpolitischen Flankierung der Wirtschaftsordnung ein. Konservative Formen der Herstellung von Kontinuität setzen an Strukturen an, die in der Gesellschaft bereits als vorhanden gelten: an regionalen Traditionen, Berufsständen, Konfessionen und familialen Kontinuitäten. Für die Sozialdemokratie oder sozialistische politische Akteure ging es noch expliziter um die Herstellung von Kontinuität in einer diskontinuierlichen Wirtschaftswelt. Es ging darum, trotz Volatilität von Märkten eine Lebens- und Versorgungsperspektive für die arbeitenden Menschen zu ermöglichen. Solche Parteien waren in der Vergangenheit tatsächlich mehr

als nur politische Organisationen, sondern auch Bildungs- und Kulturorganisationen, die ein Identitätsangebot für diejenigen lieferten, die über keine traditionellen Versorgungsstrukturen verfügten. Klassische sozialdemokratische Politik zeichnete sich durch eine größere Bereitschaft zur Umverteilung aus. Der politische Liberalismus schließlich stand einerseits für Abwehrrechte gegen einen autoritären Staat, andererseits für die Idee, der Volatilität und Eigendynamik der Gesellschaft und den ordnungsbildenden Kräften des Marktes zu vertrauen. Der Liberalismus war auf der einen Seite eine starke Freiheitsbewegung, geprägt von der Kritik der Bevormundung durch den Staat, die Kirche, durch Traditionen und tradierte Lebensformen. In dieser Variante ist der klassische Liberalismus vor allem an den Bürgerrechten orientiert. Andererseits neigt er bisweilen zu einer merkwürdigen Anfälligkeit für rechte Ideologien, weil eine der möglichen intellektuellen Konsequenzen eines staatsfernen Liberalismus im Recht des Stärkeren und der Verdrängung des Schwachen zu finden ist. Allgemein lässt sich sagen: Das Parteiensystem westlicher Demokratien kann in seiner internen Differenzierung die Lebenslagen, Interessen und kulturellen Orientierungen der Bevölkerung abbilden. Parteien leben davon, dass sie eben nur Parteien sind, also Teilaspekte repräsentieren.[10] Wie fragil dieses System ist, kann man in Zeiten erkennen, in denen ein entsprechendes Parteienarrangement die Gesamtrepräsentation der Bevölkerung nicht mehr simulieren kann oder es nicht gelingt, politische Programme mit der Simulation lösbarer Probleme an der Wirklichkeit abzugleichen. Sichtbar wird das dort, wo neue Probleme identifiziert werden oder wo Probleme nicht mehr im üblichen politischen Schema zu verorten sind.

– *Bürger- und Menschenrechte*
Subjektive Rechte und Menschenrechte haben die Funktion, die Kontinuität und Integrität der Person zu sichern und Unabhängigkeit von Zugehörigkeitsformen zu garantieren.[11] Die Institution der Menschenrechte ermöglicht es, Personen als Adressen zu etablieren, unabhängig davon, ob und wie sie ihre Integrität in einem unmittelbaren Zugehörigkeitsrahmen nachweisen können. Meine Liste institutioneller Arrangements zur Etablierung von Kontinui-

tät trotz Volatilität der funktional differenzierten Gesellschaft endet nicht zufällig mit dem Hinweis auf Menschenrechte, weil sie gewissermaßen der Unbedingtheitsgarant von Individuen sind. Innerhalb der exklusiven Schichtung der stratifizierten Gesellschaft gab es zuvor nur die unbedingte Zugehörigkeit zu partikularen Gruppen. Das Menschenrecht ersetzt das Gruppenrecht, das selbst nur selten rechtlich kodifiziert werden musste. Deshalb tut sich die Moderne auch so schwer damit, Gruppen- und Minderheitenrechte mit der grundlegenden Idee der allgemeinen Menschenrechte zu kombinieren, obwohl diese zumeist nur als (wiederum partikulare) Bürgerrechte im (national-)staatlichen Rahmen in Erscheinung treten – also auch wiederum institutionell begrenzt.

Diese Liste ist unvollständig und zugegebenermaßen allzu technokratisch angelegt. Aber es kommt auf das formale Argument an: *Intermediäre Institutionen ermöglichen die Kontinuität von individuellen Lebenslagen, die quer zur Gesellschaftsstruktur liegen. Gleichzeitig verlagern individuelle Lebenslagen die Selbstbeobachtung der Gesellschaft auf dieses institutionelle Arrangement, und die funktional differenzierte Gesellschaftsstruktur gerät systematisch aus dem Blick.* Die Variation des institutionellen Syndroms der Gesellschaft wird folglich zum ausschließlichen Gegenstand gesellschaftlicher Debatten über die Ordnung der Gesellschaft und die Lösung gesellschaftlicher Probleme.

Filigrane Ordnung

Die Variation, Variabilität, Gestaltbarkeit und Verbindlichkeit dieser institutionellen Arrangements ist der eigentliche Gegenstand politischer Konflikte und Programme sowie der Ordnung der Gesellschaft im Hinblick auf die Wirtschaftsordnung, die Gestaltung von Bildungsmöglichkeiten, die familialen Lebensformen, die Etablierung von Verteilungs- und Umverteilungsformen und die Etablierung von Ansprüchen. Letztlich koppeln solche Institutionen die Funktionssysteme mit ihren rigiden binären Codierungen und ihrem geradezu stupenden Eigensinn praktisch aneinander.

Im Wirtschaftssystem gilt ausschließlich die Codierung von Zahlung und Nicht-Zahlung, im politischen System die Unterscheidung von Regierung und Opposition, im Rechtssystem die von Recht und Unrecht und im Wissenschaftssystem ein Wahrheitscode. Diese Funktionssysteme zeichnen sich folglich vor allem dadurch aus, dass sie die Welt nur selektiv nach ihren eigenen sehr einfachen Codierungen wahrnehmen und keine internen Stoppregeln haben. Ich habe das im Rahmen meiner Theorie der digitalen Gesellschaft als eine Form der *Digitalisierung* dargestellt, weil die Funktionssysteme letztlich über solche binären, also sehr simplen Unterscheidungen zusammengehalten werden und diese simple Form der Unterscheidung zugleich hohe Freiheitsgrade in der Ausgestaltung der Funktionserfüllung ermöglicht.[12] Man kann die Gesellschaft in einer merkwürdigen Spannung zwischen Ultrastabilität und Fragilität beschreiben. Die funktionale Differenzierung, also die binäre Codierung der Funktionen, ist tatsächlich ultrastabil. Wirtschaft kann nicht anders, als sich an der eigenen Zahlungsfähigkeit zu orientieren, Politik ist notwendigerweise an den Machtmechanismus gebunden, das Rechtssystem muss etwas als Recht oder Unrecht qualifizieren, und ohne so etwas wie Wahrheitszumutungen kann Wissenschaft nicht operieren. Die Erfolgskriterien sind strukturell festgelegt und kaum änderbar, und gerade diese, sich der Entscheidungs- und Gestaltungsfähigkeit entziehende Form der Codierung macht ist die Voraussetzung der Stabilität.

Die institutionelle Ordnung, die die unterschiedlichen Funktionssysteme aneinanderkoppelt und die Kontinuität von Lebenslagen gewährleistet, ist dagegen von hoher Fragilität. Ohne Zweifel bestand während der COVID-Krise eine der erschütterndsten Erfahrungen darin, wie filigran gesellschaftliche Routinen und institutionelle Ordnungen aufeinander bezogen, ja mit welch einfachen Mitteln sie zu stören sind. Das logistische Ineinandergreifen unterschiedlicher Komponenten etwa zur Bestückung von Supermärkten fällt uns normalerweise ebenso wenig auf wie die filigrane Just-in-time-Struktur von Lieferketten. Auch nehmen wir sonst nur als Störung wahr, wenn Familienmitglieder zeitweise aus der Familie ausgelagert werden – weil diese Auslagerung in Schulen, an Arbeitsplätze, in Sportanlagen etc. koordinativen Stress verursacht, aber die Bedingung für das Funktionieren der Familie ist. Wie abhängig Arbeitsprozesse davon sind, dass Eltern sich zeitweise nicht um Kinder kümmern müssen, wusste man schon, aber im Home-Office konnte man es noch deutlicher sehen. Was schon die zeitweise Unterbrechung des Cashflows für Unternehmen bedeutet, aber auch für die Andockstellen von Menschen in ihren Freizeitaktivitäten, ist frappierend. Man könnte solche Beispiele seitenweise weiter aufzählen – sie machen deutlich, wie fragil das Gespinst unterschiedlicher institutioneller Lösungen in der Gesellschaft ist und welche Folgen das Aufbrechen institutionell vermittelter Routinen hat. Die COVID-Krise wird erhebliche Ungleichheitsfolgen haben, weil die Resilienz solcher Strukturen dort abnimmt, wo ohnehin schon fragile Versorgungsverhältnisse herrschen. Man kann auch sehen, wie die Routinen einer funktionierenden institutionellen Ordnung zwar kein Equilibrium hervorbringen, aber schon so etwas wie eine Wechselseitigkeit, in der dann notwendige Tätigkeiten ökonomisch darstellbar sind oder Waren ohne große Planung bestimmte Stellen erreichen.

Strukturen werden meistens erst dort als solche sichtbar, wo sie nicht mehr funktionieren. Dass die Krise auch ein Auslöser für Diskussionen um die Geschlechterverhältnisse geworden ist, weist darauf hin, wie sehr Geschlechterrollen das institutionelle Arrangement immer noch prägen. Und dass Infrastrukturen etwa der medizinischen Vorsorge sich unmittelbar auf die Gesundheit der Bevölkerung auswirken, wird an ihrer Unterbrechung deutlich. Dass die Dinge zusammenpassen, ist nicht selbstverständlich – und in unseren, im Weltmaßstab wohlhabenden und gut organisierten Breitengraden sind wir noch stärker an das Ineinandergreifen institutioneller Strukturen gewöhnt als in anderen Regionen der Welt, in der dasselbe Differenzierungsschema gilt, die Brutalität der gesellschaftlichen Codierung identisch ist, aber die institutionelle Ordnung gerade an der Kontinuierung von Versorgungsstrukturen, Lebenschancen und Lebensverläufen scheitert. Wenn man soziologisch von einer funktional differenzierten Weltgesellschaft ausgeht, dann ist man nicht blind für die radikalen Unterschiede der Lebensverhältnisse, für die radikale soziale Ungleichheit auf der Welt und für die zum Teil ungerechten Folgen dieser Weltgesellschaft. Im Gegenteil: Man sieht, dass die institutionellen Ordnungen sich nicht nur unterscheiden, sondern auch selbst so miteinander verknüpft sind, dass es wechselseitige Abhängigkeits- und Bedingungsstrukturen gibt – in beide Richtungen übrigens. Es ist keine Weltgesellschaft im Sinne einer gleichartigen gesellschaftlichen Ordnung, sondern eine Weltgesellschaft der Interdependenzen mit regionalen Lösungen für die Herstellung von Kontinuität.

An dieser Stelle sollte deutlich werden, warum man gerade an Flüchtlingen zeigen kann, was die institutionelle Ordnung der Gesellschaft bedeutet. In unserem Forschungsdesign haben wir uns entscheiden, die unterschiedlichen Andockstellen für Flüchtlinge zu beobachten. Was man mit dem eher unspezifischen Integrationsbegriff meint, ist dann das langsame Hineinwachsen in formelle und informelle institutionelle Formen, die eine Kontinuität in die Diskontinuität der eigenen Lebenslage bringen. Wie voraussetzungsreich das ist, lässt sich auch daran erkennen, wie lange sich noch bei Migranten und ihren Abkömmlingen eine Abweichung von der statistischen Normalverteilung ablesen lässt. Im Bildungssystem, auf dem Arbeits- und Heiratsmarkt, in Führungsetagen und im öffentlichen Dienst, auf Professuren und als Polizisten, als politische Amtsträger oder Parlamentarier etc. weisen migrantische Lebenslagen eine merkwürdige Trägheit auf – selbst wenn der rechtliche Zugang und auch sonst alle formalen Kriterien für Migrantinnen und Migranten volle Gleichberechtigung garantieren, bleiben migrantische Marker doch lange Zeit, über Generationen hinweg wirksam. Ob das an der Hautfarbe, an eingebildeter Hautfarbe, an fremd klingenden Namen oder sonst etwas festgemacht wird, ist geradezu beliebig, so lange irgendeine Differenz markiert werden kann.

Die Herstellung von Homogenität in der Sozialdimension gehört zu einer der stärksten Institutionalisierungen in einer funktional differenzierten Gesellschaft – was die Janusköpfigkeit der Nation ausmacht: *einerseits* politisch ein Emanzipations- und Gleichheitsgenerator zu sein, der über politische Mitgliedschaft eine starke Dimension von Gleichheitszumutungen in einer Gesellschaft sachlicher und sozialer Ungleichheiten generiert; *andererseits* kulturell ein Generator interner und externer Formen von Andersheit. Die Persistenz von Vorurteilen gegen das Andere und das Fremde (entgegen konkret abfragbarer Überzeugungen) ist ein Hinweis auf die stabilisierende Bedeutung von Institutionen der Herstellung von Kontinuität in einer diskontinuierlichen Welt. Die Form der Nation ist gewissermaßen ein Protest der Sozialdimension gegen die Differenzierung in der Sachdimension. Diese Gemeinschaftsform, die eine «Solidarität unter Fremden»[13] postuliert, die als «imagined community»[14] mehr Einheit simuliert, als operativ tatsächlich existiert, liegt quer zur funktional differenzierten Gesellschaft – ebenso quer wie die Lebenslagen, die sich in der Sozialdimension innerhalb der Gesellschaft verorten und durch Institutionen stabilisieren müssen.

An den migrantischen Inklusionsformen der Flüchtlinge kann man gewissermaßen in einer radikalisierten Form beobachten, wie die unterschiedlichen, unvermittelten Andockstellen in der Sachdimension auf querliegende Kontinuitätsgeneratoren treffen. Ich wiederhole: Die migrante Inklusion ist hier gewissermaßen als radikalisiertes Erkenntnisvehikel aufgerufen, wenn man so will als Lackmustest für das Eingelassensein inkludierter Personen in die gesellschaftliche Dynamik. Was für Flüchtlinge mühsam hergestellt werden muss – eine quer zur Gesellschaftsstruktur liegende Form der Kontinuität durch institutionalisierte Lebenslagen –, ist für Autochthone stets schon gelöst. Aber an den migranten Lebenslagen lässt sich ablesen, wie fragil diese Institutionalisierungen sind, die eben nicht in der Gesellschaftsstruktur fundiert, sondern erheblich kontingenter sind als die brutale Eindeutigkeit der Codierung von Funktionssystemen. Und am Gegenüber von migranten und autochthonen Lebenslagen lässt sich noch einmal ablesen, wie sehr die autochthonen Perspektiven im Migrantischen gewissermaßen auf die Fragilität dieses Arrangements hingewiesen werden.

Der eherne Zusammenhang zwischen gesellschaftlicher Krisenerfahrung und der Feindschaft gegen das «Fremde» und das «Andere» hat exakt hier seinen Ursprung, weil in jenem Anderen die Fragilität des Eigenen sichtbar wird, das nur so lange gilt, wie es aufrechterhalten werden kann. Ich habe schon öfter auf Aladin El-Mafaalanis «Integrationsparadox» hingewiesen. Seine These lautet: Gerade wenn es Migranten und ihren Nachkommen besser gelingt, in den Institutionen und Positionen der Gesellschaft sozial aufzusteigen, und gerade wenn es ihnen deshalb gelingt, Ansprüche zu stellen und wie selbstverständlich mitzureden, müssen sie ernst genommen werden. Erst dann tauchen sie als Konkurrenten um Ansprüche und Geltung auf – zumindest in den Milieus, in denen sie zuvor nicht vorkamen, die aber für sichtbare Kommunikation in der gesellschaftlichen Arena stehen. In prekäreren Milieus wurden sie womöglich schon vorher als Konkurrenten wahrgenommen, selbst wenn sie es faktisch gar nicht sind,[15] weswegen die Rede von der Toleranz und der Pluralität eher in den Milieus ausgeprägt war, in denen man den Gegenstand der Toleranz nicht ernst nehmen musste. Sobald sich das ändert, wird die migrante Lebenslage zum Spiegel der eigenen Inklusionsform. Deshalb triggert gerade Migration Unbehagen – und der Satz bedeutet nicht, das Unbehagen komme daher, dass zu viele Migrantinnen und Migranten im Land sind. Der Satz meint: *An der Konfrontation und vor allem am Ressentiment gegen Migrantisches wird die Fragilität des Selbstverständlichen deutlich.*

Daran kann man übrigens auch die Schwäche von Soziologien ablesen, die ihren Gegenstand fast nur in der Sozialdimension bilden können. Um es an zwei Beispielen zu verdeutlichen:

(1) Andreas Reckwitz' Vorschlag eines «einbettenden Liberalismus»[16] reagiert auf die Konfrontation zwischen einem transnationalen Linksliberalismus und eher traditionellen Milieus letztlich mit einem Appell, aufeinander zuzugehen, also einerseits auf allzu universalistische Orientierungen, andererseits auf einen übertriebenen Partikularismus zu verzichten. In einer sehr kritischen Rezension habe ich diesen Ansatz eher mit einer Ratgebergeste als mit einer soziologischen Analyse verglichen.[17] Reckwitz schreibt eine Reflexionstheorie eines Milieus, in dem jene «sozialen Prozesse» goutiert werden, «in denen Besonderheiten und Einzigartigkeiten, in denen Nichtaustauschbarkeit, Unvergleichlichkeit und Superlative erwartet, fabriziert, positiv bewertet und erlebt werden.»[18] Damit ist aber nur die semantische Hegemonie eines bestimmten Milieus beschrieben, das womöglich in der Lage ist, den Diskurs zu bestimmen – was durchaus eine zutreffende Beobachtung für jene kreativen Milieus ist, in denen sich die kulturelle Rekombinationsfähigkeit von Bedeutungen, wie sie akademisch als Dekonstruktion von Zeichensystemen gelehrt wird, zu einer Lebensform amalgamiert. Es ist ähnlich dem, was Luc Boltanski und Ève Chiapello als die ästhetische Kritik des Kapitalismus eingeführt haben.[19] Es sieht hier so aus, als gehe es um eine neue hegemoniale Beschreibung der Gesellschaft – von der

Industriegesellschaft zur postindustriellen Gesellschaft einer ästhetisierten oder kulturalisierten Lebensform. Aber einer solchen Reflexionstheorie eines bestimmten Milieus[20] bleibt am Ende nichts anderes übrig, als mit dem Konzept eines «eingebetteten Liberalismus» eine Soziodizee anzubieten. Eine Gesellschaftsanalyse, die die Gesellschaft fast nur in der Sozialdimension beschreiben kann, wird am Ende entweder zu einer Reflexionstheorie eines Teilmilieus gerinnen. Oder aber sie ist, wie die von Reckwitz, klug genug, diesen Kurzschluss zu bemerken, nur um dann für eine alternative Form der Soziodizee zu werben – wie er übrigens den Singularieren mit ihrer «erschöpften Selbstverwirklichung» empfiehlt, eine «stärkere Distanz zu den eigenen (negativen und positiven) Emotionen»[21] zu üben. Ist Distanzierung von den eigenen Emotionen nicht ein paradoxer Fehlschluss, sind doch Emotionen gerade durch das Fehlen von Distanz geprägt? Das einfach so dekretieren zu müssen, ist ein unaufhebbarer Kollateralschaden einer Soziologie, die nur die Sozialdimension kennt.[22]

(2) Das zweite Beispiel ist eine Bemerkung in Jürgen Habermas' großer Philosophiegeschichte von 2019. Wie stets kulminiert Habermas' Denken am Ende in der Frage der Bedingungen für jenen Raum kommunikativer Rationalität, in dem sich Verständigung und politische Willensbildung ereignen können. Er beschreibt, wie sich im Modernisierungsprozess durch Einbeziehung von immer mehr Sprechern und Minderheiten in diesen gesellschaftlichen Raum eine Sphäre etabliert, die die normativen Bedingungen kommunikativ-rationaler Diskurse verbürgt – durchaus mit den Ambivalenzen, die der Nationalstaat, aber auch übernationale Diskursräume implizieren. Sein Vorgehen ist dramaturgisch sehr interessant: Am Ende kommt Habermas darauf, wie fragil dieser Raum doch ist, weil er von vielfältigen empirischen Bedingungen abhängt. Ist schon der Nationalstaat selbst ambivalent, trifft dies für das Eindringen von Migranten in diesen Raum erst recht zu. Er schreibt: «Das Beispiel des Zustroms von Einwanderern aus fremden Kulturen in *bestehende* demokratische Gemeinwesen ist aktueller und lehrreicher. Denn in diesem Fall verlangt die Verfassung die Ausdifferenzierung einer gemeinsamen politischen Kultur aus der bisher bestimmenden Kultur der Mehrheitsgesellschaft. Eine politische Kultur muss so beschaffen sein, dass alle Bürger ohne

Zwang zur *Assimilation* [...] sich diese zu eigen machen können.»[23] Das ist eine Soziodizee – also die Invisibilisierung der Bedingungen des Gemeinsamen, des Gemeinschaftlichen, das dann aber, konfrontiert mit dem kulturell Fremden, auf seine eigene Kontingenz hingewiesen wird. Habermas fährt fort: «Solange der gemeinsame kulturelle Hintergrund fehlt, verlangt die Gleichstellung der Staatsbürger, also die ‹Moral› der rechtlichen Inklusion, die Ergänzung um die ‹Sittlichkeit› der politisch-kulturellen Einbeziehung.»[24]

Selbst für Habermas ist das kulturell Fremde der Lackmustest für die Bedingung der Möglichkeit einer Simulation gesellschaftlicher Einheit, die er freilich nicht analytisch, sondern empirisch beobachtet. Habermas selbst schaut im Angesicht der migrantischen Lebenslage in den Spiegel der Fragilität jener institutionellen Bedingungen der Herstellung einer Kontinuität, die die Gesellschaft selbst offensichtlich nicht verbürgen kann. Wird die Soziodizee freilich freigelegt, wird auch deutlich, dass das Unbehagen an der gesellschaftlichen Moderne zwei Quellen hat: die Fragilität der institutionellen Herstellung von Kontinuität einerseits, die Unvermitteltheit der Funktionen andererseits.

Diese beiden Beispiele zeigen, dass sich soziologisches/sozialphilosophisches Denken selbst an der Soziodizee der Gesellschaft beteiligt, der dann nur sehr einfache Lösungen zur Verfügung stehen: im Falle Reckwitz' der Appell an den guten Willen, doch nun zusammenzuhalten, im Falle Habermas' die Ambivalenz einer Beschreibung der Gesellschaft fast ausschließlich in der Sozialdimension. Und obwohl beide durchaus Recht haben – Reckwitz mit dem Hinweis auf die wünschenswerte Abrüstung eigener Ansprüche in kulturkämpferischen Settings, Habermas damit, dass das Problem sozialer Solidarität vor allem am «kulturell Fremden» kulminiert –, so bewegen sich diese Fragen in der Sozialdimension, die die Form gesellschaftlicher Struktur, also die an der Sachdimension scharfgestellte Form funktionaler Dimension, gar nicht erst erreicht, sogar ausblendet. Das Komplexitätsniveau gesellschaftlicher Ordnung als Quelle jenes Unbehagens an der Moderne wird damit gar nicht erst erreicht, *weil das Symptom zum Therapeutikum erhoben wird.*

Die verborgene Krise

Gesellschaftliche Komplexität liegt in erster Linie an der Differenziertheit der Gesellschaft, an der Gleichzeitigkeit von Unterschiedlichem und an der Unvermittelbarkeit der unterschiedlichen Funktionen. Komplexität ist kein Defekt, nichts, was man einfach zurückfahren oder gar vermeiden könnte. Diese Art der Gleichzeitigkeit von Unterschiedlichem ist vielmehr eine Lösung: Die unterschiedlichen Funktionen werden von anderen Bezugsproblemen der Gesellschaft entlastet. Die Mehrfachcodierung aller gesellschaftlichen Herausforderungen ist damit eine Quelle der Unübersichtlichkeit, führt zu unlösbaren Zielkonflikten und zu der Unmöglichkeit einer gesellschaftsweiten Koordination von Handlungen. Sie garantiert aber eben auch, dass sich einzelne Funktionen wie die ökonomische, die wissenschaftliche, die rechtliche, die wissenschaftliche, die erzieherische, die künstlerische und die mediale an das Komplexitätsniveau der Gesellschaft anpassen können.

Viel weiter kann eine Beschreibung gar nicht von den lebensweltlichen Erfordernissen von Personen entfernt sein – und doch hat sich das Bezugsproblem einer schon aus biologischen und psychologischen, also anthropologischen Gründen notwendigen Herstellung einer zeitlichen Kontinuierung des Lebensverlaufs und der Lebensführung nicht als eigenständige gesellschaftliche Funktion ausdifferenziert. Es gibt kein Funktionssystem für Lebensführung. Vielmehr ist Lebensführung, also die Zumutung, einen Lebenslauf, eine Biografie als Entscheidungsgeschichte zu organisieren und zu erleben, ein Korrelat der gesellschaftlichen Differenzierungsform. In vormodernen Gesellschaften unerwünscht und Störung, ist diese Form der individuellen Entscheidungsgeschichte als Kontinuierungsform eine sozialstrukturelle Notwendigkeit geworden. Dafür wurden nun Semantiken der Freiheit, der Verantwortung, der biografischen Langsicht und der Herstellung einer persönlichen Identität nötig. Norbert Elias hat gerade diese Perspektivenverschiebung auf Langsicht als einen *Zivilisationsprozess* beschrieben, der auf gesellschaftliche Komplexitätssteigerungen reagiert – Psychogenese und Soziogenese laufen hier parallel. Diesen Prozess beschreibt Elias zugleich als eine

Quelle von Belastung, weil er vom menschlichen Bewusstsein selbst eine Anpassung an die gesellschaftliche Komplexität und die Verarbeitung der Gleichzeitigkeit von Unterschiedlichem erzwingt.[25]

Es gibt eine Quelle des Unbehagens und der Überforderung, die tatsächlich struktureller Natur ist, also in der Verfassung einer modernen Gesellschaft liegt. Dies wird in Situationen deutlich, in denen die Soziodizeen des Handelns und der Gemeinschaftlichkeit in Frage gestellt werden. Die COVID-Krise als Referenzkrise hat das ziemlich deutlich gemacht. Die Funktionssysteme waren nach Ausbruch der Pandemie durchaus in der Lage, ihre bordeigenen Mittel in Anschlag zu bringen: das Wissenschaftssystem machte sich schnell und umfassend einen Reim auf die Lage, konnte das Virus schnell identifizieren, klassifizieren, dessen Verbreitungsdynamiken rekonstruieren und sogar in Rekordzeit einen Impfstoff entwickeln; das medizinische System konnte schnell Diagnose- und Therapiemethoden entwickeln und sich auf die Herausforderung einstellen; wirtschaftlich lag zwar eine erhebliche Störung vor, aber auch im ökonomischen System standen Reaktionsformen zur Verfügung, um sich auf die Ausnahmesituation einzustellen, für manche wirtschaftlichen Akteure war die Krise sogar eine wirtschaftliche Chance; das Bildungssystem hat, womöglich zu langsam, auf neue Konstellationen reagiert; Familien haben getan, was sie stets tun: sie choreografieren das Miteinander der Familienmitglieder; und das politische System hat Entscheidungskapazität zur Verfügung gestellt. Genau genommen war es eine erhebliche Krisensituation, aber die Kapazitäten wurden abgerufen und auch in Anspruch genommen. Was ich die Brutalität der Codes nenne, hat sich hier durchgesetzt, obwohl die Störung erheblich war. Wenn es sich nicht so merkwürdig anhören würde, könnte man fast sagen: Auf dieser Ebene hat sich die Gesellschaft nicht aus der Ruhe bringen lassen.

Aber aus der Perspektive der eher fragilen institutionellen Ordnung gesellschaftlicher Routinen sah das ganz anders aus. Mit der Störung des institutionellen Arrangements, mit der Diskontinuierung gesellschaftlicher Praktiken wurden schlagartig jene Soziodizeen außer Kraft gesetzt, die die Komplexität der Gesellschaft unsichtbar oder erträglich gemacht haben. Dazu gehören die Kontinuitätsgeneratoren des Arbeitsplatzes, der Alltagsroutinen durch die Kombinationen von institutionellen Formen wie Familie, Schule, Arbeitsplatz, Freizeitaktivitäten, vor allem aber, wie sehr die Störung in einem der Bereiche zu Störungen in anderen führt und dass es kaum Instanzen gab, die zwischen diesen Anforderungen und Störungen vermitteln konnte, sosehr das auch auf allen möglichen Ebenen eingefordert wurde. Die Dauerempörung, die man dazu etwa in den sozialen Netzwerken besichtigen konnte, kaprizierte sich nicht nur auf die üblichen Inkompetenzunterstellungen vor allem politischen Akteuren gegenüber, sondern vor allem auf das Erstaunen, dass niemand mitbedacht hat, dass die Lösung auf dem einen Gebiet ein Problem auf einem anderen verursacht. Die COVID-Krise hält uns den Spiegel der operativen Komplexität der Gesellschaft vor – und macht uns ihre Unfähigkeit bewusst, ein Handeln aus einem Guss zu inszenieren. Zugleich zeigte diese Krise, wie fragil und voraussetzungsreich das institutionelle und habitualisierte Gerüst unseres Alltagshandelns ist und wie stark wir von dessen Funktionieren abhängig sind. Empörung ist dann eine fast logische Konsequenz, denn diese kann die Diskontinuität gesellschaftlicher Praktiken mit der Erwartung konsistenter Lebensformen kombinieren.

Die COVID-Krise ist keine biologische oder medizinische Krise, keine Naturkatastrophe, ja sie ist noch nicht einmal eine gesellschaftliche Krise. Sie verweist darauf, dass die Struktur der Gesellschaft selbst etwas Krisenhaftes trägt – weswegen die Krisensemantik letztlich kaum dafür taugt, das Problem zu beschreiben. An der COVID-Krise konnte man ablesen, wie fragil all das ist, was wie in Stein gemeißelt erscheint. Vor allem wurde sehr deutlich, dass schon kleine Abstimmungsänderungen im familialen Alltag, in der Rollenverteilung, bei der Koordination von Tätigkeiten am Arbeitsplatz, aber auch bei der politischen Entscheidungsfindung oder der Einschätzung der Rechtslage, aber auch im Hinblick auf Verhaltenssteuerung die gewohnte Ordnung durcheinanderbrachten. Man wurde darauf hingewiesen, wie kontingent und vulnerabel die Schnittstellen zwischen unterschiedlichen Bereichen der Gesellschaft sind – etwa wenn es darum ging, *evidenzbasiertes Wissen* auf politische Entscheidungen oder eigene Überzeugungen zu übertragen. Oder was es bedeutet, dass Datensätze, die uns etwas über die Welt sagen sollen, selbstgemacht sind, dass aber entschieden werden muss, bevor man so valide Daten hat, dass man sie ohne größere Not mit der Welt verwechseln kann, die sie am Ende doch nicht erreichen. All das war relativ erwartbar – aber es machte doch erstaunlich sichtbar, was sonst verborgen bleibt: wie stark die Interdependenzen gerade in einer Gesellschaft sind, die in ihrer Interdependenzunterbrechung durch Differenzierung sind. Es war nicht die Störung selbst, die so unbehaglich war, sondern dass man es alles in Echtzeit mitbeobachten konnte: sichere Zahlen zu sehen, gleichzeitig jemanden darüber reden hören, wie unsicher die Wissenslage ist, und aus dem Off hört man noch die Begründung für die politische Entscheidung mit, die sich auf klare Fakten beruft. Das gibt es alles sonst auch – eine *Krise* im semantischen Sinne ist es nur, weil es so sichtbar wurde.

Und zugleich konnte man auch eine merkwürdig entgegengesetzte Erfahrung machen, nämlich wie regelhaft und musterhaft die Reaktionsweisen auf die Krise gewesen sind. Ökonomische Akteure haben wie ökonomische Akteure stets reagiert, Politik musste die typischen politischen Probleme lösen, das Recht fand in der Konsistenz der eigenen Entscheidungslagen eine größere Herausforderung als in der Einschätzung der Gefährdungslage, Wissenschaft muss ihre Evidenzen in den Routinen ihres Betriebes herstellen, und Medien brauchten den Informationswert möglichst polarisierter Positionen. Man konnte es spätestens während der zweiten Phase der Pandemie gut beobachten, als sich die Reaktionen der unterschiedlichen Akteure bis in die Nuancen glichen, als die gleichen Konflikte ausgetragen wurden und sogar dieselben Personen mit entsprechend verteilten Rollen gespielt haben.

Das Eindringliche an der Krise war, dass man an der Schwierigkeit verzweifeln konnte, Lösungen auf ein Konzept zu bringen, konzipierte Lösungen umzusetzen, eine Form für die Zielkonflikte, überhaupt angemessene Konfliktlinien zu finden und nicht am selben Tag womöglich direkt nacheinander unterschiedliche Lösungen für plausibel zu halten. Es gelang der Gesellschaft nicht, sich der Komplexität des Problems zu stellen – und die Komplexität des Problems liegt nicht im Virus begründet, sondern in der Gesellschaft selbst, die weniger durch das Virus als durch ihre eigenen Reaktionen darauf gestört wurde. Vielleicht kann man es folgendermaßen auf den

Begriff bringen: Die krisenhafte Erfahrung bestand darin, dass man nicht mehr durch die Soziodizeen des Handelns und der Gewohnheit, durch kalkulierbare Institutionenarrangements vor der Komplexität der Gesellschaft geschützt wurde, sondern dass auf einmal sichtbar wurde, wie die Gesellschaft tatsächlich ist. Die Frage lautet also: Was passiert mit einer Gesellschaft, die an sich selbst wahrnimmt, wie sie wirklich ist? Funktional differenziert, von Zielkonflikten geprägt und ohne ein Zentrum, von dem her sich die Teile angemessen anordnen lassen? Und was bedeutet das für jene (künftigen) Herausforderungen, die auch nicht mit den üblichen alltäglichen Bordmitteln zu lösen sind?

7

Himmel

Die größte Quelle des Unbehagens in einer modernen Gesellschaft ist die Spannung zwischen ihrer in der Sachdimension begründeten funktionalen Differenzierung und dem Erfordernis, am Lebensverlauf orientierte, kontinuitätsstiftende Institutionen herzustellen. Wahrscheinlich ist dies das entscheidende *praktische* Bezugsproblem des Gesellschaftlichen. An anderer Stelle habe ich für einen formalen Begriff der Gesellschaft vorgeschlagen, von der «Gleichzeitigkeit von Unterschiedlichem» zu sprechen.[1] Das Bezugsproblem ist das Unterschiedliche, oder genauer: die Unvermitteltheit des Unterschiedlichen. Unsere Fantasien über die Vergangenheit setzen diese Vermitteltheit voraus – zumindest im Kontext des soziologischen Denkens. Für Max Weber war das vormoderne Denken von der Vorstellung geprägt, dass die Welt ein gottgeordneter Kosmos sei;[2] nach Émile Durkheim wurden vormoderne Gesellschaften durch ein starkes Kollektivbewusstsein zusammengehalten.[3] Dass Weber und Durkheim das Bezugsproblem der modernen Gegenwart, also die Unvermitteltheit des Unterschiedlichen, damit auch auf eine Gesellschaftsform projizierten, in der alles seinen Platz hatte, soll im weiteren Verlauf meiner Argumentation deutlich werden. Differenzierungstheoretisch gesehen war dieser Platzanweiser (gottgeordneter Kosmos, Kollektivbewusstsein) ausschließlich in der Sozialdimension gebaut. Die Zugehörigkeit zur Gesellschaft entsprach der Zugehörigkeit zu einem Teilsystem, zu starken sozialen Aggregaten der Gesellschaft und war im System vielfältiger Schichtungen und Oben-Unten-Ordnungen sehr klar zu verorten.

Wiewohl es sich um Mangelgesellschaften handelte, um Gesellschaften mit radikalen sozialen Ungleichheiten, um Gesellschaften, die keine Idee von der Gleichwertigkeit der Menschen hatten, um Gesellschaften, die nach heutigem Maßstab fast alle selbstverständlichen normativen Maßstäbe verfehlten, gab es in ihnen ein Problem doch nicht: die Spannung zwischen Kontinuitätserfordernissen und gesellschaftlicher Differenzierung. In vormodernen Gesellschaften hat die Differenzierung in Schichten ziemlich stabile Kontinuitäten hergestellt, die in der Sozialdimension klare und deutliche Formen der Zugehörigkeit gestiftet haben. Das heißt nicht, dass man nicht eine Menge tun musste, um den Status zu verteidigen und symbolisch zu unterfüttern, aber es waren überschaubare, transparente Kriterien, die die Position von Menschen im gesellschaftlichen Gefüge ausgemacht haben. Man denke etwa an die symbolische Herstellung von Ehre[4] oder an das höfische Konzept der «Ebenbürtigkeit» bis hin zu den Bemühungen um standesgemäße Verheiratungen als Positionierung von Familien in der Standeslogik der Gesellschaft. Letzteres war ein entscheidender Topos der Literatur an der Schwelle zur Moderne, wenn etwa in den späten Romanen von Jane Austen gerade Frauenfiguren zwischen dem alten Konzept der ständischen Logik und dem neuen einer Individualisierung der Person changierten – ein Konflikt, der hier noch stets mit der Verheiratung der Protagonistin endete.[5] Ein anderes eindringliches Beispiel sind Pierre Bourdieus Analysen der kabylischen Gesellschaft mit ihren Regeln der Ehre und dem Versuch, Personen in die Kontinuität der gesellschaftlichen Ordnung einzufädeln, ohne Standesinkonsistenzen aufkommen zu lassen. Auch hier spielen übrigens Anbahnungen von Verheiratungen und Eheschließungen eine Schlüsselrolle[6] – gewissermaßen als Ausdruck einer Ordnung, die an der familialen Sozialform orientiert und per se auf lebenslange Kontinuität geeicht ist.

Gesellschaft als Familienangelegenheit

Vielleicht ist gerade deshalb die Familie immer noch so etwas wie eine moderne Zumutung, weil sie als spezifische Funktion und Sozialform etwas repräsentiert, was in der Moderne schon aus strukturellen Gründen als defizitär erscheint: *Kontinuität* und *unbedingte Zugehörigkeit*. Das heißt nicht, dass Familien «unbedingt» zustande kommen oder gar Kontinuität zu garantieren in der Lage wären – im Modernisierungsprozess konnte und kann Familie exakt das immer weniger. Aber als Zumutung und Funktion, als Horizont und manchmal auch Realität steht gerade Familie den anderen Formen der Zugehörigkeit in der modernen Gesellschaft gegenüber – selbst wenn das Familiale andere institutionelle Formen annimmt als das klassische Familienmodell. Wahrscheinlich ist Elternschaft die wirksamste Form von Kontinuität in der Sozialdimension – gewissermaßen als eine am Körper orientierte Form.[7] So ist bei Hegel die Familie nicht nur die partikularste Stufe des Sittlichen, sondern gewissermaßen auch die natürlichste, weswegen sich auch hier die klassischen Geschlechtscharaktere als quasi-natürliche Formen entwickeln.[8] Und von hier aus ist auch nur zu erklären, dass die Ideologie des Familialen behaupten kann, dass der Mensch hier ganz bei sich sei (eben weil er bei den anderen ist), obwohl jeder und jede Beteiligte weiß, dass das gerade dort nicht so ist. Das Familiale trägt wenigstens konzeptionell so etwas wie eine überzeitliche, eher mythische Erfahrung eines übersichtlichen Sozialverbandes mit sich, fast als wäre es das soziale Erbe einer segmentären Stammesgesellschaft, in der quasi-natürliche Formen der Bindung vorherrschen. Die Logik des Familialen erscheint fast als eigentliche Form der Vergesellschaftung – selbst wenn dieser Art enge Bindung an die «eigene» Familie modernen Ursprungs ist.[9]

Vor diesem Hintergrund – gewissermaßen in einer Art kollektiver Erinnerung der Gesellschaft an diese vormoderne Form der Sozialität – hat auch die sozialwissenschaftliche Selbstbeschreibung der Gesellschaft vor allem an die Sozialdimension angeschlossen und die Soziodizee des Gemeinschaftlichen gefördert, selbst dort, wo sie die Gemeinschaft mit der Gesellschaft konfrontiert. Es bleibt stets ein Moment Unbehagen noch in der historischen Gegenüberstellung von Moderne und Vormoderne, weil die zentrale Funktion einer gemeinsamen Moral, eines gemeinsamen Horizonts, einer gemeinsamen Logik von Perspektiven schon begrifflich nicht überwunden werden kann – was sich schon im wissenschaftlichen Markennamen dieser Art methodisch kontrollierter Selbstbeschreibung niederschlägt: in der Geselligkeit der Gesellschaft und in der Sozialität der Society.[10] Ich habe oben gezeigt, dass selbst die radikalste soziologische Rhetorik, das «Soziale» im klassischen Sinne hinter sich zu lassen – die Soziologie Bruno Latours nämlich –, durch die Projektion von Versammlungen den Schoß einer neuen Gemeinschaftlichkeit sucht, nun eben mit anderen Wesen.

Vielleicht lässt sich sogar der Streit um die sogenannte Identitätspolitik, also das Einschließen des eigenen Horizonts vor allem in Identitäts- und Zugehörigkeitsfragen, mit dem Erbe dieser Projektion erklären. Es soll hier nun nicht um den Hintergrund von identitätspolitischen Auseinandersetzungen gehen, etwa darum, dass die Pluralisierung und De-Standardisierung kulturell sagbarer Sätze und auch die Emanzipation zuvor wenig hörbarer und sichtbarer Gruppen und Minderheiten der Gesellschaft zu semantischen und durchaus praktischen Anspruchsberechtigungen geführt hat. Das mit El-Mafaalani schon öfter konsultierte Argument, dass Asymmetrien und Diskriminierungen gerade aufgrund einer teilweisen Überwindung des Problems vermehrt zur Sprache kommen, kann auch hier angewandt werden: Dass Minderheiten auf ihre Herkunft pochen, dass Sprechgebote an solche Herkünfte gebunden werden, dass sexuelle Stile jenseits des zuvor Kommunizierbaren selbstbewusst auftreten, dass Rassismus als solcher sichtbar und kommunizierbar wird, dass eine neue Sensibilität für kommunikative Angemessenheit entsteht usw., ist auch ein Ausdruck dafür, dass sich diese Minderheitenpositionen kommunikativ ein Stück Aufmerksamkeit erkämpfen, die zuvor nicht möglich war.

Aber, und das ist entscheidend, diese verbesserte Möglichkeit, auf diskriminierende Strukturen und Taten, auf Vorurteile und Ähnliches hinzuweisen, ist noch keine Identitätspolitik. Diese ist ein sekundäres Phänomen. Dass dieser Konflikt identitätspolitisch gelöst oder besser: verarbeitet wird, verweist darauf, dass zumeist nur Verarbeitungsregeln in der Sozialdimension zur Verfügung stehen. Das erhöht die Wahrscheinlichkeit, die Herausforderung des Pluralismus durch die Binnenhomogenisierung von Gruppen zu lösen, die aus Individualrechten Gruppenansprüche und -rechte machen.

Dass dieser Kampf in gruppenspezifische Formen von Identitätspolitik führt, also zu einer Umdefinition der komplexen Gesellschaft in Gruppen unterschiedlicher Provenienz und kultureller Codierungen, ist nicht zwingend, passt aber durchaus zu jener Soziodizee des Gemeinschaftlichen, Komplexität durch den Rekurs auf das Gemeinsame zu kaschieren. Der identitätspolitische Konflikt wäre dann soziologisch genauer besehen ein Konflikt, der nicht mehr auf gewohnte Mechanismen wie etwa rechtliche Formen der Gleichberechtigung setzt oder auf die Individualisierung von Anspruchsberechtigungen, sondern auf die Zugehörigkeit zu Gruppen, zu sozialen Aggregaten. Zehrte der gewohnte Mechanismus noch von den Logiken des Rechtssystems als Garant einer unparteilichen Parteilichkeit für Ansprüche oder des politischen Systems als Garant einer operativen Definition jener Kollektivität, der man bindende Entscheidungen zumuten kann, speist sich diese an Identitätsfragen enggeführte Form der gesellschaftlichen Soziodizee eher aus der Logik des Familialen. Versammeln die Logiken des Rechtlichen und des Politischen Fremde miteinander und führen sie eher mit abstrakten Kategorien zusammen, die von der Person selbst absehen wollen (wenn auch empirisch nicht immer: können), so versammelt die Logik des Identitären potentielle Freunde, also unbedingt Zugehörige, deren Zugehörigkeitsmerkmal selbst nicht mehr in Frage gestellt werden kann und darf. Und die familiale Logik weiß ziemlich genau, wer dazugehört und wer nicht. Wenn eine identitäre Gruppe postuliert, dass man in Ermangelung eines bestimmten Merkmals nicht für sie sprechen darf, bedient sie sich fast einer Logik, nach der der angeheiratete Onkel eben doch nie so ganz zur Familie gehört. Dieser Art Unbedingtheit ist eine Form der Dementierung von Modernität in der Sozialdimension – was hier nicht primär im Gestus der Kritik vorgetragen wird. Registriert werden soll nur, dass die damit aufgerufenen Fragen ganz offensichtlich als Identitäts- und Anerkennungsfragen registriert werden und in vielen Fällen durchaus zur Emanzipation von Minderheitenpositionen beitragen, ihr oftmals aber einen Bärendienst erweisen.

Um nicht falsch verstanden zu werden: Mein Argument lautet nicht, Identitätspolitik sei gewissermaßen ein Rückfall in familiale Existenzweisen. Aber die starke Betonung einer Inklusion in die Gesellschaft aufgrund kollektiver Merkmale ist nah an der Logik jenes Mechanismus gebaut, nach dem die Inklusion in die Gesellschaft wesentlich als Familieninklusion erfolgte – noch die Erfindung von *safe spaces* folgt diesem Modell, das die Gesellschaft nicht in den eigenen Raum eindringen lassen möchte. Bis in die frühe Moderne hinein galten Personen in erster Linie als Angehörige von Familien –

und erst in zweiter Linie wurden sie auch in die «bürgerliche Gesellschaft» inkludiert. Hier hat sich lange eine Form der segmentären Differenzierung in Familien gegen die neuen normativen und strukturellen Zumutungen der Inklusion von Einzelpersonen gehalten – im Übrigen mit einer starken geschlechtsspezifischen Schlagseite. Vor allem weibliche Inklusion folgte länger diesem Primat des Familialen im Vergleich zum sich etablierenden Normallebenslauf des berufstätigen und öffentlich wirksamen Mannes. Dass sich dann Anerkennungsfragen ähnlich dem klassischen Familienmuster in unbedingt gebenden Zugehörigkeiten materialisieren, ist kein Zufall. Und selbst wenn man akademisch diese unbedingten Zugehörigkeiten auf ihre Arbitrarität, ihre historische Variabilität und auf machtvolle Zuschreibungspraktiken bezieht, so muss all dieser epistemologische Aufwand doch nur getrieben werden, weil die Identitätsbehauptungen – als Fremd- wie als Selbstzurechnung – praktisch eine erhebliche Stabilität und Erwartbarkeit aufweisen.

Die öffentliche Debatte dazu ist weitgehend unergiebig – sie nimmt genau genommen auch die Logik des Familialen in Anspruch und findet in den anderen «Familien» all das vor, was in der eigenen nicht gilt. Offensichtlich steht der öffentlichen Debatte oftmals kein anderes Mittel zur Verfügung, als in der Sozialdimension zu reagieren – deshalb scheint Rassismus, Fremdenfeindlichkeit, die Beurteilung von Menschen nach sichtbaren Merkmalen usw. kaum zu verschwinden, auch nicht durch Aufklärung, Wissen, moralische Kritik und Einsicht, und auch nicht durch wohlfeile Appelle, das «Miteinander in der Differenz»[11] zu denken. Solch hübsche Kontingenzformeln lösen keine Probleme, sondern verschieben sie nur auf die nächsthöhere Ebene. Insofern verstärken sich Markierungen von Menschen, die zu fremd- und selbstinduzierten Zurechnungs- und Identitätsankern werden, durch ihren empirischen Erfolg selbst. Die Einteilung von Menschen nach Humankategorien[12] verstärkt sich dadurch, dass diese Kategorisierungen tatsächlich einen Unterschied machen können, wenn sie nur stabil genug wiederverwendet werden. Dann gerinnt die Gesellschaft tatsächlich zu einer Gleichzeitigkeit unterschiedlicher Gruppen. Auch diejenigen, die sich zuvor in der Mehrheit wähnten oder solche Fragen gar nicht stellen mussten, gerinnen in solchen Konflikten zu «Identitäten» und machen Identitätspolitik. Die Logik des Familialen als Behauptung unbedingter Zugehörigkeiten setzt sich auch bei ihnen durch, was hier übrigens ohne jegliche Kausalitätsunterstellung formuliert wird. Es ist nicht die kulturlinke Identitätspolitik, die eine Gegenreaktion auf der anderen Seite «auslöst»; vielmehr tauchen beide Seiten nur deshalb als Identitätsangebote auf, weil das als ein probates Mittel erscheint, Ordnung in die Welt zu bringen und sie sagbar zu machen. Und deshalb verstrickt sich oft auch die Kritik an der sogenannten Identitätspolitik in identitätspolitische Zumutungen.

Das am Familialen scharfgestellte Bezugsproblem dessen, was heute «Identitätspolitik» heißt, ist freilich älter als der Begriff. Es lohnt sich ein Blick in das Vorwort zur zweiten Auflage von Émile Durkheims Buch über Arbeitsteilung. Seine Diagnose, dass eine differenzierte Gesellschaft mit ihrer organischen Solidarität nicht mehr auf ein Kollektivbewusstsein setzen könne, sondern genau deswegen eine «neue Moral» brauche, wurde hier präzisiert. Die Nation sei zu abstrakt, um jene Bindekräfte zu erzeugen, die der Anomiegefahr der Moderne begegnen könnten. Es brauche übersichtlichere Identifikationsangebote, um sowohl eine regelhafte Institutionalisierung zu erfahren als auch so etwas wie eine unbedingte Zugehörigkeit. Für Durkheim, der mit den Modernisierungsprozessen des 19. Jahrhunderts vor allem eine Aufwertung des Ökonomischen beobachtet, kommt dafür vor allem die Berufsgruppe als Identifikationsangebot in Frage. Hier könne eine Reziprozität entstehen, die sich aus gemeinsamen Erfahrungen speise. «Die Tätigkeit einer Berufsgruppe kann nur durch eine Gruppe wirkungsvoll geregelt werden, die selber diesem Beruf so nahesteht, daß sie ihre Arbeitsweise gut kennt, alle ihre Bedürfnisse fühlt und allen ihren Veränderungen folgen kann.»[13] Eine «moralische Kraft, die die individuellen Egoismen zügeln»[14] solle, versprach sich Durkheim – eine Funktion, die er in vormodernen Gesellschaften der Religion zuschrieb und die letztlich von der Form des Familialen zehrt. Die Familienähnlichkeit der Berufsgruppe solle nach Durkheim also ein Identifikationsangebot machen – und letztlich ist das, was er vorschlägt, eine Art berufsgruppenspezifische Identitätspolitik und darin der Versuch, die Differenzierung in der Sachdimension durch eine Kohäsion in der Sozialdimension aufzuheben. Als Modell dient ihm dazu explizit die

Logik des Familialen, das zum Teil in der Römischen Gesellschaft ein historisches Vorbild hatte, in der die Familie auch erheblich weitere Kreise umfasste als den engen Kreis der Blutsverwandten.[15]

Eine Parallele kann man auch darin sehen, dass die berufsgruppenspezifische «Identitätspolitik» zu Durkheims Zeiten auf die Pluralisierung von Berufen, Tätigkeiten und Lebenslagen reagiert, auf eine Gesellschaft, in der «alle sozialen Bande, die der Ähnlichkeit entstammen, allmählich ihre Kraft verlieren.»[16] Analog dazu findet die gegenwärtige gruppenspezifische Identifikation von Personen in einer Gesellschaft statt, die Personen nicht mehr um das Merkmal «Arbeit» und «Beruf» herum identifiziert, sondern um konkurrierende kulturelle Angebote: Ethnizität, Geschlecht, sozialmoralisches Milieu, angebliche «Rasse». Mit dieser Parallele verliert und gewinnt die Debatte um Identitätspolitik an Drastik. Sie verliert an Drastik, weil es sich offensichtlich um ein eingeführtes Muster handelt, dem auch seine Kritiker zumeist unterworfen sind; sie gewinnt an Drastik, weil es offensichtlich kaum Auswege aus dieser Logik gibt – und weil es ein probates Mittel im moralischen Aufmerksamkeitswettbewerb öffentlicher Kommunikation ist. Dass die Gewinner solcher identitätspolitischer Debatten eher die akademisierbaren Formen von Minderheitensemantiken sind, deren berechtigte Ansprüche auf Anerkennung in der Moralökonomie der Debatten eine hohe Dividende abwerfen, ist kein Zufall, denn sie haben eine Diskursposition mit erheblich geringerem Begründungsaufwand. Man kann es an den eher hilflosen, ebenfalls an Identitätsbehauptungen orientierten Versuchen der Rehabilitation der *ordinary people*, der *normalen Leute* gegenüber den akademisch professionalisierten Formen der linken Identitätspolitik. Im Frühjahr 2021 hat sich der SPD-Politiker Wolfgang Thierse einen veritablen Shitstorm eingefangen,[17] weil er um Verständnis für deren Unverständnis geworben hat, andere schreiben dieses Vermächtnis der normalen Leute nun in identitätsbildende Bücher, wie es vorher die andere Seite getan hat.[18] Wieder andere machen sich Sorgen, dass solcherart Identitätspolitik nicht wirklich «links» sei und spielen diese identitätslinke Perspektive gegen richtige, also sozialpolitisch linke Positionen aus.[19] Die Sorge freilich ist unbegründet, denn die identitätspolitische Form ist auf eine klassische Art links, wenn man darunter versteht, dass eine linke

Denkungsart eine Umbauperspektive auf die gesamte Gesellschaft anstrebt und zugleich mit ihren Forderungen so etwas wie eine gesellschaftsweite und universalistische Geltung der eigenen Position ausweist. Das sichtbarste Symbol dafür ist sicher die geschlechtergerechte Sprache oder die Indizierung von Ausdrücken. Kombiniert werden solche Forderungen zumeist mit dem Anspruch, diese richteten sich zugleich gegen Privilegierte[20] – was in identitätspolitischen Debatten alles andere als eine ausgemachte Sache ist.

Eher in Parenthese noch diese Bemerkung: Vielleicht lässt sich damit die innere Zerrissenheit und auch die Funktionslosigkeit sozialdemokratischer Politikangebote besser verstehen. Die Sozialdemokratie hat soziale Identifikationsangebote ganz im Sinne von Durkheims Orientierung an Arbeit gemacht. Es war der sehr erfolgreiche Versuch, die Zugehörigkeit zu Berufen, v. a. zu nicht bürgerlichen Berufen zum entscheidenden Zurechnungspunkt für Zugehörigkeit zu machen. Dass etwa die SPD in Deutschland heute so zerrissen ist zwischen den traditionellen Angeboten an eine an Arbeit und Beruf orientierte Klientel und der Orientierung an den neuen Identitätsangeboten im Hinblick auf Geschlecht, Sexualität, Ethnizität usw., erscheint dann durchaus logisch. Letztlich haben diese Angebote den älteren semantisch den Rang abgelaufen und mögen für die Trägergruppen politischer Eliten die attraktiveren sein. Aber für die traditionelle Klientel sind sie letztlich in doppelter Weise bedrohlich: zum einen als Verlust politischer Repräsentation über den klassischen Konflikt zwischen «Kapital» und «Arbeit», zum anderen als Konkurrenz zwischen unterschiedlichen Logiken von Identifikationsangeboten. Der durchaus richtige, aber eher akademische Hinweis, dass das eine vom anderen überlagert wird und man die Dinge zusammen denken müsse, ist als Identifikationsangebot freilich nicht besonders wirksam.[21] Vielleicht ist auch so zu erklären, dass zumindest in Deutschland die Grünen eher zu jener Volkspartei werden, die die Sozialdemokraten ablösen, die zumindest die Inklusionsteile ihres Programms an den Identitätsfragen festmachen.

Eine der aufschlussreichsten Lektüren auf diesem Gebiet bietet die Studie «Fremd in ihrem Land» von Arlie Russell Hochschild. Russell Hochschild hat noch vor der Wahl von Donald J. Trump zum 45. Präsidenten der Vereinigten Staaten teilnehmende Feldbeobachtung betreiben, um die amerikanische Rechte – etwa die Tea Party-Bewegung – zu analysieren und jenes Milieu zu verstehen. An den USA lässt sich das Problem womöglich auch deshalb genauer beobachten, weil die institutionellen Bedingungen der Herstellung von Kontinuität, vulgo: ein funktionierender Wohlfahrts- und Sozialstaat, erheblich geringer ausgebaut sind als in einem Land wie Deutschland. Russell Hochschild wollte ergründen, was die Wählerinnen und Wähler der Republikaner jenseits der West- und Ostküstenmetropolen dazu bringt, gegen ihre eigenen ökonomischen und sozialpolitischen Interessen zu handeln. Die Republikaner stehen für Deregulierung und für eine Abwesenheit staatlicher Hilfen – aber gerade der industrielle Strukturwandel in den USA hat dazu geführt, dass die einst wichtigste Trägergruppe des Landes einen fortwährenden Bedeutungsverlust und ökonomischen Abstieg erfährt. Logischerweise hätten diese eigentlich für mehr staatlichen Interventionismus eintreten müssen, aber das Gegenteil war der Fall, wie man dann an der Wahl Trumps sehen konnte – auch an seiner Abwahl übrigens, als er sogar mehr Stimmen erhalten hat als bei seiner Wahl 2016.

Russell Hochschild beschreibt, dass die Reallöhne amerikanischer Männer mit Highschool-Abschluss seit 1970 um 40 Prozent gesunken seien, und für die gesamten «unteren neunzig Prozent der Erwerbstätigen» habe sich die Entwicklung des Durchschnittslohns «seit 1980 abgeflacht».[22] Um es auf den Punkt zu bringen: Die Misere vor allem der älteren weißen Männer in der amerikanischen Gesellschaft hat direkt etwas damit zu tun, dass Unternehmen aufgrund von radikaler Gewinnorientierung bestehende Strukturen der Beschäftigung abgewickelt und die rechtlich verankerten Formen der Anspruchsberechtigung gegenüber Unternehmen und ihrem Verhalten versagt haben (in einem Ausmaß, das etwa in ökologischer Hinsicht die eigene Geschäftsgrundlage zugunsten kurzfristiger Gewinnorientierung in einem Ausmaß zerstört hat, das in Deutschland undenkbar wäre), dass der Staat aufgrund fehlender sozialpolitischer Programme kaum in der Lage war, kompensatorisch entgegenzuwirken, und dass die politische Repräsentation der Rechten letztlich eher einer Verschärfung als einer Linderung des Problems in die

Hände gespielt hat. Man könnte sagen: Die Leute haben schlicht die Falschen gewählt.

Es geht hier nicht darum, diese Diagnose genau zu überprüfen. Was Russell Hochschild daran interessiert, ist die merkwürdige Übersetzung politischer, ökonomischer und rechtlicher Konflikte, von Defiziten einer Gesellschaft mit gering ausgebauten institutionellen Arrangements zur Herstellung von kontinuierlichen Lebensformen in Identitäts- und Anerkennungsfragen. Die Wähler der amerikanischen Rechten – und das ist keine Splittergruppe, sondern offensichtlich die Hälfte der Wahlberechtigten – wählen keine Politik, die ihnen nach dem industriellen Strukturwandel (Abwanderung von Produktion ins Ausland, Umstellung auf digitale Technologien, Hinterlassenschaften radikaler ökologischer Folgen, Verödung ganzer Städte wegen Schließung unrentabler Standorte, veraltete Infrastruktur usw.) Hilfen zur Kontinuierung ihrer Lebensläufe verspricht, sondern votieren eher für diejenigen, die das Geschäft des Strukturabbaus weiter betreiben. Genau genommen hätten sie die Demokraten wählen müssen, weil die Republikaner ganz offenkundig eine Politik betreiben, die den Interessen der früher Gutsituierten, aber nun Gestrauchelten zuwiderlaufen. Russell Hochschild zeigt, wie dieser *politische* Konflikt fast ausschließlich zu einem Identitätskonflikt wird, der eher an Symbolen als am Materiellen hängt: an «Steuern, Religion, Ehre.»[23]

Die Protagonisten sind sich ihrer Situation sehr wohl bewusst, lassen sich in ihrer Soziodizee der gläubigen (weißen) Leistungsgemeinschaft aber gar nicht erst auf die Komplexität der Probleme ein. Hohe Steuern fanden sie aus ideologischen Gründen schon vorher falsch. Russell Hochschild beschreibt die gängige Erzählung wie folgt: «Der Staat nahm den Arbeitern über ihre Köpfe hinweg Geld weg und gab es den Faulenzern. Er nahm es den charakterlich guten Menschen und gab es den charakterlich schlechten. Von gesellschaftlichen Schichten war keine Rede, und alle waren sorgsam darauf bedacht, von Schwarzen nur vorsichtig und indirekt zu sprechen, während sie sich über Muslime mit unverhohlener Angst äußerten.»[24] Nun werden die einstmals stolzen weißen Amerikaner selbst zu Abgewickelten,[25] zu potentiellen Nutznießern von Umverteilung – und befürchten Anerkennungs- und Reputationsverluste.

Religion spielt in den USA eine für Europäer kaum vorstellbare

Rolle als Kontinuitätsstifterin von Lebensverläufen, codiert mit Erlösungs- und Identitätsangeboten – dies umso mehr, je stärker die Betroffenen in ihrer Ehre verletzt werden und ihre hegemoniale Position semantisch und materiell einbüßen: «Am liebsten möchtest du rufen: ‹Ich gehöre auch einer Minderheit an!› Aber gerade solche Mitleidsappelle hast du kritisiert, als andere sie aus ähnlichen Gründen vorgebracht haben. Du fühlst dich in der Klemme zwischen einem starken Wunsch nach Anerkennung als der, der du wirklich bist, und für alles, was du tatsächlich geleistet hast, und der Angst, dich der Parade der ‹armen Würstchen› anzuschließen.»[26] Als Arlie Russell Hochschild diese Zeilen schrieb, lag Trumps Wahlkampfslogan «Make America Great Again» noch in der Zukunft. Aber sie nimmt die kommende Entwicklung in ihrer Studie geradezu prophetisch vorweg: die konfliktverschärfende Identitätspolitik in einer Demokratie, die keine Mittel zu haben scheint, gesellschaftliche Strukturfragen und Fragen des institutionellen Arrangements sachlich abzubilden. Entscheidend ist, dass die amerikanische Demokratie ganz offensichtlich nur noch einen Kulturkonflikt kennt und keine Sachfragen mehr – und allein der Kulturkonflikt hilft den Leuten bei der gesellschaftlichen Selbstverortung.

Russell Hochschild hat die Seelenlage der Rechten in dem fast schon berühmt gewordenen Bild des Schlangestehens zum Ausdruck gebracht: «Du stehst mitten in dieser Schlange zusammen mit anderen, die ebenfalls weiße ältere Christen und mehrheitlich Männer sind und von denen manche einen College-Abschluss haben, andere nicht. [...] Im hinteren Teil dieser Schlange sind viele People of Colour – arme, junge und alte, die meisten ohne College-Abschluss. Der Blick zurück ist beängstigend, hinter dir kommen so viele, und im Grunde wünschst du ihnen alles Gute. Aber du hast lange gewartet, hart gearbeitet, und die Schlange rückt kaum vor. Du hast verdient, dass es etwas schneller vorangeht. Du bist zwar geduldig, aber müde. [...] Du hast in der Feuerprobe Charakterstärke bewiesen; für das alles ist der amerikanische Traum der Lohn, der beweist, wer du warst und bist – eine Auszeichnung. [...] Du denkst an Dinge, auf die du stolz bist – deine christliche Moral zum Beispiel. Du bist immer für ein anständiges Leben, eine monogame, heterosexuelle Ehe eingetreten. Das war nicht leicht. Du hast selbst eine Trennung durchgemacht, beinahe – oder tatsächlich – eine Scheidung. Liberale sagen, deine Vorstellungen seien altmodisch, sexistisch, homophob, dabei sind *deren* Wertvorstellungen keineswegs klar.»[27]

In dieser Situation nimmt der Druck von hinten auf einmal zu: «Du siehst, wie Leute sich vordrängen! Du hältst dich an die Regeln, sie nicht. Ihr Vordrängen fühlt sich an, als würdest du zurückgedrängt. Wie können sie das bloß machen? Wer sind die? Einige sind schwarz. Durch die vom Staat durchgedrückten Antidiskriminierungsmaßnahmen bekommen sie bevorzugt Plätze an Colleges und Universitäten, Ausbildungsplätze, Jobs, Sozialleistungen und kostenloses Mittagessen und nehmen im Denken der Menschen einen gewissen geheimen Raum ein [...]. Solche Chancen hättest du zu deiner Zeit gern gehabt [...]. Das ist nicht fair.»[28] Russel Hochschild bringt es auf den Punkt: «Schwarze, Frauen, Einwanderer, Flüchtlinge, Braunpelikane – alle haben sich in der Schlange vorgedrängt.»[29] (Die von der Ölpest besonders gefährdeten Braunpelikane sind zum Symbol für die ökologische und am Ende auch ökonomische Zerstörung von Wertschöpfungsgrundlagen geworden.) All diese neuen Akteure bekommen nun die Aufmerksamkeit, die von der alten Mehrheit abgewendet wird. Letztere muss sich von den neuen Gruppen zudem noch als privilegiert beschimpfen lassen.

Was Russel Hochschild hier in einer material- und detailreichen Untersuchung zum Vorschein bringt, ist eine interessante Form der Beschreibung einer identitätspolitischen Soziodizee von rechts. Die Struktur ist dieselbe wie auf der Linken: Je stärker die Fragilität institutioneller Arrangements ins Bewusstsein gerät, desto stärker wird der Identitätsaspekt entscheidend für die Beschreibbarkeit der eigenen Situation – und je weiter Lösungen der Sachfragen entfernt scheinen, desto dichter und wahrscheinlicher wird die Orientierung an der gruppenspezifischen Lösung der Soziodizee.

Aber auch dort, wo Identitätspolitik kritisiert wird – und zwar gleichermaßen die von rechts wie die von links –, ist es offensichtlich schwer, aus der Logik der Sozialdimension herauszutreten. Am deutlichsten lässt sich das bei einem der prägnantesten Kritiker der Identitätspolitik, nämlich Francis Fukuyama, nachlesen. Sein Urteil lautet: «The left has focused less on broad economic equality and more on promoting the interests of a wide variety of groups perceived as being marginalized – blacks, immigrants, women, Hispanics, the LGBT community, refugees, and the like. The right, meanwhile, is redefining itself as a collection of patriots who seek to protect traditional national identity, an identity that is often explicitly connected to race, ethnicity, or religion.»[30] An diese treffende Beschreibung freilich schließt Fukuyama allzu traditionell an. Er möchte die Differenz dieser unterschiedlichen Sprecherpositionen – gewissermaßen hegelianisch – in der politischen Vorstellung einer nationalen Idee aufheben, die als Bedingung eines demokratischen Ausgleichs zwischen den unterschiedlichen Geltungsansprüchen gilt. So logisch das auch immer gedacht ist, negiert es den empirischen Befund. Denn es ist ja gerade die Erfahrung der Emanzipation von Sprecherperspektiven, die zu jener die Gesellschaft offensichtlich überfordernden Erfahrung führt, dass sich so etwas wie ein allgemein geteiltes Normalmodell von kommunikativen Anschlüssen nicht mehr so einfach denken lässt.[31]

Wenn schon nicht die «Gesellschaft» als Gruppe oder als ethnische oder politische Nation, als Entität in der Sozialdimension beschrieben und adressiert werden kann, hält man sich lieber an soziale Gruppen zugehöriger Sprecher. Diese stellen sich wechselseitig weniger in Form von Schichten (vormodern) oder Funktionen (Arbeitsteilung, exklusive Problemlösungstools) dar, sondern sind in ihrer Gestalt und in ihren Differenzen fast notwendigerweise durch Identitätsfragen gekennzeichnet, um überhaupt Ordnung in die Welt zu bekommen.

Man könnte versuchsweise formulieren: Die Umdeutung des Gesellschaftlichen in Großgruppen wie die Nation erfährt selbst noch einmal eine internen Differenzierungsprozess in der Sozialdimension. War die Funktion des Nationalen, v. a. in seiner ethnischen Form,[32] die Simulation eines Zugehörigkeitsraums in einer komplexer werdenden Gesellschaft ohne starke Zugehörigkeitsstrukturen, differenziert sich diese Simulation nun ihrerseits in diverse Formen aus, die wiederum auf die steigende Komplexität in der Sozialdimension reagieren.[33]

Deutlich wird darin zweierlei: *zum einen* die Fragilität von Institutionen der Zugehörigkeit und kontinuierlicher Identitäten im Sinne sozialer Adressierungen, *zum anderen* das Potential für Unbehagen, weil mit der Pluralisierung solcher identitärer Zurechnungen auch deren Vorläufigkeit und Kontingenz deutlich wird. Dabei darf nicht vergessen werden, dass diese Formen der Sozialintegration *quer* liegen zur Inklusionslogik der Gesellschaft selbst, die an der sachdimensionalen funktionalen Differenzierung der Gesellschaft orientiert ist – was in den öffentlichen Debatten in den Hintergrund rückt, weil gerade die Debattenform öffentlicher Kommunikation die Gesellschaft weniger in ihren komplexen Strukturen wahrzunehmen in der Lage ist, sondern meist nur in der Form von zurechnungsfähigen Humankategorien, von Gruppenmerkmalen, von an menschlichen Individuen, Gruppen und Körpern orientierten Chiffren.

Wenn man etwa aus der Perspektive einer linken, marxistischen Perspektive dafür streitet, dass sich die soziale Lage von unterprivilegierten Gruppen im Hinblick auf die Klassenlage ähnlicher ist als deren ethnische oder sozialmoralische kulturelle Selbstverortungen, dann wird damit völlig zu Recht auf die Differenz der *Inklusionslage* (Korrelation zwischen ökonomischer Lage, Chancen im Bildungssystem, Position im Hinblick auf rechtliche Ressourcen oder politische Durchsetzbarkeit von Interessen etc.) und der *gruppenbezogenen Selbstbeschreibung* (autochthon/allochthon; traditionelle/moderne Milieus etc.) hingewiesen.[34] In traditioneller Theoriesprache wäre das die Differenz zwischen *subjektiver* und *objektiver* Klassenlage, auf die auch Russell Hochschild hinweist. Ihre Studie verdeutlicht die starken Abwehrreflexe jener Rechten, wenn sie feststellen, wie sehr ihre gesellschaftliche Lage denen ähnelt, die sie zuvor noch für Faulenzer und Schmarotzer gehalten haben. Inklusionstheoretisch weist das auf die Querlage individueller Lebenslagen zur gesellschaftlichen Differenzierung hin. Die gruppenbezogene Beschreibbarkeit der Gesellschaft bildet die Soziodizee, um diese Querlage auszuhalten.

Um nicht missverstanden zu werden: Diese Soziodizee ist keine *soziologisch angemessene* Beschreibung, sondern eine gesellschaftliche Selbstbeschreibung, die als Konfliktheuristik genügend Aufmerksamkeit bindet, um daraus medienfähiges Aufregungspotential zu erzeugen. Aber natürlich geht es in diesen Identitätsfragen auch um etwas, um sehr viel sogar. Denn sie tauchen dann auf, wenn Menschen mit fast beliebigen Zuschreibungsmerkmalen, die manchmal erst durch die Zuschreibung selbst entstehen, an sich selbst eine Differenz zu anderen entdecken, diskriminiert werden oder das

Differenzmerkmal sogar als Potential für die Erklärung ihrer eigenen Lage ausbeuten können. Es geht dabei um etwas – schwarz zu sein etwa bedeutet nichts, gar nichts, und doch bedeutet es alles. Deswegen ist es sehr plausibel, dass rassismuskritische Positionen das «Schwarz-Sein» nicht an die Hautfarbe binden. «Schwarz» zu sein, ist demnach keine Funktion der Pigmentierung, sondern eine, die den Blick erst auf Pigmentierung oder auch manchmal vermeintliche Pigmentierung richtet.[35] Es ist keine Naturkategorie, sondern eine soziale Kategorie – was nun keine besondere Erkenntnis ist, weil die Einteilung der Welt stets mehr von den Kategorien der Einteilung als von der Welt abhängig ist. Ich habe das an anderer Stelle die «Paradoxie der Sichtbarkeit» genannt.[36]

Dass es zwischen schwarzen und nicht-schwarzen Menschen keine prinzipiellen Unterschiede gibt, hindert die Unterscheidung nicht daran, sich sozial so zu kondensieren, dass daraus reale Unterschiede erwachsen, die man dann sogar statistisch nachmessen kann – etwa im Hinblick auf Bildungschancen, Einkommen, Repräsentation in Führungspositionen und sogar Intelligenz. Letzteres war Ausgangspunkt einer Auseinandersetzung in den USA in den 1990er Jahren, als psychologische Forschung beweisen wollte, dass Schwarze gewissermaßen von Natur aus weniger intelligent seien, weil sie in den entsprechenden Tests signifikant schlechter abgeschnitten hatten – ich spiele auf die Diskussion um das Buch «The Bell Curve» von Richard Herrnstein und Charles Murray an,[37] das letztlich die Blaupause für Thilo Sarrazins ähnliche These für Deutschland im Jahr 2010 darstellte.[38] Genau besehen, bleibt von solchen Zurechnungen nichts mehr übrig, wenn man die statistischen Gruppen nicht mit einem allgemeinen Durchschnitt vergleicht, sondern mit Menschen in ähnlichen gesellschaftlichen Inklusionslagen unabhängig von der Hautfarbe oder der ethnischen Zugehörigkeit.

Moralüberschuss

Es genügen diese Andeutungen. Die Differenzierung in Gruppen, deren Sichtbarkeit sich an physischen, sozialen, kulturellen oder symbolischen Merkmalen festmachen kann, dient dazu, sich einen Reim auf die Gesellschaft zu machen, deren sachliche Struktur dahinter fast verschwindet – es sind Soziodizeen, die in der Lage sind, sich die Welt in einer Heuristik zurechtzulegen, die die Struktur des Gesellschaftlichen jenseits der Zugehörigkeitsfragen in der Sozialdimension nicht einmal ansatzweise erreicht. Und auch das ist letztlich nicht problematisch, denn es folgt einer Logik, die schon länger bekannt ist. Die Imagination des «Gesellschaftlichen» als eines Raums einer Arena mit Sprechern, eines durch kulturelle Werte und gesellschaftliche Normen zusammengehaltenen Raums der Imagination von Gleichheit (Bürger) in einem Ungleichheit generierenden Raum. Es handelt sich letztlich um die Gleichsetzung von Gesellschaft mit Nationalgesellschaft und den daraus resultierenden politischen Bias bei der Beschreibung des Gesellschaftlichen.

Dass wir uns so sehr an solche Beschreibungen gewöhnt haben, generiert dann auch bei neuen Problemlagen eine Beschreibung in der Sozialdimension, und «Identitätspolitik» folgt exakt dieser Logik. Solche Sätze werden fast automatisch eine Kritik provozieren, die sich ihrem Gegenstand anschmiegt: Man nehme die Anliegen der identitätspolitischen Strategien nicht ernst, und außerdem würden doch auch die traditionellen Verfechter einer Leitkultur und (ehemals) hegemonialer Lebensformen auf so etwas wie gruppenbezogene Identitätsbehauptungen pochen.[39] Das stimmt, aber das ist sehr langweilig – nicht weil man etwas gegen manche identitätspolitischen Anliegen hätte, sondern weil diese Kritik in der Logik des Spiels verharrt und nichts anderes mehr sehen kann als die Frage der angemessenen wechselseitigen Anerkennung von gruppenspezifischen Bedürfnissen. Denn das ist gerade Teil jener Überforderung, die offensichtlich etwas mit der stupenden Stabilität von Stereotypen, von Vorurteilen, von Rassismus zu tun hat und die nichts anderes kennt als jene «familiale» Logik der Verarbeitung. Dass die Konzentration auf Sichtbarkeit hier eine entlastende, zugleich aber auch eine paradoxe Funktion hat, werde ich weiter unten, im zehnten Kapitel genauer diskutieren.

Die öffentliche Debatte um die «Identitätspolitik» ist eine stark moralisierte Debatte. Das kann man kritisieren – aber auch dieser Diskurs ist wenig ergiebig, und ich verzichte hier auf Belege, weil die Frequenz der entsprechenden öffentlichen moralischen Erregungsereignisse so groß ist, dass der Druckzyklus von Büchern hier nicht hinterherkommt. Mindestens zwei Untiefen lassen sich ausmachen: *Zum einen* spricht prinzipiell kaum etwas gegen gut begründete moralische Argumente, vor allem, wenn sie ethisch reflektiert werden (was allerdings zumeist unter Rekurs auf die eigene Binnenmoral gerade nicht geschieht). *Zum anderen* wird die Kritik des Moralismus zumeist ebenso moralisch oder gar moralistisch vorgetragen wie das Objekt der Kritik. Das führt zu einer Steigerungslogik moralischer Positionen, die am Ende nur die Logik der gruppenbezogenen Beschreibbarkeit der Gesellschaft kennt. Wahrscheinlich ist es nicht unbedingt Moral, die zu solcher gruppenbezogenen Welterklärung führt, sondern umgekehrt: Die gruppenbezogene Beschreibung der Welt führt fast zwangsläufig zu einer Moralisierung der Differenz und der Distinktion. Hatte eine starke Moral in der bürgerlichen Gesellschaft wohl zunächst die Funktion der Stabilisierung eines legitimen Lebensstils, ähnlich auch den ästhetischen Kriterien eines legitimen Geschmacks,[40] emanzipiert sie sich nun als ein Gegeneinander von Binnenmoralen. Die Funktion von Moral war einst vor allem die Missachtung der unteren Schichten oder avantgardistischer Abweichungen, nun ist sie ein Stabilisator von Gruppen – im Sinne einer an der familialen Logik orientierten Moral.

Moral hat nicht nur eine distinktive, sondern auch eine integrative Funktion. In einem frühen Aufsatz von 1978 hat Niklas Luhmann vorgeschlagen, die Funktion der Moral als einen Mechanismus zu beschreiben, der in der Lage ist, die komplexe Situation doppelter Kontingenz zu vereinfachen. In einer Situation doppelter Kontingenz hätten beide, Alter und Ego, jeweils in sich eine dreifache Rolle zu integrieren: «Jeder ist für sich selbst zunächst Ego, weiß aber auch, daß er für den anderen Alter ist und außerdem noch, daß der andere ihn als Ego betrachtet.»[41] Daraus entstehe eine für Bewusstseinsleistungen viel zu komplexe Situation, die für die Beteiligten so nicht zugänglich sei. Deshalb müsse die Kommunikation diese Identitäten in vereinfachter Form verarbeiten. Luhmann schreibt: «Als Indikator für einen akzeptierbaren Einbau des Ego als Alter und als alter Ego in die Sichtweise und Selbstidentifikation seines Alter dient der Ausdruck von *Achtung* und die Kommunikation über Bedingungen wechselseitiger Achtung. Ego achtet Alter und zeigt ihm Achtung, wenn er sich selbst als Alter in Alter wiederfindet, wiedererkennt und akzeptieren kann oder doch sprechende Aussichten zu haben meint. Achtung fungiert also im Kommunikationsprozeß als Kürzel für sehr komplexe zugrundeliegende Sachverhalte, die nur über diese symbolische Substitution überhaupt kommunikationsfähig werden.»[42] Mit Gabriel de Tarde könnte man sagen: Moral ist eine Frage der Nachahmung.[43]

Hier wird also weniger eine bereits vorkonsentierte Welt vorausgesetzt, vielmehr werden symmetrische Achtungsbedingungen in den Kommunikationsprozess selbst hineinverlagert – gewissermaßen als funktionaler Anreiz für Anschlussfähigkeit, was dann der Moral eben einen «objektivistischen» Charakter verleiht und keineswegs eine «subjektivistische» Beliebigkeit ist. Auch deshalb gelingt es größeren oder kleineren moralisch integrierten Gruppen, die eigene Perspektive so sehr zu verabsolutieren, dass ein gemeinsamer Raum ethischer Reflexion geradezu ausgeschlossen scheint. Und exakt deshalb ist es so plausibel für den starken moralischen Anspruch, den eigenen Wunsch nach ethisch imprägnierter Symmetrie von allem und allen mit einer starken Asymmetrie dem moralisch Unterlegenen anderen gegenüber zu kombinieren. Das macht eben die konfrontative Wirkung moralischer Unbedingtheitsansprüche aus – eine Konfliktform, die alle anderen Konflikt- und Differenzlinien der gesellschaftlichen Selbstbeschreibung überlagert. Ein bisschen fühlt man sich an frühere Zeiten erinnert, als in einem bestimmten akademischen Milieu alle, buchstäblich alle gesellschaftlichen Fragen als Ableitung aus der Unterscheidung von Kapital und Arbeit erscheinen wollten (Restsedimente davon gibt es auch heute noch), wie jetzt alle, buchstäblich alle Fragen als Zugehörigkeitsfragen diskutiert werden – sozial unterstützt durch ortophone Standards, wohlgemerkt: in ganz unterschiedlichen Lagern. Vielleicht ist das, was man «Intersektionalitätstheorie» nennt, das sozialwissenschaftlich-akademische

Korrelat einer solchen stupenden Orientierung an Gruppenmerkmalen. Die Theorie der Intersektionalität hat eine grandiose Banalität zum Thema, die letztlich die Grundlage aller empirischen Sozialforschung bildet: nämlich dass Personen stets mehrfache Zugehörigkeitsdimensionen haben, die sich kreuzen und gegenseitig verstärken[44] – aber eben nicht nur im Hinblick auf Diskriminierungs- und Benachteiligungsmerkmale.

Man kann eine Art funktionale Notwendigkeit von Moral in der Kommunikation voraussetzen, deren Funktion keineswegs die Herstellung von Konsens oder sonstigen geteilten Überzeugungen ist. Es geht hier um den Mechanismus der Anschlussfähigkeit – *Achtung* wäre gewissermaßen eine die Kommunikation funktional unterstützende Hypothese sozialer Systeme, mit denen sie einfacher umgehen können als mit dem Gegenteil. Es setzt direkt am Anschlussmechanismus der Kommunikation selbst an. Es setzt daran an, dass Kommunikation Formen entwickelt, sich zu reproduzieren. Achtung ist eine Form, durch die Personen so inkludiert werden, dass es tatsächlich weitergeht. Empirisch heißt das, dass in Kommunikationszusammenhängen praktisch moralische Standards entstehen, die sich im Weitergehen der Kommunikation manifestieren. Diese Art von Moral wäre eine Moral, die womöglich gar nicht explizit formuliert werden muss. Und das vielleicht Beunruhigende daran ist, dass zu solchen Moralen womöglich auch solche gehören können, die wir normativ problematisch finden.

So setzen auch *Binnenmoralen stark integrierter Gruppen* auf diesen Mechanismus der Moral. Die Herstellung gruppenbezogener Exklusivität operiert ebenso wie die Unterscheidung von Zugehörigen und Nicht-Zugehörigen. Diese Art von Moral ist also nicht in einem universalistischen Sinne von ethischer Verallgemeinerbarkeit, sondern ganz im Gegenteil fundiert in der Praxis anschlussfähiger Kommunikationsroutinen. Ein solcher Moralbegriff beinhaltet also Vieles, was man schon intuitiv *unmoralisch* nennen würde. Aber es ist ganz hilfreich, zunächst einen solchen niedrigschwelligen Moralbegriff zu formulieren, um den Mechanismus der Übermoralisierung gesellschaftlicher Debatten verstehen zu können – dazu gehört die mit Arlie Russel Hochschild rekonstruierte Polarisierung etwa der amerikanischen Gesellschaft, dazu gehören Strategien immer granularerer Formen der Identitätspolitik von allen Seiten des politischen Spektrums, dazu gehört auch der Generalverdacht bei sprachlichen Abweichungen, dazu gehört die ungeheure Empörungsbereitschaft und der strategische Einsatz des Beleidigtseins, und dazu gehören natürlich die Steigerungsformen kommunikativer Anschlussdynamik in sozialen Netzwerken, aber auch die Form der öffentlichen Debatte während der COVID-Krise. Diese Übermoralisierung in dem hier angedeuteten Sinne der internen Stabilisierung und externen Verteidigung von Binnenmoralen ist der kommunikative Ausdruck einer fast vollständigen Reduzierung der kommunikativen Verarbeitung gesellschaftlicher Komplexität in der Sozialdimension. Exakt deshalb entsteht in Sozialisationsprozessen unter ähnlichen Personen eine umso konkretere Form der gemeinsamen Achtungsbedingung. Diese implizite Form einer Minimalmoral[45] wird erst dort explizit, wo man auf andere moralische Implikationen trifft. Deshalb führt die Differenzierung der Selbstbeschreibung in eine Konkurrenz zwischen gruppenbezogenen Binnenmoralen, für die es ja durchaus gute Gründe gibt.

All dies ist übrigens keine moralische Kritik an der moralischen Kritik, sondern der Versuch zu verstehen, warum das Unbehagen an der Gesellschaft sich vor allem in der Antinomie der Verabsolutierung der eigenen partikularen Perspektive niederschlägt. Es hängt vor allem mit der Reduktion auf die Sozialdimension zusammen. Und diese Reduktion lässt sich vor allem daran ablesen, dass auch jene, deren moralischer Standard zuvor diskursiv hegemonial war, nun selbst zu einer Gruppe unter anderen zusammenschrumpfen. Die emanzipatorischen Ansprüche zuvor weniger hörbarer Gruppen machen diejenigen, die zuvor wie selbstverständlich als «Normalität» kommunizieren konnten, auch zu einer Gruppe, zu einer partikularen Gruppe. Hier wiederholt sich ironischerweise die Erfahrung Europas, dass mit der «Entdeckung» und der Kolonialisierung der Welt die eigene Identität bzw. die eigene Lebensform zwar zunächst als eine erhabene Form erscheint und man dem Rest der Welt eine Art Ungleichzeitigkeit bescheinigen kann. Am Ende muss man aber feststellen, dass das dafür verwendete Beobachtungsschema «Kultur» dazu führt, dass man selbst zu einer Kultur unter anderen Kulturen schrumpft – eine demütigende Erfahrung, die noch dadurch verstärkt wird, dass jene fremde Kultur sich dann in den eigenen Metropolen breitmacht und auch nur eine Version unter anderen Versionen ist, als Literatur, als Lebensform, als Religion, als Differenz.[46] Die Ironie besteht darin, dass die Erfahrung der Überlegenheit des Eigenen in dem Moment schwindet, in dem man selbst zur Version gerinnt – das hat Europa oder der Westen ebenso erlebt, wie es jetzt Milieus erleben, die sich zuvor nicht als Milieu erleben mussten, weil sie für das Ganze standen. Die weltgesellschaftliche Erfahrung des «Clash of Civilisations», von dem Samuel Huntington[47] sprach, wiederholt sich fraktal gewissermaßen überall. Man reagiert dann intersektional – oder mit guten Wünschen für ein gutes Miteinander.

Ich habe das oben am Beispiel von Andreas Reckwitz' «eingebettetem Liberalismus» vorgeführt: Am Ende wird die gesellschaftliche Dynamik auch soziologisch auf eine Multiplizität von Gruppen/Milieus reduziert, die sich bitte etwas entgegenkommen mögen. Darin gerinnt dann Soziologie selbst zur Soziodizee. Wohl macht die Reduzierung der Gesellschaft auf die Sozialdimension die Komplexität der Gesellschaft, die Unerreichbarkeit der Gesellschaft und die strukturellen Gründe für die Unlösbarkeit von Zielkonflikten und Differenzierungsfolgen nicht nur für die gesellschaftliche Selbstbeschreibung erträglicher, sondern auch für die Soziologie selbst. Auch dies lässt sich an Andreas Reckwitz' Buch «Das Ende der Illusionen» sehr deutlich diagnostizieren. Die «Eigendynamik und Nichtdeterminierbarkeit der Gesellschaft»[48] kommt als Analysekategorie nur als eine Art Hintergrundinformation für den Liberalismus vor. Für den Liberalismus habe die Gesellschaft «nicht nur normativ einen Primat gegenüber dem Staat, sie agiert auch faktisch immer komplexer, als es der Staat je vorhersagen könnte»[49]. Dieses Komplexitätsgefälle ist dann nichts anderes als ein den Liberalismus faktisch unterfütterndes Element seiner normativen Basis. Als analytische Kategorie spielt dieses zentrale Grundcharakteristikum moderner Gesellschaftlichkeit keine Rolle. Die Soziologie ist auch nur von dieser Welt.

Ex oriente lux?

Kehren wir zurück in diese Welt. Offensichtlich passen Problemstellungen, Herausforderungen, Handlungsdruck, Gefährdungen und Irritationen nicht mehr in dieses Schema des Sozialen – weswegen eine Soziologie, die neben dem Sozialen auch das Sachliche als Sinndimension kennt, womöglich selbst für Unbehagen sorgt. Diese systemtheoretische Begrifflichkeit hilft dabei, sich noch andere Formen der Ordnungsbildung vorzustellen als diejenigen, die an der Anordnung von Personen orientiert sind. Sie ist nicht einfach eine Theorie des Unbehagens an einer Gesellschaft, die sich kaum sozial integrieren lässt, sondern selbst eine unbehagliche Theorie, weil sie das Integrative auch in der Sachdimension nicht garantieren kann: weder grundbegrifflich noch empirisch.

Bezogen auf die Referenzkrisen COVID und Klima habe ich das oben ausgearbeitet. Der Ausgangspunkt der Krisenerfahrung ist die Ahnung, dass das Problem unerreichbar ist, und die Ahnung, dass die Lösung selbsterzeugter Probleme eben immer im Horizont der selbsterzeugten Möglichkeiten bleibt. Differenzierung, Teilung der Problemlagen, die Eigenkonstruktion von Problem-Lösung-Konstellationen, die Interdependenzunterbrechung von Lösungskonzepten, die Gleichzeitigkeit unterschiedlicher Handlungsformen, der Verzicht auf die vollständige Integration von Lösungen, die Allgegenwärtigkeit von Zielkonflikten – all das ist Problem und Lösung zugleich, Reaktion auf den erheblichen Komplexitätsdruck durch Erhöhung der eigenen Komplexität. Das ist es, was die moderne Gesellschaft ausmacht – und das ist es, worauf die gesellschaftliche Selbstbeschreibung durch Soziodizeen reagiert: durch die Konstruktion handhabbarer Benutzeroberflächen.

Gerade an der COVID-Krise wird eine weltgesellschaftliche Erfahrung deutlich, nämlich das erheblich erfolgreichere Krisenmanagement in China. China spielt im COVID-Krisennarrativ eine Doppelrolle: *zum einen* als Ausgangspunkt der Pandemie, die, in aller Vorsicht formuliert, womöglich endemisch geblieben wäre, hätte China eine freie Presse und wären frühe Informationen über das Virus nicht autoritär unterdrückt worden;[50] *zum anderen* aber ist es offensichtlich gerade China besonders gut gelungen, mit der COVID-Krise umzugehen und viel früher als europäische Länder oder die USA Lockdown-Maßnahmen wieder aufzuheben. Was China offensichtlich gelungen ist, scheint eine sehr effektive Bekämpfung des Virus zu sein. Wie Jürgen Gerhards und Michael Zürn in einer Analyse gezeigt haben, hatte China bei 1,4 Mrd. Einwohnern im Jahre 2020 gerade einmal 5000 Todesopfer zu beklagen.[51] Wiewohl genaue Analysen der chinesischen Effektivität bei der Bekämpfung des Virus noch ausstehen, ist doch sehr deutlich, dass sich hier Fragen des Systemvergleichs stellen. Denn in diesem unbestreitbaren Erfolg zeigt sich etwas von den Konflikten der nächsten Zeit, in der die westliche Demokratie womöglich unter einen erheblichen operativen Druck gerät. Derzeit entscheidet sich nicht nur die Frage, ob wir das Virus einzudämmen in der Lage sind, sondern auch, welche Steuerungskapazitäten uns zur Verfügung stehen. In China scheint dieser Erfolg stark an die sehr wirksame Durchsetzung von Verhaltensstandards und der Kontrolle individuellen Verhaltens gebunden zu sein, in Europa liegen die Kosten eher in der Frage der Herstellung von Massenloyalität durch weiche Formen der Steuerung.[52]

Es sollen hier nicht die empirischen Bedingungen dieser Effektivität nachgezeichnet werden, zumal auch demokratische Länder in Asien – etwa Südkorea und Taiwan – erheblich besser durch die unmittelbare Krise gekommen sind, was wohl einerseits an einer unmittelbareren Erfahrung mit Pandemien, aber auch einer konsequenten Anwendung digitaler Instrumente liegt. Auf China bezogen, nennen Gerhards und Zürn als entscheidenden Unterschied zu westlichen Ländern die Tatsache, dass diese sich in der Pandemiebekämpfung vor allem mit sich selbst beschäftigt hätten, während es in China gelungen sei, Maßnahmen unmittelbar umzusetzen.[53]

Zwischen Bewunderung und Schaudern nimmt man zur Kenntnis, dass es offensichtlich Alternativen zum liberalen Modell der Herstellung gesellschaftlicher Kontinuität in einer volatilen, funktional differenzierten Gesellschaft gibt. Strukturell gesehen, sieht sich ein Land wie China denselben Herausforderungen einer funktional differenzierten Gesellschaft ausgesetzt – es findet sich als exportorientiertes Land ökonomisch auf Märkten vor,[54] ist von wissenschaftlicher Forschung ebenso abhängig wie von einer rechtlichen

Regulierung von Konflikten, von einem erfolgreichen Bildungssystem ebenso wie von einem politischen System, das Massenloyalität herstellen und Legitimationsfragen organisieren muss. China nach dem Modell der Diktaturen des 20. Jahrhunderts (NS-System, Stalinismus) verstehen zu wollen, verkennt diese neue Art eines autokratischen Systems.[55] Gesellschaftstheoretisch gesehen muss auch China die Bezugsprobleme einer funktional differenzierten Gesellschaft lösen, aber das Institutionenarrangement unterscheidet sich erheblich von dem liberalen und pluralistischen Modell des Westens.[56] Es kann deshalb als Kontrastfolie dazu dienen, wie das grundlegende Problem des Unbehagens an der Gesellschaft hier gelöst wird.

Dazu lohnt sich ein Blick in selbstbewusste programmatische sozialwissenschaftliche und sozialphilosophische Beschreibungen aus chinesischer Perspektive, die sich nicht in einer Art Rechtfertigungssemantik ergehen, sondern das Bezugsproblem ziemlich genau benennen. So zeigen etwa Daniel A. Bell und Wang Pei in ihrer Grundlegung von *Hierarchie* als gesellschaftlichem Grundprinzip sehr deutlich, wie sie das Problem der Paradoxie der Demokratie lösen wollen, das Problem der Selbstkonstituierung der Demokratie. In den Worten Niklas Luhmanns lautet es so: «Die Einheit des [politischen, A. N.] Systems kommt in der Paradoxie zum Ausdruck, daß das Volk zugleich Souverän und sein eigener Untertan ist. Durch Aufteilung in Volk, Politik, Verwaltung und Publikum = Volk wird diese Paradoxie dann über Unterscheidungen in ein Kreislaufmodell aufgelöst, das zur Schließung des Kreislaufs vorsieht, das Publikum Volk könne in der politischen Wahl auf die Art reagieren, wie es durch die Verwaltung behandelt wird.»[57] Warum durch die Verwaltung? Es geht hier offensichtlich um die Frage, wie sich die Auflösung der Paradoxie der Demokratie als «Herrschaft des Volkes über sich selbst»[58] durch die Unterbrechung von Augenhöhe in einem Machtkreislauf selbst stabilisiert. Aber zugleich entsteht das Problem, dass dieser Kreislauf «komplexitätsempfindlich»[59] sei, denn gerade die auf Sachentscheidungen spezialisierte Verwaltung muss sich einerseits an den (selbsterzeugten) Formen der Entscheidbarkeit orientieren, kann andererseits aber den Machthaber vor sich hertreiben, weil dieser gerade im *politischen* Prozess die Komplexität der Sachfragen nicht wirklich bearbeiten kann. Gerade in einer akuten Krise lässt sich das sehr deutlich beobachten, wenn Sachfragen und Machtfragen so miteinander vermengt werden, dass ihre Inkompatibilität sichtbar wird.

Das ist freilich nichts Neues. Dass die Demokratie, beim Wort genommen, eine problematische Herrschaftsform ist, hat bereits ihre griechischen Erfinder umgetrieben. Schon Aristoteles hat in seiner *Politik* darauf hingewiesen, dass die Demokratie, verstanden als die bloße Mehrheitsherrschaft, zwar die Mehrheit zufriedenstellen kann, aber letztlich unter Kompetenzgesichtspunkten scheitern muss. Das Volk kann zwar wählen, aber ihm stehen keine sachlichen Kriterien zur Verfügung, man könnte sagen: kein geeignetes Wissen, um das Richtige zu tun. Diese Kritik am bloßen Mehrheitsprinzip hat eine lange Tradition. Sie reicht tatsächlich von Aristoteles und dem griechischen Historiker Polybios, der die *Ochlokratie*, also die Herrschaft der Masse und des Pöbels, anprangert, bis zu Alexis de Tocquevilles Kritik an der *Tyrannei der Mehrheit* oder zur Kritik an ignorantem oder irrationalem Wahlverhalten, wie sie etwa von Milton Friedman offensiv formuliert worden ist – Friedman spielt damit natürlich vor allem auf die ökonomische Ignoranz und Irrationalität von Wählern an.

Aristoteles hat konsequenterweise die Lösung in der *Politie* gesehen, einer Mischform aus Demokratie im Sinne des bloßen Mehrheitswillens und der Oligarchie politischer Entscheidungsträger. Diese Mischform erlaubt es der Mehrheit, durch Wahl der Entscheidungsträger einerseits mitzuentscheiden, andererseits vom Entscheidungsgeschäft ferngehalten zu werden.[60]

Das sei hier referiert, um die aus chinesischer Perspektive formulierte Kritik der Demokratie nicht einfach als eine Gegenbewegung gegen die Demokratie abzutun. Das meritokratische System schließt seinem Sinn nach an die Selbstkritik der klassischen Demokratie an und vermag durchaus auf ein entscheidendes Bezugsproblem zu verweisen: wie sich die Lösung von Sachfragen zur Machtfrage und zur Legitimation von Macht verhält. Wenn es stimmt, dass ein entscheidender Unterschied zwischen dem chinesischen und dem europäischen/nordamerikanischen Modell der Pandemiebewältigung die westliche Selbstbeschäftigung mit den eigenen Legitimationsfragen im Vergleich zu einer klareren Durchgriffsmöglichkeit Chinas ist, dann ist das nicht nur eine Frage des autoritären und autokratischen Staatszuschnitts, sondern auch eine Frage des Umgangs mit der Perspektivendifferenz und den Zielkonflikten gesellschaftlicher Komplexität – zumal der ökonomische Erfolg nach innen und außen, die weltpolitische Bedeutung und die schiere Größe Chinas einen zum westlichen Modell konkurrierenden Modernisierungspfad beschreiben, der in Zukunft weiter an Bedeutung gewinnen wird. Deshalb lohnt sich die Auseinandersetzung mit der konzeptionellen Selbstbeschreibung dieses Modells.[61]

Bell und Pei stoßen auf ein ähnliches Problem wie die Selbstbeobachtung der Demokratie: Wie können Sachfragen und Machtfragen angemessen aufeinander bezogen werden? Sie schreiben: «But we have to ask: What's the point of pursing efficiency in politics? Private companies prioritize efficiency because it's necessary to maintain an edge vis-à-vis other profit-seeking competitors, but states need to have a moral mission and efficiency can be justified only if it helps with that mission.»[62] Anders gefragt: Wie lassen sich Effizienz- und Legitimationsfragen in der Politik (nicht: in Unternehmen) miteinander verbinden? Was ist der Mechanismus? Die Autoren beginnen nicht mit dem Machtkreislauf, der die Sachfragen unsichtbar macht, sondern umgekehrt: Sie beginnen mit den Sachfragen, mit der Effizienz – der Quelle jener Anerkennung, die während der COVID-Krise den chinesischen Maßnahmen gegenüber formuliert wird, nämlich einer meritokratischen Form der Auswahl von Entscheidern. Bei Bell und Pei heißt es dazu: «Political meritocracy is not compatible with competitive elections at the top because electoral democracy for top leaders would undermine the advantages of a system that aims to select and promote leaders with experience, ability, and virtue: An elected leader without any political experience (such as Donald Trump) could rise to the top and make many beginner's mistakes, an elected leader would have to spend valuable time raising funds and giving the same speech over and over again instead of thinking about policy, and an elected leader would be more constrained by short-term electoral considerations at the cost of long-term planning for the good of the political community and the rest of the world.»[63]

Die Lösung ist ein meritokratisches Modell, das den Machtkreislauf zwischen Herrscher und Beherrschten durch einen ganz anderen Mechanismus ersetzt: *Hierarchie*, und zwar: *legitime* Hierarchie. Funktionalistisch betrachtet löst der Machtkreislauf zwischen Herrscher und Beherrschten als Rückkopplungsschleife das Legitimationsproblem der demokratischen Herrschaft durch permanente Rückversicherung, während in der Meritokratie ein hierarchisches System gewissermaßen außerhalb der politischen Auseinandersetzung dieses gesamte Arrangement absichern muss. Daniel A. Bell und Pei Wang sehen durchaus, dass auch hier ein Legitimationsproblem entsteht, denn wie kann man garantieren, dass der meritokratisch legitimierte Entscheider nicht nur nach eigenen Interessen handelt?[64]

Die Lösung ist denkbar einfach – also denkbar einfach begründet. Gegen eine stark individualistische Tradition wird eine konfuzianische Tradition des guten Herrschers gesetzt, die Platons «Philosophenkönig»[65] nicht unähnlich ist: «The Chinese term for political meritocracy – the selection and promotion of public officials with superior (Confucian-style) virtue and (Legalist-style) ability [...] – well captures the ideal of the public official with an ability to grasp practical issues with the aim of efficiently implementing the principle of ‹Rule for All›.»[66] Die Paradoxie der Demokratie wird damit durch die Paradoxie des guten Herrschers abgelöst: *Ist er Herrscher, weil er gut ist, oder ist er gut, weil er herrscht?*

Es wird deutlich, dass dieses sehr selbstbewusste Modell am Ende auch nicht aus der Frage ausbrechen kann, wie man die zentripetalen Kräfte einer komplexen Gesellschaft zusammenbringen kann, ohne sie schlicht kurzzuschließen. Dass dies auch in China nicht einfach voraussetzen kann, wird von den Autoren damit begründet, dass China als «large-scale political community»[67] einen Komplexitätsgrad aufweist, der eben nicht durch Entdifferenzierung gelöst werden kann. Bezogen auf die COVID-Krise: Ganz ohne Zweifel liegt der Schlüssel empirisch darin, dass in einem Land wie China die Sanktions- und Kontrollmöglichkeiten für individuelles Verhalten, aber auch für kollektive Steuerung schlicht effektiver zu gestalten sind.

Die deutsche Diskussion um das Problem kreiste darum, dass es trotz guter Begründung und trotz eindringlicher Appelle nur begrenzt gelungen ist, Menschen durch bloße Einsicht in die Notwendigkeit dazu zu bringen, sich selbstbestimmt an Regeln zu halten. Man war zwar in der Lage, mit Hygienekonzepten für Organisationen, also Unternehmen, Verwaltungen etc., das Verhalten der Menschen nicht nur zu regulieren, sondern die Regulierung auch durchzusetzen. Organisationen sind in der Lage, das Verhalten der Menschen stärker einzuschränken als außerhalb. Aber man musste schnell die Erfahrung machen, dass das Verhalten schon in den weniger regulierten Bereichen – in Pausen oder veralltäglichten, interaktionsnahen Situationen – nicht mehr jene Aufmerksamkeitsintensität aufwies wie in den unmittelbar organisierten Zusammenhängen. Hinzu kam, dass die Menschen daran gewöhnt sind, sich ihre Verhaltensstandards nicht vorschreiben zu lassen. Vielleicht ist es das, was Bell und Pei mit der Bedeutung der Hierarchie meinen. Sie beschreiben, dass der chinesische Alltag stark von verhaltensregulierenden Formen der Hierarchie und der sozialen Stratifikation geprägt sei – und dass dies eine starke Ordnungsfunktion für den Alltag habe. Das Ideal ist gerade nicht die Entscheidungsgrundlage auf individueller Ebene, sondern eher mit dem Ziel der Reproduktion einer sozialen Ordnung, die Plätze zuweist und Sanktionen gegen Abweichung gewissermaßen in den alltäglichen Habitus einzubauen in der Lage ist – letztlich eine Disziplinargesellschaft, bei der die Regel selbst entscheidend ist, nicht ihr Sinn.

Das mag praktisch funktionieren – und sicher sind Autokratie und die Möglichkeit der autokratischen Durchsetzung bei entsprechenden Mentalitäten durchaus ein probates Mittel für effektive Verhaltenskontrolle. Aber auf der Ebene der Begründung, sagen wir besser: im Hinblick auf die Soziodizee der Gesellschaft, reicht das nicht aus. Und wie die Demokratie daran laboriert, dass Herrscher und Beherrschte in eins gesetzt werden, obwohl sie es nicht sind, aber sein sollen, laboriert die Meritokratie nach chinesischem Muster daran, dass man dann immer noch nicht sichergestellt hat, dass Entscheider im Sinne des Ganzen entscheiden. Und das Ganze ist das Entscheidende.

Tianxia

Um das zu verstehen, lohnt sich eine gründliche Lektüre des chinesischen Philosophen ZHAO Tinyang – seines 2020 in deutscher Sprache erschienenen Buches «Alles unter dem Himmel».[68] ZHAO ist es darum zu tun, die Formen der Kooperation und der Koexistenz handelnder Individuen genauer in den Blick zu nehmen. Letztlich stellt er dieselben Fragen wie meine Studentinnen und Studenten, mit denen ich das erste Kapitel begonnen habe: Die Frage lautet: *Wie können die Menschen, kann die Menschheit, kann die Gesellschaft so viel Leid und Problematisches zulassen, während sie die Mittel dagegen doch in der Hand zu halten scheint? Warum streben die Handelnden, obwohl sie doch die Mittel dazu hätten, nicht nach dem summum bonum, das alle besserstellen würde und Lösungen wahrscheinlicher machen würde?* ZHAO geht es vor allem darum, eine westliche, individualistische Sicht einer chinesischen, auf dem Konfuzianismus aufruhenden Form gegenüberzustellen. Er vergleicht zwei Vorstellungen des gesellschaftlichen Urzustands, nämlich einerseits Thomas Hobbes, andererseits Xunzi (313–238 v. Chr.). Bei Hobbes macht ZHAO einen Fehlschluss aus: «Der Verbund der Starken, der die Kraft besitzt, Ordnung herzustellen, ist notwendigerweise ein interner Zusammenschluss. Aber wie soll innerhalb eines solchen Verbunds Kooperation zustande kommen? Wie soll, folgt man der Hobbes'schen Hypothese, dass der Mensch des Menschen Feind sei, ein Verbund der Starken auf der Basis gegenseitigen Vertrauens entstehen?»[69] Schon Hegel hatte gegen Hobbes eingewandt, dass dessen Vertrag nur zustande kommen könne, wenn die egoistischen Individuen ihren Egoismus bereits überwunden haben – was Hegel dann geschichtsphilosophisch auflöst, während der von ZHAO zitierte Xunzi eine Art sozialanthropologisches Argument vorträgt: «Anders als Hobbes sah Xunzis Urzustand ein Grundelement, ein Gen der Kooperation vor, er nahm nämlich die Gruppe als dem Individuum vorangehend an.»[70] Daraus deduziert ZHAO ein «ontologisches Prinzip: *Die Koexistenz geht der Existenz voran,* mit anderen Worten, *die Koexistenz ist die Voraussetzung der Existenz.*»[71] Deutlicher kann man die *Soziodizee des Gemeinsamen* nicht auf den

Begriff bringen, kombiniert mit einer veritablen Sein-Sollen-Schwäche in der theoretischen Optik.

Damit übrigens hat ZHAO sogar ein Argument wenn nicht gegen, so doch für die Ambivalenz der Menschenrechte zur Hand. Denn wenn man die Menschenrechte tatsächlich an ihre Unveräußerlichkeit, bezogen auf das je konkrete Individuum, knüpft, entsteht ein Dilemma: «Wenn jedes der Menschenrechte unantastbar ist, wie steht es dann bei Konflikten zwischen den Menschenrechten? Wenn die Menschenrechte jedes Individuums absolute Autorität besitzen, wie steht es dann bei Konflikten zwischen Menschenrechten und Individuen?»[72] Dieses Argument formuliert ZHAO an dieser Stelle ausgerechnet gegen Jürgen Habermas, dem er nachweisen will, dass gerade der Rekurs auf die unveräußerlichen Individualrechte die Kooperation zwischen den Menschen nicht begründen könne. Ausgerechnet dieses gegen Habermas gerichtete Argument nutzt ZHAO zu einer grundlegenden Kritik des Nutzenmaximierers als Denkmodell: «Solange die vorgegebene Prämisse des Spiels stets die Maximierung des privaten Nutzens der am Spiel Beteiligten und die gegenseitige Konstituierung einer negativen äußeren Existenz ist, bleibt die Lösung von Konflikten zwangsläufig ausgeschlossen.»[73]

Die Frage der Zielkonflikte im Hinblick auf die wechselseitige Einschränkung von Grundrechten war einer der sichtbarsten Konflikte während der COVID-Krise. Individuelle Freizügigkeit und grundlegende Freiheitsrechte vs. Gesundheitsschutz und Gesellschaftssteuerung – das war das Motiv, an dem sich die stärksten Konflikte kondensiert haben. Die dilemmatische Anlage dieses Konflikts führte die Grenzen der Lösung von Zielkonflikten vor, erzeugte eine erhebliche Unversöhnlichkeit und verdeutlichte, wie unterschiedliche Interessen so etwas wie Kooperation erschweren.

Mit einem individualistischen Handlungsmodell würde man nach Ausgleichsmöglichkeiten suchen: nach Argumenten, Kompromissen, Macht. Das Grundproblem kann gut als Frage des Pareto-Optimums dargestellt werden. Ein Pareto-Optimum beschreibt einen Zustand, in dem es nicht möglich ist, ein Individuum besserzustellen, ohne ein anderes schlechterzustellen. ZHAO paraphrasiert das so: «Üblicherweise verlangt das Pareto-Optimum keine Nutzensteigerung aller Beteiligten, sondern nur, dass sich der Nutzen für keinen Beteiligten verringert.»[74] Es sei deshalb kein «Garant zuverlässiger Koexistenzbeziehungen», weil es nicht zu «allgemeiner Zufriedenheit» führen könne. Das würde bedeuten, dass das Pareto-Optimum nur eine Vermeidungsstrategie von Unzufriedenheit wäre.

Dagegen setzt ZHAO das *konfuzianische Optimum*. «Es besagt, dass an einer Nutzenverbesserung stets alle an der Angelegenheit beteiligten Personen partizipieren müssen: Wenn die beteiligte Person X eine Nutzensteigerung x+ erhält, dann und nur dann muss die beteiligte Person Y gleichzeitig eine Nutzensteigerung y+ erhalten und vice versa. Das ‹konfuzianische Optimum› verlangt, dass jede Art der Nutzensteigerung eine wechselseitige Nutzenbeziehung impliziert und bewirkt, dass jede beteiligte Person ein ‹Pareto-Optimum› erhält.»[75] Das Ziel wäre also nicht die Überwindung individueller Aspirationen zugunsten eines Ganzen, sondern eher die schon vorgängige Versöhnung des Individuellen mit dem Allgemeinen, das dem Individuellen ja ontologisch vorgeordnet ist. Dabei ist sich ZHAO durchaus bewusst, dass es in einer komplexen, modernen Gesellschaft Zielkonflikte und widerstreitende Interessen gibt, die aber in einem stets suboptimalen, also sub-konfuzianisch-optimalen Status verharren müssen, wenn sie nicht eine Bedingung erfüllen: «Ein System ist dann und nur dann legitim, wenn es der Volksseele entspricht.»[76] Diesen Satz formuliert ZHAO explizit an die Adresse der Demokratie, der er zwar Effektivität bei der Herbeiführung von Entscheidungen attestiert. Aber die Demokratie könne eben wegen ihrer Orientierung an den individuellen Willensentscheidungen nicht garantieren, dass «die getroffene Entscheidung die beste im Sinne des öffentlichen oder auch des individuellen Nutzens darstellt.»[77] Gerade deswegen sei die Demokratie auch so anfällig für Irreführung, für Konflikte, für Manipulation usw. Und was ZHAO hier an die Adresse der Demokratie formuliert, gilt für ihn analog für alle anderen Bereiche der Gesellschaft, fürs Ökonomische, für die Familie, für das Recht, also überall dort, wo es darum geht, Kooperation zu ermöglichen, die nicht nur eine Abwehr gegen die Angst sein soll. So vergleicht er Hobbes und Xunzi: «Ich bin geneigt, die Hobbes'sche These, Existenz sei Existenz in Furcht, gleichzeitig mit Xunzis These, Existenz sei Existenz in Koexistenz, anzuerkennen.»[78] Allerdings treffen sich die beiden Thesen nicht auf Augenhöhe, weil die erste letztlich dem sozialanthropologischen Diktum des Vorrangs der Kooperation vor den Eigeninteressen widerspricht.

ZHAOs philosophische Kritik der westlichen Moderne mit ihren individualistischen Merkmalen und ihrer inneren Differenziertheit, den unvermeidlich scheinenden Zielkonflikten und der Unfähigkeit aller zur Zufriedenheit aller trotz ihrer Unterschiede ist keineswegs von exotischem Interesse – schon deshalb, weil die Argumente, die sich auf eine konfuzianische Tradition berufen, alles andere als exotisch sind, sondern das Unbehagen an der Moderne, das Unbehagen an der Gesellschaft geradezu paradigmatisch auf den Begriff bringen. ZHAO zielt treffsicher auf genau das, was die westliche Moderne an sich selbst beklagt: die Unübersichtlichkeit der Gesellschaft und das Fehlen von Selbstwirksamkeit. Die beiden grundlegenden Soziodizeen: die Idee des Handelns als die Illusion von Selbstwirksamkeit in der Sachdimension und die Idee des Gemeinsamen als Transzendierung von Differenzierungsfolgen in der Sozialdimension werden hier geradezu schonungslos offengelegt – dabei aber noch extremer aufgelöst, als es etwa die Familialisierung des Gesellschaftlichen in identitäre Gruppen oder die antagonistische Integration der Welt in abstrakte Großgruppen wie die Nation auch nur vermöchten.

ZHAO zielt auf die Legitimation einer nachgerade unbefragbaren Form von Zugehörigkeit, die Differenzen nicht im Sinne von Interessenausgleich aufhebt, sondern durch bereits vorgängige Unterwerfung unter ein Allgemeines, das dem Individuellen auch konzeptuell vorgeordnet ist. Er spricht über die Moderne ein wenig wie der Konterrevolutionär de Maistre über die nachrevolutionäre Welt, in der die unbefragte Ordnung zerstört ist und die Gestaltung der Gesellschaft durch die Erfahrung ihrer metaphysischen und physischen Heimatlosigkeit erkauft werden muss. Nicht umsonst pocht auch ZHAO – wie schon mit Daniel A. Bell und Wang Pei gezeigt – auf eine hierarchische Ordnung. Der Vorteil einer hierarchischen im Vergleich zu einer heterarchischen Ordnung liegt schon geometrisch auf der Hand. In einer heterarchischen Ordnung verschieben sich die Sichtachsen, je nachdem, von welcher Position man auf das Ganze blickt, während in einer hierarchischen Ordnung Oben und Unten stets von allen Perspektiven gleich aufeinander bezogen sind, weil sie jeweils füreinander oben oder unten sind, unabhängig davon, ob man von oben oder von unten darauf blickt. Eine solche Ordnung kann den Anschein von Natur aufrechterhalten, weil sie fast unveränderlich wirkt. Nicht umsonst sind die Taxonomien des Natürlichen mit den beginnenden Naturwissenschaften auch in solchen hierarchischen Modellen von Ober- und Unterkategorien dargestellt worden.[79] Es ist eine Ordnung, die keine Zustimmung verlangt, sondern letztlich die einzelnen Elemente umfasst. ZHAO nennt diese Ordnung Tianxia, in der sich die Volksseele, «die Gesamtheit der Anschauungen repräsentiert, die sich im Verlauf lang währender rationaler Praxis als vorteilhaft erwiesen haben und von allen geteilt werden.»[80] Das ist entscheidend – von allen geteilt zu werden. Das Bezugsproblem ist nicht, wie man mit Perspektivendifferenz umgeht, auch nicht, Interessen zu integrieren, schon gar nicht, den Streit zwischen unterschiedlichen Auffassungen zu organisieren (und zu zivilisieren), sondern all dies zu überwinden. ZHAO spricht von einem «Kriterium der vollständigen Inklusivität».[81] Er wirft dem Christentum und seinem universalistischen Anspruch vor, eben nur universalistisch zu sein, d. h. allgemeine und oberste Prinzipien einer monotheistischen Ordnungsvorstellung gegen alles andere, also Partikularistische durchzusetzen. Die Welt habe damit «ihren Subjekt-Charakter» verloren und sei «ausschließlich zum Objekt»[82] geworden. Gegen Universalismus als Legitimation zur Abgleichung des Anderen setzt ZHAO «Kompatibilität», denn: «Die Politik muss dem Himmel entsprechen, nicht einem Gott.»[83]

«Wenn Politik nicht in der Lage ist, eine ‹dem Himmel entsprechende Ordnung› zu verwirklichen, d. h. eine Ordnung des ‹Gewähren- und Fortlebenlassens alles Lebenden› (*let all beings be in becoming*), eine Ordnung, die das Wachstum und Gedeihen des größtmöglichen Reichtums der Existenz (*richest variety of beings*), dann ist sie keine wahre Politik.»[84] Das Tianxia wäre also ein Prinzip, alles unter sich zu vereinen – das ist mit dem Prinzip der vollständigen Inklusivität gemeint. Es wehrt sich gegen das Prinzip der universalistischen Aufhebung des Partikularen, sondern zielt auf die Inkludierung alles Partikularen, allerdings angemessen angeordnet: «unter dem Himmel».

Was ZHAO hier vorlegt, ist einerseits ein all-inkludierendes, hierarchisches Modell der Weltordnung, das man auf den ersten Blick tatsächlich als das Weltbild einer vormodernen Hochkultur ansehen könnte, etwa ganz in der platonischen Tradition, das Eine dem partikular Mannigfaltigen gegenüberzustellen, das sich aber in dem Einen abbildet. Aber man sollte den strategischen Aspekt dieses Buches nicht unterschätzen. ZHAO, Philosoph an der chinesischen Akademie der Sozialwissenschaften und an der Universität Peking, legt hier eine selbstbewusste Rechtfertigung einer Gesellschaftsordnung ohne Massendemokratie und auch mit marktkritischen Elementen vor, die sich direkt auf die Differenziertheit der Moderne bezieht. Es ist keine rechtfertigende Analyse, die auf den Nachweis der Inkompatibiliät der Demokratie mit der chinesischen oder asiatischen Kultur abzielte, wie auch immer man hier argumentieren könnte. Es ist eher eine offensive Kritik an der gesellschaftlichen Moderne, die gewissermaßen den Bezug zu den sozialanthropologischen und sozialontologischen primordialen Strukturen nicht wirklich erreicht: «Die ‹Welt› ist bis heute eine Nicht-Welt (*non-world*).»[85] Gemünzt ist diese Annahme auf die desintegrierte globale Welt, denn: «In der Vormoderne hatte jeder Ort seine eigene Geschichte»[86] – das hätte auch Joseph de Maistre sagen können, und es wäre auch an den Gestus der Jenaer Romantik anschlussfähig. Die Erfahrung der «Entzweiungen»[87] der Moderne verlangen nach einer Versöhnung, und ZHAO macht der Welt ein chinesisches Angebot, indem er es mit der konfuzianischen Idee der Tianxia versucht, die alles daran misst, dass es keine Zielkonflikte, keine Egoismen und keine Konfliktlogik mehr gibt.

Vielleicht wird nun deutlich, warum ZHAOs philosophisches Angebot so relevant für mein Argument ist. ZHAOs Denken erweckt auf den ersten Blick den Anschein, als sei es nur eine Rechtfertigung jener neuen Form eines autokratischen Institutionenarrangements, das man nicht mit dem Faschismus oder dem Stalinismus des 20. Jahrhunderts messen kann. Diese Rechtfertigung der chinesischen Autokratie will vielmehr den ganzen Pluralismus einer modernen Gesellschaft einfangen – aber eben nicht wie eine universalistische Durchsetzung einer universalistischen Idee, auch nicht als nationalistischen/faschistischen partikularen Universalismus. Es handelt sich um die Vorstellung eines autokratischen Ordnungsmodells, die einer naturrechtlichen Ordnungsvorstellung am nächsten kommt. Die Ableitung beruht aber auf einer expliziten Kritik der modernen Differenziertheit. ZHAO richtet sich gewissermaßen direkt an das Unbehagen an der Moderne, an eine Gesellschaft, die ihre Gesellschaftlichkeit im Sinne einer kohärenten Ordnung längst verloren hat. In der verfremdenden Perspektive einer konfuzianischen Form der Kulturkritik der Moderne stößt man auf zentrale Denkfiguren der klassischen Selbst- und Rationalitätskritik der Moderne. Die «Berechtigung des Egoismus», schreibt ZHAO, «definierte rationales Verhalten als die mit der Logik übereinstimmende Art und Weise, nach Maximierung des eigenen Nutzens zu streben», dessen «legale Rechtfertigung [...] in sich die Zwangsläufigkeit allen Übels» enthalte, nämlich: «Unterwerfung der Natur und grenzenlose Entwicklung.»[88] Nun ist dies ein philosophischer Text, der das rationale Verhalten, den Egoismus und die Nutzenmaximierung für Konzepte hält, wenn man so will, für Ideen und weltbildhafte Konstruktionen. ZHAOs Kritik am Westen gerinnt dann zu einem Streit um Weltbilder oder Ideologien – und manche Passagen seines Buches sind tatsächlich so geschrieben, dass China der Welt ein Bild der Welt anbietet, das das Konflikthafte und Widersprüchliche der westlichen Moderne überwinden möchte.

Man kann es durchaus als eine sehr staatsnahe Philosophie lesen, die die chinesische Autokratie und ihre illiberale Verfassung als Alternative zum Westen etablieren möchte – und die Krisen demokratischer Länder geben ZHAO auch recht, wenn er etwa betont, dass die Demokratie dazu neigt, Populisten ins Amt zu bringen. Die Demokratie transformiere sich in eine «Publikratie»[89] – wer wollte ZHAO hier ernsthaft widersprechen? Dieser Gedanke war in der Selbstkritik der westlichen Demokratie jedoch schon immer enthalten, weswegen die Losung der Gewaltenteilung, die Betonung von Verfahren und die Idee der rechtlichen Regulierung der Machtausübung die Demokratie stets begleitet haben. Dennoch könnte ZHAOs konfuzianisch imprägniertes Angebot durchaus das Potential haben, exakt dort anzusetzen, wo das Unbehagen an der Gesellschaft ansetzt: an der komplexen, unübersichtlichen, eigendynamischen, kaum steuerbaren Form eines intern differenzierten Systems, das sich in Wechselwirkungen und Zielkonflikten zerreibt. ZHAOs Text ist direkt an diese westliche Erfahrung gerichtet, dass die Multiplikation von Andockstellen und die erhebliche Differenz zwischen individuellen und sozialstrukturellen Zeitprogrammen kaum kontinuierliche Lebenslagen erzeugen könne. Sein chinesisches Angebot hat den Vorteil, dass es durch die Kombination von Meritokratie und Tanxia Kontinuität sowohl in der Sozialdimension als auch in der Sachdimension verspricht.

In der Sachdimension ist es die Abkopplung von Kompetenz von den allgemeinen Stimmungen zugunsten eines dadurch entlasteten Leistungsbereichs der Gesellschaft; in der Sozialdimension ist es eine Form der Herrschaft, die intern keine Differenzen kennt – weder eine Opposition noch einen Machtkreislauf, der sich immer wieder durch Wahlen oder Zustimmung erneuern muss. *Alles* wäre *unter dem Himmel* – so auch der Titel der Schrift. Wie alle politisch formierten Organisationen freilich müsste auch diese die berühmte Böckenförde-Frage nach den Bedingungen kollektiver Kohäsion stellen, die der Staat nicht selbst garantieren kann. Hier würde die Frage lauten: *Kann der Himmel auf die Erde kommen?* Dem universalistischen Christentum jedenfalls bescheinigt ZHAO eine «weltweit nachwirkende Unterbrechung des Kontakts der Erde zum Himmel»[90] – wohl auch weil ein personaler Gott die Blaupause für das Streben des Individuums sei, das ja nach seinem Bilde geformt ist. Das Streben ist genau das Problem. Die chinesische Übersetzung der Böckenförde-Frage wäre also, ob die Gesellschaft jene Unterwerfung unter die Tianxia zu leisten bereit sei, um das konfuzianische Optimum zu erreichen. Lässt sich die Gesellschaft in diesem Sinne koordinieren, stillstellen, sachlich und sozial auf ein Gleis bringen? Wenn diese Fragen bekannt erscheinen, ist das keine Täuschung, es ist die Klausel jenes Unbehagens, das die Moderne an sich selbst erlebt.

An dieser Stelle kommt ZHAO tatsächlich auf eine fast soziologische Erklärung jenes Unbehagens, das er mit der westlichen Moderne hat. «Grenzenlose Entwicklung», so hatte ich soeben zitiert, ist ihm das größte Übel. Er schreibt: «Wir befinden uns bereits im globalen Spiel, aber ein neues System hat sich noch nicht gebildet und die alten Regeln des Spiels der Moderne sind noch in Kraft. Dieser disharmonische Zustand beginnt bereits dazu zu führen, dass deren Denkmuster und Aktionsformen häufig ins Leere laufen. Es zeigt sich, dass die Anwendung der Denk- und Aktionsmuster der Moderne auf das neue Spiel und die neuen Fragen sich als untauglich erweisen, sogar gegenteilige Effekte bewirken, wie z. B. die globale Finanzkrise, der Klimawandel, der Terrorismus, die regionalen Turbulenzen und derartige Krisen zeigen, die uns Menschen ans Ende der Weisheit führen. Das klassische Ergebnis vieler Aktionen unserer Epoche ist der Fehlschlag, es wird allerhöchste Zeit, die Welt in Ordnung zu bringen.»[91]

Die Welt in Ordnung bringen

Aber wie? ZHAO beschreibt hier tatsächlich das grundlegende krisengenerierende Strukturproblem der modernen Gesellschaft. Ich habe dies an anderer Stelle das Problem der «Optionssteigerung» genannt, das der modernen Gesellschaft eingeschrieben ist.[92] Eine funktional differenzierte Gesellschaft hat nicht nur kein strukturelles Zentrum, von dem her die unterschiedlichen Funktionssysteme aus koordiniert werden können, sie hat auch keine internen Stoppregeln. Was ZHAO «grenzenlose Entwicklung» nennt, ist weniger ein Konzept oder eine Ideologie, sondern eher ein operatives Korrelat, eine strukturelle Folge der funktionalen Differenzierung. Die Restriktion einer stratifizierten vormodernen Gesellschaft bestand darin, dass sich die Gesellschaft nicht mehr auf eigensinnige Entwicklungen technischer, ökonomischer, wissenschaftlicher und kultureller Natur einstellen konnte. Dieser Eigensinn von gesellschaftlichen Entwicklungen ließ sich nicht mehr vollständig unter das Prinzip des «Oben-Unten», nicht mehr unter das Prinzip einer hierarchischen Ordnung der Gesellschaft subsumieren, sondern lag quer dazu – was dann zum evolutionären Prozess der Umstellung auf funktionale Differenzierung geführt hat. Dieser Prozess hatte den Funktionssinn, dass sich die Eigenlogiken der einzelnen Funktionen wenigstens operativ voneinander unabhängig machen mussten – politische Entscheidungen von religiösen oder ökonomischen Restriktionen, die ökonomische Dynamik von religiöser oder politischer Gängelung, das Recht begann, sich ausschließlich an rechtlichen Kategorien zu orientieren, und Wissenschaft ließ sich nicht mehr religiös oder politisch oder sonstwie bevormunden.

Die Restriktion der modernen Gesellschaft besteht nun darin, dass die Funktionssysteme selbst kaum mehr Restriktionen kennen, was einerseits die enorme Leistungsfähigkeit der Moderne ausmacht, andererseits dann zu jenem krisenhaften Erleben der Unbeherrschbarkeit und der Eigendynamik der Moderne führt. Es bilden sich parallel «Optionssteigerungen», die kaum mehr zusammenzuhalten sind: *Wissenschaft* kann wissenschaftliche Erkenntnisse nicht vermeiden oder aktiv vergessen, deshalb wird man weder die Kernspaltung noch die Systemtheorie wieder los und deshalb verlieren wissenschaftliche Perspektiven auch an Konvergenz mit sogenannten *lebensweltlichen* Perspektiven; *medizinischer Fortschritt* führt zu medizinischen Optionssteigerungen, die im Kontakt mit medizinischen Nachfragern kaum mehr auf Verständnis, geschweige denn auf eingelebte Rituale treffen, man denke nur an den gesamten Fragenkomplex der Intensivmedizin oder der Todeszeitbestimmung zwecks Organtransplantation; *ökonomische Prozesse* haben sich teilweise völlig vom Warenverkehr und von der Warenproduktion abgekoppelt und greifen auf Optionen eines geradezu virtuellen Geldverkehrs zu, der sich von wirtschaftlichen Bedürfnissen ganzer Volkswirtschaften abgekoppelt hat; die *technische Entwicklung* greift auf Optionen zu, die ihrerseits nicht mehr rational zu beherrschen sind, weil sie so komplexe Zeit- und Sachdispositionen auflaufen lassen, dass weder Zeit noch Kenntnis für Entscheidungen bleibt; *Politik* kann sich letztlich zu keinem Thema enthalten, in dem Macht erworben, gesichert oder verloren werden könnte, wie gerade die autokratischen Systeme des 20. Jahrhunderts gezeigt haben. Die Quintessenz meiner These lautet also: *Codierte Funktionssysteme haben weder externe noch interne Kriterien, die ihre Operationen limitieren könnten, die also ein Maß zur Selbstbeschränkung, zum Verzicht auf Optionen ausbilden oder letztlich zu völliger Transparenz der eigenen Logik führen könnten.* Das Fehlen einer Stoppregel gilt wenigstens auf der Ebene der Codierung, die ja in ihrer evolutionär simplen Form gerade funktional dafür sorgen soll, dass das System nicht auf interne Stoppregeln stößt. Das Bezugsproblem war bei der Umstellung von stratifikatorischer Differenzierung gerade die durch Schichtung bedingte Stoppregel, dass Anschlussfähigkeiten stets auf Grenzen stießen, die außerhalb ihrer eigenen Logik lagen. Die Ausdifferenzierung von Teilsystemen der Gesellschaft am Differenzierungskriterium der Funktionen hat also ein Problem gelöst, das nun seinerseits Folgeprobleme erzeugt. Die Stärke simpler, binärer Codierung wird zu einem Krisenanlass. Und letztlich steht der Gesellschaft wenig Anderes zur Verfügung, als den krisenerzeugenden Mechanismus zu verwenden, um mit der Krise klarzukommen. Wahrscheinlich kommt man nicht umhin, so etwas wie gelungene Vergesellschaftung an eine Art Equilibrium der Funktionen zu binden – was schon aus konzeptionellen Gründen auf Antinomien stößt, denn wo soll der Ort sein, an dem man für solches Gleichgewicht sorgen soll? Das evolutionstheoretische Design der Differenzierungstheorie kann denn auch zeigen, wie sehr gesellschaftliche Ordnung (nicht zu verwechseln mit: gesellschaftlichen Differenzierungsstrukturen) etwas ist, das durch je gegenwärtige Operationen immer wieder neu hergestellt werden muss. Nicht umsonst hatte Parsons in seinem systemtheoretischen Modell noch so etwas wie eine Integrationsfunktion vorgesehen, um dieses Bezugsproblem zu lösen. Eine operativ gebaute Differenzierungstheorie muss darauf jedoch verzichten und Integration im Sinne der Einschränkung der Teile zugunsten eines Ganzen in die Teile selbst verlagern – und sie dann zu der empirischen Frage machen, ob die intern nicht sichtbaren Folgen einzelner Optionssteigerungen von andern Funktionssystemen aufgefangen werden können: also etwa die Folgen einer dynamischen Wirtschaft für Güter- und Arbeitsmärkte durch das politische System; die Folgen politischer Steuerungseuphorien durch ein kontrollierendes Rechtssystem; die Folgen wissenschaftlicher Eindeutigkeitszumutungen durch religiöse Formen des Umgangs mit Unbestimmtheit usw. All das kann aber stets nur operativ, nur konkret, nur in praxi erzeugt werden, nicht als Strukturkategorie. Gelingt das nicht, kommt es zu krisenhaften Optionssteigerungen, wie man sie stets in solchen Phasen beobachten kann, in denen einzelne Funktionssysteme der Gesellschaft ihre Optionen so stark steigern können, dass sie die Programmierung anderer Funktionssysteme beeinflussen können.

Wie bringt man nun eine solche Welt in Ordnung? ZHAOs Frage zeigt vor diesem Hintergrund zweierlei: *Zum einen* ist seine Philosophie ein Versuch, dem Westen, der Demokratie, dem liberalen Kapitalismus, dem Individualismus, der Grenzenlosigkeit etwas ganz anderes entgegenzusetzen; *zum anderen* arbeitet sie sich an exakt denselben Fragen ab und kommt vielleicht zu operativ anderen Lösungen, aber zu denselben Bezugsproblemen. Selbst die Lösungen ähneln sich. Nach wie vor bringt die schon erwähnte Formel von Böckenförde die Dinge gut auf den Punkt. Sie lautet – erneut zitiert: «So stellt sich die Frage nach den bindenden Kräften von neuem und in ihrem eigentlichen Kern: *der freiheitliche, säkularisierte Staat lebt von Voraussetzungen, die er selbst nicht garantieren kann.*»[93] Böckenförde geht es hier nicht darum, die religiösen Bindungskräfte des spätestens mit der Französischen Revolution säkularisierten Staates zu beklagen. Aber er stellt die Frage, wie Bindungskräfte möglich sind, die sich nicht allein politisch herstellen lassen.

Es ist zweifellos eine Überinterpretation, ZHAO nun als einen chinesischen Böckenförde zu stilisieren, aber es ist nicht ganz falsch, bei ihm ein ähnliches Bezugsproblem zu vermuten. Denn er muss die Frage beantworten, woher die Bindungskräfte in einem meritokratischen, nicht-demokratischen politischen Gebilde kommen sollen, die die Meritokratie allein wahrscheinlich noch weniger garantieren kann als die Idee der Demokratie, die wenigstens in einem normativen Sinne eine Versöhnung von Herrschern und Beherrschten vorsieht – und gerade deswegen fast wie eine unbedingte säkularisiert-zivilreligiöse politische Form behandelt wird, damit ihre Paradoxie unsichtbar bleibt: Herrscher und Beherrschte in eins zu setzen. Böckenförde betont sehr deutlich, es führe «kein Weg über die Schwelle von 1798 zurück, ohne den Staat als die Ordnung der Freiheit zu zerstören.»[94] Das vielleicht Entscheidende ist, wie viel schwieriger es erscheint, das Problem für den westlichen Fall zu lösen. ZHAO bietet am Ende aber auch nur eine quasi-religiöse Form an, einen konfuzianischen Säkularismus, der dann keine Ordnung der Freiheit garantieren kann, sondern nur eine Ordnung um ihrer selbst willen – hierarchisch und eben nicht an jenen Freiheitsgraden orientiert, die eine komplexe Gesellschaft erfordert.

Böckenförde und ZHAO müssen die entscheidenden Bindungskräfte gleichermaßen in der Sozialdimension aufrufen – Bindungskräfte wären im Falle Böckenfördes jene Kräfte, die es in einer Demokratie vermögen, auch die Minderheit, also jene, die im demokratischen Prozess nicht zur entscheidungsqualifizierenden Mehrheit gehören, loyal zu halten, damit den Streit zwischen Regierung und

Opposition und zwischen widerstreitenden Interessen zu zivilisieren und den Regierungswechsel unblutig zu gestalten. Im Falle ZHAOs liegt die Lösung eher darin, den Konflikt gar nicht erst aufkommen zu lassen, sondern *alles unter den Himmel* zu bringen. An der Begründungsfigur von ZHAO kann man nicht nur ablesen, wie voraussetzungsreich jene Bindungskräfte sind, von denen Böckenförde spricht. Man wird auch der Energieleistung gewahr, die eine autokratische Lösung jener gesellschaftlichen Voraussetzungen für staatliche Politik erfordert. Dass im Falle Chinas Konflikte eher Repression auf den Plan rufen, ist erwartbar, denn es geht ja um eine gewissermaßen natürliche, hierarchische Ordnung, die sich durch sich selbst reproduzieren muss. Erst vor der Folie ZHAOs wird deutlich, dass Böckenfördes Diktum gerade keine Mangeldiagnose ist, denn freiheitlich kann der Staat nur sein, wenn er seine Voraussetzungen nicht selbst garantieren kann.

Der blinde Fleck dieser Problemstellung freilich besteht darin, dass das Bezugsproblem auch hier in der Sozialdimension formuliert wird – bei ZHAO ist es formuliert wie das, was Durkheim als «Kollektivbewusstsein» bezeichnet, für moderne Gesellschaften aber ausgeschlossen hatte. Und bei Böckenförde ist es die Frage von sozialen Bindungskräften in einer Gesellschaft mit einem ausdifferenzierten politischen System, die eben keine politische Gesellschaft ist. Beide freilich denken die Gesellschaft schon von ihrer Politik, also von der Frage her, inwiefern es möglich ist, die Gesellschaft in der Sozialdimension zu integrieren oder zumindest kollektiv zu adressieren. Auch hier findet sich also der Mechanismus vor, der am Ende auf die Soziodizee des Gemeinsamen verweist, die je deshalb so wirksam ist, weil das Gemeinsame der blinde Fleck eines ausdifferenzierten Systems ist.

Mein Ausgangspunkt, auf die chinesische Form der Selbstreflexion der Moderne zu kommen, war die Grunderfahrung, dass China offensichtlich effizienter mit Krisen umzugehen weiß – zumindest wird das für die COVID-Krise angenommen. Das Medium des Gelingens dürfte eine bestimmte Form des Durchregierens sein – die zumindest in der ersten Lockdown-Phase im Frühjahr 2020 auch in Deutschland möglich war. Ich erinnere daran, dass ich im zweiten Kapitel mit Hartmut Rosa auch eine soziologische Hoffnung aufs

Durchregieren bezüglich anderer Krisen referiert habe – man könne ja doch «alles unter einen Himmel» bringen, wenn man nur wolle. Die chinesische autokratische Lösung ist ohne Zweifel effizient – und sie ist davon abhängig, dass es gelingt, Herrschaft von Widerspruch zu befreien und auf entgegenkommende gesellschaftliche Bedingungen zu setzen, die am Ende autoritär durchgesetzt werden müssen. Im Umgang mit Hongkong und der dortigen Opposition lässt sich das gut besichtigen – und das ist nicht einfach ein politisches Statement. Es wäre ein fahrlässiger Kategorienfehler, die von Daniel A. Bell und Wang Pei beschriebene funktionale Bedeutung der Hierarchie und ZHAO Tingyangs vollständig inklusive Form der Integration der Gesellschaft mit der empirischen Situation Chinas als konkurrierendem Institutionenarrangement einer differenzierten Gesellschaft kurzzuschließen. Aber es ist nicht von der Hand zu weisen, dass diese Reflexionstheorien eben eine andere Legitimationsbasis für das Problem der Schließung von Funktionen anbieten.

Dass es dabei aber auch um die Frage der *sachlichen* Integration oder besser Koordination von Funktionen geht, wird weniger mitreflektiert. Das kommt auch in Böckenfördes Problemstellung nur indirekt vor, nämlich in seiner Beschreibung, dass der säkulare Staat nur dann existieren kann, wenn sich das Religionssystem davon wegdifferenziert,[95] allerdings werden die Bindungskräfte auch durch ökonomische, familiale, rechtliche und ästhetische Fragen herausgefordert. Soziale Ungleichheit in ihren ökonomischen und kulturellen Dimensionen dürfte dafür die entscheidende Rolle spielen, womöglich aber besonders der Konsum mit seinen Potentialen für die Selbstbeschreibung. Es bleibt dies letztlich der große blinde Fleck einer angemessenen Theorie und Diagnose der modernen Gesellschaft – wahrscheinlich wohl auch deswegen, weil sich das strukturelle Unbehagen an der Gesellschaft mit Hilfe einer Soziodizee besser überdecken lässt.

Die chinesische Beschreibung hat einen ähnlichen blinden Fleck, der mit der Kontingenzformel «Meritokratie» zu tun hat. Setzt man Meritokratie gewissermaßen als Lösungsformel fest, richtet sich die Aufmerksamkeit ausschließlich auf die andere Seite, die Bindungskräfte in der Sozialdimension nämlich. Das Problem der Sachdimension ist damit begrifflich gelöst. Meritokratie heißt: *Wenn die besten und Leistungsfähigsten an den Entscheidungsstellen sitzen, dann sind die Sachprobleme gelöst.* Hier sind Zweifel angebracht – denn das strukturelle Problem der Differenzierung, der Zielkonflikte, der dilemmatischen Auflösung dieser Zielkonflikte und die Frage der Vermittlung von Volatilität in der Sach- und Kontinuität in der Sozialdimension ist damit noch nicht wirklich gelöst. Es sei denn, man könnte die Gesellschaft in eine Organisation verwandeln und sie führen wie eine solche – denn dafür braucht man meritokratische Führung normalerweise.

8

Organisation

Um den Himmel zurück auf die Erde zu holen, bedarf es jener Organisationsmacht, auf die meritokratische Führung letztlich hinausläuft – das ist das Ergebnis der Auseinandersetzung mit dem neokonfuzianischen chinesischen Konzept ZHAOs, jene Voraussetzungen garantieren oder wenigstens kontrollieren zu können, von denen der Staat zehrt. Es geht also auch hier um das klassische Bezugsproblem einer funktional differenzierten Gesellschaft, die Gleichzeitigkeit von Unterschiedlichem zu bewältigen.

Das Bezugsproblem einer funktional differenzierten Gesellschaft besteht darin, wie sich die Gleichzeitigkeit von Unterschiedlichem so prozessieren lässt, dass sie aus der Perspektive ihres Personals nicht amorph und völlig unübersichtlich erscheint. Um dies zu überwinden, richtet sich die Gesellschaft in Selbstbeschreibungen ein, die diese Gleichzeitigkeit von Unterschiedlichem weniger zum expliziten Thema haben, sondern sie eher verdecken. Der Klassiker ist die Konzentration auf politische Semantiken des Volkes, der Nation, der nationalen oder auch übernationalen Solidarität, der Schicksals- oder Betroffenengemeinschaft, der Verantwortungskollektive, was zur Folge hat, dass die Gesellschaft sich selbst vor allem in der Sinndimension des Sozialen wahrnimmt: als Raum eines intern vertikal und horizontal differenzierten Kollektivs. Dieser narrative Vorrang des Politischen hängt direkt mit der Funktion des politischen Systems zusammen, nämlich nicht nur für kollektiv verbindliche Entscheidungen zu sorgen, sondern auch jene Kollektivitäten zu bestimmen, in denen diese Entscheidungen gelten sollen. Das impliziert zweierlei: die Abgrenzung solcher Kollektivitäten nach außen – im Sinne staatlich verfasster Bevölkerungen oder nationaler Räume – und die Bearbeitung der inneren Differenziertheit jener Kollektive. In Form politischer «Ideologien» eher konservativer, sozialdemokratischer, liberaler, nationalistischer, internationalistischer oder sonstiger Natur wird die Gesellschaft als Kollektivität ansprechbar und erhält ein *politisches* Kleid, das die tatsächliche Komplexität der Gesellschaft ebenso verdeckt wie zu bearbeiten versucht.

Demokratische Politik hat stets die Aufgabe, nicht einfach Mehrheiten zu identifizieren, sondern vor allem auch die unterlegenen Minderheiten durch die politische Praxis loyal zu halten. Und nichtdemokratische, autokratische Politik muss das Problem dadurch lösen, keinen Widerstand und Widerspruch gegen politische Entscheidungen aufkommen zu lassen und dabei den Repressionsgrad niedrig genug zu halten, um Massenloyalität zu ermöglichen. Im letzten Kapitel habe ich das am Ende mit der Gegenüberstellung der beiden politischen Fragen von ZHAO und Böckenförde angedeutet: Beide fragen letztlich danach, wie Bindungskräfte in einer komplexen Gesellschaft entstehen. Beide stoßen dabei auf Funktionen, die man zuvor wohl eher religiösen Bindungskräften zugemutet hätte, die nun säkularisiert werden müssen. Carl Schmitts Invektive, alle prägnanten politischen Begriffe seien am Ende theologische Begriffe,[1] hat in dieser Überlegung ihren Ursprung.

Der gemeinsame blinde Fleck ist all das, was in der Sachdimension stattfindet. Gerade deshalb sind «Krisen» so deutliche Indikatoren für die Funktionsweise einer Gesellschaft. In ihnen materialisiert sich jenes Unbehagen an der Gesellschaft, das keineswegs krisenabhängig ist, sondern in der Struktur des Gesellschaftlichen selbst gründet. Der semantische, der narrative Überschuss, der nötig ist, das gesellschaftliche Gebilde als eine ansprechbare Adresse, als eine Entität zu behandeln, die es erlaubt, der eigenen Lebenslage einen Ort, einen Namen und eine identifizierbare Gestalt zu geben, ist enorm. Nicht umsonst habe ich am Anfang meines Argumentationsgangs diese semantischen Konstrukte zur Erzählbarkeit der Welt mit dem alten Theodizeeproblem verglichen. In der Theodizee geht es nicht nur um die Schlechtigkeit der Welt, um das Leiden und die Ungerechtigkeit, die Gott zulässt. Die Frage enthält zudem die Antwort auf das Problem: Gott nämlich. Ich strebe hier keinen soziologischen Gottesbeweis an, sondern mache auf die logische Struktur des Gedankens aufmerksam. Allein die Frage so stellen zu können, wie *Gott* eine so imperfekte Welt zulassen könne, ist schon ein Teil der Entlastung bzw. der Lösung. Der semantische Zurechnungspunkt kombiniert einen semantischen Überschuss im Gottesbegriff mit einer gewissen Sparsamkeit des Arguments, da Gott eben nicht empirisch vorliegt. Deshalb hatte der philosophische und theologische Gott, nicht der im Volksglauben materialisierte, sondern der, über den man sagen kann, am Anfang sei der Logos, vor allem eine argumentative und logische Funktion. Ganz ohne Ironie lässt sich sagen: Gott ist ein *god-term* im Sinne von Kenneth Burke, also ein Begriff, hinter den man nicht zurückkann.[2]

«Gesellschaft» scheint auch einer zu sein – wie kann die Gesellschaft all den Mist zulassen, haben wir doch genügend Motive, Ressourcen und Wissen, um sie zu entmisten? Das Unbehagen, das darin zum Ausdruck kommt, ist auch jenes Unbehagen, das viele Sozialwissenschaftlerinnen und Sozialwissenschaftler, vor allem in der empirischen Sozialforschung, mit diesem Begriff der Gesellschaft haben. Er sieht aus wie ein semantischer Überschuss – man kann ihn nicht sehen, und doch ist das, was er bezeichnet, allumfassend da. Adorno hat es in der Formel ausgedrückt, «Gesellschaft» sei der Soziologie, was in der Philosophie, der sie entsprungen sei, «ewige Wesenheit hieß oder Geist».[3] So scheint die Soziologie das zumeist auch zu sehen, zumindest gilt der Begriff der Gesellschaft der meisten empirischen Sozialforschung – ob quantitativ oder qualitativ orientiert – als verzichtbar, und womöglich ist die Konjunktur methodisch kontrollierter Gesellschaftstheorie auch vorbei und wird derzeit eher durch wohlfeile Zeitdiagnosen ersetzt.[4] Vielleicht materialisiert sich ja das Unbehagen an der Gesellschaft soziologisch auch als ein Unbehagen an einem angemessenen Gesellschaftsbegriff, der am Ende auch deutlich macht, dass die in der Sozialdimension gebildeten Selbstbeschreibungen der Gesellschaft soziologisch kaum taugen können, vor allem wenn es um die Frage der Erreichbarkeit der Gesellschaft geht.

«Gesellschaft» erscheint dann oft als ein bloßer Horizont für «Makro»-Erscheinungen wie größere kulturelle Begriffe oder Werte, für abstrakte Erwartungen oder am Ende als eine höhere Ebene des Sozialen. Selbst der Hauptvertreter der Rational-Choice-Theorie, nämlich James Coleman, betont, dass der Gegenstand der Soziologie nicht das individuelle Verhalten sei, sondern «das soziale System, dessen Verhalten erklärt werden soll» und das «aus einer Zweierbeziehung oder aus einer Gesellschaft bis hin zur Weltgesellschaft bestehen»[5] kann; am Ende bleibt es in dessen Unterscheidung von Kollektiv- und Individualmerkmalen dann aber bei der Erklärung von kollektiven Regelmäßigkeiten.[6] Da Letztere empirisch am einfachsten zu erheben sind, geht es diesem methodologischen Individualismus darum, Makro- aus Mikrophänomenen heraus zu erklären. Man behilft sich mit einer Unterscheidung von Mikro-, Meso- und Makroebene – und ist damit in der empirischen Sozialforschung sehr leistungsfähig. Aber vor allem das, was unter dem Firmenschild «Makroebene» firmiert, bliebt oftmals eher unterbestimmt. Es ist gewissermaßen jener fast unbestimmbare Horizont, der kaum erreichbar ist – für die Sozialforschung nicht, weil er nicht auf eine einfache Weise positiv vorliegt, aber eben für die Gesellschaft selbst auch nicht, wegen ihrer Differenzierungsstruktur.

Dabei ist für die aus der Theodizee abgeleitete Frage, um die es hier geht, vor allem die Unterscheidung von Meso- und Makroebene entscheidend – allerdings nicht in dieser Begrifflichkeit, weil diese ja nur suggeriert, als gehe es um unterschiedliche Allgemeinheitsgrade. Ich ersetze die Unterscheidung von Mikro-, Makro- und Mesoebenen durch die systemtheoretische Unterscheidung von Interaktion, Organisation und Gesellschaft – ersetzt wird die Ebenenunterscheidung also durch eine Unterscheidung unterschiedlicher Typen von sozialen Systemen.[7] *Interaktion* meint soziale Systeme, die auf Anwesenheit von Personen beruhen; *Organisationen* sind soziale Systeme, die sich durch Mitgliedschaftsrollen und Entscheidungen strukturieren; *Gesellschaft* meint das umfassende soziale System, das sich in der Moderne in Funktionssysteme differenziert. Und dies ist der Ausgangspunkt dieses Kapitels: Die *Unterscheidung von Organisation und Gesellschaft* macht den entscheidenden Unterschied aus, wenn man das Unbehagen an der Gesellschaft verstehen will.

Die Organisation der Gesellschaft

Organisationen sind wie Gesellschaften soziale Systeme, in denen gleichzeitig Unterschiedliches geschieht – aber sie unterscheiden sich in einer entscheidenden Hinsicht.[8] Die moderne Gesellschaft ist ohne Organisationsbildung nicht zu denken. Hier herrscht Einigkeit in der soziologischen und gesellschaftstheoretischen Theoriebildung. Die unterschiedlichsten gesellschaftstheoretischen Perspektiven sind sich darin einig, den Beitrag formaler Organisationen für die moderne Gesellschaftsstruktur nicht hoch genug ansetzen zu können – das reicht von Karl Marx' Analyse des Fabrikkapitalismus[9] über Max Webers Hochschätzung für die bürokratische als die effizienteste und rationalste Herrschaftsform,[10] über Theodor W. Adornos Polemik gegen die «verwaltete Welt»,[11] über Talcott Parsons' Verständnis formaler Organisation als evolutionärer Universalie,[12] über Robert Presthus' These von der «organizational society»[13] und James S. Colemans Diagnose einer «asymmetric society»[14] bis zu Jürgen Habermas' zweistufigem Gesellschaftskonzept[15] und Niklas Luhmanns «Funktionen und Folgen formaler Organisation»[16] und «Organisation und Entscheidung»[17]. Die Funktionssysteme der Gesellschaft gehen nicht in Organisationen auf – aber Politik wäre ohne Staatsorganisationen nicht denkbar, ein modernes Wirtschaftssystem nicht ohne Unternehmen, Banken und Börsen, eine moderne Wissenschaft nicht ohne Universitäten und Forschungsinstitute, ein Erziehungssystem nicht ohne Schulen, ein Rechtssystem nicht ohne Gerichte und Kanzleien, der Eigensinn der Kunst wäre ohne Galerien und Museen kaum denkbar, und welche formierende Bedeutung Kirchen für die Modernität von Religion haben kann, erschließt sich im Vergleich zu anderen Weltreligionen.[18]

Die Funktion von Organisationen für die Gesellschaft besteht darin, Inseln dichter Kommunikation bereitzustellen, Entscheidungen miteinander zu verknüpfen und nicht zuletzt Personen zu binden. Die im vierten Kapitel beschriebenen Institutionenarrangements bestehen aus Organisationen, die Mitgliedschaftsrollen für Personen vorsehen – sie binden Personen an die Leistungsbereiche von Funktionssystemen, eben durch Schulen, Ausbildungsstätten, Betriebe,

Vereine, Kirchen, Adressen für die Anspruchsberechtigung etc. Zugleich stabilisieren die Mitgliedschaftsrollen in Organisationen (v. a. des Arbeitsmarktes) die Schichtung und Klassenbildung in der Gesellschaft.

Die Reflexionsgeschichte über Organisationen ist eng verknüpft mit dem Begriff der Rationalität und dem Problem der Entscheidung.[19] Nun soll hier nicht die breite Diskussion um die Frage nachgezeichnet werden, inwiefern Organisationen und ihre Entscheidungsroutinen und -formen tatsächlich rational seien oder sein könnten.[20] Entscheidend ist hier, dass Organisationen anders als Funktionssysteme zumindest in der Lage sind, sich selbst zu konditionieren, sich durch Entscheidungen an eine zwar unsichere, aber zumindest selektiv vorstellbare Zukunft zu binden. Sie sind in der Lage, Arbeitsteilung zu organisieren und damit zugeschriebene, in einer self-fulfilling prophecy auch wirksam werdende Motive von Personen so zu binden, dass unterschiedliche Tätigkeiten aufeinander bezogen werden können. Man denke an den horizontalen und vertikalen Aufbau von Verwaltungen und Unternehmen, an Hierarchie und interne Entscheidungswege, an die mehr oder weniger genaue Definition von Mitgliedschaftsrollen. Organisationen erschaffen sich eine entscheidbare Welt – sie machen Businesspläne und schneiden Fakultäten nach einem bestimmten Muster, sie etablieren Verfahren und formale Strukturen – und erleben an sich selbst, dass sie dennoch eine Eigendynamik entfalten, die offensichtlich nicht vollständig durchorganisierbar ist. Sie erleben sogar an sich selbst, dass sie auf das, was sie organisieren, oftmals keinen direkten Zugriff haben, sondern nur einen indirekten – eben durch die Veränderung von Entscheidungsroutinen. So will man dann etwa wissenschaftliche Forschung besser machen, indem man in Universitäten größere oder kleinere Fakultäten baut, die Anreizstrukturen ändert oder Hierarchien auf- oder abbaut. Man ändert Zuständigkeiten in Kirchen, um die Glaubensintensität zu erhöhen (oder wenigstens die Kirchenaustritte zu begrenzen), man baut in Verwaltungen unternehmerische Elemente ein, um sie effizienter zu gestalten, oder versucht dies durch Controlling, Selbstbeobachtung und mehr Kommunikation. Ein ganzer Sektor von Organisationsberatung und eine ganze Consulting-Industrie setzt genau an diesem Punkt an: an der

Veränderbarkeit der Organisation, mit dem Ziel der Verbesserung der organisatorischen Praxis nach selbsterzeugten Kriterien.

Der Erfolg von Organisationen hat interne und externe Bedingungen. Ein Unternehmen muss auf einem Markt bestehen, es muss sich aber auch über die internen Ressourcen klarwerden und Motive, Ziele usw. bedienen. Was ein «gutes» Produkt oder eine «gute» Dienstleistung ist, wird sich womöglich nicht nur in Form von Kapitalrenditen oder sonstigen geldzählenden Bilanzierungen festmachen lassen, sondern wird auch semantisch aufgeladen. Und es gilt letztlich für jede Organisation, dass sie ihre Ziele im Lichte interner und externer Erwartungen selbst formulieren und definieren muss.[21] Aber die Organisation kann, wie schon gesagt, vor allem auf die Organisation selbst zugreifen. Welche Entscheidungen gefällt werden, ist offen, sonst wären es keine Entscheidungen. Aber *wie* sie gefällt werden, *von wem* und nach *welchen Verfahren* und Kriterien, ist selbst das Ergebnis organisationeller Entscheidungen. Deshalb finden Organisationsentscheidungen auch nicht in einem völlig offenen Raum statt, vielmehr liegen zumeist Entscheidungsalternativen vor, die selbst wieder als (frühere) Entscheidungen der Organisation zugerechnet werden können. Die Sache selbst – also der Glaube in der Kirche,[22] die wissenschaftliche Erkenntnis in einer Universität,[23] die Produktidee in einem Unternehmen,[24] die Wählbarkeit einer Partei[25] oder das Urteil eines Gerichts – ist nur indirekt organisierbar. Aber die Organisation gibt sich selbst die Möglichkeit des Zugriffs auf ihren Gegenstand.

Dadurch ermöglichen es sich Organisationen, eine gestaltbare Welt zu erzeugen, in der die Dinge neu geordnet werden und Probleme gelöst werden können. So ist die Funktion von Organisationen für die Funktionssysteme, einerseits Zonen rationaler Entscheidungsfähigkeit und von Reflexivität in die Funktionssysteme einzubauen,[26] andererseits aber auch, einen Angriffspunkt für Veränderung und Gestaltung zu konstruieren. Wenn Gesellschaft verändert werden soll, verändern wir zumeist Organisationen bzw. die Bedingungen für Organisationsentscheidungen. Um es gesellschaftstheoretisch zu präzisieren: *Funktionssysteme sind extrem sparsam im Hinblick auf ihre Spezifität.* Im Rahmen meines Theorieversuchs über die «digitale Gesellschaft» habe ich gezeigt, dass die binäre Codierung von Funktionssystemen eine Art «digitale» Einfachheit beinhaltet, nämlich gerade durch die geradezu brutal simple Form der Grundunterscheidung fast alles zu ermöglichen.[27] Der einzige limitierende Faktor für das Wirtschaftssystem ist der Zahlungsmechanismus, für das politische System die Machtverteilung, für die Wissenschaft die Möglichkeit wahrheitsförmiger Aussagen, für das Recht die Unterscheidung von Recht und Unrecht, für die Medizin Krankheit und Gesundheit und für die Religion Glaubensfragen. Diese binären Codierungen sehen nicht nach limitierenden Faktoren aus – was ja gerade die enorme Formenvielfalt und Pluralität der Moderne ausmacht. Die Moderne an ihren semantischen Selbstbeschreibungen festzumachen – an Aufklärung und Vernunft, an der Demokratie oder ihrer Wissensbasiertheit oder gar ihrer Humanität und der liberalen Ökonomie, greift erheblich zu kurz, denn die gesellschaftliche Moderne kennt auch die Dementierung all dieser semantischen Formen. Sie kann Macht auch nicht-demokratisch verteilen, sie kann auch vollständig gesteuerte Ökonomien hervorbringen, offenkundige Unwahrheiten zur Wahrheit erklären, sie kann rechtliche Gleichheitsversprechen mit einer ungerechten Klassenstruktur verbinden, sie kann Teilen der Menschheit sogar das Menschsein absprechen – und sie kann es nicht nur, sie tat es und tut es auch. Es ist zugleich die Stärke und die Schwäche der gesellschaftlichen Moderne im Hinblick auf ihre funktionale Differenzierung, dass sie auf nichts weiter festgelegt ist als auf die höchst stabile limitierende Form der genannten Codes – alles andere wird dadurch freigegeben. Und exakt das war auch der Funktionssinn dieser Differenzierungsprozesse, die sich aus der Limitierung einer hierarchisch strukturierten stratifizierten Gesellschaft befreit haben.

Hier ist auch der Grund für jene Optionssteigerung zu suchen, die die Moderne seit ihren Anfängen begleitet: ökonomische, politische, wissenschaftliche, ästhetische, religiöse Optionssteigerungen, die letztlich keine *interne Stoppregel* kennen. Die Stoppregel vormoderner Gesellschaften lag klar in der Verarbeitungskapazität eines Oben-Unten-Schemas, einer Hierarchie, die Entwicklungs- und Steigerungsmöglichkeiten notwendig einschränkte und ein wechselseitiges Geflecht von Abhängigkeiten ermöglicht, ja erfordert hat.

Modernisierung heißt: Interdependenzunterbrechung, aber damit auch: Kontrollverlust. Optionssteigerungen sind also zugleich

Quelle jener unvergleichlichen Leistungsfähigkeit der Moderne wie auch der Ursprung ihrer Selbstgefährdung. Im 20. Jahrhundert war es vor allem die Etablierung totaler Herrschaft, also der Optionssteigerung politischer Machtausübung, später sind die Problemlagen komplexer geworden. Am Beispiel sowohl von Phänomenen wie dem internationalen Terrorismus, an der Etablierung digitaler Technologien, am Problem des Klimawandels, aber auch an der Regulierungs- und Steuerungskrise von Finanzmärkten lässt sich lernen, wie sehr die Funktionssysteme ihre Optionen steigern, kaum zu bändigen sind und genau das tun, wofür sie sich ausdifferenziert haben: sich selbstreferentiell auf ihre sehr allgemeine Limitierung zu beziehen. Deshalb kann Herrschaft ebenso grenzenlos werden, wie auch mit buchstäblich allem Geschäfte möglich sind – und wie Wissenschaft und Forschung grenzenlos werden, was sich auch in der Technikentwicklung niederschlägt, wie man an der Digitalisierung von nachgerade allem ablesen kann. Das Unbehagen an der Moderne ist das Unbehagen, dass diese Funktionssysteme nicht eingehegt werden können, sondern, exakt wie ZHAO es in kritischer Geste gegen den «Westen» formuliert hat: *grenzenlos* werden.

Der Mechanismus der Organisation arbeitet dem entgegen. Organisationen ermöglichen es einerseits, Operationen unterschiedlicher Funktionssysteme zu bündeln und durch Entscheidungspakete miteinander zu verknüpfen – etwa durch Zahlungen Wissenschaft zu ermöglichen (Universität) oder politische Entscheidungen in einem rechtlichen Rahmen zu treffen (Regierung). Vor allem aber schränken Organisationen den Entscheidungsrahmen ein. Sie schließen einerseits Personen aus (indem sie Mitgliedschaftsrollen organisieren), andererseits auch sachliche Aufgaben und Möglichkeiten. Organisationen geben sich gerne einen Zweck, der oft im Namen vorkommt, sie beschäftigen sich mit einem bestimmten Ausschnitt des Möglichen, sie strukturieren die Welt im Hinblick auf das, was sie können und wollen. In ihrer Umwelt kommen andere Organisationen desselben Typs, aber auch ganz andere Organisationen vor, aber eben auch Funktionssysteme und die gesamte Gesellschaft.

Die Gesellschaft ist anders strukturiert als eine Organisation. Gesellschaften haben keine Mitgliedschaftsrollen, und sie können auch nicht entscheiden – genau dafür entstehen Organisationen als ein besonderer Systemtypus, der jenes Institutionenarrangement herstellt, als das «die Gesellschaft» und ihre Ordnung in ihrer Selbstwahrnehmung erscheinen. Sie binden Personal ebenso wie sachliche Operationen – und sie sind gestaltbar, weil man den Organisationsmechanismus bearbeiten kann. Dass sie eine Eigendynamik entwickeln, sich bisweilen selbst ihrer Entscheidungslage entziehen, Informelles gegen Formelles ausspielen, paradoxe Effekte haben, manchmal nicht funktionieren usw. ist nur ein weiterer Anreiz der Gestaltung. Auf den Markt der Organisationsberatung habe ich schon hingewiesen.

Wenn wir die Gesellschaft ändern wollen, ändern wir Organisationsroutinen – Zugangsberechtigungen, Versorgungsmöglichkeiten, die Entwicklung und Etablierung von neuen Lösungen usw. All das wird in, durch und zwischen Organisationen geregelt und kann permanent verändert werden. Die klassischen politischen Konflikte etwa sind Konflikte im Hinblick auf Organisationslösungen: Wie verbindet man Mitgliedschaften in Organisationen mit der Versorgung von Personal, wie organisiert man sozialen Aufstieg oder die gerechte Berücksichtigung von Frauen oder Minderheiten für bestimmte Positionen? Welchen Rahmen setzt man für unternehmerische Entscheidungen? Welche Organisation organisiert welchen politischen Willen, der durch diese Organisation erst entsteht (man denke etwa an Gewerkschaften oder Branchenverbände, Lobbyorganisationen oder Pressure-Groups)? Auch die Herstellung von Kontinuität von Lebensverläufen wird durch Organisationslösungen ermöglicht (vgl. dazu meine Ausführungen im vierten Kapitel). Hier ist nun wichtig: Wer die Gesellschaft verändern will, macht das entweder durch die Pflege semantischer Innovationen und die Formulierung von Programmen und Meinungen, gerne auch in Form polemischen Streits. Oder ändert Organisationsarrangements, die dann durch ihre Wiederholbarkeit und Persistenz Wirkungen erzielen – oft nicht diejenigen, die beabsichtigt sind, aber das ist dann nur Gelegenheit fürs Nachjustieren und für weitere Problem-Lösung-Definitionen. Wer die Gesellschaft verändern will, verändert ihre Organisationen. Dafür sind sie unter anderem gemacht.

Gesellschaft als Organisation?

Wäre es dann nicht wünschenswert, wenn die Gesellschaft gleich eine Organisation wäre? Zumindest würde sich wohl das Publikum eine gelungene Gesellschaft so ähnlich vorstellen, in der man durch die Etablierung von Mitgliedschaftsrollen, durch Bindung von Motiven, durch Kommunikation von Zweckbindung und durch Entscheidungen Ordnung in die Gesellschaft bringen könnte. Ich habe diese Überlegungen zur Organisation mit der Bemerkung begonnen, Organisationen und Gesellschaft ähnelten sich darin, dass in ihnen gleichzeitig Unterschiedliches stattfinden würde. Der Unterschied besteht darin, dass «Gesellschaft» dafür steht, dass ihre Logiken und Funktionen Zentrifugalkräfte entwickeln, zu maximaler Verschiedenheit streben – so schon eines der Grundmotive von Émile Durkheim[28] – und Interdependenzen unterbrechen. Demgegenüber ist die Herausforderung für Organisationen, das Inkommensurable zusammenzufügen, zu bündeln, in eine Form zu bringen und dafür auch noch eine semantische Form zu finden. Rein formal gesprochen, hört sich «Organisation» wie die Lösung jenes Problems der «Gesellschaft» an, das die Quelle des Unbehagens ist: dass letztlich nichts zusammenpasst – das ist auf den ersten Blick kontraintuitiv, haben Organisationen doch normalerweise eine schlechte Presse als eher unpersönliche, formalistische, «bürokratische» Form, aber das liegt daran, dass man sie in naiver Alltagseinstellung mit Interaktionen vergleicht und nicht mit der Gesellschaft.

Spielen wir es an der COVID-Krise durch. Was vor allem in den Phasen zur Vermeidung von Lockdowns, aber auch in den Öffnungsphasen aufgefallen ist, ist die offensichtliche Unfähigkeit, Handlungen und Ziele, Zeitpunkte und Motive von Personen aufeinander abzustimmen. Es ging dabei nicht nur um abstrakte Zielkonflikte zwischen politischen, ökonomischen, familialen, juristischen, wissenschaftlichen und medizinischen Akteuren und Logiken. Es gab auch das Problem, dass die gesellschaftliche Selbstbeschreibung als eine Art Kakophonie erschien, in der Rede, Gegenrede, Interessen, konkurrierende Perspektiven und Dissense schlicht nicht stillzustellen waren. Selbst wo es politisch kollektiv bindende, staatliche Entscheidungen gab, waren diese nicht nur umstritten, sondern konnten auch selbst nicht kontrollieren, wie sie sich in anderen Bereichen der Gesellschaft auswirken. War schon die Konsensbildung schwer, so war es noch schwerer, das Verhalten so zu koordinieren, dass es dazu beitragen konnte, die angestrebten Ziele bei der Vermeidung von Infektionen zu vermeiden. Die Konzepte sahen vor, dass man Öffnungen vornehmen oder zunächst auf Lockdown-Maßnahmen verzichten kann, wenn im Gegenzug die Menschen sich entsprechend verhalten. Die Idee war: Je klarer das Verhalten durchstrukturiert werden kann, desto weniger bedarf es allgemeiner Regeln.

Man konnte in der Pandemie beobachten, dass Verhalten dort, wo man es gut organisieren kann, tatsächlich als gewissermaßen programmierbar galt. Also dort, wo es durch Verhaltensvorschriften in stark regulierten Bereichen möglich war, wurde auch eine entsprechende Aufmerksamkeitsspannung aufgebaut. Aber sobald die Aufmerksamkeitsschwelle niedriger wird, ändern sich auch die habitualisierten Verhaltensstandards. Man denke etwa an Arbeitsprozesse an Arbeitsplätzen im Unterschied zu Pausen, ähnlich das antizipierbare Verhalten von Schülerinnen und Schülern im Klassenraum im Vergleich zur Pause oder in öffentichen Verkehrsmitteln, die fast bürokratische Regulierung von Kontaktmöglichkeiten und der Zugzwang des konkreten Alltags. Dennoch: je höher der Organisationsgrad, desto erwartbarer und regulierbarer das Verhalten, wobei das natürlich fast eine Tautologie ist, weil es ja in der Organisation und ihren klar definierten Mitgliedschaftsrollen genau darum geht. Damit bildet sich etwas ab, das für Organisationsplanung und -reform schon länger bekannt ist: Organisieren lässt sich eben nur, was sich organisieren lässt. Das große Problem ist der nicht organisierbare Rest in der Organisation.

Worauf ich hinauswill: Wäre die Gesellschaft eine Organisation, wäre sie womöglich in der Lage, die Dinge so anzuordnen, dass die Teile entsprechend passen und aufeinander bezogen werden können – und sie wäre in der Lage, Entscheidungen herzustellen und jene Überforderung mit Uneindeutigkeit und Perspektivendifferenz kleinzuhalten, die zu Unbehagen führt. Allerdings ist die Gesellschaft eben keine Organisation, sondern eine Gesellschaft. Für Organisationen gilt zum Beispiel, dass sie in der Lage sein müssen, die Freiheitsgrade von Personen so einzuschränken, dass sie ihre Mitgliedschaftsrolle auch ausfüllen können. Niklas Luhmann bringt das auf eine lakonische Formel: «Jeder kann immer auch anders handeln und mag den Wünschen und Erwartungen entsprechen oder auch nicht – *aber nicht als Mitglied einer Organisation.*»[29] Der erste Teil der Formel beschreibt das grundlegende gesellschaftliche Bezugsproblem, nämlich die potentiell grenzenlosen Verhaltensmöglichkeiten strukturierend einzuschränken, mit der Differenz von Erwartungen umzugehen und dafür eine Form zu finden. Der zweite Teil der Formel funktioniert nur, weil er die andere Seite der Formel ist. Dass jeder immer auch anders handeln und damit den politischen Versuch der Verhaltensprogrammierung konterkarieren kann, ist eine der Grunderfahrungen, die politische Krisenentscheidungen stets begleitet – übrigens auch innerhalb des organisierten Staatsapparates, dessen unterschiedliche zurechnungsfähige Organisationen (Bundesregierung, Staatskanzleien der Länder, Ministerien, Verwaltungen etc.) nicht ihrerseits wie Mitglieder einer Organisation konditionierbar und limitierbar sind, zumal deren Verhalten auch vor Publikum stattfindet.

Die Einschränkungsbedingung durch die Mitgliedschaftsrolle setzt gerade voraus, dass die Mitgliedschaftsrolle nicht die einzige Rolle ist, die Personen haben. Organisationen sind nur in den allerseltensten Fällen «totale Institutionen», wie der schon klassische Ausdruck von Erving Goffman lautet.[30] Totale Institutionen wären Psychiatrien, Gefängnisse oder Klöster. Solche Formen freilich sind Ausnahmen, denn Mitgliedschaftsrollen sind Rollen unter anderen Rollen – zu denen auch wieder Mitgliedschaftsrollen in anderen Organisationen gehören. Schon diese gleichzeitige Mitgliedschaft zu unterschiedlichen Organisationen, aber eben auch eine Existenz außerhalb von Organisationen zeigt, dass die Regulierung des Verhaltens über organisationsspezifische Motive und Verhaltensstandards immer nur einen Ausschnitt der Erwartungen an Personen darstellt.

Zugleich blendet die bisherige Darstellung aus, dass Organisationen vielleicht in ihrem Selbstverständnis in dieser Weise eindeutig und transparent erscheinen und Verhalten eindeutig binden können. Sieht man genauer hin, ist diese Steuerungs- und Kontrollillusion innerhalb von Organisationen selbst das Produkt einer hochvoraussetzungsreichen Praxis. Würde man sich vorstellen, die Gesellschaft könne wie eine Organisation auf die COVID-Krise reagieren, wäre damit noch nicht das Problem der Entscheidung und das der Sozialordnung gelöst. Vielleicht könnte eine organisationsförmige Gesellschaft tatsächlich besser mit der Pandemie umgehen – aber sie müsste genau das tun, was für Organisationen geradezu konstitutiv ist: Sie müsste die Form der Entscheidung im Dunkeln lassen, also die Bedingungen der Herstellung von Entscheidungsalternativen, die alle anderen Möglichkeiten ausschließen, und sie müsste sich auf eine durchaus sichtbare Form der Hierarchie und der Exklusion von unpassenden Kommunikationsformen einstellen.

Zunächst zur Entscheidungsebene: Entscheidungen sehen heroisch aus. Sie haben stets etwas – nun ja – Dezisionistisches. Selbstverständlich ergeben sich Entscheidungen aus vorherigen Entscheidungen oder auch aus Normen, aber auch für diese Entscheidungen muss es Grundlagen geben. Entscheidungen ergeben sich eben nicht aus sich selbst. Das war es, was Carl Schmitt zu jener Provokation veranlasst hat, die rechtliche Entscheidung in seiner «Politischen Theologie» als «normativ betrachtet, aus einem Nichts geboren»[31] zu betrachten. Empirisch dürfte das für juristische Entscheidungen selten stimmen, aber fundamental geht es schon darum, dass man die Geltung der Norm nicht einfach voraussetzen kann, weswegen es immer eines dezisionistischen Elements bedürfte – und genau deswegen verachtete Schmitt auch jene «normalen» Zeiten, in denen sich Entscheidungen in der Langeweile des bürgerlichen Alltags unspektakulär von selbst ergeben. Erst in der Krise kommt die Entscheidung zu sich, weil sie ihres paradoxen Charakters gewahr wird und der Entscheider dadurch zum Souverän gerinnt, den der langweilige Alltag der Zivilisation nicht hergibt.

Gerade in der Krisensituation der Pandemie, in der es wenig Blaupausen und Vorlagen für die Entscheidungssituation gab, stellte sich bei Entscheidungen tatsächlich die Frage nach der Souveränität der Setzung angemessener Kriterien und Entscheidungsalternativen, denn was zu tun war, ergab sich nicht aus der Sache selbst. Die meisten Entscheidungen sehen üblicherweise gar nicht aus wie Entscheidungen, weil sie entsprechend routinisiert sind oder weil gerade Organisationspraktiken immer schon Entscheidungsalternativen bereithalten. Und das ist es auch, was Entscheidungen ausmacht. Letztlich finden sie nie im luftleeren Raum statt, und genau genommen enthält auch nicht die Welt selbst bereits die Kriterien oder die Alternativen für die Entscheidung, sondern diese müssen in und mit der Entscheidung erst entworfen werden. Die Paradoxie der Entscheidung besteht exakt in dieser Selbstbezüglichkeit der Entscheidung. «Die Entscheidung muss über sich selbst, aber dann auch noch über die Alternative informieren, also über das Paradox, dass die Alternative eine ist (denn sonst wäre die Entscheidung keine Entscheidung) und zugleich keine ist (denn sonst wäre die Entscheidung keine Entscheidung).»[32] Diese Paradoxie nimmt Entscheidungen deshalb das Unbedingte, das Entscheidende, wenn man so will. Und genau das war während der Pandemie auch stets zu beobachten. Der Streit ging nicht nur um die Entscheidungen selbst, sondern auch um die Entscheidungsalternativen, und darüber hinaus auch noch darum, welche Entscheidungsalternativen die entscheidenden sind. Allein die Frage, ob die Entscheidung eher aus politischem Kalkül getroffen wird oder nur aus medizinischem oder aus bestimmten Interessen – all das verweist darauf, dass die Entscheidungsalternativen selbst entschieden werden müssen. Je komplexer eine Situation, desto mehr Überforderung und Unbehagen erzeugt solch eine Situation und desto weniger können Entscheidungen das Problem lösen. Und wenn die Komplexität der Situation noch dadurch erhöht wird, dass man die Alternativen der Entscheidungsalternativen aufgrund der differenzierten Gesellschaftsstruktur auch noch empirisch beobachten kann, wird die Entscheidung eher zur Quelle von Unsicherheit, als dass sie Grundlage für die Lösung des Problems sein kann. Genau das war die gesellschaftliche Erfahrung mit der Krise – und genau das ist es auch, was in Ausnahmesituationen sichtbar wird. Routinen können die Paradoxie der Entscheidung verdecken, auch weil die Entscheidungsalternativen gar nicht in Frage gestellt werden. Wer nur blau und grün kennt, kann nur zwischen blau und grün unterscheiden und sich für eines von beiden entscheiden. Käme noch rot dazu, sähe es schon anders aus, und wäre es womöglich so, dass die einen behaupten, man müsse zwischen blau und grün entscheiden, die anderen aber zwischen rot und gelb, würde das ziemlich genau abbilden, wie es während der Pandemie nicht einmal gelang, Einigkeit über die Logik der Entscheidungen zu erlangen, von der Entscheidung selbst ganz zu schweigen. Geht es um hohe oder niedrige Inzidenzen, um mehr oder weniger Freiheit oder aber um schlimmere oder weniger schlimme Kollateralfolgen? Auch wenn sich dies hier etwas formalisiert anhört, wurde doch die Paradoxie der Entscheidung sichtbar, nämlich dass nur bereits Entschiedenes entschieden werden kann. Die Pandemie hat Vieles sichtbar gemacht, was sonst gerade deshalb funktioniert, weil es unsichtbar bleibt.

Auch für die Frage des Umgangs mit dem Entscheidungsparadox halten Organisationen eine Lösung vor, indem man Entscheider definiert, also Positionen, die entsprechende Mitgliedschaftsrollen identifizieren, denen die Entscheidung zugerechnet wird,[33] wie ja auch die Motive von sonstigen Organisationsmitgliedern nicht einfach da sind, sondern attribuiert werden. Das kennt jedes Mitglied von Organisationen von sich selbst: Dass unsere Motive bzw. die Motivunterstellungen und -erwartungen innerhalb von Organisationen nicht einfach da sind, sondern durch die Mitgliedschaftsrolle geformt bzw. erwartet werden, ist eine der Quellen des enormen Anpassungsdrucks, den Organisationsmitgliedschaft erzeugt, aber auch des identitätsbildenden Charakters bestimmter Mitgliedschaften in Organisationen ganz unterschiedlichen Typs.

Worauf es aber hier ankommt: Organisationen können Entscheidungen das Paradoxe nehmen, besser: die Paradoxie unsichtbar machen, indem man Stellen/Positionen/Zurechnungspunkte für Entscheider einrichtet, andere von der Entscheidung entlastet und zugleich das Risiko von Kritik dadurch limitiert. Die offene, freie Rede ist als Organisationsmitglied erheblich eingeschränkter als außerhalb – und zugleich haben Organisationen auch eine Exit-Option. Man kann gehen, kündigen, gekündigt, gemobbt und sanktioniert werden usw. Diese Exit-Option macht Organisationen so leistungsfähig, weil sie einen entsprechend selektiven Zugriff auf Mitglieder haben.

Wären Gesellschaften Organisationen, würde dieser Mechanismus fehlen – oder er wäre drastisch. Es ist wohl das Bestreben von autokratischen Regimen, exakt das zu erreichen: dass Gesellschaften so ähnlich zu führen seien wie Organisationen, was eben voraussetzt, dass man die Motivunterstellung und die Positionierung von kollektiv bindenden Entscheidungen mit der Möglichkeit, sie an allen Stellen der Gesellschaft auch durchzusetzen, tatsächlich kontrollieren kann. Der erfolgreiche Umgang Chinas mit der Pandemie könnte exakt auf einen solchen Mechanismus gebaut sein. Natürlich ist auch die chinesische Gesellschaft keine Organisation im engeren Sinne, aber wenn ich etwa an die Analysen von Daniel A. Bell und Wang Pei im vorigen Kapitel erinnere, wird deutlich, warum hier ausgerechnet die Kombination einer eindeutig legitimierbaren und legitimierten Hierarchie in Kombination mit einem meritokratischen System als Alternative zur Demokratie angeboten wird. Das Meritokratische soll gewissermaßen die Paradoxie der Entscheidungsalternativen lösen, und die Hierarchie ist jenes Organigramm, das den Mitgliedern der Gesellschaft ihre Positionen ebenso zuweist, wie es ihre Motive auf das Nötige beschränken soll. Und so liest sich dann auch der philosophische Entwurf von ZHAO Tingyang wie eine Art organisationales *mission statement* oder wie eine *corporate philosophy*, von der westliche Denkungsarten einer starken Steuerungsperspektive nur träumen können. Wie ich im ersten Kapitel dargestellt habe, zeichneten sich gewisse sozialwissenschaftliche Perspektiven am Beginn der COVID-Krise geradezu durch die Hoffnung aus, dass starkes Regieren, dass Durchregieren, dass direktive Steuerung doch möglich ist – auch für diejenigen Krisen, die da noch kommen, etwa für die Bewältigung des Klimawandels. Am Ende ist die Vorstellung, die Gesellschaft wie eine Organisation zu führen, eine Utopie – und die Paradoxie der Entscheidungsalternativen wird dann darin aufgelöst, dass man den richtigen Weg immer schon kennt (oder das Wissen darum bei denen vermutet, die ansonsten angeblich von der Entscheidungsfindung ausgeschlossen sind). Die Soziodizee des Gemeinschaftlichen kommt dann zumeist im Kleide der Gemeinschaft der sonst nicht Gehörten daher.

Schon während des ersten Lockdowns hat sich gezeigt, was für eine Ausnahmesituation dieser Status tatsächlich war und wie atypisch das Durchregieren in einer komplexen Gesellschaft letztlich ist. Hier kommt eine Art herrschaftsökonomisches Argument ins Spiel. Wer die Gesellschaft wie eine Organisation führen will, ist darauf angewiesen, eine politische Form der autokratischen und alternativlosen Kontrolle zu etablieren. Das Ziel muss dann sein, die Zentrifugalkräfte eines komplexen Systems durch einen Mehraufwand an Kontrolle zu bändigen. Das geht nur autokratisch. Und deshalb muss eben *Alles unter dem Himmel* vereint werden – unter *einem* Himmel wohlgemerkt, der eine Vielfalt von Entscheidungsalternativen nicht vorsieht. Es geht hier dann nicht um die Vernetzung von Perspektiven, die Vernetzung von Beobachtern oder um die Frage von Übersetzungsleistungen von einer Logik in die andere, sondern, um im Bilde zu bleiben, um die Etablierung einer Sprache, die keine Übersetzungen erfordert und erlaubt.

An dieser Stelle der Argumentation sollte deutlich geworden sein, dass das Unbehagen an der Gesellschaft, das Unbehagen an der Perspektivendifferenz der modernen Gesellschaft sich in der Kritik fast logischerweise entweder in allzu starken Semantiken in der Sozialdimension niederschlägt – oder in einer Steuerungseuphorie, die die Gesellschaft wie eine Organisation behandeln möchte. Organisationen können Aufgaben, Positionen, Sinn, Ziele und Teilziele, Prozesse und Strukturen anordnen, sie können vor allem eine effektive Führung haben und sogar Positionen fürs Entscheiden und für die Zurechnung von Erfolg und Misserfolg herausbilden – und sie sind dabei von Mentalitäten abhängig, die sich einem solchen Regime in ihren Mitgliedschaftsrollen unterwerfen. Abgesehen davon versteckt sich auch in Organisationen das Problem der Passung des gleichzeitig Unterschiedlichen, bestehen auch in Organisationen Ziel- und Übersetzungskonflikte und muss vor allem auch in Organisationen die angestrebte Lösung immer schon vorgedacht sein – sonst könnte man sie nicht organisieren.

Um Gesellschaften wie Organisationen zu behandeln, muss man genau genommen einen ihrer Grundmechanismen außer Kraft setzen, nämlich die Offenheit ihrer Entwicklungsdynamik und das Prozesshafte ihrer Ordnungsbildung. Wenn es stimmt, dass die funktional differenzierte Gesellschaft gerade das Auseinanderstrebende symbolisiert, reagiert die Organisationslogik mit dem Gegenteil – und muss deshalb erhebliche Energien aufwenden, um die Gesellschaft unter die entsprechende Knute zu bekommen. Das geht am Schreibtisch und als Parteiprogramm einfacher als in der Gesellschaft selbst – und gerade deshalb muss die Aspiration des Einfangens jener Zentrifugalkräfte fast notwendigerweise in ihrer autoritären und am Ende gewaltsamen Einhegung enden. Ich habe an anderer Stelle auf die Attraktivität der Konsistenz des weißen Blattes und die Inkonsistenz der Welt hingewiesen,[34] mit Bezug auf die Kritik des *scholastischen Epistemozentrismus* von Pierre Bourdieu.[35] Bourdieus Theorie der Praxis lässt sich in einer relativ einfachen Formel zusammenfassen: Wir sind vor allem davon geprägt, was wir tun und was sich dadurch praktisch in unserem Verhalten habitualisiert hat. Der scholastische Intellektuelle ist deshalb nicht nur daran zu messen, was er schreibt, also nicht nur am intellektuellen Gehalt des Geschriebenen, sondern der intellektuelle Gehalt des Geschriebenen muss vor allem daran gemessen werden, was die habitualisierte Praxis des scholastischen Intellektuellen ist. Dies ist keine Kritik am «Elfenbeinturm», wie derzeit gerne ein antiszientistisches Vorurteil formuliert wird, sondern es ist der Versuch einer Reflexion darüber, dass intellektuelle Entwürfe der Welt eben auch das Ergebnis einer Praxis sind. Und die Praxis vor einem weißen Blatt Papier oder einem weißen Screen ist vor allem davon geprägt, dass der Autor oder die Autorin das Blatt nicht nur füllen, sondern die beschriebenen Teile auch so anordnen können muss, dass sich daraus ein Ganzes ergibt, in dem die Teile eindeutig zueinander passen. Der auktoriale Erzähler wird üblicherweise als allwissend dargestellt, also als jemand, der mit den beschränkten Perspektiven, der *bounded rationality*, um den Begriff aus der Organisationsforschung zu verwenden, rechnet, aber selbst die Perspektive aller Perspektiven einnehmen kann. Für den Autor ist es deshalb in seiner eigenen Praxis ein Leichtes, die Dinge so zu ordnen, dass sie wirklich passen. Es fällt ihm aber oft nichts schwerer, als zu sehen, wie selektiv und im wahrsten Sinne des Wortes fiktiv seine eigene Perspektive ist. Vielleicht ist eine der historisch folgenreichsten (und darin autoritärsten, will heißen: auktoritärsten) Figuren auf diesem Gebiet des scholastischen Intellektuellen Jean-Jacques Rousseau mit seiner Behauptung einer *volonté generale*. Eine solche Denkungsart rechnet eben nicht mit der Differenz von Perspektiven, sondern schreibt sich die Gemeinsamkeit her – ich habe schon ZHAOs neokonfuzianische Himmelsmetapher als eine solche Form der Generalisierung von kollektiven Erwartungen beschrieben, deren Kollektivität in der Vermeidung von Abweichungen und Alternativen besteht. Deshalb ist das Organisationsmodell so attraktiv für eine an Krisenbewältigung geschulte Perspektive auf die Gesellschaft, weil sie eben ähnlich der scholastischen Vernunft mehr Ordnung versprechen kann, als dann einzuhalten ist.

9

Offenheit

Zu Beginn dieses Kapitels auf *Hume's law* hinzuweisen, ist eine pure Vorsichtsmaßnahme. Es handelt davon, dass ein Sollen nicht aus einem Sein abgeleitet werden kann.[1] Ähnlich dem «naturalistischen Fehlschluss» geht es also um das Verhältnis von normativen und deskriptiven oder besser: von Wertaussagen und empirischen Aussagen. Diese Vorsichtsmaßnahme sei deshalb an den Beginn des Kapitels gestellt, weil ich im Folgenden argumentieren werde, dass die Differenzierungsform der modernen Gesellschaft eine bestimmte Form nahelegt, die man auf den ersten Blick für eine normativ begründete Form halten könnte. Allerdings werde ich anders argumentieren. Ich werde aus theoriegeleiteten empirischen oder deskriptiven Aussagen selbst *empirische* Konsequenzen ziehen, zu denen solche Sachverhalte gehören, die selbst normative Implikationen haben. Ich werde also nicht die Normativität selbst aus Seinsaussagen ableiten, aber zeigen, dass bestimmte normative Aspirationen sich empirisch aus bestimmten Konstellationen ergeben.

«Trade-tested Betterment»

Hier beginnt das Riskante meines Arguments. Es soll gezeigt werden, dass eine offene, letztlich nicht organisierbare Form des Gesellschaftlichen eher der Struktur einer funktional differenzierten Gesellschaft entspricht. Dafür lohnt sich die Lektüre der liberalen amerikanischen Ökonomin Deirdre N. McCloskey. McCloskey beginnt ihre Denkbewegung mit der Diagnose, dass die Phase des entstehenden Kapitalismus, der bürgerlichen Gesellschaft und der liberalen Demokratie eine Phase wachsender Prosperität ist. Sie spricht von einer weltgeschichtlich einmaligen Phase des «enrichment», von der vor allem die Armen profitiert hätten. «And the enrichment has been massively equalizing. It is a myth, though a persistent one, that the Great Enrichment entailed the pursuit of riches at the expense of equality. The truly unequal societies have been those in which land and the sword ruled, or in recent times those in which a violent gang has seized governmental power, the Russian Federation under Putin, for example, or Malaysia under Najib Razak.»[2] McCloskey leugnet keineswegs Armut und soziale Ungleichheit, sie betont vielmehr, dass sich mit der Phase des *enrichments* im Modernisierungsprozess eine neue Form etabliert, die Ordnungsbildung aus den Fesseln starrer, stratifizerter Ordnungsformen emanzipiert. Soziologisch muss man hinzufügen, dass dies Klassenbildung und soziale Ungleichheit nicht ausschließt – aber eben als einen Sekundäreffekt eines Modernisierungsprozesses und nicht als grundlegende Strukturkategorie der Gesellschaft. Ich habe oben schon darauf hingewiesen: Stratifizierte Gesellschaften waren so sehr auf Ungleichheit und Hierarchie geeicht, dass Ungleichheit als solche nicht weiter auffiel, gerade weil sie die einzige Strukturkategorie der Gesellschaft war. Erst mit der Umstellung auf funktionale Differenzierung fällt Ungleichheit, fallen Klassenbildung und Verteilungsformen als solche auf, weil sie Gegenstand von Gestaltung und natürlich auch von Skandalisierung werden können, denn die Gleichheitsversprechen der Moderne erzeugen ein neues Bild von Ungleichheit – wie ja auch die kulturellen Liberalisierungen und Pluralisierungen von Gender und Migrationsfragen erst zu jener Wahrnehmung einer Form der Ungleichheit geführt haben, die zuvor als «Natur» oder Gottes Wille wegerklärt werden konnten. Jetzt entsteht eine Offenheit, die die Sichtachsen verschiebt.

Für mein Argument ist McCloskey deshalb so lesenswert, weil sie so großen Wert auf die neue Form der Ordnungsbildung legt, die sie im ökonomischen, im politischen und im wissenschaftlich-technisch-kreativen Bereich parallel ausmacht – und darin, deshalb ist die Kontrastierung zu ZHAO so lohnend, als eine Art Erfüllung des individualistischen Charakters einer abrahamitischen Verheißung. Sie schreibt: «True and modern liberalism especially is democratically inclusive, fulfilling at last in social and economic practice the egalitarianism of Abrahamic religions. In the mid-nineteenth century John Stuart Mill and Alexis de Tocqueville were the first liberals in a young movement who felt the need to assume the existence of thoroughgoing political democracy, and to worry about it. Much later the pioneering management theorist of the 1920s, Mary Parker Follett, who coined ‹win-win,› defined democracy not merely as majority voting – and then after the voting a bit of pushing the losers around – but as a true-liberal program of discovering win-win solutions.»[3] Das Gemeinsame an Demokratie und Ökonomie ist für McCloskey, dass beiden eine strukturelle Ergebnisoffenheit eigen ist. War der Funktionssinn traditionaler sozialer Strukturen vor allem daran ausgerichtet, möglichst nicht ergebnisoffen zu sein und bestehende Strukturen zu bewahren und aufrechtzuerhalten, müssen sich nun Prozesse in der Zeit bewähren. Vielleicht ist das das eigentliche Erbe jener Verheißung, von der McCloskey spricht: nicht *alles unter dem Himmel* zu behalten, sondern eine Heilsgeschichte in die Welt einzubauen. Letztlich verhält sich der Neokonfuzianismus ZHAOs zu dieser Erfahrung von Modernität wie die altägyptische oder auch hellenische Idee der steinernen oder ideenförmigen Persistenz einer unveränderlichen Struktur zur Verzeitlichung der Welt zunächst in der christlichen Heilsgeschichte und später in ihrer weltlichen Form der Zukunftsgestaltung und des Imperativs der Verbesserung der Welt.[4]

McCloskey widerspricht der Diagnose, dass es «das Kapital» und seine Akkumulation seien, die für jenes *enrichment* gesorgt hätten: «Ideas, not sheer investment, initiated economic change.»[5] Sie will darauf hinaus, dass die Optionssteigerungen des Ökonomischen eine andere Begründungsrichtung brauchen. Soziologisch lässt sich sagen, dass sich die Dynamisierung des Gesellschaftlichen in einem sich horizontal ausdifferenzierenden System gerade durch Interdependenzunterbrechungen ergibt und dass die «digitale» Codierung der Funktionssysteme für jene Offenheit und Rekombinationsfähigkeit sorgt, die historisch unvergleichlich ist. McCloskey schließt exakt an diese Rekombinationsfähigkeit an. Es ist nicht der Geldmechanismus selbst, der die ökonomische Leistungsfähigkeit hervorbringt, wie es nicht der Machtmechanismus selbst ist, der demokratische Formen ermöglicht, auch nicht die Wahrheitsorientierung für sich, die zu guter Wissenschaft führt. Es sind die Ideen, die freilich nur dadurch möglich sind, *weil* die Allgemeinheit der Codierung der Funktionssysteme genau diese Freiheitsgrade ermöglicht, die für eine ungewohnte Rekombination von Elementen wichtig ist. Es ist gewissermaßen eine Kombination von Stabilität und Freiheit, oder, wie Christoph Möllers es treffend ausdrückt: «Veränderbarkeit setzt Unveränderbarkeit voraus.»[6]

Die Rekombinationsfähigkeit setzt stabile Medien voraus – Geld zum Beispiel, Macht, Recht oder auch Wahrheit –, aber die Medien selbst können gerade die Form ihrer Operationen nicht konditionieren, im Gegenteil: Sie ermöglichen ja erst unterschiedliche Anschlüsse. Dass man an Geld vor allem mit Geld anschließen kann, an Zahlung vor allem mit weiteren Zahlungen, konditioniert gerade nicht, *wie* angeschlossen wird. Dafür braucht es nach McCloskey Kriterien und Ideen. Einfach nur Akkumulation – das reicht nicht.[7]

Als «Idee» erscheint eine semantische Form dann, wenn sie einen starken Überraschungs- und damit Informationswert hat. Soziale Ordnung baut auf Wiederholung auf, auf Nachahmung, wenn man so will: auf der *Autopoiesis* einer sich selbst ähnlichen Struktur. Will heißen: Die Wiederholung ist wahrscheinlicher als die Abweichung. Die Bestätigung eines Musters ist wahrscheinlicher, als das Muster zu negieren. Wie sehr gerade gesellschaftliche Ordnung als musterhaft angesehen werden muss, ist womöglich die grundlegende Erkenntnis überhaupt eines sozialwissenschaftlich informierten Denkens. Die Sozialwissenschaften interessieren sich für Regelmäßigkeiten und Erwartbarkeiten, die die Akteure aus ihrer eigenen Perspektive für das Ergebnis eigener Entscheidungen, eigenen Charakters, zur Not eigener Schrullen halten.[8] Und sie zeigen auf, wie regelmäßig diese Formen tatsächlich sind und wie träge und widerständig die gesellschaftliche Reproduktion verläuft. Vor diesem Hintergrund sind es semantische Formen, die als «Ideen» gehandelt werden, die Unterbrechungen ermöglichen – übrigens ein ganz anderer Sprachgebrauch als der philosophische etwa bei Kant, bei dem die Ideen für nicht-empirische, also transzendentale Begriffe stehen, die Voraussetzung aller Erfahrung sind und nicht abweichende Erfahrungen selbst.[9] Hier geht es nicht um einen *Begriff* einer Idee, sondern darum, wann und warum etwas als «Idee» behandelt wird, also als etwas, das aus der wiederholenden Musterhaftigkeit herausfällt und dem ein innovativer Charakter zugeschrieben wird.

Ideen fallen uns nicht einfach ein, sondern sie sind letztlich eine operative Folge der Optionssteigerung, die aus der funktionalen Differenzierung folgt. Sie sind die produktive Seite jener Diagnose des Fehlens von Stoppregeln, die das Unbehagen an der Moderne miterzeugt. Die Rekombination von Möglichkeiten bringt Lösungen hervor, die sich ihrerseits wieder vor anderen Möglichkeiten bewähren müssen. Und dies ist das zentrale theoretische Stück an McCloskeys Überlegungen: Ob eine Idee gut ist, ob sie trägt, ob sie erfolgreich ist, liegt nicht an eigenen Begründungen, akademischen Ableitungen oder gar an einer autoritären Setzung, sondern ausschließlich daran, ob sie sich bewährt. Jene Verbesserungen, die McCloskey im Modernisierungsprozess ausmacht, nennt sie «trade-tested betterment»[10] oder «commercially tested innovation»[11]. Das Argument lautet: Die Moderne findet die Kriterien des Richtigen nicht einfach vor, weil sie schon immer gegolten haben oder weil sie schlicht neu und anders sind als das Vorherige, sondern dadurch, dass sich Ideen, also Innovationen, also Unterschiede, also Abweichungen prozesshaft bewähren. Eine Geschäftsidee muss sich auf einem Markt bewähren. Was der Markt nicht aufnimmt, wird zumindest ökonomisch keine gute Idee gewesen sein. Und andersherum: Eine gute Idee wird dadurch gut, dass sie sich vor dem Gerichtshof eines Marktes bewähren muss, auf dem sie sich gegen Alternativen durchsetzt. Damit ist nicht die polemische Formel des ökonomischen Liberalismus gemeint, der Markt regle alles wie von selbst. Wie von selbst regelt sich nichts. Aber zumindest zieht ein Markt geradezu die Notwendigkeit an, sich einem Testverfahren auszusetzen, also sich gegen Konkurrenz, gegen Alternativen, gegen andere Ideen durchzusetzen. *Trade-tested* Lösungen sind solche, die sich praktisch bewähren müssen, die also in der Lage sein müssen, sich durchzusetzen – und was den Test nicht besteht, verschwindet wieder. Das heißt übrigens nicht, dass sich das «beste» Produkt oder die «beste» Dienstleistung durchsetzt, sondern eben die, die sich durchsetzt – aber schon dieses Argument, wollte man es zu einem Gegenargument ausbauen, ginge fehl, weil die Frage gestellt werden muss: die «beste» Lösung in welcher Hinsicht und nach welchen Kriterien?

Die Schumpeter'sche Formel der schöpferischen Zerstörung ist dafür geradezu konstitutiv, ein Prozess, «der unaufhörlich die Wirtschaftsstruktur *von innen heraus* revolutioniert, unaufhörlich die alte

Struktur zerstört und unaufhörlich eine neue schafft. Dieser Prozess der ‹schöpferischen Zerstörung› ist das für den Kapitalismus wesentliche Faktum. Darin besteht der Kapitalismus und darin muß auch jedes kapitalistische Gebilde leben.»[12] Die schöpferische Zerstörung ist einerseits ein Wertgenerator, Ausdruck jener ideengesteuerten Form der Ordnungsbildung, andererseits aber eben auch Quelle eines Unbehagens, dass man sich im Kapitalismus auf nichts mehr verlassen kann. Marxens und Engels' Sentenzen über das Verdampfen alles Stehenden aus dem «Kommunistischen Manifest» wären jetzt an dieser Stelle geradezu fahrlässig erwartbar, aber genau darum geht es – die Ambivalenz des Neuen, das man zwar begrüßen kann, das aber Sicherheiten fahren lässt. Ob die Zerstörung schöpferisch ist, hängt davon ab, was sich durchsetzt, aber die Überzeugung von McCloskey besteht darin, dass gerade die verteilte ökonomische Intelligenz dafür sorgt, dass Ideen in Wettstreit miteinander gesetzt werden können. Das macht die wirtschaftliche Entwicklung dann insofern resilienter, als sie nicht vom eher zufälligen Wissen bestimmter, womöglich nur durch Tradition, Macht oder Zufall in ihre Positionen gelangter Entscheider abhängig wird, da niemand vollständige Information haben *kann* – vielleicht der Grundgedanke des liberalen Ökonomen Friedrich August von Hayek, der damit seine Frontstellung gegen Staatsgewalt und Totalitarismus begründete.[13]

So zu argumentieren beschwört Kritik herauf, nämlich die Kritik eines Wirtschaftsliberalismus, der angeblich so tut, als wolle man alles den Märkten überlassen. Es ist zumeist eine Kritik am Ökonomischen selbst, die McCloskey vor allem für eine deutsche Besonderheit hält, mit dem «Bildungsbürgertum» geradezu eine Kultivierung des Anti-Ökonomischen betrieben zu haben.[14] Diese Gegenüberstellung von Wirtschafts- und Bildungsbürgertum hat etwas mit jener Art von Praxis zu tun, die Bourdieu in seiner Kritik des *scholastischen Epistemozentrismus* beschrieben hat und die ich mit der Attraktivität der Konsistenz des weißen Blattes beschrieben habe. Dabei geht es gar nicht um eine alleinige Konzentration auf das Ökonomische, von dem gerade diese Trägergruppe dann später Kritik vor allem als *Kapitalismuskritik* abgeleitet hat.

Wahrscheinlich ist deshalb Kapitalismuskritik die Mutter aller Kritik. Kapitalismus steht als Chiffre für die Struktur einer modernen

Gesellschaft, die sich nur deshalb gegen sich selbst kehren kann, weil sich darin eine eigensinnige Dynamik zeigt, die sich weder von innen noch von außen schlicht instrumentell verändern lässt. Kapitalismus ist ein Platzhalter für das Unbehagen an der Unübersichtlichkeit der Moderne – und Kapitalismuskritik ist deshalb die Mutter aller Kritik und damit die Mutter aller Protestformen, was sich übrigens auch darin zeigt, dass die derzeitigen Konfliktlinien in Protestszenen dieses Zauberwort nicht nur von links anführen. Auch rechte Proteste gerieren sich bisweilen antikapitalistisch oder gegen den «Neoliberalismus», weil sich damit jenes Unbehagen am besten auf den Begriff bringen lässt, der dem Protest erst seine Funktionsstelle zuweist.

Es geht hier um die Chiffre «Kapitalismus», um den Signifikanten, der schon durch bloße Nennung Information zu erzeugen scheint – bis in akademisch formulierte Diagnosen hinein. Mit McCloskey kann man das auch als einen Versuch des Distinktionsgewinns einer Trägergruppe sehen, die sich womöglich weniger vor dem Gerichtshof eines Netzwerks von Bewährungen und konkurrierenden Lösungen bewegen muss, sondern letztlich immer schon mit der *vernünftigen* Stelle von Gute-Gründe-Lieferanten ausgestattet ist. Daher rührt auch das intellektuelle Selbstmissverständnis, dass die scholastischen Eliten es den *ordinary people* nur angemessen erklären müssen, damit diese auch vernünftig werden können.[15]

Was von McCloskey zu lernen ist, ist gar nicht ein besseres, liberales Verständnis des Kapitalismus – sie lehnt sogar den Begriff, das «C-word»[16], ab und schlägt stattdessen «innovism»[17] vor. Von McCloskey lässt sich lernen, dass das Prinzip des *betterment* nicht nur ein ökonomisches Prinzip ist, sondern ein gesellschaftliches. Denn was im ökonomischen Bereich *trade-tested betterment* ist, stellt sich in anderen Bereichen der Gesellschaft im Modernisierungsprozess operativ ähnlich dar. Es geht ihr darum, dass sich Erfolg und Verbesserung, Dynamik und Innovation dadurch ereignen, dass Ideen von Adressaten getestet werden, dass sich Ideen bewähren müssen, dass ihre einzige Geltung das Anschlusshandeln ist, um es soziologisch auszudrücken. Die Demokratie etwa dekretiert keine Lösungen, sondern konstituiert sich durch vernetzte Beobachter, die gegenseitig Lösungsmöglichkeiten in Vorschlag bringen und verwerfen. Es entsteht jene kollektive Arena, vor der dann Machtchancen getestet werden können. Wahlen sind geradezu ein ästhetisches Prinzip, an dem man ablesen kann, dass jede Lösung nur so gut ist wie ihre Legitimation durch Mehrheiten, die man aber durch die Ideen gewinnen muss. Es wird nicht eine Welt bestätigt, sondern es herrscht eine Ergebnisoffenheit für Lösungen – die, wie wir wissen, nicht immer die besseren sind, aber immer fallibel.[18] Der *trade-test* der Demokratie sind die Wahl und der Machtkreislauf des politischen Systems. Aber auch andere Bereiche der Gesellschaft stellen auf dieses Prinzip der Offenheit um. Die Wissenschaft besteht auch aus «schöpferischer Zerstörung», d. h. aus der Korrektur oder Erweiterung vorheriger Forschungsergebnisse – und das nicht durch die Verkündigung eines obersten Wissenschaftshofes, sondern durch Konkurrenz und wechselseitige Überzeugung. Der *trade-test* der Wissenschaft ist das *peer-review*. Das heißt nicht, dass solche Prozesse egalitär sind. Sowohl in der Wissenschaft als auch in der politischen Sphäre gibt es ungleich verteilte Aufmerksamkeitsräume, man kann sie wie Pierre Bourdieu als Kampffelder um mehr Einfluss, um Positionen, um Macht und Ressourcen verstehen – aber dafür muss in der jeweiligen Währung der Felder gekämpft werden.[19] All diese Bereiche sind *trade-tested* – in dem Sinne, dass vernetzte Beobachter die Dinge beurteilen, evaluieren, stützen, verwerfen usw.

Vor allem Harrison C. White hat darauf hingewiesen, dass es wechselseitige Beobachtungen und Positionskämpfe von Marktteilnehmern in Märkten sind, die Kaufentscheidungen plausibel machen und den Preismechanismus ermöglichen. In Netzwerken entstehen Informationen, Beobachtungen, Einschätzungen, Gewohnheiten, Vorurteile, Erwartungen und nicht zuletzt angemessene Beschreibungen des Marktes, der sich ja vor allem dadurch auszeichnet, dass niemand vollständige Informationen hat, weil der Markt sonst zusammenbrechen würde.[20] Das Merkwürdige am Wirtschaftssystem ist, dass es unerbittlich nach seiner eigenen Logik funktioniert, dass man sich aber stets seinen Reim darauf machen und Kategorien erfinden muss, mit ihm zu leben. Nicht umsonst war die Ausdifferenzierung eines modernen, kapitalistischen Wirtschaftssystems stets mit der Moralisierung des Ökonomischen und der Politisierung von Märkten verbunden. Und nicht umsonst entstehen um die letztlich rein ökonomisch fundierte Anschlusslogik Formen von Selbstbeschreibungen und Reflexionstheorien, vor allem aber ein ideenförmiges Material, mit dem auf dem Markt Informationen herzustellen sind. Das entscheidende Maß sind Preise – das entscheidende Kriterium aber: *wofür?*

Was für die Ökonomie, für demokratische Politik und für die Wissenschaft gilt, gilt auch für die Kunst. Auch hier vernetzen sich Beobachter, und auch hier gibt es eine Art *trade-tested betterment* – und damit ist nicht gemeint, dass es einen Kunstmarkt gibt, sondern dass sich ästhetische Kategorien und Qualitäten nicht dekretieren lassen, sondern operativ vor einem Publikum bewähren müssen. Auch die Medien folgen diesem Modell, und sogar die Rechtsprechung ist trotz der Festlegung auf Verfahren kein Entscheidungsautomat, sondern muss Entscheidungen vor einem rechtsinternen und rechtsexternen Publikum so darstellen, dass sie als Recht anerkannt werden können.

Darauf steuert nun mein Argument zu: dass Politik von zentralistischer Autokratie auf die Offenheit der Demokratie zielt, dass Ökonomie in die kapitalistische schöpferische Zerstörung mündet, dass wissenschaftliche Wahrheit sich im Lichte anderer Vorschläge bewahrheiten muss, dass Kunst geradezu zum Sinnbild für gepflegte Abweichung wird – aus all dem lässt sich eine strukturelle Präferenz für Ergebnisoffenheit, für Unabgeschlossenheit, wenn man es politisch-strukturell ausdrücken will, für ein *liberales* Ordnungsmodell ableiten. Das soll nicht politisch verstanden werden, sondern eher operativ. Die Logik der funktionalen Differenzierung strebt zu einer Form der Ergebnisoffenheit – und deshalb sind solche Programme wahrscheinlicher, die diese Offenheit gewissermaßen kultivieren: der Kapitalismus, die Demokratie, der wissenschaftliche Fortschritt, die Offenheit der Kunst etc. Es sind all die Programmierungen für Funktionssysteme, die letztlich zu jenem eher *liberalen* Institutionenarrangement gehören, das hier explizit nicht *normativ* begründet, sondern empirisch abgeleitet wird. Die Wahrscheinlichkeit solcher Programme ist gewissermaßen das Korrelat zur Offenheit einer Gesellschaftsstruktur, die alle Elemente einer eindeutigen Oben-Unten-Strukturierung gesellschaftsstruktureller Ordnung verloren hat.

Die hier entwickelte Offenheit korrespondiert mit den fehlenden Stoppregeln, mit denen ich die Tendenz zur Optionssteigerung der

Funktionssysteme beschrieben habe. Gunther Teubner hat jüngst mein Argument, Optionssteigerungen vor allem mit dem Fehlen von operativen Stoppregeln zu erklären, um ein sehr treffendes Element erweitert. Er zeigt, dass die Differenzierung von Funktionen auch zur Folge hat, dass sich Zwänge zur Steigerung von Mehrwert (nicht nur im ökonomischen Sinne) etablieren, um die Annahmemotivation der unterschiedlichen Kommunikationsmedien stets neu erhöhen zu können.[21] Diese Erweiterung des Arguments trifft einen wichtigen Punkt, weil er in den Kommunikationsmedien der Funktionssysteme selbst (Geld, Macht, Wahrheit usw.) eine Tendenz zur Steigerung wahrnimmt, die etwas mit der Annahmewahrscheinlichkeit von Kommunikation zu tun hat: Produkte auf Märkten müssen sich verbessern (oder wenigstens den Anschein erwecken), politische Macht muss sich immer wieder neu durchsetzen, wissenschaftliche Ergebnisse müssen sich als Fortschritt darstellen, mediale Informationen die von gestern übertreffen. Am Ende basiert dies doch darauf, dass den Funktionssystemen die Funktionsstelle der Selbstbegrenzung und damit eine Stoppregel fehlt. Worauf Teubner freilich mit Recht hinweist, ist der Steigerungsmechanismus, der im Prozesshaften der Funktionssysteme liegt. Nur zur Vorsicht: Bei dieser Steigerungslogik geht es um eine sinnhafte Steigerung, damit ist nicht unbedingt an CO_2-Ausstoß gekoppeltes materielles Wachstum gemeint. Das sei deshalb hinzugefügt, um sogleich den Affekt zu vermeiden, Steigerungslogik und ökologische Zerstörung kurzzuschließen. Wahrscheinlich wird sich das ökologische Problem nur mit Hilfe einer radikalen Steigerung von Ideen lösen – was freilich riskant ist, denn welcher Art Steigerung die Moderne hervorbringt, ist damit nicht vordefiniert.

Auf den ersten Blick könnte dieses Argument der vorherigen Diagnose der Nicht-Organisierbarkeit der Gesellschaft entgegenstehen, denn all diese Formen der Offenheit werden ja zumeist innerhalb von Organisationen, also Unternehmen, Universitäten, Organisationen des Staates etc., etabliert. Aber letztlich wiederholt sich das Problem hier, denn es gehört zu den Erfahrungen von Organisationen, dass sie zwar sich selbst organisieren können, aber gerade nicht das, worum es geht. Man kann organisatorische Rahmenbedingungen für neue technische Lösungen, für eine Geschäftsidee, für ein politisches Programm, für wissenschaftliche Forschung und Lehre etablieren. Aber organisieren lassen sich gerade diese Dinge nicht. Bessere Forschung wird nicht durch Organisationsentscheidungen hervorgebracht, sondern durch die Forschung und ihre eigene Logik. Die Organisationsentscheidung kann etablieren, was und worüber geforscht wird, sie kann unliebsamer Forschung die Mittel entziehen und versuchen, durch Personalauswahl genehmere Forschung wahrscheinlicher zu machen. Aber ob dabei dann jene Art von wissenschaftlichem Outcome herauskommt, den man mit den Organisationsentscheidungen beabsichtigt, ist noch die Frage. Und analog gilt das auch für andere Organisationstypen. Wie verhalten sich Ideen zu den Strukturen, auch zu den Machtstrukturen in Organisationen? Was unterscheidet eine Organisationsentscheidung von einer wissenschaftlichen Entscheidung? Soziologisch-theoretisch ausgedrückt: Die Reproduktionsbedingungen von Funktionssystemen (z. B. Wissenschaft) und Organisationen (z. B. Universität, Forschungsinstitut) unterscheiden sich grundlegend voneinander, wirken aber aufeinander ein. Auch hier wird man wohl auf die Idee kommen müssen, dass eine Organisation, die mit der Offenheit ihres Gegenstandes rechnet, zu anderen Entscheidungen kommen wird als eine solche, in der man die Dinge direktiv ins Werk setzen zu können glaubt. Auch in Organisationen ist eben nicht alles unter dem Himmel. Das entscheidende Kriterium scheint also jene Offenheit zu sein, die in der funktional differenzierten Struktur angelegt ist.

Mein Argument ist riskant – eben weil es in der Gefahr steht, gegen *Hume's law* zu verstoßen. Aber das tut es nicht. Es zeigt auf, dass die funktionale Differenzierung der Gesellschaft die Ergebnisoffenheit ihrer Prozesse als *funktionales* Erfordernis etabliert – das nur mit hohem Energieaufwand, auch: Organisationsaufwand, relativiert werden kann. Daraus folgt nicht eine liberale Fortschrittserzählung, sondern die Einsicht, dass eine solche Gesellschaft letztlich gar nicht anders kann, als mit dieser Ergebnisoffenheit zu rechnen – selbst wenn dies im Modus der Bekämpfung geschieht.

Meine ausführliche Auseinandersetzung mit der chinesischen Kritik des westlichen Modells gesellschaftlicher Institutionenarrangements sollte deutlich machen: Der Versuch, auf eine hierarchische Sozialstruktur zu setzen, auf meritokratische Elitenzirkulation und auf eine neokonfuzianische Form der Eliminierung von Kritik und ergebnisoffener Dynamik setzt an genau diesem Charakteristikum an – wobei man gerade an China beobachten kann, dass es gerade liberale ökonomische Reformen gewesen sind, die das autokratische politische System stützen. Deirdre McCloskey führt das Beispiel Chinas an, um zu zeigen, dass *betterment* tatsächlich nur *trade-tested* geht. Am Beispiel von Pudong zeigt sie: «Thirty years ago Pudong was farmland, wretchedly farmed because still collectivized. But then the local Communist Party officials decided to plat it and put in water and sewerage and some roads. The 1980s and especially the 1990s were the beginnings of local choice in commercially tested betterment under private enterprise – innovism – that has since raised Chinese real incomes by a factor of sixteen.»[22] Auch in der Wissenschaft und in der Technikentwicklung setzt China auf eine solche Autonomisierung des *betterment*, so dass die politisch autoritäre Form und auch die politisch kontrollierte meritokratische Elitenrekrutierung selbst in China als ein sozialstruktureller Fremdkörper wirken. Es wäre eine Überinterpretation im Sinne der alten Modernisierungstheorie, dass Wohlstand automatisch Demokratie und eine pluralistische Kultur nach sich zieht,[23] aber zumindest scheinen funktionale Differenzierungsprozesse Präferenzen für ergebnisoffene Operationen zu entwickeln – weswegen gerade autoritäre Herrschaft als Reaktionsform darauf zumindest eine logische Folge dieser Öffnungsprozesse ist. Verlässt man den analytischen und normativ sparsamen Rahmen, könnte man sogar sagen, dass autokratische und totalitäre Herrschaft samt ihrer fundamentalistischen Ideologien zwar die Moderne stets als ihre dunkle Seite begleitet haben, aber eben stets als ihre *andere Seite*, gewissermaßen als negative Dialektik ihrer inhärenten Möglichkeiten. Wie der religiöse Fundamentalismus eine moderne Erscheinung ist, weil sich hier Religion einem Säkularisierungsrisiko ausgesetzt sieht, ist politischer Fundamentalismus insofern eine moderne Erscheinung, als sich Politik sowohl dem Risiko der internen Pluralisierung als auch der extern begrenzten Reichweite auf die Gesellschaft als Ganze ausgesetzt sieht – dem Säkularisierungsrisiko nicht unähnlich.

Gerade deshalb ist Carl Schmitt womöglich nach wie vor der vielleicht wichtigste politische Denker, weil Schmitt exakt gegen dieses Säkularisierungsrisiko des Politischen anschreibt und darin ebenjene Unbedingtheit zu retten versucht, die sich in den *trade-tested* Formen der Demokratie zu entziehen versucht – darin zeigt sich die nachgerade unheilbare Illiberalität von Schmitt. Und man kann daran dann auch lernen, dass *trade-tested* kein individualistischheroisches Programm ist, was man einer liberalen Ökonomin wie McCloskey bei ungenauem Lesen womöglich vorwerfen könnte. Im Gegenteil, es geht gerade nicht um einen individuellen Heroismus, der Ideen erzeugt, quasi als dezisionistische Entscheidung à la Schmitt. Es geht darum, wie die gesellschaftliche Moderne Bedingungen hervorbringt, unter denen individuellen Spielern Ideen zukommen können, unter denen die Abweichung wahrscheinlich werden kann, obwohl die Wiederholung in der Autopoiesis der Systeme stets wahrscheinlicher ist. Die «Idee» als Innovation ist gewissermaßen das ebenso unvermeidliche wie notwendige Risiko einer Anordnung, die letztlich in den Funktionssystemen keinen anderen Halt hat als die brutale Codierung der Funktionssysteme selbst. Alles andere kann sich ergeben – und es ergibt sich durch die Prämiierung von gezielten Abweichungen, von evolutionären Veränderungen, von revolutionären Kehrtwenden und von Differenzsetzungen mit Informationswert.

Dass die Dinge dann Individuen und Akteuren als *Handeln* zugerechnet werden, geht eben auf jene Soziodizee des Handelns zurück, die ich im ersten Kapitel dargestellt habe. Handeln hängt von Voraussetzungen ab, die von der Handlung selbst nicht zu kontrollieren sind – und genau deshalb sind Ideen nur in jenen Umfeldern und Umwelten und unter jenen Bedingungen wahrscheinlich, in denen Abweichung prämiiert werden kann. Nicht der geniale Innovator ist die Voraussetzung für den *trade-test*, sondern eine Gesellschaftsstruktur, die Ergebnisoffenheit und die prinzipielle Unabgeschlossenheit von Prozessen erzwingt. Insofern ist im Diskurs mit der chinesischen Kritik des «Westens» der Hinweis auf eine weniger individualistische Kultur nur ein defensives Geplänkel, das den kulturellen und argumentativen Aufwand übersieht, der aufgewandt wird, um *alles unter den Himmel* zu platzieren – und dem gewaltsamen und autokratischen Charakter der Politik dieser Gesellschaft auch Ausdruck zu verleihn.

Wie schwierig und wie komplex der Umgang mit jener Offenheit ist, lässt sich tatsächlich an der chinesischen Kritik an der Demokratie und an den Optionssteigerungen der Moderne sehen. Damit macht diese Kritik einen wichtigen Punkt, der durchaus auf die Frage zielt, wie Ergebnisoffenheit zu kalkulierbaren Strukturen führt. Den Neokonfuzianismus ZHAOs muss man deshalb als eine besonders elaborierte Form einer Soziodizee des Gemeinschaftlichen lesen, die exakt das verdeckt, was solche Formen der Beschreibung der Gesellschaft in der Sozialdimension so zahnlos macht: Die Struktur der modernen Gesellschaft ist an der Sachdimension orientiert, an der Differenz nicht eindeutig koordinierbarer unterschiedlicher Logiken und ihrer Gleichzeitigkeit. Erst das macht die Form der netzwerkartigen Teststrategien aus, die offensichtlich Lernprozesse ermöglichen. Einer solchen Teststrategie ist ein kognitiver Erwartungsstil näher als ein normativer. Er setzt eher auf Lernen als auf Strukturerhaltung, eher auf Ergebnisoffenheit als auf Verteidigung bis zur letzten Ressource.

Das kann man auch daran erkennen, dass in einer eher liberal genannten Kultur Veränderung sich auch unmerklich, bisweilen gegen die Intentionen der Akteure durchsetzt. Die sozialmoralischen, die kulturellen und die freiheitsorientierten Pluralisierungen innerhalb des Modernisierungsprozesses sind beredter Ausdruck exakt solcher Teststrategien. Alle lebensweltlichen Pluralisierungen von der Kritik sexueller, rassistischer oder ethnischer Diskriminierung über die Pluralität von Lebensformen bis hin zu einer Offenheit für unterschiedliche Lebensentwürfe sind ebenso Ausdruck jener *trade-tested* Verfahren – natürlich im übertragenen Sinne –, wie es auch die unfassbare Leistungsfähigkeit der Moderne in all ihren Funktionssystemen ist. Auf die Ambivalenz dieser Leistungsfähigkeit (Optionssteigerungen, Grenzenlosigkeit, Zielkonflikte) habe ich mehrfach hingewiesen. Wer freilich auf Lösungen und Beschreibungen im Gewande der Soziodizee des Gemeinschaftlichen oder auf Gesellschaftsbeschreibungen ausschließlich in der Sozialdimension setzt, verfehlt die gesellschaftliche Moderne kategorial.

Noch einmal: Krise

Die strukturellen Voraussetzungen der funktionalen Differenzierung der gesellschaftlichen Moderne implizieren keinen normativen Fehlschluss, sondern sind vielmehr eine Prädisposition für Programme, die letztlich mit dem Risiko der Kommunikation umgehen müssen. Das Risiko der Kommunikation besteht darin, dass der Anschluss offen ist. Von Kommunikation ist dann zu reden, wenn das Anschlussereignis sich nicht notwendig aus dem vorherigen ergibt. Schon Claude Shannon und Warren Weaver haben in ihrer mathematischen Kommunikationstheorie aus den 1940ern gezeigt, dass Kommunikation nur zustande kommt, wenn aus Signalen mit einer bestimmten Wahrscheinlichkeit Informationen generiert werden können. Die Wahrscheinlichkeit berechnet sich danach, ob die Signale sich einer mit den Mitteln des Empfängers dechiffrierbaren und für ihn plausiblen Ordnung fügen.[24] Das bedeutet, dass Kommunikation nicht einfach eine Übertragung von Informationen sein kann, weil der Empfänger Signale nicht einfach passiv aufzunehmen vermag, sondern selbst in der Lage sein muss, diese zu dechiffrieren. Was hier noch für das Problem der technischen Übertragung formuliert wurde, verweist schon auf das Risiko der Kommunikation: Der eine kommunikative Akt kann den nächsten nicht konditionieren, sondern wird von der Differenz zwischen beiden geprägt. Nicht umsonst setzen also Theorien der gesellschaftlichen Moderne zunehmend auf Prozess- und Kommunikationskategorien – so Habermas nicht auf Sprache, sondern Sprechen, und die Luhmann'sche Systemtheorie nicht auf strukturelle Bestandserhaltung, sondern auf ereignisbasierte Ordnungsbildung, die phänomenologische Soziologie auf zeitsensiblen Erfahrungsaufbau, Pierre Bourdieu auf Praktiken, die Ethnomethodologie Harold Garfinkels auf Interaktionsprozesse und George Herbert Meads symbolischer Interaktionismus ebenso. Solche Theorieentscheidungen sind kein Zufall, sondern entsprechen einer Gesellschaft, die sich einen Reim auf ergebnisoffene Prozesse machen muss und für die Stabilität das Erklärungsbedürftige ist.

Bezogen auf die beiden Referenzkrisen COVID und Klimawandel ist das mit Händen zu greifen. In der COVID-Krise war es nachgerade unmöglich, gesellschaftliche Akteure und Aktionen auf ein Gleis zu setzen, will heißen: sie zu koordiniertem Handeln zu ermächtigen. Die Eigendynamik der unterschiedlichen Funktionslogiken, aber eben auch die unterschiedlichen Akteursgruppen und -typen der Gesellschaft konnten nicht *stabil* so angeordnet werden, um ein Konzept *aus einem Guss* zu etablieren. Wahrscheinlich muss man von Krisen dann sprechen, wenn das ohnehin Krisenhafte der Gesellschaft in dieser Form sichtbar und damit zum Problem wird. Die Stärke des *trade-testing* wird dann zu einer Schwäche, weil die Disposition der Gesellschaftsstruktur es offensichtlich nicht vorsieht, dass *alles unter dem Himmel* bleibt, um das Bild noch einmal zu verwenden.

In der COVID-Krise war eine der eindrücklichsten Erfahrungen, wie wenig das Verhalten von Akteuren zugunsten einer bestimmten Verhaltensform stabilisierbar war. Das «Durchregieren» im ersten Lockdown war gewissermaßen die chinesische Variante in einer Situation, in der so viel Ungewissheit herrschte, dass die üblichen Teststrategien wenigstens für begrenzte Zeit suspendiert wurden. Ich habe oben beschrieben, wie schnell nach den ersten Öffnungen die «ergebnisoffenen» Prozesse wieder Fuß gefasst haben. Der Begriff der «Öffnung» bekommt hier tatsächlich eine doppelte Bedeutung: Es geht nicht nur um die Öffnung von Schulen, Geschäften, Restaurants und Büros, sondern auch um die Öffnung von Verhaltensalternativen, um das Ausprobieren von Möglichkeiten, auch um das Abchecken, was im eigenen erreichbaren Netzwerk möglich ist. Hier spielen wohl Netzwerke in *peer-groups* eine nicht unerhebliche Rolle. Der Begriff stammt nicht umsonst aus der Jugendforschung, in der es darum geht, wie sich Verhaltensformen in Abhängigkeit zu kontingenten Netzwerken im Hinblick auf unterschiedliche Jugendkulturen aufbauen.[25] Aber genau genommen probieren sich alltägliche Verhaltensstandards stets in solchen *peer-groups* aus – einerseits im Sinne einer Stabilisierung der Struktur durch Nachahmung im Sinne von Gabriel de Tarde,[26] andererseits in der Testung von Alternativen und Abweichung. Zu einer *trade-testing* Gesellschaft gehört auch die Offenheit aller möglichen Formen – man denke etwa an Protestkulturen, in denen die Grenzen des Sagbaren ausgetestet werden, man denke an die Abweichung von Normen (z. B. Hygienenormen) in konkreten Kontexten. Die Grunderfahrung während der Pandemie war, dass die Gesellschaft nicht stillzustellen ist – was die einen medial als Bestätigung ihrer Freiheit und des Freiheitsdrangs der Menschen gefeiert haben, die anderen als Disziplinlosigkeit und Unfähigkeit zur Einsicht in Notwendigkeiten. Beide Seiten haben Recht.

Das nicht Festgestellte, die Offenheit, ist zugleich das Großartige und das Krisenhafte eines Gesellschaftssystems, das aus funktionalen Gründen auf Offenheit setzen muss, um mit der Komplexität der Gleichzeitigkeit des Unterschiedlichen umgehen zu können. Und nur, um es noch einmal explizit zu betonen: Von *trade testing* zu sprechen, bezieht sich auf eine prozesshafte Strukturkategorie und keine *ökonomische* Kategorie – sie lässt sich nur am Ökonomischen besonders deutlich entwickeln. Zumindest sind sich liberale und linke Beobachter darin einig, dass sie sich in ihrer Intentionalität fast nur aufs Ökonomische kaprizieren – der Kapitalismus ist eben nur die ökonomische Variante einer Struktur, die auf Offenheit, auf Steigerung, auf Mehrwert und auf praktische Bewährungsfunktionen zielt. Gewonnen wäre intellektuell viel, wenn sich die Einsicht durchsetzen würde, dass diese Form nicht nur für das ökonomische, sondern auch für die anderen Funktionssysteme gilt, eingeschlossen die Potentiale einer solchen Form und die erheblichen Folgeprobleme. Eine solche Konstellation jedenfalls ist schon deshalb krisennah, weil die entscheidende Strukturkategorie Prozesse sind. Explizite Krisen sind dann nur Visibilisierungen der impliziten Krise der Moderne, die als Überforderung und Unübersichtlichkeit erlebt wird – als Unbehagen. Eine der größten Quellen fürs Unbehagen ist der Verlust des Latenzschutzes – vielleicht eines der entscheidenden Bezugsprobleme von Modernität.

10

Latenz

Das Problem der modernen Kultur ist, dass sie modern und dass sie Kultur ist. Dass sie *modern* ist, bedeutet, dass sie pluralistisch, ergebnisoffen, alternativenreich, variabel und änderbar ist. Die alte, eher konservative Kritik am Modernen hatte sich genau darauf kapriziert: Die Ordnung zum Ergebnis einer freien Wahl zu machen, konterkariere den Charakter von Ordnung. Dieses *soziologische* Argument gegen die Pluralität der Kultur, gegen die politische Demokratie und für die quasi-natürliche hierarchische Strukturierung des Volkes habe ich oben schon mit Joseph de Maistre und Juan Donoso Cortés referiert.[1] Motive dessen finden sich dann später in Carl Schmitts Konzept der politischen Theologie[2] oder auch in Arnold Gehlens Institutionentheorie[3], die die Vorlage für Helmut Schelskys Zweifel an der Möglichkeit der Dauerreflexion abgab.[4] So unzeitgemäß diese Diagnosen daherkommen und sosehr manche von ihnen üblicherweise mit Schaudern zitiert werden, um die Modernität des Modernen zu verteidigen, so haben sie doch einen empirischen Hintergrund. Noch einmal Deirdre N. McCloskeys treffende Formulierung der *trade-tested betterments* aufnehmend, kulminiert die Erfahrung von Modernität in der Ergebnisoffenheit ihrer Prozesse, vor denen sich jede Bedeutung, jede Selbstverständlichkeit, jede Geltung rechtfertigen muss. Das Großartige und Leistungsfähige an der gesellschaftlichen Modernität ist auch ihr Problematischstes. Denn Modernität bedeutet tatsächlich, dass Ordnungsbildung kontingent wird, dass es Endgültigkeiten und Übersichtlichkeit in dieser Form nicht mehr geben kann. Es sind gerade deswegen die Institutionenarrangements moderner Gesellschaften, die ihre Stabilität und Berechenbarkeit ermöglichen, es ist nicht die Modernität ihrer Struktur.

Neben der Modernität ist das *Kulturelle* problematisch an der modernen Kultur. Den konservativen Kritikern der Moderne erschien

Kultur nicht als Kultur, sondern letztlich, wenn man so will, als Kultus, als eine Ordnung, deren Unmittelbarkeit fraglos war. Wie der Kultus als Ritual gewissermaßen unsichtbar machen muss, warum er so ist, wie er ist, ist Kultur immer andere Kultur anderer Kultur. Wer auf Kultur stößt, stößt auf Varianten, auf andere Möglichkeiten, auf Vergleich, auf die Möglichkeit von Augenhöhe, selbst wenn man die eigene Kultur oder die eigene Version, die zur Kultur ausgebaut wird, mit einer besonderen Erhabenheit versieht. Der Vergleich «belastet die Kultur mit dem Geburtsfehler der Kontingenz»[5] und verweist einerseits auf Identität und Eindeutigkeit, andererseits eben auch auf Differenz. Kultur verweist auf eine gewisse innere Notwendigkeit ebenso wie auf eine gewisse Beliebigkeit.

Beide Komponenten moderner Kultur verweisen auf Formen der Selbststabilisierung und Ordnungsbildung – also nicht auf Stabilität und Ordnung. Beide Seiten verweisen auf die *praktische* Herstellung einer Ordnung, die auch anders sein könnte oder die gleichzeitig andere Möglichkeiten realisiert. In der systemtheoretischen Soziologie wird der Begriff der Kultur aus gutem Grund in der zweiten Reihe geführt, er ist also kein soziologischer Grundbegriff, sondern eher ein empirischer Begriff. Es geht dabei nicht um die Frage, was Kultur sei, sondern was *als* Kultur behandelt und bezeichnet wird. Man denkt als Erstes an ethnisch, national oder regional geformte Kulturen, dann an Milieus, aber auch an alle möglichen «kulturellen» Phänomene, die dadurch bezeichnet werden, dass man sie systematisch unterscheidet – so wird Religion ebenso zur Kultur[6] wie unterschiedliche Konsumstile.[7]

Es fällt auf Nachfrage üblicherweise nicht schwer, Kulturfragen zu beantworten – welcher Ethnizität oder Nationalität man sei, welche kulturellen Herkünfte sich mischen, wie die kulturellen Gewohnheiten des eigenen Milieus oder auch derer sind, mit denen man eine freizeitorientierte Vorliebe teilt. Kommunikativ darüber Auskunft zu geben, gehört zu den vielleicht verbreitetsten semantischen Formen, die uns zur Verfügung stehen. Wir sind normalerweise ziemlich gut darauf trainiert und daran gewöhnt, Auskunft darüber zu geben, wer oder was wir sind – stoßen aber spätestens im Moment der Aussage darauf, wie kontingent dies doch ist, d. h. wie anders man all das situations- und adressatenabhängig auch erzählen könnte. Überhaupt ist der Funktionssinn des Erzählens, eine Form dafür zu finden, dass das Erzählte nicht positiv vorliegt, sondern eben in eine erzählerische Form gebracht werden muss. Man kann dann Zugzwänge der Erzählung identifizieren.[8] Erzählungen neigen dazu, aufzugehen, und das gilt auch für kulturelle und kulturalisierende Beschreibungen. Man kann gewissermaßen die Sichtbarkeit solcher kultureller Phänomene nur dadurch herstellen, dass sie einheitlich beschrieben werden können – als «Kultur» eben. Am Ende ist dann alles kulturfähig, wenn sich nur ein Anlass findet, es so zu beschreiben.[9]

In einem nachgerade adornitisch klingenden Satz schreibt Niklas Luhmann: «Das Vergleichsinteresse unterjocht und relativiert alle Wesenheiten und Naturformen, mit denen die alte Gesellschaft sich selber und ihre Welt bestimmt hat.»[10] Man muss freilich hinzufügen: Es ist ambivalent. Starke Beschreibungen von «Kultur» erzeugen geradezu Wesenheiten und auch Naturformen, sie behaupten besonders klare Perspektiven und damit Identitäten, aber sie verweisen paradoxerweise auf exakt das Gegenteil: Wer beschreibt, könnte auch anders beschreiben, und schon kehrt sich die Beschreibung gegen sich selbst, zumindest was ihren performativen Sinn angeht. Moderne Kultur – das bedeutet letztlich: die Unabgeschlossenheit von allem und damit auch die Unvermeidlichkeit eines immer weiteren *tradetestings* durch kommunikative Anschlüsse. Bereits im letzten Kapitel habe ich darauf hingewiesen, dass die prinzipielle Offenheit der Moderne und die Prozesshaftigkeit von Ordnungsaufbau es nahelegen, dass sich Kommunikations- und Prozesstheorien in den Sozialwissenschaften etablieren, die nicht einfach Strukturen entdecken, sondern sich dafür interessieren, wie solche Strukturen entstehen und sich stabilisieren. Der erklärungsbedürftige Sachverhalt ist dann nicht die Bewegung und das Prozesshafte, sondern die Struktur.

Und doch ist dies nur die eine Seite der Medaille. Denn zur Moderne gehört eben auch das Musterhafte, die Regelmäßigkeit, die erstaunliche Berechenbarkeit von Prozessen. Zwar ist fast alles in Bewegung, aber die Bewegung scheint stärkeren Regeln zu folgen, als es den Anschein hat, weswegen spätestens seit dem 19. Jahrhundert Mustererkennung auf unterschiedlichsten Ebenen die entscheidende Form der gesellschaftlichen Selbstbeobachtung ist – in der Sozial- und Stadtplanung und der Wissenschaft, in der Medizin, in der Ökonomie, im Militär, nicht zuletzt in der politischen Planung. Dass Daten über die Gesellschaft eine besondere Rolle zu spielen begannen, ist gewissermaßen ein Korrelat der Tatsache, dass die Prozesse der Gesellschaft unübersichtlicher wurden und sich die Dinge eben nicht mehr durch unmittelbare Wahrnehmung erschlossen. Ich habe dies an anderer Stelle als Grundlage für das Phänomen der «Digitalisierung» beschrieben, die lange vor der Erfindung elektronischer Rechen- und Sammelmaschinen begonnen hat.[11]

Schutzlosigkeit

All dies verweist auf das Problem der Latenz, und zwar in einem doppelten Sinne.

– *Einerseits* macht gerade die digitale Selbstbeobachtung der Welt auf latent bleibende, also unsichtbare, zumindest mit bloßem Auge nicht sichtbare Zusammenhänge aufmerksam. Vieles, was mit digitalen Formen der Selbstbeobachtung der Gesellschaft zu tun hat, ist der Sozialforschung sehr ähnlich: Die Sozialforschung, ob quantitativ oder qualitativ, rekonstruiert nicht einfach sichtbare Einzelfälle, deren Grenzen analog zu ziehen sind. Sozialforschung ist an der Kumulation von Fällen und an Mustern interessiert, die auf den ersten Blick nicht sichtbar sind. Das Aufklärerische der Sozialforschung besteht darin, nicht mehr den üblichen Typisierungen und Vorurteilen glauben zu müssen, sondern unsichtbare Zusammenhänge aufdecken zu können – wenn nicht in der Welt, dann in der quantitativen Forschung in selbsterzeugten Datensätzen, in der qualitativen Forschung in selbsterzeugten Texten oder Beobachtungsprotokollen. Es ist ebenjene Form der *digitalen* Mustererkennung, die auf Latenzen hinweist, die eben nicht nur wissenschaftlich nutzbar sind, sondern auch in anderen Funktionssystemen und in unterschiedlichsten Handlungsfeldern.

– *Andererseits* scheint eine der Hauptquellen für das Erleben von Unbehagen darin zu liegen, dass Latenzen aufgehoben werden. Das ist nicht auf die digitale oder sozialforscherische Visibilisierung von für das bloße Auge unsichtbaren Mustern gemünzt, sondern auf jene deutliche Modernitätserfahrung, dass die Voraussetzungen für Ordnung selbst sichtbar werden. Moderne Kultur, so habe ich gerade gezeigt, verweist darauf, dass das zuvor voraussetzungslos Gültige nun auf seine Voraussetzungen hin befragt wird. Das Erleben von *Kultur* ist eben, wie dargestellt, einerseits ein Generator von Identität, der zu entrichtende Preis ist aber die Erfahrung von Differenz, weil es offensichtlich gleichzeitig *andere* Identitäten gibt und weil die *eigene* Identität auch anders gefasst werden könnte. Dass die Dinge eine Voraussetzung haben und dass man die Voraussetzung benennen muss, ist eine unerschöpfliche Quelle von Verunsicherung. Was hier verlorengeht, ist Latenz als Schutzmechanismus für die Sicherung von Bedeutungen.

Hier ist der Grund dafür zu suchen, warum derzeit einer der beliebtesten Konflikt- und Streitpunkte in der Öffentlichkeit vor allem in Benennungspraxen liegt – welche Begriffe man sagen darf, wer wie anzusprechen ist und wer sich durch welche Ansprachen beleidigt oder diskriminiert fühlt. Dass die Debatte emotional geführt wird, ist kein Zufall – denn es geht viel weniger um die Benennungen selbst, sondern darum, dass es im Streit um die Benennungspraxen tatsächlich um die Möglichkeit des Benennens selbst geht.

Zunächst als ein sehr einfaches Beispiel: Meint das Wort «Student» nur männliche immatrikulierte Universitätsangehörige oder auch andere? Sind Studentinnen mitgemeint? Diese Fragen lassen sich nicht mit klaren konstativen Sätzen beantworten – und sie sind erst recht nicht qualifizierbar, wenn man den Sprecher (oder: die Sprecherin?) fragt, was er (oder sie?) denn wohl tatsächlich gemeint haben könnte. Schon zwischen Sagen und Meinen zu unterscheiden, weist auf ein merkwürdiges Latenzproblem hin, weil man nämlich *sagen* muss, was man denkt, und dies nicht direkt vorzeigen kann, oder weil alter ego nur denken kann, das Gesagte entspreche dem Gedachten, wenn gerade das nicht thematisiert wird.[12] Sobald ich frage «Meinst Du das wirklich?», kann man es nicht mehr ohne Rest entscheiden, denn zwischen Sagen und Meinen besteht eine Kluft, die nur durch ein Sagen des Meinens geschlossen werden kann – ergo: *gar nicht*, oder zumindest: nicht prinzipiell, praktisch und pragmatisch aber schon.

Kehren wir zu den «Studenten» zurück. Ob jemand, der «Student» sagt, auch Studentinnen mitmeint, ist nicht wirklich zu klären, aber darauf kommt es gar nicht an. Spätestens in dem Moment, in dem im allgemeinen Sprachgebrauch die Unterscheidung «Studenten und Studentinnen» vorkommt, oder spätestens wenn die Forderung oder Erwartung eines inklusiv genannten Sprachgebrauchs im Raum steht, bekommt das Wort «Student» sofort einen anderen Sinn. Und spätestens dann werden die Bedeutungsräume sichtbar, bis zu dem Punkt, dass man fragen muss, ob eigentlich «Studentinnen und Studenten» nicht auch solche Inskribierte mitmeint, die sich selbst weder unter die eine noch unter die andere Bezeichnung subsumieren wollen. Und wenn Studenten dann zu «Studierenden» werden, ist das Problem gelöst – liefert aber in bestimmten Gruppen eine Bedeutung mit, die vielleicht gar nicht «mitgemeint» war, dass man sich nämlich einem neuen Sprachgebrauch unterwerfen sollte.

Fortan kann nicht mehr unbefangen gesprochen werden, weil die Bedeutung selbst reflexiv wird – und es dauert dann einige Zeit, bis sich der Sprachgebrauch so habitualisiert hat, dass er wieder wie von selbst funktioniert. Am besten kann man es an jenen sehen, die aus Versehen «Mitgliederinnen und Mitglieder» sagen oder «Gästinnen» begrüßen – das kommt manchmal vor. Das ist zwar ausgekochter Unsinn oder aber eine Parodie (was auch auf Nachfrage nicht wirklich geklärt werden kann), verweist aber darauf, dass sich ein neuer Sprachgebrauch in einer bestimmten Sprachgemeinschaft durchgesetzt hat.

Präziser formuliert: Die Sprache bekommt dann wieder jenen Latenzschutz, den sie zuvor verloren hatte. Darauf komme ich sogleich zurück. Zunächst noch diese Bemerkung: Am kuriosesten sind in der Debatte diejenigen, meist Sprachwissenschaftler, die genau und wissenschaftlich begründen können, wie es *eigentlich* und *genau* ist – etwa dass Studierende gemäß der grammatischen Form eines Partizip Präsens nur dann Studierende sind, wenn sie jetzt gerade studieren, aber nicht, wenn sie aufs Klo gehen oder auf dem Weg nach Thailand an den Strand sind. Statt Bäcker und Bäckerin zu sagen, könnte man «Backende» vorschlagen, statt Mitarbeiter und Mitarbeiterin «Mitarbeitende» usw. – für all diese würde die Einschränkung des Partizip Präsens auch gelten, ein Backender backt gerade, ein Bäcker ist immer Bäcker, auch wenn er studiert. Eine Bäckerin auch.[13]

Kurios ist das schon deshalb, weil gerade Sprachwissenschaftler mit Sprach-, Bedeutungs- und Sprachgebrauchswandel rechnen müssten, aber auch insofern, als solche Grammatiker mit dem Hinweis auf die eigentliche Struktur der Sprache bzw. ihrer syntaktischen Regeln meinen, damit etwas herstellen zu können, was ja gerade durch diese Diskussion verlorengegangen ist: der *Latenzschutz* des Sprachgebrauchs. Sobald wir anfangen, beim Sprechen sprechend über die Bedeutungsmöglichkeiten des Mediums selbst zu verhandeln, entstehen Störungen – was auf die Funktion des Mediums verweist. Das durch Hinweis auf geltende Regeln widerlegen zu wollen, zeugt jedenfalls von einem eher begrenzten Sprachverständnis, das offensichtlich die Praxis des *Sprechens* außer Acht lässt.

Die Unterscheidung von Medium und Form ist auch eine Unterscheidung von Sichtbarkeit und Unsichtbarkeit. Sie macht, im Sinne von Fritz Heider,[14] darauf aufmerksam, dass man den Schall in einer bestimmten Form hören kann, nicht aber die Luft als Medium, obwohl der Schall konstitutiv auf das Trägermedium Luft angewiesen ist. An anderer Stelle habe ich das auch für das Verhältnis von elektronischen Daten und der Datenform gezeigt.[15] Gleiches gilt für das Verhältnis von Sprache und sprachlich vermitteltem Sinn. Man kann sprechen, aber nicht die Sprache selbst sichtbar machen, außer, man spricht über die Sprache. Aber auch wenn man noch so viel über die Sprache spricht, so ist diese als Medium doch stets gewissermaßen unsagbar vorausgesetzt. Sinn (und damit auch Sprache) ist ein letztlich nicht-negierbares Medium[16] – was man also sagen kann, hängt davon ab, was man nicht sagen kann.[17]

Wie man sieht, kann man am besten sehen, wenn man nicht (alles) sieht. Sobald das Sehen selbst reflexiv wird, kann man seinen Augen nicht mehr trauen. Das passiert regelmäßig, wenn die moderne Kultur sich auf sich selbst bezieht – und sie bezieht sich fast automatisch auf sich selbst, denn darin ist sie moderne «Kultur». Dass die Moderne anstrengend ist, ist einsichtig – bis zu diesem Punkt der Argumentation sind viele Gründe dafür genannt worden: die Differenzierungsform der Gesellschaft, ihre Unmöglichkeit, gesteuert und kontrolliert zu werden, die Gleichzeitigkeit von Unterschiedlichem, die Permanenz von Widerspruch, die Ergebnisoffenheit all ihrer Prozesse, vor allem die Prozesshaftigkeit ihrer Prozesse, die Kontingenz und Fragilität ihrer Institutionenarrangements, ihre Krisenhaftigkeit in Permanenz, ihre Volatilität. Aber all dies kulminiert in der Erfahrung, dass noch die einfachste Weltsicht nur eine Sicht der Welt ist und von Voraussetzungen abhängt, die der Beobachter nicht kontrollieren kann, weil diese Voraussetzung der Beobachter selbst ist. Weniger abstrakt formuliert: Die Selbstaufklärung der Moderne besteht darin, wie selbsttragend (und damit: paradox) unser Bild der Welt entsteht.

Damit verlieren sich jene letzten Sicherheiten, die man zuvor nicht brauchte, weil man sie hatte: ein Weltbild, das nicht als Bild erschien, weil es die Welt selbst war. In Martin Heideggers «Die Zeit des Weltbildes» heißt es denn auch treffend: «Die Redewendungen ‹Weltbild der Neuzeit› und ‹neuzeitliches Weltbild› sagen zweimal dasselbe und unterstellen etwas, was es nie zuvor geben konnte, nämlich ein mittelalterliches und ein antikes Weltbild. Das Weltbild wird nicht von einem vormals mittelalterlichen zu einem neuzeitlichen, sondern dies, daß überhaupt die Welt zum Bild wird, zeichnet das Wesen der Neuzeit aus.»[18] Halten wir uns nicht mit der Frage auf, ob Heidegger das als Verlustdiagnose oder einfach als Diagnose vorträgt – treffend an dieser Einschätzung ist jedenfalls, dass er hier der «Neuzeit» eine besondere epistemologische Position zuweist. Diese epistemologische Position besteht darin, dass das Weltverhältnis selbst noch seine eigenen Grundlagen zum Thema macht, weswegen es sich auch verfehlen kann, denn ein Bild ist nur ein Bild, nicht die Welt selbst.[19]

Es soll hier nicht um eine angemessene Heidegger-Exegese, sondern um die Selbstverunsicherung der Moderne gehen, die meist im Gewande einer Versicherung daherkommt: in Bildern darüber, wie die Welt ist. Dass selbst dies noch auf für den Beobachter selbst unkontrollierbaren Voraussetzungen aufruht, ist von soziologisch eminent wichtiger Bedeutung und führt zurück zu Heiders Dialektik von Sichtbarkeit und Unsichtbarkeit und könnte der Schlüssel für die Erklärung der Merkwürdigkeit von Benennungsdebatten sein.

Was Heider mit der Unterscheidung von (unsichtbarem) Medium und (sichtbarer) Form auf den Begriff bringt, wird in Talcott Parsons' funktionalistischem Kulturbegriff abgebildet. Man könnte sagen: Parsons' Kulturbegriff bringt die nicht-moderne Bedingung der modernen Fixierung auf «Weltbilder» und der Visibilisierung der eigenen Voraussetzungen zur Geltung. Die derzeitigen sogenannten identitätspolitischen Debatten sind dafür ein lohnendes Anwendungsfeld.

Es kommt hier darauf an, sich der Debatte um diese Fragen zu entziehen – also weder für noch gegen das Pochen auf Identität zu plädieren, sich nicht an den Untiefen der stets anderen Seite festzubeißen und auch nicht mit Empfehlungen für ein angemessenes Maß an Ansprüchen aufzuwarten. Es soll vielmehr darum gehen, warum es ausgerechnet Identitätsfragen sind, die eine solch große Rolle spielen. Ich habe schon im siebten Kapitel darauf hingewiesen, dass die Logik des Familialen einen Rest vormoderner unbedingter Zugehörigkeit in sich trägt und dass Debatten über die Gesellschaft in der Sozialdimension von jener familialen Logik der unbedingten Zugehörigkeit zehren. Ein solcher Blick auf identitätspolitische Debatten kommt nicht mit dem mahnenden Zeigefinger daher, man möge es doch bitte nicht übertreiben, auch nicht mit der vergleichsweise zahnlosen Kritik, dass wir doch alle Menschen seien und es deshalb universalistischer statt partikularistischer Urteile bedürfe. Das stimmt ja alles, aber es verfehlt die Logik, den Funktionssinn und die Folgen solcher Zuschreibungen.

Die Struktur des Konflikts und seine Unversöhnlichkeit könnten vielleicht etwas transparenter werden, wenn man sich an die Kulturtheorie von Talcott Parsons erinnert.[20] In Parsons' analytischem AGIL-Schema, unter anderem in Rückgriff auf funktionalistische Ethnologien von Malinowski oder Radcliffe-Brown, ging es um die Bedingungen des Handelns und sozialer Ordnung, um unterschiedliche Funktionen (Anpassung, Zielerreichung, Integration, Latenz), die erfüllt sein müssen, damit Handlungen und soziale Ordnung möglich sind und sich stabilisieren können. Sowohl für das allgemeine Handlungssystem als auch für soziale Systeme hat Parsons dieses Schema angewandt, um zu zeigen, welche Komponenten und welche Austauschprozesse zwischen diesen Komponenten nötig sind, damit es zu Handlungen bzw. zu stabilen Sozialordnungen kommen kann. All das muss hier nicht im Einzelnen durchdekliniert werden;[21] bemerkenswert ist aber, dass Parsons für beides, für Handlungen und für soziale Systeme, eine besondere Funktion vorsieht, die er «Latenz» genannt und der «Kultur» zugeschlagen hat.[22] Die Idee lautet: Kulturelle Bedeutung, etwa sprachliche Repräsentation, symbolische Formen, Werte und Hintergrundselbstverständlichkeiten, auch moralische Standards und basale Anerkennungsformen müssen *latente Muster* bleiben, damit sie funktionieren können. Es muss gewissermaßen eine nicht-verhandelbare Präsupposition aller Verhandlungen geben, deren Geltung an eine gewisse Unsichtbarkeit gebunden ist. Wir könnten nicht miteinander sprechen, wenn wir die Bedeutung sprachlicher Symbole permanent sprachlich einholen müssten. Müsste Bedeutung vollständig reflexiv sein, könnte es keine Bedeutung geben. Uns als Menschen wechselseitig zu achten, setzt geradezu voraus, uns unseres Menschseins nicht permanent gegenseitig versichern zu müssen. Wer dem anderen *sagen* muss, dass er oder sie eine Person mit Menschenwürde ist, könnte auch das Gegenteil sagen. Deshalb, so Parsons, ist das Latenthalten so wichtig. Kultur in diesem Sinne schützt sich selbst durch Invisibilisierung ihrer Bedingungen und erzeugt so etwas wie eine Minimalmoral in der Kommunikation, die dadurch Moral ist, dass sie nicht ethisch reflektiert werden muss oder kann, sondern gewissermaßen als Bedingung von Kommunikation selbst fungiert.[23]

Dieser Latenzbegriff, den die Kultur- und Sozialwissenschaften weitgehend vergessen haben,[24] weist auf eine wichtige Funktion von «Kultur» hin, die spätestens dann paradox wird, wenn die kulturelle Hintergrundüberzeugung und ihre Möglichkeitsbedingung zum Thema werden. Kulturelle Muster müssen zu einem Teil implizit vorausgesetzt werden und wirken gerade dadurch verbindend – wo sie explizit werden müssen, betreiben sie bisweilen das Gegenteil. Das ist in einer Gesellschaft, die sich vor allem in der Sozialdimension beschreibt, damit Zugehörigkeiten kontingent setzt und darüber dann kommunizieren muss, zumindest schwierig. Denn wenn es stimmt, dass gerade die Unsichtbarkeit ihrer Voraussetzungen einen gemeinsamen Bedeutungshorizont und damit eine Form der unbefragten Verbindung schafft, dann erzeugt die explizite Herstellung von Verbindung und Zugehörigkeit fast notwendigerweise auch das Gegenteil. Der semantische Überschuss solcher Ligaturen mag daher rühren, dass der Latenzverlust kompensiert werden muss. Odo Marquard nennt diesen Überschuss eine «Hochkonjunktur des Legitimationsverlangens»,[25] die zwar nicht neu sei, aber eben in der Gegenwart einer besonderen Verve bedarf. Man muss dann den Gegenstand der Beschreibung selbst mit einer Unbedingtheit ausstatten, den er performativ schon dadurch verloren hat, dass man ihn semantisch beschwören muss – also auch anders ausdrücken könnte. Im Bereich des Religiösen würde man dann wohl auf Rituale setzen, auf Liturgien und Zurechnung an Transzendenz, womit man sich gegen Kritik immunisieren kann. In anderen Bereichen bieten sich Naturalisierungen an, Verkörperungen und Positivierungen des Kontingenten. Es ist deshalb kein Zufall, dass sich die meisten Quellen für Diskriminierung auf Merkmale kaprizieren, die man insofern mit einem Latenzschutz ausstatten kann, als man sie für Natur und damit für unabänderlich hält.

Wenn es stimmt, dass explizite Kultur vor allem ein Korrelat von Vergleich, oftmals von asymmetrischem Vergleich ist, dann liegt hier der Schlüssel zur Unauflösbarkeit identitätspolitischer Fragen. Paradoxerweise können sie erst dann aufgelöst werden, wenn das Problem selbst gelöst ist, wenn also, im Falle des Rassismus, die entsprechenden Hintergrundüberzeugungen verschwinden. Parsons hat selbst auf diesen Widerspruch hingewiesen. In seinem Aufsatz *Full Citizenship for the Negro American? A Sociological Problem* aus dem Jahre 1965[26] – man kann die historische Datierung an der Bezeichnung von Schwarzen und an dem Fragezeichen ablesen – beschreibt Parsons, wie für ihn das Problem von *race* der Lackmustest einer vollständigen Modernisierung der amerikanischen Gesellschaft ist. Und er unterscheidet hier sehr deutlich die institutionelle Gleichberechtigung der schwarzen amerikanischen Bevölkerung in Form von rechtlichen Standards und symmetrischen Zugangsbedingungen von *full citizenship* als einer Form der latent bleibenden Zugehörigkeitsunterstellung.

Dem unmittelbaren Zugriff ist letztlich nur diese institutionelle Ebene ausgesetzt – wir können Gesetze ändern, wir können Verordnungen markieren, wir können eine *affirmative action* betreiben und *gender mainstreaming*, wir können sogar Nicht-Diskriminierung verordnen als partikulare Förderung im Dienste des Universalistischen. Und wir können zugleich sehen, dass dies von Abwehrhaltungen und Widerständen flankiert wird, die auch jene zu identitätspolitischen Selbstzuschreibungen veranlasst, die das vorher nicht nötig hatten. Das Sichtbarwerden von Sprecherpositionen macht eben auch die Latenz früherer Zuschreibungen sichtbar, weswegen die Verteidigung des Eigenen fast immer in Untiefen führt, weil das Eigene nur deshalb unproblematisch war, weil man seine Bedingungen latent halten konnte. Nur deshalb hatten es die Verteidiger des Bisherigen nicht nötig, über Selbst- und Fremdzuschreibungen nachzudenken. Dass sie es vorher nicht nötig hatten, wird ihnen von denjenigen, die nun auch sprechen können, sogar vorgehalten, mit Recht, aber auch das hilft nicht weiter. Was hier in den Kategorien von Parsons passiert, ist das Manifestwerden der Latenzfunktion. Man kann sehen, was passiert, wenn die latenten Muster auf einmal Gegenstand von kollektiven Aushandlungsprozessen, politischen Entscheidungen und eigenen Überzeugungen werden. Und man kann sehen, wie sehr unsere eigene Sicht der Welt abhängig ist von jenen latenten Mustern, die wir uns selten eingestehen, weil sonst die Stabilität unserer Welt in Frage gestellt wird.

Physiodizee

Der Anspruch, dass nur ein Schwarzer über den Rassismus, nur eine Frau über Gleichberechtigung und nur Homosexuelle über sexuelle Diskriminierung sprechen sollten, ist grundfalsch – genauso grundfalsch übrigens wie die Behauptung, nur die Autochthonen hätten die Definitionsmacht über das «Eigene». Paula-Irene Villa Braslavsky nennt solche Forderungen treffend einen «positionalen Fundamentalismus»[27], eine Art Alleinvertretungsanspruch auf Sprecherpositionen. Mit «grundfalsch» meine ich nicht, dass man solche politischen Forderungen nicht formulieren kann. Zumindest auf dem Aufmerksamkeitsmarkt scheinen solche Ansprüche gut zu funktionieren. Entscheidend ist vielmehr eine merkwürdige Aporie, die sich aus solchen Forderungen ergibt. Die Aporie besteht darin, dass all diese Ansprüche aus der Perspektive von partikularen, also: identitätsorientierten Positionen im Namen einer *universalistischen* Forderung nach Gleichberechtigung, nach Aufhebung der Differenz und nach

Augenhöhe all das negieren müssen, was sie fordern. Diese Aporie macht das Feld so unübersichtlich. Es hat gerade bei diesen Themen noch den Nachteil, dass es sich hier tatsächlich um universalistische Geltungsansprüche handelt. Man muss diese Ansprüche nicht *links* nennen, es reicht, ihren universalistischen Charakter zu sehen – letztlich fordern sie jene Versprechen moderner Ethik, moderner Rechtssysteme und einer universalistischen Denkungsart ein, die die Grundlage der modernen westlichen Zivilisation bilden. Der Hinweis, dass es sich um uneingelöste Versprechen handelt, verstärkt noch den universalistischen Geltungsanspruch. Und selbst wo man wie etwa Achille Mbembe die Möglichkeit der westlichen Moderne in der Exklusion eines nachgerade universalen Anderen sehen will, beruft man sich auf jene Argumentationsfiguren, deren Möglichkeitsbedingung man kritisiert.[28]

Wie sehr solche Fragen zur Farce geraten können, die dennoch eine Weltöffentlichkeit beschäftigt, lässt sich an der Frage der Übersetzung des Gedichtes von Amanda Gorman ablesen, das sie bei der Inauguration des amerikanischen Präsidenten Joe Biden in Washington im Januar 2021 vorgetragen hat. Verschiedentlich mussten Übersetzer von ihrer Aufgabe zurücktreten, weil man ernsthaft die Frage gestellt hat, ob ein weißer Mann (in Spanien) oder eine weiße Frau (in den Niederlanden) dieses Gedicht einer schwarzen Frau übersetzen können. Es geht hier nicht um das Gedicht selbst, das man nur im Kontext der amerikanischen Tradition der *Civil Religion* verstehen kann.[29]

Die deutsche Ausgabe wurde von drei Frauen übersetzt, von denen nur eine bisher als Übersetzerin hervorgetreten ist, die beiden anderen durch entsprechende Marker legitimiert sind, während eine von ihnen nicht einmal die Marker trägt, die für die Autorin gelten.[30] Um nicht falsch verstanden zu werden: Dagegen ist nichts einzuwenden, aber der verschiedentlich gehörte Einwurf, es gehe *nur* darum, dass sich auch *diverse* Übersetzer und Übersetzerinnen durchsetzen können, ist Teil der Farce. Es geht nicht darum, sondern tatsächlich um die Etablierung von Ansprüchen, die sich heillos in jener Aporie zwischen partikularistischen Positionen und universalistischen Ansprüchen verlieren. Nun geht es mir nicht um diesen Fall, und es steht mir nicht einmal an, ihn zu bewerten. Aber er ist ein schönes empirisches Fallbeispiel dafür, wie sehr der Latenzschutz verlorengegangen ist. Man kann in einem solchen Feld dann nur noch alles falsch machen. Das ist das endemisch Krisenhafte eines solchen Geschehens.[31]

Rechte Identitäre haben es viel einfacher, denn sie erleiden aus ihrer Sicht keine Aporie, weil sich ihr identitärer Anspruch allein auf den partikularen Identitätsanteil richten kann, der sie selbst sind. Sie können sich mit einer Sicherheit ausstatten, die allenfalls durch Misserfolg gestört werden kann. Rechte Identitätspolitik ist auch nicht wie etwa eine feministische eine politische Methode oder Strategie, sondern genügt sich selbst, weil sie zumindest unter ihresgleichen auf den Latenzschutz eindeutiger Zugehörigkeiten setzen kann. Schwierig und entlarvend wird es, wenn sie das Eigene dann tatsächlich beschreiben muss, denn dazu müsste man es vergleichen (Kontingenz der Kultur!); also reicht es lieber aus, dass das Eigene das Eigene ist – und mindestens besonders.[32]

In der Praxis gerät ein aus den Fugen geratener identitätspolitischer Streit auch in den nicht-rechten Feldern in ähnliches Fahrwasser – dann nämlich, wenn es zu einer Verabsolutierung der eigenen Position kommt, wenn das Recht auf Stellungnahme beschnitten wird und wenn eigene Betroffenheit das Rederecht vollständig definiert. Aber darum soll es hier nicht gehen – von Interesse ist hier lediglich, dass sich diese Debatten an der Latenzfrage entzünden.

Das Unbehagen in der Kultur war für Freud vor allem ein Unbehagen, das aus der Überforderung des Ich durch das gesellschaftliche Über-Ich resultiert und die Freiheit des Menschen durch eine Zwangsform der Lieblosigkeit ersetzt.[33] *Das Unbehagen an der Kultur*, das hier gemeint ist, möchte den Grund der Überforderung spezifizieren: Es ist das Unbehagen, das dann entsteht, wenn der Latenzschutz verlorengeht und alles so transparent wird, dass der Boden der Kultur seine Stabilität verliert, weil man sich nicht mehr darauf verlassen kann, dass die Dinge so sind, wie sie bezeichnet werden. Pochte Freud darauf, dass die Kultur das Individuum «schwächt, entwaffnet und durch eine Instanz in seinem Inneren, wie durch eine Besatzung in der eroberten Stadt, überwachen läßt»[34], geht es hier darum, dass der Verlust des Latenzschutzes eher den Verlust der Kultur ausmacht. Gemeinsam ist beiden Perspektiven freilich, dass die

Möglichkeit einer stabilen Form als unwahrscheinlicher Fall angesehen wird.

Das Unbehagen, das ich meine, ist so etwas wie ein Weltverlust, der viel mit einem Vertrauensverlust zu tun hat, wenn man Vertrauen daran bindet, auf vollständige Transparenz verzichten zu können. Das moderne Unbehagen ist gewissermaßen das Resultat der (Selbst-) Aufklärung, die die vorempirischen Bedingungen der Möglichkeit klarer Urteile über den Menschen zunichtemacht. Bauten die Humanwissenschaften zunächst klare Identitäten und Zugehörigkeiten, universalistische Prinzipien und Kategorien auf, bringen sie sich zugleich als *Gegenwissenschaften* hervor, wie Michel Foucault sie nennt: *Psychologie, Ethnologie und Linguistik*.[35] Die Psychologie hebt die Latenz der Innenwelt auf, indem sie auf Unbewusstes, auf unsichtbare Muster, auf latente Strukturen eben aufmerksam macht; die Ethnologie hebt die Latenz des Kulturellen auf, indem sie jedes kulturelle System damit konfrontiert, nur eine weitere Version anderer Möglichkeiten zu sein; und die Linguistik hebt die Latenz der Bedeutung auf, weil sie zeigen kann, wie sehr jeder sprachliche Ausdruck der Welt eher von der inneren Struktur der jeweiligen Sprache abhängig ist als von der durch sie bezeichneten Welt. Man könnte noch die *Soziologie* in diese Reihe einordnen, die den handelnden Menschen damit konfrontiert, dass dieser die Bedingungen und Voraussetzungen jenes Handelns, das ihm selbst zugerechnet wird, gar nicht selbst kontrollieren kann. Diese Gegenwissenschaften nehmen das aufs Korn, was ich im ersten Kapitel als *Soziodizee* bezeichnet habe: die Soziodizee des Handelns als Illusion von Autonomie und Selbstwirksamkeit und die Soziodizee des Gemeinschaftlichen als Illusion sicherer Zugehörigkeit und damit Handlungskoordination. Und doch beteiligen sich diese Wissenschaften wieder an der Stabilisierung dessen, was sie zuvor destabilisiert haben. Ich habe es oben am Beispiel einer linguistischen Kritik der Geschlechterbezeichnung einerseits als Auflösung geltender Regeln, andererseits als Festhalten an geltenden Regeln aufgezeigt – Studierende sind den einen die Lösung für eine Verflüssigung geschlechtlicher Zuschreibungen, den anderen schlicht ein falsches Partizip.

Es bleibt die Frage, warum sich die Abwehr gegen den Latenzverlust gerade an Sichtbarkeiten orientiert. Parsons hat die Frage der *full citizenship* für schwarze Amerikaner nicht nur aus historischen Gründen zum Lackmustest für die vollständige Modernität der Gesellschaft erklärt. Das Perfide am Rassismus ist, dass er auf eine (vermeintliche) Sichtbarkeit referiert, also auf eine Unterscheidung, die angeblich *schon da* ist. *Vermeintlich*, weil es durchaus kontingent ist, welche Art von Unterschied einen Unterschied macht. Diskriminierungen – positive wie negative – müssen ihre Beliebigkeit überwinden, sonst sind sie nicht in der Lage, sich zu stabilisieren und zu kondensieren. Solche Kategorien weisen zum einen darauf hin, wie kontingent Zugehörigkeiten sind und wie kontingent die Herstellung von Identitäten in der Sozialdimension sind. Diese Kontingenz kann bewältigt werden, indem man den Unterschied zur Natur erklärt und an Sichtbarkeiten festmacht, selbst wenn die Sichtbarkeit erst durch den Blick erzeugt wird, der seine Objektivität behauptet. Rassismus und Rassenvorstellungen gab es schon länger,[36] auch die Auseinandersetzung zwischen einem eher universalistischen (jüdischen, christlichen und islamischen) Verständnis des Menschen gegen eine an Hautfarben orientierte Perspektive hat eine lange Geschichte,[37] aber seine Verwissenschaftlichung ist ein Phänomen des 19. Jahrhunderts, in dem eine Biologisierung und Naturalisierung der Ethnologie betrieben wurde.[38] Es wurde also der Kulturrelativismus, der aus der vergleichenden Kulturperspektive stammt, mit einer Eindeutigkeit konfrontiert, die man als Versuch der Wiederherstellung eines Latenzschutzes verstehen kann. Wenn man behaupten kann, dass innersprachliche Differenzen einer außersprachlichen Objektivität entsprechen, wird die semantische Form des Unterscheidens mit einer ähnlichen Eindeutigkeit ausgestattet, wie sich die Kritiker der Moderne die Vormoderne vorstellen: dass alles seinen wohlgeordneten Platz hat. Die Naturalisierung und Biologisierung von Zugehörigkeiten dient also dazu, das Unbehagen an der Gesellschaft und den Kontingenzfehler der modernen Kultur aufzuheben. Dazu gehören auch die Biologisierung der Geschlechtscharaktere und die Biologisierung des Volkskörpers.

Der Funktionssinn solcher Zuschreibungen ist die Wiederherstellung von Latenzen und damit die Bearbeitung eines Unbehagens, das mit der Relativierung von Perspektiven zu tun hat – und es ist das Schicksal von Emanzipationsbewegungen und -ansprüchen, dass ihnen letztlich nichts anderes übrigbleibt, als sich derselben Logik zu bedienen und die zugeschriebene Form zu übernehmen. Das ist kein Vorwurf – im Gegenteil. Die Stabilität des Rassismus, die Stabilität von ethnischen Stereotypen, auch die Stabilität von geschlechtlichen Zuschreibungen liegt ja gerade darin, dass sie den semantischen Vorteil haben, sich auf etwas vermeintlich Außersemantisches beziehen zu können, das so sei, wie es ist. Und jede Form, sich dagegen zu wehren, bestätigt die Zuschreibung – übrigens etwas, das die Erfinderinnen des Begriffs «Identitätspolitik», jenes schon legendäre «Combahee River-Collective» schwarzer lesbischer Frauen, bereits antizipiert haben. Sie haben formuliert, dass man mehr Identität annehmen muss, als da ist, um sie in der Zuschreibung wieder loszuwerden.[39]

Die akademische Aufklärung des 20. Jahrhunderts schließt tatsächlich an jene Gegenwissenschaften Foucaults an, die die Bedingungen von Identitäten, von Bedeutungen, von Handlungsmustern und von kulturellen Selbstverständlichkeiten beschreiben. Diese Gegenwissenschaften erzeugen ein Unbehagen, gerade weil sie Latenzen sichtbar machen, damit reflexiv werden und sogar noch sich selbst mit ähnlichen Mitteln betrachten müssen, die sie in ihrem Gegenstand vorfinden. Die Linguistik macht die Sprache zum Gegenstand – und kommt selbst sprachlich daher. Die Ethnologie dekonstruiert kulturelle Formen – und findet an sich selbst auch kulturelle Vorurteile vor. Die Psychologie macht auf den Einschluss der Psyche in ihre eigene Realität aufmerksam – und stellt an sich selbst fest, dass sie das auch nur mit selbsterzeugten Kategorien tun kann. Und die Soziologie untersucht die Gesellschaft – und findet sich selbst als gesellschaftlichen Spieler vor. Systemtheoretisches Denken stößt fast automatisch auf Paradoxien – und muss feststellen, dass das Auffinden der Paradoxie selbst einer Paradoxie unterliegt, nämlich jenen Blick bestätigt, den sie auf die Dinge hat.

Diese Denkfiguren, die in einer uninformierten öffentlichen Debatte gern als «postmoderne» Formen verstanden werden, könnten moderner nicht sein. Sie variieren Motive und Denkungsarten, die klassische moderne Denkmotive sind, die sich an Ordnungsaufbau, Erkenntnistheorie und der Frage nach der Sagbarkeit der Welt interessieren. Sie schließen an die klassische Frage der Metaphysik nach der Präsenz an – nicht umsonst war etwa Edmund Husserls Phänomenologie einer der Ausgangspunkte sowohl für systemtheoretisches Denken als auch für Derridas Poststrukturalismus.[40] Solche Theorien stellen sich fast analog zu jener gesellschaftlichen Erfahrung dar, verlagern den Schwerpunkt von der Bestätigung eines taxonomischen Systems von Bedeutungsordnungen zur Frage dynamischer Ordnungsbildung. Wie eine funktional differenzierte Gesellschaft Ordnung durch (parallele) Praxen aufbaut, ergebnisoffen ist und an den eigenen Optionssteigerungen laboriert, sind all diese Denkbewegungen davon geprägt, dass sie sich für den Ordnungsaufbau durch die je eigene Praxis interessieren. Sie sind Formen der Selbstbezüglichkeit, aus denen es kein logisches Entrinnen gibt und die nicht stillzustellen sind – wie die gesellschaftliche Praxis eben auch, die eine Eigendynamik entfaltet, die sich endgültigen Lösungen entzieht. Diese Ordnung ist so volatil, dass es schwierig wird, Latenzschutz zu etablieren.

Vielleicht kann man den Latenzschutz im Parsons'schen Sinne als «Benutzeroberfläche» beschreiben, also als Versuch einer Vereinfachung und Komplexitätsreduktion von Zuschreibungen, Prozessen und Formen. Niklas Luhmann hat in einer schönen Formulierung eine Opposition zwischen Latenz und Aufklärung gezogen: «Alles Wesentliche ist von seiner Natur her geheim – das war eine im 17. Jahrhundert noch geläufige, aber auch schon ironisch gebrauchte Aussage; und bald darauf kam es zur offiziellen Etablierung der Vernunftaufklärung. Man kann vermuten, dass die Flut der Aufklärung und die Ebbe der Latenz auf einen gemeinsamen Faktor zurückgehen: auf eine allmähliche Ersetzung der hierarchischen durch die funktionale Orientierung im Gesellschaftssystem (und entsprechend dann auch: in vielen einzelnen sozialen Systemen) Europas.»[41] Die Ebbe der Latenz ist letztlich die entscheidende Quelle für Unbehagen, für Uneindeutigkeit und für das Gewahrwerden der paradoxen Struktur aller Lösungen – Unbehagen und Überforderung sind gewissermaßen das außerakademische Korrelat zur erzwungenen Reflexivität, die in aller Aufklärung liegt. Umso drastischer fallen deshalb die Gegenmittel aus, die Latenz nun explizit herstellen müssen – was schon auf die paradoxale Herausforderung hinweist, etwas explizit machen zu müssen, was implizit, also unbefragt und unbezweifelbar gelten soll. Genau deshalb kapriziert sich alle praktisch wirksame Aufklärung auf Benutzeroberflächen, um die Tiefe ihrer eigenen Möglichkeitsbedingung gar nicht erst zu erreichen.

Hier liegt der Schlüssel zur Erklärung des identitären Syndroms, das auch daher rührt, dass die Zuschreibungsformen sich vor allem auf Benutzeroberflächen kaprizieren. Wie schon oben gesagt: Es ist kein Zufall, dass die Selbst- und Fremdzuschreibung von Identität sich auf Sichtbarkeiten konzentriert, auf naturalisierbare Marker. Wahrscheinlich bieten das Geschlecht, die Hautfarbe (die echte und die imaginierte), die «Rasse», der Volkskörper, der hiesige Boden der Autochthonen und der ferne der Allochthonen, das sexuelle Begehren, auch die Physiognomie die Möglichkeit, die Reflexivität auszuschalten, weil man kaum auf Latenzprobleme stößt. Die Anderen *sind* dann so, wie sie erscheinen. Der Körper als Benutzeroberfläche kann dann gewissermaßen für die Authentizität eines So-Seins stehen, weil man so tun kann, als müsse er nicht interpretiert werden, weil er vermeintlich positiv vorliegt. Auch für die Soziologie ist der Körper ein Segen – sie stellt immer mehr von Intentionen und gemeintem Sinn auf Praktiken um, auf den Eigensinn des Körpers und auf seine Beobachtbarkeit, weil man so die Soziodizee des Handelns auf seine sichtbaren Anteile verkürzen kann.

Dass der Körper der Wahrheit näher sei als alle sinnhafte Verweisung psychischer oder sozialer Natur, zieht sich von der peinlichen Befragung der spätmittelalterlichen Inquisition bis zum Authentizitätsanspruch sexuellen Begehrens, vom Schmerz als religiösem Läuterungsmittel bis zur Reduzierung des Lebens auf die körperliche Reaktion in Extremsportarten, von der Sichtbarkeit angeblicher menschlicher «Rassen» bis zur eindeutigen geschlechtlichen Identifizierbarkeit weiblicher und männlicher Menschenkörper.[42] Der Körper scheint sich weiteren Verweisungen zu entziehen. In ihm scheint sich eine Eindeutigkeit zu manifestieren, die der Arbitrarität des Zeichens und des Motivs nicht gegeben ist. Der Körper ist authentisch. Wer nicht weiter interpretieren will, verweist auf den Körper als Benutzeroberfläche – und der Paradigmenwechsel in der soziologischen Handlungstheorie von der voluntaristischen und motivationalen Handlung hin zu den körperbasierten Praktiken und zur Sichtbarkeit des Körpers korrespondiert erstaunlicherweise mit einer sozialen

Praxis, die sich auch auf solche Benutzeroberflächen reduziert. Die *Soziodizee* des Handelns wird in eine *Physiodizee* des Körpers umgewandelt – und deshalb sind die Einteilungen der Menschen und der Gruppen in Kategorisierungen nach sichtbaren Formen so attraktiv. Sichtbarkeit stattet uns mit der Illusion der Objektivität aus – auch weil in der Ansicht das Wahrgenommene zum «Objekt» werden kann. Wenn man *sehen, spüren, fühlen* kann, was man behauptet, wird die Behauptung viel einfacher. Die Soziodizee des Gemeinschaftlichen kapriziert sich deshalb gerne auf die Physiodizee – in positiver Selbstzurechnung wie in diskriminierender Fremdzurechnung. Die Physiodizee stattet sich mit der Latenz der positiven Sichtbarkeit aus, hinter die man nicht zurückkann.

Die Stabilität des Rassismus zeigt sich im Hinblick auf seine logischen Voraussetzungen, dass das Sprechen auf Augenhöhe mit einem schwarzen Menschen immer noch Sprechen mit einem schwarzen Menschen ist. Und die Selbstbefreiung aus dem Rassismus muss mit dieser logischen Form umgehen, dass die gewohnten Blicke durch die Physiodizee stabilisiert werden. Das hohe Konfliktpotential identitätspolitischer Debatten liegt darin, dass vor allem diejenigen, die sich solcher Sichtbarkeit bis vor kurzem entziehen konnten, nun selbst solcher Sichtbarkeit ausgesetzt sind. «Weiß» zu sein, war vor kurzem noch kein Privileg, weil Weiße erst weiß sind, seit Schwarze mit ihnen auf Augenhöhe kommunizieren – und durch die Sichtbarkeit ihrer Differenz die Augenhöhe im Moment ihrer Herstellung wieder verlieren.[43] Deshalb sind Appelle so naiv, die Identitätspolitik doch einfach zu lassen. Und genau deshalb geraten Emanzipationsversuche von marginalisierten Gruppen aus nachgerade logischen Gründen selbst unter die Räder einer Physiodizee, weil die Sprechfähigkeit zur Überwindung der Differenz direkt auf die Differenz angewiesen ist. Auch hier: Aufklärung über die Bedingungen des Physiodizee-Mechanismus lässt die Latenz verschwinden – und damit würde sogar das emanzipatorische Potential des Sprechens als Schwarzer, als Frau, als Homosexueller oder als Angehöriger eines anderen vermeintlichen Volkskörpers sich auflösen. Kompensieren lässt sich das dann nur durch Engagement und Betroffenheit.

Appelle, dass all die genannten Gruppen auch «Menschen» seien, enthalten mehr Informationen, als es solchen Sätzen lieb ist: Das «auch» enthält die ganze verquere Asymmetrie, die in die Benutzeroberflächen eingeschrieben ist und die man auch sprachlich nicht mehr los wird. Und wenn man sie sprachlich einholen will – etwa durch geschlechtergerechte Sprache –, erreicht man genau das Gegenteil, nämlich eine Stabilisierung der Differenz statt ihrer Überwindung. Aber: Heilen lässt sich das Problem nicht dadurch, dass man darauf verzichtet – was nur ein Hinweis darauf ist, wie gut die Physiodizee funktioniert und wie anstrengend zugleich der Hinweis darauf ist. Denn die Physiodizee ist nicht einfach Wahrnehmung, sondern muss kommunikativ bewältigt und bestärkt werden, durch Wiederholung von Bezeichnungen, die sich selbst stabilisieren und selbst als «kritische» Geste zur Überwindung jener Kategorien an den Kategorien hängenbleiben.[44]

Das Unbehagen an einer Gesellschaft, in der letztlich nichts vor Dekonstruktion sicher ist, scheint uneinholbar zu sein – was den semantischen Überschuss erklärt, kategoriale Eindeutigkeiten zu generieren. Man wird sie auch nicht dadurch erreichen, dass man poststrukturalistischen oder sogenannten postmodernen Denkbewegungen Beliebigkeit vorwirft. Ich habe schon öfter darauf hingewiesen, dass es ein Fehler ist, etwas Jacques Derridas dekonstruktivistische Denkungsart für ein bloßes Plädoyer für Verflüssigung, Instabilität oder gar Beliebigkeit zu halten.[45] Die Dekonstruktion von Bedeutungen und mit ihr die eher aus den Textwissenschaften stammenden Theoriefiguren, man denke an Jacques Derrida[46], Gilles Deleuze[47] oder Jean-François Lyotard,[48] hatten nicht die Auflösung von Bedeutungen ins Beliebige zum Ziel, wie sowohl die unreflektierte kritische als auch affirmative Rezeption behaupten.[49] Es ist eher so, dass sich solche Theoriefiguren dafür interessieren, wie sich aus einer konkreten Praxis, etwa dem Sprachgebrauch (nicht: der Sprache), Bedeutungen und Stabilitäten verdichten, ja wie sie so stabil werden können, dass sie wie in Stein gemeißelt erscheinen. Solche Differenztheorien[50] erklären nicht die Beliebigkeit jeglicher Praxis, sondern gerade die Musterhaftigkeit jeglicher Praxis. Sie erklären Stabilität, nicht Fluidität – sie machen gewissermaßen auf die Latenzen aufmerksam, die in stabilen Verhältnissen herrschen. Ihr kritisches Potential liegt darin, dass sie auf Kontingenz und Stabilität gleichzeitig hinweisen können, wobei für diejenigen, die damit kritische Perspektiven verfolgen, die Kontingenz interessanter ist als die Stabilität, gegen die sie sich ja wenden müssen.

Die Ungerechtigkeit des Sprechens

Dass so viel übers Sprechen gesprochen wird, hat nicht nur mit dem *linguistic turn* oder einem *practical turn* zu tun. Das Problem des Sprechens besteht darin, dass immer auch anders gesprochen werden kann – Kommunikationsprozesse zeichnen sich dadurch aus, dass sie keine feststehenden Kausalketten sind, sondern dass das Dazwischen, die Differenz zwischen kommunikativen Ereignissen jene Freiheit in die Welt einbaut, die Ergebnisoffenheit und kaum festlegbare Prozesse hervorbringt. Die schon erwähnte Präferenz gerade soziologischer Theoriebildung für ereignis-, prozess- und kommunikationstheoretische Formen trägt dem Umstand Rechnung, dass man sich eine funktional differenzierte Gesellschaft als eine Gesellschaft in permanenter Bewegung vorstellen muss. Zugleich heißt das aber auch, dass der Bedeutungsgehalt von Zeichen stark an den Kontext des Zeichengebrauchs gebunden ist, der konstitutiv ein Selektionsprozess ist. Eine Bezeichnung hängt stets davon ab, was nicht bezeichnet wird und welche anderen Möglichkeiten ausgeschlossen werden – implizit und explizit.[51]

Die Beschreibung der Welt ist nicht die Welt selbst – das ist eine Banalität, aber sie hat erhebliche Folgen. Letztlich ist uns die Welt nur über Beschreibungen zugänglich, über ihre zeichenhafte Verdoppelung, die aber sehr asymmetrisch gebaut ist. Die sinnhafte Verdoppelung der Welt ist die Welt so, wie sie durch sinnhafte Operationen erscheint – in der Wahrnehmung, in der Schrift, in der Sprache, im Sprechen. Es gibt keinen eindeutigen Weg von der sinnhaften Verweisung auf das Verwiesene – das ist tatsächlich eine Banalität, die sich von der Kant'schen Erkenntnistheorie bis zum dekonstruktivistischen Poststrukturalismus zieht. Aber sie soll hier nicht in erster Linie theoretisch rekonstruiert werden. Hier soll es um die Frage gehen, wie das Sprechen, das Kommunizieren selbst, der Komplexität der Welt nicht gerecht werden kann. Dass die Moderne auf

Kommunikation umstellt, also auf prinzipiell ergebnisoffene Prozesse, schwächt den Latenzschutz, weil nun alles bezeichnet werden könnte. Aber es kann nicht alles bezeichnet werden, schon gar nicht gleichzeitig. Ein kleines Experiment soll das verdeutlichen. Schon wenn man ein sehr einfaches Geschehen nacherzählen möchte, etwa wie jemand in einer Großstadt mit einem öffentlichen Verkehrsmittel, sagen wir: mit einer U-Bahn, von A nach B fährt, ist die Beschreibung vor allem davon geprägt, was man alles weglässt. Als kleiner Versuch:

Ich wohne in der Nähe des Rotkreuzplatzes in München und möchte mit der U-Bahn zum Marienplatz fahren. Die Beschreibung könnte so lauten: Ich fahre am Rotkreuzplatz an einem der U-Bahn-Eingänge auf der Nymphenburger Straße mit der Rolltreppe nach unten und betrete den Bahnsteig, wo ich auf den nächsten Zug der U1 warte. Sobald die Bahn da ist, steige ich ein, setze mich auf einen Sitz und fahre mit der Bahn bis zum Sendlinger Tor. Dort steige ich aus und gehe die Treppe zu jener Plattform hoch, auf der die Linien U3 und U6 fahren. Ich steige auf der Seite in einen Zug Richtung Norden, damit ich nicht in Großhadern lande. Schon die nächste Station ist der Marienplatz, wo ich aussteige und den Ausgang suche, mit der Rolltreppe nach oben fahre und direkt auf dem Marienplatz ins Freie treten kann. Mit einem Blick nach rechts nehme ich die Marienstatue wahr, die dem Platz ihren Namen gibt.

Eine viel banalere Beschreibung kann es kaum geben, und man dürfte sich durchaus vorstellen können, wie so eine Fahrt vom Rotkreuzplatz zum Marienplatz aussieht. Allerdings lebt diese Beschreibung vor allem davon, was alles *nicht* miterzählt worden ist, denn der Ablauf dieser Ereignisse hätte auch mit einem ganz anderen Fokus erzählt werden können. Was passiert nicht alles, wenn man in einen U-Bahn-Wagen einsteigt? Dieser sprachliche Ausdruck «einsteigen» lässt vor allem weg, wie das geschieht. Musste ich mir einen Weg bahnen? Gab es Widerstände? Nach welchen Kriterien habe ich mich dann auf einen Platz gesetzt? War es Zufall, dass es dieser Platz war, oder habe ich vermieden, neben dem einen oder der anderen zu sitzen? Hatte ich einen Fahrschein? Woher wusste ich, dass es die richtige Bahn ist? (Für Ortskundige: Auf der Linie fahren keine anderen Züge, so dass nichts passieren kann, außer in die falsche Richtung zum Olympia-Einkaufszentrum zu fahren.) Was habe ich während der Fahrt gemacht? Im Smartphone gelesen? Meine Mitfahrer angeschaut? Mit jemandem gesprochen? Wie habe ich mich orientiert? Was davon war dumpfe Gewohnheit, wo erforderte die Fahrt Aufmerksamkeit, wo nur habitualisiertes Verhalten? Und woher stammt eigentlich mein Wissen über den Weg? Und mein Vertrauen, dass ich aus dem dunklen Tunnel wieder herauskomme? Und wie verhält es sich überhaupt mit der Infrastruktur? Woher stammt sie? Und überhaupt: Was wollte ich eigentlich am Marienplatz? Und warum fällt mir die Marienstatue auf? Oder vielleicht ist sie mir gar nicht aufgefallen, und es ist nur ein narratives Element. Aber warum dieses und nicht ein anderes? Und kann man das der Erzählung direkt ansehen?

Das hört sich zugegebenermaßen widersinnig an – aber ebenso könnte man die Granularität der Erzählung noch erheblich verfeinern und jede einzelne Bewegung beschreiben, womöglich entscheiden, ob man etwas als Handlung zurechnet oder nicht. Außerdem hängt die Erzählung noch davon ab, wer über wen erzählt. Ist es eine auktoriale Erzählung? Eine Ich-Erzählung? Wie sähe das Ganze aus einer anderen Perspektive aus? Und warum kommt in der Geschichte fast nichts über andere Leute vor, handelt es sich doch bei einer solchen U-Bahn-Fahrt um eine permanente Herausforderung der Handlungskoordination unter Fremden?

Schon diese Banalität zeigt, dass das Weglassen die entscheidende Bedingung für die Beschreibung von etwas ist, das in seiner Komplexität beschreibend kaum erreicht werden kann. Das bedeutet: Wie uns die Welt in Beschreibungen, in Kommunikationsinhalten erscheint, ist ein Artefakt der Kommunikation selbst, und dieses Artefakt erzeugt die Welt, in der wir uns dort bewegen. Und je mehr Alternativen es für die Beschreibung einer solchen Situation gibt, desto deutlicher wird, wie sehr die Welt von der Beschreibung abhängt.

Man stelle sich vor, mein kleiner Bericht sei eine literarische Erzählung – man würde zusätzlich die Frage stellen, warum die Sache eigentlich so erzählt wird und nicht anders. Man kann sich gerade in

Formen, die unter Kunstverdacht geraten, vorstellen, dass eine solche U-Bahn-Fahrt mit einem ganz anderen Fokus erzählt wird – etwa aus unterschiedlichen Perspektiven oder mit Aufmerksamkeit auf Details, denen man sonst keine Beachtung schenkt. Man könnte sogar eine literarische Form finden, meine Fahrt aus der Perspektive des blauen Kunstlederpolsters der älteren Münchner U-Bahn-Wagen zu erzählen. Oder ist die U-Bahn nur eine Metapher für Tiefe? Oder für Dunkelheit? Oder den Untergrund? Ich höre nun mit der Aufzählung auf, wie man die Sache noch hätte erzählen können und was noch sagbar gewesen wäre. Hier gibt es nahezu unendlich viele Möglichkeiten. Nur eines ist sicher: Die Erzählung ist nicht in der Lage, *alles* genau so zu erzählen, wie es *wirklich* war, denn dann müsste man die Selektivität der Erzählung mit der Selektivität des Geschehens kurzschließen können – und mit der Selektivität der Wahrnehmung des Erzählers. Aber das ist unmöglich, weil man immer noch eine granulare Ebene unterhalb oder oberhalb der Erzählebene finden kann. Und wenn man das nicht nur auf die eigene Erzählung bezieht oder auf die eigene Wahrnehmung, hilft vielleicht ein Hinweis darauf, wie voraussetzungsreich eine *technische* Apparatur, etwa ein Roboter, wäre, die statt meiner diese Fahrt mit einem eigenen Wahrnehmungs- und Verarbeitungsapparat angetreten hätte.

Das größte Problem technischer Wahrnehmungs- und damit auch Beschreibungsapparate besteht darin, aus der Mannigfaltigkeit der Daten durch sensorische Abtastung der Welt das Irrelevante zu unterdrücken und das Relevante in Betracht zu ziehen. Welche Reize haben einen Informationswert (und vor allem: wofür?) – und welche nicht? Das technische Problem besteht darin, dass eine solche sensorische Technik nicht einfach das Außen nach innen holen kann, sondern begrenzen muss, um eine Beschreibung anfertigen zu können, mit der es sich dann orientieren kann. Und hier gilt strukturähnlich Dasselbe wie für meine eigene Wahrnehmung und für meine eigene Erzählung.

Nun ist die Sprache des technischen Gerätes, dem man womöglich «künstliche Intelligenz» zurechnet, keine natürliche Sprache, aber gerade daran lässt sich studieren, wie sehr eine zeichenhafte oder sinnhafte Repräsentation der Welt von der Selektivität lebt, von der Beschränkung auf das Wesentliche. Das mag für ein technisches Gerät - etwa für einen Roboter, der an meiner Statt vom Rotkreuzplatz zum Marienplatz fährt, oder ein selbstfahrendes Automobil - noch relativ klar definierbar sein, wobei das womöglich zu simpel gedacht ist, wenn man etwa an Mustererkennungssysteme für natürliche Sprache oder Bilder oder Ähnliches denkt. Aber was das Wesentliche für die natürliche Sprache bzw. für eine gesellschaftliche Thematisierung wovon auch immer ist, lässt sich nicht so einfach sagen - es sind letztlich die entscheidenden Kämpfe einer funktional differenzierten Gesellschaft, mit gleichzeitig unterschiedlichen Beschreibungen der Welt umzugehen. Das habe ich am Anfang dieses Buches an den beiden Referenzkrisen COVID und Klimawandel zu beschreiben versucht: In einer funktional differenzierten Gesellschaft gibt es nicht nur keine Form kollektiven Handelns, es gibt nicht einmal so etwas wie eine für alle gültige Beschreibung der Gesellschaft und ihrer Herausforderungen und Problemlagen. In der COVID-Krise lässt sich das deutlicher als sonst fast täglich beobachten - diese Unmöglichkeit ist die Grundlage jener Unübersichtlichkeit, die hier als das grundlegende Unbehagen an der Gesellschaft beschrieben wird.

Doch nicht nur die unterschiedlichen Perspektiven, Funktionen, Akteure mit je unterschiedlichen Beschreibungen Desselben (das natürlich nur für einen Beobachter Dasselbe ist und für einen anderen Beobachter etwas anderes, das als Dasselbe fungiert) sind je selektive Formen, sondern jede Bezeichnung ist nur ein selektives Geschehen - denn sonst wäre die Bezeichnung unmöglich. Mit dem Beispiel der Beschreibung einer U-Bahn-Fahrt habe ich es angedeutet. Es verweist darauf, dass Bezeichnungen stets mit selbsterzeugten Selektivitäten arbeiten, die von außen mit Hilfe anderer Selektivitäten beobachtet werden können. Diese Multiplizierung von Bezeichnungsmöglichkeiten erzeugt eine nicht einholbare Ungerechtigkeit. Da die Dinge immer auch anders bezeichnet werden können, gilt das auch für eine andere Bezeichnung, die das Problem heilen wollte.

An der sogenannten inklusiven Sprache lässt sich dieses Problem gut veranschaulichen. Nur «Studenten» zu sagen, reicht nicht mehr. Dass man nicht nur Studenten bezeichnen will, sondern nun auch Studentinnen, die vorher angeblich mitgemeint waren (aber wohl eher gar nicht mitgemeint werden müssen, weil Student erst jetzt ein männlicher Student ist, auch wenn es vorher mehr männliche Studenten gab), ist nicht einfach eine Ergänzung, sondern ändert eben auch unausweichlich die Bezeichnung Student in ihrem Bedeutungsgehalt. Sobald Studentinnen mitgenannt werden, wird aus dem «Studenten» eine männliche Person, nicht mehr eine Gattungsbezeichnung. Seit seiner 28. Auflage im Jahr 2020 etwa führt der «Duden»,[52] also das Standardwörterbuch der deutschen Sprache, frühere Gattungsbezeichnungen im generischen Maskulinum nun als männliche Formen. Bis zur 27. Auflage war «Student» eine Gattungsbezeichnung, ab der 28. bezeichnet es einen männlichen Studenten, was den Eintrag «Studentin» nötig macht, der nun zu einem eigenen Lemma wird. Daraus wird aber in weiteren Auflagen ein Dilemma folgen, denn die Inklusivität von weiblichen Formen ist selbst wiederum nur das Ergebnis einer Selektivität, die sich auf die Binarität zweier Geschlechter bezieht, so dass für weitere mögliche Bezeichnungen andere Formen gefunden werden müssen, was dann durch entsprechende Schriftzeichen markiert werden kann – und in der Markierung auch wieder eine selektive Möglichkeit ist.

Um es deutlich zu sagen: Das Beispiel wird hier weder im Gestus der Kritik vorgetragen noch im Hinblick darauf, wie das Problem besser zu lösen wäre. Es veranschaulicht nur besonders gut den verlorenen Latenzschutz bzw. das Problem der Latenz. Die Aggression, mit der gerade dieses Thema aufgeladen wird, rührt gar nicht daher, dass es Männer und Frauen gibt, dass man darauf hinweist und dass die Rede von Männern und Frauen auch nur eine Vereinfachung sein soll. Die Aggression ist ein Effekt des Verlusts jener Latenz, die zuvor dafür gesorgt hat, dass man weniger hinschauen muss. Das Vertrauen in die Welt ist abhängig davon, dass man gerade nicht genau hinschauen muss, dass die Dinge hingenommen werden können, wie sie erscheinen. Vertrauen verträgt sich nicht mit vollständiger Transparenz – weswegen die transparente Herstellung sprachlicher Gerechtigkeit zweierlei produziert: Verunsicherung auf der einen Seite und neue Ungerechtigkeiten auf der anderen, weil sich immer noch eine andere Bezeichnungsmöglichkeit findet, die eine bislang unsichtbare Ungerechtigkeit aufheben könnte. Die Welt verrinnt dort zwischen den Fingern, wo man die Dinge vollständig bezeichnen will oder muss. Man gerät in Aporien, die Parsons' Funktion des Kulturellen verfehlen. Exakt deswegen wird der Kampf um Bezeichnungen so radikal geführt und ist eines der entscheidenden Tools für die Behauptung von Identitäten – als semantisches Korrelat von Identifikationsmöglichkeiten und damit sprachlicher Repräsentation. Tragisch ist daran, dass sprachliche Geschlechtergerechtigkeit nur auf weitere Ungerechtigkeiten aufmerksam macht. Freilich ist das das Material einer Gesellschaft, die ihre Konflikte in der Sozialdimension austrägt und gerade durch die Herstellung von semantischer Instabilität soziale Stabilitäten erzeugt, die dann freilich wieder Folgen haben und auf den Preis von Stabilisierungen verweisen: Es werden Gruppen stabilisiert, die man aufheben wollte. Die Aporie habe ich oben beschrieben.

Die Logik des Kampfes zwischen Gruppen hat Armin Mohler, der antiliberale Stichwortgeber der Neuen Rechten, ziemlich treffend auf den Begriff gebracht.[53] Der Liberalismus beurteile die Menschen danach, was sie *sagen*, nicht danach, was sie *sind*, bevor sie den Mund aufgemacht haben. Das konnte Mohler den Liberalen nicht verzeihen.[54] «Die Vorstellung eines autonomen ‹Individuums›», schreibt er, «wie sie dem Liberalen so am Herzen liegt, ist die schlimmste aller Abstraktionen.»[55] Diese Kritik des Liberalismus kommt von rechts wie von links. Von rechts wendet sie sich explizit gegen den Individualismus, die linke Liberalismuskritik ist hingegen in die oben schon erwähnte Aporie einer partikularistischen Perspektive mit universalistischen Zielen verstrickt.[56] Dabei handelt es sich um jenen oft diagnostizierten Kulturkampf: zwischen den einen, die die Pluralisierungen und kulturellen Öffnungen der zweiten Hälfte des 20. Jahrhunderts begrüßen und für eine moderne Normalität und Normativität halten, und den anderen, die gegen die Komplexitäten und Unübersichtlichkeiten eine vermeintliche Übersichtlichkeit wieder herstellen wollen. Dieser Kulturkampf sieht stabil aus, und es macht bisweilen den Eindruck, als hätten diejenigen, die sich eher dafür interessieren, wer jemand sei als was jemand sage, derzeit einen Lauf. Zumindest haben sie eine gewisse Aufmerksamkeit und verschieben manche Sagbarkeiten – was in so einem Konfliktsystem übrigens fast automatisch dazu führt, dass auch die andere Seite stärkere Sätze sagt und semantische Überschüsse erzeugt. Die einfacheren unter den akademischen Gemütern wollen hier den Kampf zwischen Moderne und Postmoderne noch einmal führen. Aber ist der Konflikt so angemessen beschrieben? Ist er jener Links/Rechts- oder wenigstens Linksliberal/Konservativ-Konflikt, als der er auf den ersten Blick erscheint? Armin Mohlers Formel könnte weiterhelfen: Er hat die Unterscheidung zwischen zwei Möglichkeiten eingeführt, nämlich Menschen danach zu beurteilen, was sie sagen, oder danach, was sie sind. Wenn man so will, handelt es sich also um einen Konflikt zwischen einer exzentrischen Beibehaltung eines quasi-natürlichen Latenzschutzes und der radikalen Verflüssigung von Positionen. Aber das bildet die derzeitige Situation nicht ab. Wir haben es, auf allen Seiten, immer stärker mit solchen Äußerungen zu tun, wer man sei. Die Leute haben immer stärker das Bedürfnis zu sagen, wer sie sind. Die alte Unterscheidung implodiert gewissermaßen. Das Sprechen hilft nicht mehr gegen das So-Sein – es wird zum Medium der genauen Identifizierung und muss an seiner eigenen Voraussetzung scheitern.

Der Kulturkampf ist kein Kulturkampf zwischen denen, die etwas sagen, und denen, die nur etwas sind. Es ist ein Kulturkampf zwischen denen, die sagen, wer sie sind – und die genau darauf beharren. Auf der alten Seite der Konservativen ist das kaum überraschend: Hier wird die nationale, die ethnische, die konfessionelle, die heterosexuelle, die regionale, die angeblich «normale» Identität wieder entdeckt und damit sagbar – nicht weil sie vorher nicht existiert hätte, sondern weil sie jetzt beschworen werden muss. Es ist eine Gegenreaktion gegen die neuen Identitäten, die zwar im Hauptseminar gelernt haben, dass man nicht zu sehr identifizieren soll und dass Bedeutungen ebenso kontingent wie arbiträr und fluide sind, formbar und gestaltbar. Aber im Modus des Kulturkampfs geht all das verloren, und es werden daraus ziemlich deutliche Formen der Identifizierung. Man beurteilt die Leute danach, was sie sagen, und sie sagen, was sie sind. Sie kämpfen um ziemlich starke Identitäten.

Der Testfall ist womöglich das sexuelle Begehren. Gerade das sexuelle Begehren ist so unbedingt, dass es einerseits auf unterschiedliche Formen hinweist, auf Diversität, zugleich aber auch darauf, wie unhintergehbar das So-Sein derer ist, die sagen müssen, wer sie sind. Sexuelle Identitäten sind letztlich der Testfall – für komplexe und paradoxe kommunikative Verhältnisse und für den zivilisatorischen Standard einer Gesellschaft. Wer die Queeren nicht sein lassen kann, wie sie sind (sic!), muss sie zum Reden zwingen, zu Bekenntnissen. Und er muss sich selbst zu jener Form der Anerkennung zwingen, die dem Anderen immer mitvermittelt, dass mit ihm etwas nicht stimmt. Diejenigen, die das Privileg haben, ohnehin anerkannt zu werden, brauchen keine besondere Anerkennung. Aber sie müssen immer mehr darüber reden.

Die Queeren und die Konservativen ähneln sich deshalb, freilich nur in einer Hinsicht: Wenn man sagen muss, wer man ist, verliert man seine Plausibilität. Wer die Heimat erklären muss, wer die konfessionelle Bindung oder die regionale Zugehörigkeit erklären muss, dem fehlen normalerweise die Worte, so ähnlich wie einem homosexuellen Menschen die Worte fehlen, wenn er erklären muss, warum er oder sie denn ihn oder sie begehrt. Der Streit um die Sichtbarkeit von Minderheiten – welcher Form auch immer – ist paradoxerweise auch ein Bemühen um Latenz und Unsichtbarkeit: nicht der Sache, sondern des Problems.

Latenzverlust in der Sachdimension

Die obigen Beispiele sollen verdeutlichen, was geschieht, wenn Selbstpositionierungen ihren Latenzschutz verlieren. Man kann es vielleicht auf die doppelte Formel bringen:

Der Kampf um die «Ungerechtigkeit» des Sprechens wird zumeist an Beispielen in der Sozialdimension geführt – als Identitäts-, Repräsentations- und Bezeichnungsfrage. «Gerechtigkeit» auf diesem Gebiet herzustellen, orientiert sich einerseits an der Soziodizee des Gemeinschaftlichen, andererseits korrumpiert es diese Lösung, weil Überforderung durch Transparenz, Latenzverlust und Sichtbarkeit entsteht. Unsichtbar wird dabei freilich jene Form des Latenzverlustes, der durch die Gleichzeitigkeit von konkurrierenden Beschreibungen der Gesellschaft aus der Perspektive unterschiedlicher Funktionssysteme resultiert. Dieser Latenzverlust wird wohl weniger als Ungerechtigkeit denn als Inkonsistenz und Überforderung erlebt. Die grundlegende Überforderung der Gesellschaft mit sich selbst besteht darin, zwar in selbsttragenden, in sich schlüssigen Perspektiven aufzugehen und durch Konzentration auf den jeweiligen Eigensinn zu konsistenten Beschreibungen zu kommen; aber in jedem Augenwinkel tauchen konkurrierende Beschreibungen auf. Meine These war, dass diese paradoxe Struktur der funktional differenzierten Gesellschaft in Situationen, die wir gemeinhin «Krise» nennen, besonders deutlich wird: Die Polarisierung in der öffentlichen Debatte etwa während der COVID-Krise, die starken Angriffe auf Wissenschaftler, die Entstehung einer Protestbewegung, der Vertrauensverlust der Regierenden, die mediale Überhitzung in unterschiedlichen Medien, auch der Legitimationsverlust von Regeln – all diese Beispiele sind nicht nur Ausdruck einer allgemeinen Stresserfahrung, sondern auch der Tatsache, dass eine Gesellschaft erlebt wurde, die ihre Strukturen einer Öffentlichkeit sichtbar gemacht und dadurch Verunsicherung hervorgerufen hat. Die Selbstüberforderung der Gesellschaft war geradezu mit Händen zu greifen. Die stillschweigende Annahme der Handlungsfähigkeit der entscheidenden Instanzen musste eingeklammert werden – es war gewissermaßen ein gesellschaftlicher Latenzverlust, weil die Bedingungen der Perspektivendifferenz zwischen den Funktionen sichtbar wurden. Sichtbar wurden nun Zielkonflikte zwischen den Funktionssystemen, die offensichtlich struktureller Natur sind. Die heftigen Reaktionen waren sicher auch das Resultat von zu viel Sicht auf die Gesellschaft, deren Struktur stärker als sonst aus der Latenz heraustrat. COVID vermittelt unlösbare Zielkonflikte, die Klimakrise vermittelt die Unvermittelbarkeit von Lösungskonzepten in einer Gesellschaft, die zu kollektivem Handeln kaum in der Lage ist. In diesen Krisensituationen wird deutlich, was für eine Gesellschaft die Gesellschaft ist: kein Behälter mehr oder weniger zu konzertierten Aktionen und an Solidarität orientierten Leuten, sondern die Gleichzeitigkeit von Unterschiedlichem, das weder sachlich noch sozial vollständig integrierbar oder beherrschbar wird. Die COVID-Krise hat, um das berühmte Brecht-Zitat aufzugreifen, die Gesellschaft «zur Kenntlichkeit entstellt» – sie war gar nicht in einer Ausnahmesituation, sondern hat sich in ihrer Struktur gezeigt: geprägt von Zielkonflikten, von Unregierbarkeit, von Entscheidungssituationen unter Unsicherheit, von Übersetzungsproblemen und nicht zuletzt davon, wie wenig das konkrete Handeln durch

Appell an die Einsicht in gut begründete Notwendigkeiten beeinflusst werden kann, zugleich wie wenig es möglich ist, die Tendenz zur Optionssteigerung zugunsten eines angeblich Ganzen zu bremsen ist. All das lässt sich sonst in den Routinen der institutionellen Ordnung, in gewohnten Sätzen, durch jene Soziodizee der Gewohnheit, die gerade nicht nach Handlungsgründen fragt, unsichtbar machen, latent halten eben. Genau das wurde in Frage gestellt. Und dass das Latenzproblem, wenn es denn auftaucht, zumeist in der Sozialdimension bearbeitet wird, in Benennungs- und Zugehörigkeitspraktiken, hat selbst noch einmal eine Latenzfunktion, weil sie davon ablenken kann, was die Welt im Innersten auseinandertreibt.

Das Vertrackte am Latenzproblem ist, dass Latenzverlust ein Problem ist, eine stabile Latenz aber damit noch nicht zur Lösung wird. Denn gerade diese Krisensituationen zeigen deutlich an, dass sich Lösungen nur abzeichnen, wenn die Unbedingtheit der eigenen Perspektive wenigstens in Frage gestellt werden kann. Latenzverlust ist eine ebenso unvermeidliche wie notwendige Gefahr.

- Je stärker eine Gesellschaft in ihrer Struktur in der Sachdimension funktional differenziert ist, desto weniger kann es gelingen, deutliche Problembeschreibungen und deutliche Lösungskonzepte zu entwickeln, die sich zum Teil wechselseitig neutralisieren oder sich zumindest ins Gehege kommen.
- Je stärker zur Kompensation dieser Gleichzeitigkeit des Unterschiedlichen die Sozialdimension als Beschreibungsmöglichkeit in den Vordergrund rückt, desto größere semantische Bemühungen sind nötig, um solche Identitäten plausibel zu machen.

Sprachlich ist beides letztlich nicht einzuholen – und vor allem in der Sozialdimension wird deutlich, wie schwer jener Latenzschutz herzustellen ist, der das Aushalten von Differenzen ermöglicht. Das Latenzproblem ist vielleicht das entscheidende Problem zur Erklärung des gesellschaftlichen Unbehagens, das aus der unüberwindlichen Selbstbezüglichkeit und damit paradoxalen Struktur einer Ordnungsbildung resultiert, deren Aufklärung das Problem sowohl erklärt als auch verschärft. Um den Parsons'schen gesellschaftstheoretischen Ursprung der Überlegung noch einmal aufzurufen: Die

Latenzfunktion ist bei Parsons nur eine unter vier gesellschaftlichen Funktionserfordernissen. Neben der Anpassungsfunktion (v. a. ökonomische Funktionen und Bereitstellung gesellschaftlicher Rollen) und der Zielerreichungsfunktion (Politik) spielt die Integrationsfunktion eine entscheidende Rolle. Die Integration der Gesamtgesellschaft soll durch eine *gesellschaftliche Gemeinschaft* («societal community») erreicht werden, also letztlich durch eine Soziodizee des Gemeinschaftlichen, die die Partikularismen zugunsten des Gemeinschaftlichen und damit Allgemeinen aufheben soll – ich habe referiert, dass Parsons in den 1960er Jahren die Integration von Schwarzen in die amerikanische Gesellschaft als den Testfall für vollständige Modernisierung angeführt hat. Das Problem ist der Latenzschutz für die gesellschaftliche Gemeinschaft, also dafür, wie die Soziodizee unsichtbar gemacht werden kann. Vielleicht wird vor diesem Hintergrund deutlich, warum Francis Fukuyama dafür eine sehr amerikanische Idee der politischen Nation aufruft. Er schreibt: «The left has focused less on broad economic equality and more on promoting the interests of a wide variety of groups perceived as being marginalized – blacks, immigrants, women, Hispanics, the LGBT community, refugees, and the like. The right, meanwhile, is redefining itself as a collection of patriots who seek to protect traditional national identity, an identity that is often explicitly connected to race, ethnicity, or religion.»[57] Stattdessen soll diese eine Idee der politischen Nation die unterschiedlichen Orientierungen überwinden, integrieren, irrelevant machen. Das ähnelt sehr stark Parsons' Idee einer gesellschaftlichen Gemeinschaft – nur stellt sich eben auch hier die Latenzfrage. Sobald man *fragen* muss, wer dazugehört, gibt es Antworten, und sobald es Antworten gibt, fallen diese unbefriedigend aus. Das Grundproblem der Latenz ist: dass es auf alles Antworten geben muss, weil alles in Frage gestellt wird oder zumindest werden kann.

Eine weitere Quelle des Latenzverlustes ist ohne Zweifel die Digitalisierung, die vor allem damit arbeitet, verborgene Muster sichtbar oder wenigstens nutzbar zu machen – je nach Akteur und Beobachter. Ein soziologisches Verständnis von Digitalisierung muss den Siegeszug der Digitaltechnik aus seiner Gesellschaftlichkeit heraus erklären, was mich zu der These führte, dass die Grundzüge eines digitalen Selbstverhältnisses der Gesellschaft bereits ins 19. Jahrhundert zu datieren sind. Diese These wurde mit Hilfe einer methodisch kontrollierten funktionalistischen Fragefigur entwickelt, *für welches Problem die Digitalisierung eine Lösung sei.*[58] Die Antwort lautet: Die digitale Selbstbeobachtung der Gesellschaft zeichnet sich vor allem durch Mittel der Visibilisierung von latenten bzw. verborgenen Mustern aus, mit denen man ökonomische Wertschöpfung, Stadtplanung, medizinische Forschung, staatliche Planung und Gestaltung und Vieles mehr betreiben kann. Diese Praxis, die dem sozialwissenschaftlichen Denken strukturähnlich ist, hat sich dann mit der Etablierung elektronischer Rechner im 20. Jahrhundert zur Leittechnik der Gesellschaft entwickelt. Es ist nun hier nicht der Ort, dies ausführlicher zu erläutern. Entscheidend ist dieses Argument: Die Digitaltechnik stellt eine besondere Herausforderung für den Latenzschutz dar, weil ihr Paradigmenwechsel darin besteht, direkt an den Latenzen der Gesellschaft anzusetzen. Die digitale Form der Informationsverarbeitung weiß mehr über uns als wir selbst – und das bereits bevor es die elektronische Mediatisierung von Information in der heutigen Form gegeben hat. Das Bezugsproblem der Digitalisierung ist die Komplexität der Gesellschaft selbst.

Das Unbehagen an der digitalen Kultur speist sich aus dem Sichtbarwerden dieser modernen Erfahrung. Es wird nun erst recht offensichtlich, dass die digitalen Möglichkeiten der flächendeckenden Beobachtung, die Rekombination von Daten und die Möglichkeiten des *Kalkulierens* die Akteure darauf stoßen, was sie zuvor latent halten konnten: *wie regelmäßig und berechenbar ihr Verhalten ist.* Das Unbehagen an der digitalen Kultur ist womöglich der Spiegel, den diese Technologie der Gesellschaft vorhält: Sie überfordert die Gesellschaft und ihre Strukturen so sehr, dass sichtbar wird, was zuvor unter Latenzschutz stand.[59]

11

Konsum

Kann man Latenzschutz kaufen?[1] Nein – wie sollte das gehen? Wer um den Latenzschutz von etwas weiß, verstrickt sich in eine Paradoxie, denn den Schutz kann man nur genießen, wenn er unsichtbar bleibt. Es ist wie mit klassischen äußeren Sicherheitsbedürfnissen. Wer in einer *gated community* lebt, wird jedes Mal, wenn er die Schranke passiert – unabhängig von der Richtung –, darauf hingewiesen, dass die Welt gefährlich ist. Und ob das Sicherheitsbewusstsein durch die sichtbare Anwesenheit von bewaffneten Ordnungskräften steigt, darf zumindest bezweifelt werden,[2] wie ja auch die kommunikative Bekräftigung von Harmlosigkeit mindestens ambivalente Effekte auslösen kann. *Sie können mir Vertrauen* ist als ausgesprochener Satz nicht unbedingt eine vertrauensbildende Maßnahme. Kann man also Latenzschutz kaufen?

Zumindest behauptet das die Werbung. *Da weiß man, was man hat* war in den 1970er Jahren ein bekannter Werbespruch eines deutschen Waschmittelherstellers – der Satz behauptet etwas, das offenkundig nicht stimmt, denn man weiß nur deshalb, was man hat, weil man diesem Spruch glaubt oder glauben kann. Markenbildung scheint für den Absatz von Produkten und Dienstleistungen von geradezu konstitutiver Bedeutung zu sein. Konsum ist gewissermaßen die andere Seite der Produktion. Das Wirtschaftssystem kann nicht nur von der Produktionsseite her gedacht werden: Es kann nur funktionieren, wenn es die komplementäre Seite gibt. Die Produktion von Gütern (und Dienstleistungen) ist von einer flankierenden Konsumseite abhängig. Sie ist sogar davon abhängig, dass die Produzenten zugleich Konsumenten sein könnten, weil sonst die Produktion gar keinen ökonomischen Sinn haben kann. Was man den «Markt» nennt, ist letztlich die Sphäre, in der sich die unterschiedlichen Positionen zwischen Produktion, Distribution und Konsumtion wechselseitig beobachten und so zu Informationen übereinander kommen.³ Nur sind diese Informationen nicht einfach Beschreibungen von Produkten, sondern zugleich mehr und auch weniger.

Was macht einen Unterschied?

Werbung wird üblicherweise nicht für eine Informationskampagne gehalten – aber das stimmt nicht. Entscheidend ist die Frage, welche Art Informationen hier gefragt ist, oder anders gesprochen: Was macht hier den Unterschied? Man wird Werbekommunikation und Markenkampagnen nicht mit einem Beipackzettel verwechseln, der Aspirin beiliegt und vor unwahrscheinlichen Nebenwirkungen warnt. Die Information liegt auf einer anderen Ebene, denn es gibt nur selten rationale und eindeutige Gründe dafür, dieses und nicht jenes Produkt zu erwerben. Dass das Wirtschaftssystem als Funktion in der Gesellschaft für Knappheitsausgleich sorgt bzw. Knappheit bearbeitet, bedeutet gerade in einer Marktwirtschaft nicht, dass man die Verteilung von Gütern und die Form des Konsums ausschließlich an Bedarfen und Versorgungskriterien messen kann, auch wenn sich das manche als Lösung von Problemen etwa ökologischer Natur sicher wünschen.

Aber gerade in einer Gesellschaft ohne planerische Mitte, also in einer funktional differenzierten Gesellschaft, kann die Kaufentscheidung nicht durch die Produkte allein motiviert werden, sondern bedarf offensichtlich einer begleitenden Kommunikationsform, die Informationen ermöglicht. Aber: Worüber eigentlich? Über die Produkte? Über die eigenen Bedürfnisse? Über Alternativen? Oder nur über sich selbst?

Die Ausgangslage ist diese: Nicht *ob* man Tomaten oder einen Joghurt oder eine Zahnpasta oder einen Autoreifen oder ein Buch oder Strümpfe oder Windeln oder Kondome oder Butter oder ein Regal erwerben muss, ist die entscheidende ökonomische Frage, sondern *welche*. Und hier gibt es bei den meisten Produkten kaum Kriterien, die den Produkten selbst zu entnehmen sind. Sicher gibt es bessere und schlechtere, aufwändigere und damit teurere und einfachere, somit preisgünstigere Produkte. Aber die Preise hängen ja nicht an den Produkten, sondern sind selbst das Ergebnis jener Praxis, in der sie vorkommen. Preise ermöglichen es, dem Markt Informationen darüber zu entlocken, wie Konsumenten oder andere Produzenten das Marktgeschehen wahrnehmen, d. h. was für diese eine Information ist.[4] Preisbildung hat es vor allem mit Markenbildung zu tun. Produkten wird eine zweite ontologische Ebene verpasst, die für die Preisgestaltung und für die Verbreitung relevant ist. Man muss gewissermaßen durch produktfremde Informationen von Produkten überzeugt werden. In der Werbewirtschaft spricht man von einem Status, der einer Persönlichkeit ähnelt, einem Sein, dem man Personenqualität zuschreibt und das Vertrauen aufbauen und verlieren kann, dem Qualitäten zugesprochen werden und mit dem man eine langjährige Beziehung eingeht.[5] Die Rationalität der Kaufentscheidung scheint darauf hinzudeuten, dass der homo oeconomicus ökonomische Kriterien zwar durchaus an jenen *Mehr-vs.-weniger-Präferenzen* festmacht, die Präferenzbildung aber nicht nur harten ökonomischen Berechnungen unterliegt. Der Konsumkapitalismus ist deshalb eine merkwürdige Vermischung von Notwendigkeit und Beliebigkeit. Es geht darin um handfeste Existenzbedingungen und Versorgung, andererseits um eine geradezu groteske Aufladung von Bedeutungen für Bedeutungsloses.

Trade-testing im Sinne von Deirdre N. McCloskey setzt es geradezu voraus, dass Unterschiedliches mit unterschiedlichen Qualitäten angeboten und in die preisbildende und preiskommentierende Kommunikation eingelassen wird. Das Unterschiedliche mit unterschiedlichen Qualitäten trifft auf eine Kultur, die unterhalten werden will, in der auch genügend Zeit vorhanden ist, solche postmaterialistischen Kriterien zu den entscheidenden Kriterien zu machen. Die soziologische Reflexion über Konsum arbeitet sich an diesen gewissermaßen *sachfremden* Aspekten dieser Funktion des Wirtschaftssystems ab.[6] Doch darum soll es hier nicht gehen, sondern um die Bedeutung des Konsums für die Bearbeitung jenes Unbehagens an der Gesellschaft, das v. a. von der Komplexität von Differenzierungsfolgen und schwieriger gewordenen sprachlichen Repräsentationen der Welt herrührt.

Man sollte nicht unterschätzen, dass Konsum auch eine Unterhaltungsfunktion hat – schon wenn man diesen Satz schreibt, stockt das Argument ein wenig, weil es sich so anhört, als ginge es im Wirtschaftssystem gar nicht um Ungleichheiten und Versorgungsprobleme, um Allokationsrisiken und auch Ungerechtigkeiten, um ökonomische Zwangslagen etc. Aber es ist frappierend, dass die kulturelle Dimension des Konsums in allen Preisklassen eine geradezu selbstverständliche Erwartung ist. Vielleicht hat Konsum in unserer Gesellschaft tatsächlich eine Kompensationsfunktion – wer konsumiert, hat genug damit zu tun, Fragen zu beantworten, bei denen es um letztlich gar nichts anderes geht als um den Konsum selbst. Kai-Uwe Hellmann spricht von einer «allmählichen Entbettung (Polanyi) und Verselbständigung des Konsums»[7]. Während in früheren Gesellschaften Konsum, also der Erwerb von Gütern, vollständig eingebettet war in die konkrete Lebensform und letztlich keine weitreichenden Entscheidungen erforderte, verändert er sich unter modernen, funktional differenzierten Verhältnissen zu einem eigensinnigen Bereich mit eigenen Regeln und Bedeutungen – und diese sind vor allem kulturelle Formen des Vergleichens und des Erlebens, wahrscheinlich der Popkultur recht nahe, weil diese zum einen mit wenig komplexen Bedeutungszuschreibungen auskommt (was nicht heißt, dass sie nicht eine hohe innere Komplexität und Differenziertheit erreichen kann), zum anderen in ihrer Form selbst sehr nah an der Konsumlogik der seriellen Erneuerung und des schnellen Vergessens gebaut ist.

Vielleicht ist der Konsum die vollendete 68er-Revolution, der man ästhetisch zumindest nachsagen kann, dass sie mit der Erfindung der Popkultur die Pose deshalb zur bedeutungsvollsten Äußerungsform erklären konnte, weil die popkulturelle Pose letztlich nichts bedeutet, was über sie hinausgeht. Ich habe an anderer Stelle die Funktion der popkulturellen Unterhaltung darin gesehen, von Reflexion zu entlasten – die 68er-Akademisierung von Debatten, der Theoriehabitus und die Reflexionsexzesse zumindest der entscheidenden Trägergruppen wurden durch Popkultur, durch Dauerberieselung und Posing abgemildert.[8] Pop und Unterhaltung entlasten von der Reflexion[9] – und Konsum ist inzwischen eine Form der Unterhaltung, die die Reflexion noch einmal in sich selbst aufnimmt und das Argument selbst zu einer Pose macht. Es gehört zum Unterhaltungsaspekt von Konsum, dass man sich von bedeutungsschwangeren

Sätzen über die Identität von Produkten, über die Werte, die Unternehmen vertreten, und von Botschaften, die in den Produktinszenierungen stecken, unterhalten lassen kann. Man kauft ein Produkt mit einer elaborierten Bedeutung, es muss exakt dieses Produkt sein, zuzüglich des angebotenen Narrativs, letztlich alternativlos (was ein ironisches Argument ist, weil der Konsum von Alternativen lebt), kreativwirtschaftlich aufgeladen, bekommt Argumente frei Haus geliefert – und wendet sich sogleich einem anderen Produkt zu, das vielleicht das Gegenteil an Werten vertritt, oder auch nicht, es kommt nicht darauf an.

Unter Unterhaltung würde ich diejenigen Kommunikationsformen verstehen, die vor allem dazu dienen, das Bewusstsein bei der Stange zu halten, und Werbung ist derjenige Bereich, der uns mit dem Konsum verbindet und der Beliebigkeit der Produktauswahl wenigstens einen Moment Beliebigkeitseinschränkung verleiht. Unterhaltung und Werbung setzen an einem funktionalen Erfordernis an, das in der modernen Gesellschaft schwer gestillt werden kann: an der Kompensation von Kontinuitätsunterbrechungen. Wenn man die Vergesellschaftung in der Moderne idealtypisch mit früheren, kompakteren Lebensformen vergleicht, gelingt es der modernen Gesellschaft nicht mehr so einfach, das individuelle Bewusstsein bei der Stange zu halten. Kompakte Lebensformen in stark gemeinschaftlichen Zusammenhängen mit wenigen nötigen Lebensentscheidungen, recht alternativlosen, zugleich aber gefährlichen Lebensverläufen, mit der vergleichsweise exklusiven Zugehörigkeit zu bestimmten Gruppen können das Bewusstsein binden. Die Eigenleistung für die Lebensführung ist relativ gering, und da soziale Abweichungsmöglichkeiten kaum ausgeprägt sind (oder stark sanktioniert werden), gibt es wenig funktionalen Anlass für eine besondere Abweichungsverstärkung des Innerpsychischen. Und unter zeitlichen Aspekten ist Bewusstsein und Kommunikation, einfacher formuliert: sind individuelle und soziale Prozesse leichter synchronisierbar.

Unterhaltung

Moderne Gesellschaften können diese Synchronisationsleistung nicht mehr garantieren. Das hat für das Bewusstsein zur Folge, dass es sich nun selbst stabilisieren muss, indem es einerseits mit ganz unterschiedlichen sozialen Erwartungen jongliert, Widersprüche aushält und integriert, andererseits für die Kontinuität selbst sorgt. Das Bewusstsein leidet zugleich unter zu vielen und zu wenigen Ereignissen – zu vielen, weil die Anforderungen so hoch werden, zu wenigen, weil es von außen zu allzuviel Kontinuitätsabbruch kommt. Es wird deshalb zum Subjekt seiner selbst, weil es sich als Zentrum der Welt sieht und Kontinuität und Überraschung selbst zu managen hat. Es muss sich unterhalten, aber es muss auch unterhalten werden. Niklas Luhmann schreibt dazu: «Historisch gesehen ist es denn auch kein Zufall, daß die Semantik des Subjekts und die Semantik des ‹ennui› gleichzeitig entwickelt worden sind. Das Bewußtsein entdeckt sich selbst als Subjekt und als Langeweile und fordert, da es sich selbst nicht entlangweilen kann, von der Gesellschaft Unterhaltung.»[10]

Konsum und Unterhaltung sind auch Formen, dem gelangweilten Bewusstsein genug Material zu bieten, sich zu kontinuieren. Es simuliert gewissermaßen eine kontinuierliche Welt, muss sich das aber letztlich durch eine besondere Form der Unbedeutsamkeit erkaufen. Marken etwa sind mit Bedeutung aufgeladene Kommunikationsanlässe, aber letztlich unbedeutend, weil sie reine Simulation bleiben. Diese Simulation ist nicht beliebig – und sie kann durchaus kreative, attraktive und je nach Zielgruppe passende Identifikationsangebote machen. Sie kann sogar intelligent sein, humorvoll, sogar informativ. Und sie bedient bisweilen den allzu menschlichen Drang nach Ausdrucksmöglichkeiten und nach dem Spielerischen. Aber sie bleibt letztlich bedeutungslos – *und das ist die Lösung, nicht das Problem!*

Diese Sätze klingen nach einer radikalen Kulturkritik, aber so sind sie nicht gemeint. Konsum und Unterhaltung haben etwas Tröstliches, vor allem haben sie die Funktion, die Dinge mit einer Bedeutung aufzuladen, die einerseits dazu dienen kann, ihnen einen

Sinn abzutrotzen, andererseits nicht zu viele Informationen zu erzeugen. Konsum und Unterhaltung verhindern jedenfalls eine authentische Lebensform, in der jeder Handgriff, jedes Wort, jede Handlung von lebensbedeutsamer Relevanz ist. Es ist vielleicht eine zivilisatorische Errungenschaft, dass es in der funktional differenzierten Gesellschaft nur in den wenigsten Handlungen ums Ganze geht. Dadurch werden durchaus Unernst und Übermut befördert, hohe Freiheitsgrade erzeugt, aber auch die großen Selbstbeschreibungen des denkenden, seine Motive mit guten Gründen bewirtschaftende Subjekts unterminiert: eines Subjekts, das weiß, was es tut. Wir tun eher, was sich bewährt, woran wir uns gewöhnen, es gilt die Soziodizee der Gewohnheit als großer Friedensstifterin des Alltags, deshalb sind Verhaltensweisen so schwer zu ändern, obwohl sich die ganze Welt angeblich permanent ändert.

Kann man Latenzschutz also kaufen? Offensichtlich. Eine der gesellschaftlichen Funktionen von Konsum und Markenkommunikation scheint auch darin zu liegen, dass Marken, wiewohl sie ja die Konstruktivität, das Arbiträre und das nachgerade Beliebige in sich selbst tragen, offensichtlich in der Lage sind, Orientierungen zu erzeugen, die nicht weiter hinterfragt werden müssen und deshalb auch nicht weiter hinterfragt werden. Selbst eine Markenenttäuschung, etwa durch Skandale, durch offenkundige Lügen der Werbestrategen oder durch Inkonsistenz der Werbe-/Marketingaussagen, kann dem nichts anhaben, denn es bricht keine Welt zusammen: Die Welt hält andere Marken vor, das ist der Sinn der Marken. Marken bieten also gerade deswegen Sicherheit, weil sie buchstäblich *nichts* bedeuten. In der Marketingpsychologie wird besonderer Wert auf Konsistenz gelegt, auf Widerspruchsfreiheit, um der «Markenpersönlichkeit» Glaubwürdigkeit einzuhauchen.[11] Narratologisch würde man sagen: Die Geschichte muss aufgehen – und sie muss zugleich ästhetisch verdecken, dass es eine Geschichte ist. Die konsumierbaren Dinge kommen erst zu sich selbst, wenn sie den Markenkern ganz *in sich* tragen – dazu gehört übrigens auch der Verzicht auf Markennamen im Discount-Handel. Auch diese Geschichte muss aufgehen.[12]

Das Konsumieren ist niedrigschwellig – und es entlastet von jener Reflexion, die sonst überall verlangt wird, wenn der Latenzschutz verlorengeht. Es hat etwas Ironisches, dass die einzige wirklich *un-*

echte Form der Identitätszuschreibung eine solche Macht entfalten kann – und gerade deshalb dient der Konsum so grandios zur Bewirtschaftung der Langeweile. Wenn die Welt und die Gesellschaft nicht genügend Kriterien für die Bindung des Bewusstseins hergeben, kann der Konsum als Benutzeroberfläche etwas leisten, das tatsächlich dazu dient, die Latenzfunktion in Parsons' Denkmodell zu bedienen: Es funktioniert nicht, *obwohl* die eigenen Bedingungen im Dunkeln bleiben, sondern *weil* das so ist. Konsumieren versöhnt mit Kontingenz – auch wenn Konsum gerade durch die Präsentation von Alternativen auf Kontingenz hinweist. Und Konsumieren erzeugt eine Welt, in der alles seinen Platz hat – konsistent, zumindest in dem Moment des Konsumierens selbst. Der popkulturelle Charakter des Konsumierens macht Kontinuität nicht erforderlich, nicht einmal wenn man Marken treu bleibt, die sich mit- und weiterentwickeln – wie Persönlichkeiten eben auch.

Vielleicht ist das auch der Schlüssel dafür, warum eine Gesellschaft wie die chinesische so erfolgreich ist. Wie oben angedeutet, scheint diese ja außer im politischen System durchaus auf Dynamik und Ergebnisoffenheit in anderen Funktionssystemen zu setzen. Sie ist trotz aller politisch autoritären Form davon geprägt, dass es zu wissenschaftlicher, technischer, auch sozialer Innovation kommen kann. Und exakt deshalb ist es kein Widerspruch, dass ein zuvor kommunistisches Land gerade im Konsumkapitalismus eine Form findet, die mit autoritärer Politik kombinierbar ist – und Konsumorientierung ist tatsächlich ein modernisierender Faktor in China, wie Deirdre McCloskey zeigt.[13] Aus europäischer Perspektive wird dies daran sehr deutlich, dass China als wichtiger Absatzmarkt (und zunehmend: Produzent) für Konsumgüter fungiert – Konsum als Versöhnung mit der Komplexität der Welt also auch hier.

Konsum könnte im Hinblick auf die Inklusion von Personen die Arbeit ersetzen. Vielleicht ersetzen Konsumgruppen partiell die Berufsgruppen von Durkheim im Hinblick auf die Definition gesellschaftlicher Orte – bezogen auf Stil, ästhetische Entcheidungen und die dazugehörigen Narrative. Psychen scheinen in einer funktional differenzierten Gesellschaft schwer zu binden zu sein. Das verweist einerseits auf Freiheit und Abweichungsverstärkung, Kreativität und Selbstbestimmung, andererseits auf Haltlosigkeit und Langeweile,

Überforderung und Orientierungslosigkeit. Es gehört zu den latenten Bedingungen von Freiheit, dass diese sich selbst einschränken muss. Freiheit in einer bestehenden Welt ist wahrscheinlich die anspruchsvollste Form überhaupt, weswegen sie eben ihr Gegenteil, die Möglichkeitseinschränkung, in sich einbauen muss. Die Formel, frei könne man nur sein, wenn man das Sozialverträgliche wolle, wenn also Wollen und Sollen vermittelt sind, referiert genau darauf, dass eine Gesellschaft der Freien immer noch eine Gesellschaft ist, zugleich eine Gesellschaft des Typs, die auf vollständige Inklusion der Person verzichtet, auf Freiheitsgrade angewiesen ist. Übrigens bezeichnet deshalb Christoph Möllers gerade das «Recht als liberales Ordnungsformat».[14]

Arbeit war gewissermaßen der Aspekt der Freiheit und Bindung organisierenden Tätigkeit des Menschen in der klassischen Moderne – vielleicht noch das Militär. Arbeit ist in der Moderne nicht umsonst organisationsförmig, also über eine Form der Anordnung von Mitgliedschaftsrollen plausibel geworden, und nicht umsonst hat Émile Durkheim zu Beginn des 20. Jahrhunderts die verschiedenen Berufsgruppen als die entscheidenden Differenzierungsmarker bezeichnet, die dann moralisch integriert werden müssen.[15] Arbeit war Tätigkeit und Ideologie gleichzeitig, seit Marx ein Anthropologicum, Selbstzweck und voller Eigensinn – und zugleich ein Latenzvermittler, weil selbst die größten Schrecklichkeiten leicht zu organisieren sind, wenn sie nur als *Arbeit* organisiert werden. Der Latenzschutz rührt daher, dass Arbeit sich als solche genügt – was gearbeitet wird, dafür sind andere zuständig, die die Arbeit organisieren. Vielleicht wird Arbeit nun durch *Konsum* ersetzt. Arbeit konnte das Bewusstsein hervorragend binden, schon weil sie Zeit und Mühe verbraucht und müde gemacht hat. Und übrigens: weil sie Einkommen für Konsum ermöglicht hat. Auch das hat zum Latenzschutz beigetragen, denn von irgendetwas muss man leben.

Konsum ist auch heute nicht von Einkommen (und damit zumeist: Arbeit) abgekoppelt, wenn man an die Digitalisierung denkt: womöglich noch nicht. Aber Konsum bindet das Bewusstsein anders: mit möglichst niedrigschwelligen Formen ersetzbarer Bedeutungen, die jede Aporie dadurch aushalten können, dass man sie austauschen und am Ende neu fassen kann. Konsum ist der perfekte Latenzschutz:

Die konsumierbare Marke bietet eine konsistente Erzählung an, macht ihre eigene Kontingenz unsichtbar und lenkt damit von der Inkonsistenz der Welt ab. Ja, man kann Latenzschutz kaufen – und das Unbehagen zumindest so lange loswerden, bis es eine neue, eine alternative konsistente Möglichkeit und Geschichte gibt. Dass dies zu keinem Ende kommen kann und gesteigert werden muss, liegt auf der Hand – in der Konsumforschung spricht man von der «Paradoxie der Zufriedenheit».[16] Der Mechanismus des Konsums bleibt nicht auf wirtschaftliche Produkte und Dienstleistungen beschränkt. Letztlich wird alles konsumierbar und entsprechend darstellbar. Auch Arbeit und sein Selbstverständnis scheinen sich zu einem konsumierbaren Gut zu verwandeln – die Arbeit soll schon eine Bedeutung haben. Mit dem Eindringen entsprechender Ansprüche der Gesellschaft in Unternehmen werden die Produzenten selbst zur Marke. Aber *branding* wird von *nation branding*[17] bis zum *personal branding*[18] letztlich zur universalen Darstellungsform – im Sinne einer narrativen Entlastung von der Sache selbst. Vielleicht ist Konsum ja doch die Lösung für Kulturkämpfe. Und vielleicht hat Konsum deshalb eine solche Kompensationskraft gegen das Unbehagen. Im Freud'schen Sinne würde man sagen: Konsum entlastet von der Überforderung, der sein zu müssen, der man ist, weil man nun wollen kann – fast folgenlos. Wie gesagt: Das letztlich Folgen- und Bedeutungslose ist die Lösung, nicht das Problem.

Nota bene: Es ist die Lösung, aber nicht das Problem – und das erzeugt grundlegende Probleme. Der Unterhaltungsimperativ unseres Wirtschaftens, der Vieles hervorbringt, was wirklich kein Mensch braucht, lässt die Klimawandeldiskussion in ganz neuem Licht erscheinen. Wir diskutieren noch darüber, wie man Bevölkerungen davon überzeugen kann, dass sie weniger konsumieren, vielleicht etwas nachhaltiger leben und auf ihren CO_2-Abdruck achten sollen, dabei wäre der größte Verlust, den wir zu gewärtigen haben, vielleicht der Verlust an Unterhaltung. Überspitzt formuliert: Vielleicht lässt sich der Klimawandel einfach nur durch bessere Unterhaltung aufhalten. Heißt das, dass politische Aufklärung konsumierbar werden muss? Lässt sich die identitäre Familienorientierung der Selbstpositionierung durch bessere Konsumerlebnisse aufheben? Kann man den Menschen die Abgrenzungsfantasien durch Langeweilebewirtschaftung nehmen? Vielleicht ist das ein abwegiger Gedanke, aber wie etwa Ernst Mohr sehr überzeugend zeigt, bietet gerade Konsum Identifikationsangebote, deren besonderer Vorteil darin besteht, gerade nicht an angeblich «quasi-natürlichen» Distinktionsmöglichkeiten anzusetzen, sondern diese ganz neu zu gestalten – womöglich konfliktärmer.[19] Aber selbst wenn der Gedanke nicht abwegig wäre, bedeutete er die Quadratur des Kreises, wenn man alleine daran denkt, wie viel CO_2 allein Streamingdienste zur Dauerberieselung mit Filmen, Serien, Musik und Pornographie erzeugen. Und die Moral der Geschichte heißt dann: Die gesellschaftlichen Sachprobleme, die sich mit der funktionalen Differenzierung der Gesellschaft und ihrem Steuerungsdefizit ergeben, würden durch die Lösung dieser Fragen in der Sozialdimension nicht einmal berührt. Die größte Quelle fürs Unbehagen dürfte die bloße Ahnung sein, dass es so ist.

12
Was tun?

Das Argument in diesem Buch begann mit einer Frage, nämlich mit der Frage meiner Studentinnen und Studenten, warum es trotz allen Wissens und trotz aller möglichen Einsicht nicht gelingt, die Probleme der Welt zu lösen – als Referenzkrisen wurden die akute COVID-Krise und die chronische Klimakrise herangezogen. Wissen wir jetzt, elf Kapitel später, mehr zur Beantwortung dieser Frage? Ich fürchte: nein. Der Argumentationsgang hat vielmehr die grundlegende Überforderung der Gesellschaft *mit sich selbst* auf den Begriff gebracht. «Wenn es doch nur eine Krise wäre!»,[1] habe ich Bruno Latour im vierten Kapitel zitiert – der Krisenbegriff scheint überhaupt in die Irre zu führen, weil er in seiner beunruhigenden Absicht eine allzu beruhigende Funktion hat. Krisen gehen vorüber, Krisen sind Ausnahmezustände, Krisen sind Wendepunkte – und das setzt voraus, dass es einen nicht-krisenhaften Zustand geben könnte. Um nicht falsch verstanden zu werden: Finanzkrisen, Pandemien oder politische Krisen können vorbeigehen und enden, aber letztlich sind das eher Oberflächenphänomene, wenn man die Diagnose teilt, dass gesellschaftliche Praktiken, Akteure, Lösungskonzepte und Routinen in solchen Krisen vor allem von ihren eigenen Strukturen und Prozessen überfordert sind. Und die stets wohlfeile Diagnose, dass Krisen niemals von außen kommen, sondern in dem Sinne *hausgemacht* sind, dass es «unsere Lebensweise» sei oder eben die ganze Falschheit unserer Lebensform, die solche Krisen hervorbringt, hören sich fast wie ein Argument an. Aber sie sind tatsächlich nur wohlfeil, weil sie etwas Selbstverständliches in gewollt entlarvendem Gestus zum Ausdruck bringen: dass es kein Außen gibt, dass die Dinge stets nach eigenen Regeln verarbeitet werden und dass auf Probleme und Herausforderungen auch nur mit eigenen Mitteln reagiert werden kann. Die einzige Krise, die wirklich ausschließlich von außen käme, wäre vielleicht ein Meteorit, den man nicht einmal seinem Lieblingsgegner in die Schuhe schieben könnte. Wobei: Sollte danach noch jemand fragen können, würde sich die Theodizeefrage stellen, und schon wäre wieder eine Verbindung zur eigenen Existenzweise hergestellt. Man würde sich vielleicht an den Allerheiligentag 1755 erinnern – oder daran, dass irgendjemand vergessen hat, Frühwarn- und Abwehrsysteme zu finanzieren.

Dass die Gesellschaft offensichtlich permanent im Krisenmodus sich befindet, ist freilich keine Krisendiagnose im engeren Sinne. Es ist gerade keine Kulturkritik, es ist auch keine «Gesellschaftskritik», was auch immer dieser Terminus bedeuten soll – denn am Ende kritisiert die Gesellschaft in Form ihrer Gesellschaftskritik sich selbst und enthält damit auch die Kriterien ihrer Kritik und offensichtlich das Potential, sie zu entwickeln. *Richtiges Leben gibt es nur im falschen* – denn das Richtige ist als die andere Seite des Falschen unvermeidlich daran gebunden. Dass die bekannte Sentenz von Adorno, es gebe *kein* richtiges Leben im falschen,[2] so beliebt ist, zeigt ja nur, dass Kritik ganz offensichtlich in ihren Gegenstand verschlungen ist – was übrigens gerade der Autor dieser Sentenz als Dialektiker ziemlich genau wusste, aber dies mitzudenken, nimmt der schönen Sentenz ihre schauerlich schöne Selbstüberhebung, oder sie wird im Gestus einer Überheblichkeit vorgetragen, die sich ein (meist mit Steuergeldern finanziertes) Außen simuliert, das es aber nicht geben kann.

Der permanente Krisenmodus der Gesellschaft ist ihre große Stärke, weil sie sich damit eine erhebliche Leistungsfähigkeit ermöglicht, die allerdings in eine ebenfalls unvermeidliche Überforderung mündet. Zur Frage meiner Studentinnen und Studenten lässt sich tatsächlich nur sagen, dass es kein Entrinnen aus dieser Überforderung gibt – *aber diese Überforderung ist eben Problem und Lösung zugleich*.

Sichtbarkeit/Unsichtbarkeit

Es sei noch einmal wiederholt: Moderne Gesellschaften zeichnen sich durch eine besondere zivilisatorische Errungenschaft aus, die man vielleicht Dezentralisierung, Arbeitsteilung und Differenzierung nennen kann. Sieht man genau hin, dann sorgen in der Geschichte der Moderne Differenzierungsprozesse für die Emanzipation unterschiedlicher Problemlösungstools – Politik oder Ökonomie müssen nicht mehr religiös heilsrelevant sein, die Rechtsprechung kann sich von unmittelbarer politischer Gängelung unabhängig machen, die politische Gesetzgebung bindet auch den Gesetzgeber rechtlich, Massenmedien sorgen für Transparenz und Information, und Wissenschaft emanzipiert sich, wenn es gut läuft, von politischer Instrumentalisierung, religiösen Heilserwartungen oder unmittelbarer Anwendbarkeit. Modernität bedeutet letztlich so etwas wie das, was man im politischen Bereich Gewaltenteilung nennt. Es ist ein evolutionärer Prozess, dessen Gesamtrichtung dahin geht, dass es das eine Zusammenführende, alles in einem Prinzip Aufhebende, dass es letztlich konzentrierte Instanzen nicht mehr geben kann. Alles ist auf Wechselseitigkeit angewiesen und erfährt an sich selbst, dass sich das Gesamtsystem nicht allein ökonomisch, nicht allein rechtlich, nicht allein wissenschaftlich, nicht einmal allein religiös oder ökonomisch bestimmen, führen, verändern, gestalten lässt. Funktionalistisch betrachtet beugt dieser Schutzmechanismus einer Überforderung konkreter Funktionen vor, verhindert aber vor allem eine Konzentration auf eines und nur ein Prinzip der Problemlösung. Es multipliziert die Formen – und teilt deshalb die Selbstwirksamkeit konkreter Handlungstypen auf, begrenzt sie, indem es sie erweitert.

Dies ist die Grundlage jener Überforderung, auf die die gesellschaftliche Selbstbeschreibung mit der Soziodizee des Gemeinschaftlichen reagiert – letztlich mit einer im wahrsten Sinne des Wortes *unrealistischen* Form, die die Überforderung abzumildern versucht, an der man aber auch irre werden kann, weil sich das Gemeinschaftliche nicht so einfach herstellen lässt. Es spielen hier die Funktionslogiken des Politischen und des Familialen zusammen. Das Politische zielt als Funktion nicht nur auf kollektiv bindende Entscheidungen, sondern auch auf die politische Erzeugung und Stabilisierung von (politisch ansprechbaren) Kollektiven und Kollektivitäten.[3] Die politischen *imagined communities*[4] sind gewissermaßen Camouflage-Beschreibungen einer in der Sachdimension differenzierten Gesellschaft, die die Struktur dahinter gewissermaßen unsichtbar macht, sie sind die Benutzeroberflächen einer Gesellschaft, deren Maschinenraum unsichtbar bleibt.

Dass die familiale Logik damit verwandt ist, kann man an der behaupteten «Unbedingtheit» von Zugehörigkeiten beobachten – über die Blutsverwandtschaft bis hin zu ritualisierten und stark normierten Formen der Verschwägerung. Auch hier geht es darum, Zugehörigkeiten dadurch als gewissermaßen *unbedingt* auszugeben, um ihre Bedingungen zu verdecken.[5] Am besten scheint man die Gesellschaft aushalten zu können, wenn man sie in der Sozialdimension beschreibt und erschließt – und es sind tatsächlich Formen der Zugehörigkeit, die solche Beschreibbarkeit in einer Gesellschaft sichern, die mit ihrem Selbstverhältnis überfordert ist. Deshalb lassen sich gerade in der Sozialdimension Ersatzkonflikte führen, die verdecken, was wirklich los ist: indem man sich einen Reim auf die Welt als einer Welt von Gruppenzugehörigkeiten und Identitäten macht. Identitäten gibt es erst, seit man sie quasi künstlich herstellen und deshalb mit Latenzschutz versehen muss, um ihre Arbitrarität zu verdecken.

Ich habe oben versucht, die Persistenz des Rassismus damit zu erklären. Selbst in Gesellschaften, in denen «Rassen» keineswegs zur grundlegenden Humankategorisierung gehören, in denen die Differenzierung in «Rassen»-Zugehörigkeit oder ethnische Herkunft aus unterschiedlichen «Volkskörpern» sogar rechtlich ausgeschlossen wird, in denen es keinen *prinzipiellen* Unterschied zwischen Menschen im Hinblick auf «Rassen»-Kategorien gibt, macht exakt das einen persistenten Unterschied. Wiewohl es zur geradezu selbstverständlichen Ausstattung moderner Rechtssysteme gehört, sich selbst blind zu machen für solche Differenzen, verschwinden sie nicht aus der Alltagspraxis. Sie haben eine Funktion. Meine These: Sie haben die Funktion, die Gesellschaft einfacher beschreibbar zu machen. Sie sind letztlich narrative Elemente des Gesellschaftlichen – und wenn diese Formulierung womöglich auf den ersten Blick als Verharmlosung erscheint, sei ein zweiter Blick empfohlen. Aufklärung über die Gegenstandslosigkeit des Rassismus (und seiner Ableitungen) geht schon deshalb in die Irre, weil die Differenz selbst für sich bedeutungslos ist. Man kann in Verfassungen hineinschreiben, dass diese Dinge keine Rolle spielen dürfen – und doch tun sie es (und genau deswegen steht es in den Verfassungen). Ich habe das oben eine Physiodizee genannt – also eine Vereinfachung der Welt dadurch, dass man sich an Sichtbares hält, und kaum etwas ist sichtbarer als Sichtbares (das man auch wieder dadurch erzeugt).

Dasselbe gilt übrigens für die Unterscheidung der Geschlechter – auch hier kann man die Frage stellen, warum die Unterscheidung von Männern und Frauen eine so prominente Rolle spielt, obwohl die Gesellschaftsstruktur beim besten Willen keinerlei geschlechtlichen Index hat. Die funktionale Differenzierung der Gesellschaft hat keine primär geschlechtlich codierte Form. Die Unterscheidung von Männern und Frauen, v. a. von Frauen- und Männerrollen hat sehr wohl eine Funktion im Institutionsarrangement der Gesellschaft – etwa bestimmte Familienrollen, passend zu Rollen in der Erwerbsarbeit. Aber genau genommen ist die funktionale Differenzierung der Gesellschaft indifferent für die Geschlechterunterscheidung – und doch sehen wir im Alltag fast nichts anderes, und seit gegen traditionelle Geschlechterrollen opponiert wird, sieht man noch mehr davon. Ich habe an anderer Stelle die Frage, warum die (asymmetrische) Geschlechterunterscheidung gewissermaßen gegen das geschlechterindifferente Differenzierungsschema der modernen Gesellschaft opponiert, mit der Persistenz optischer Wahrnehmungsroutinen beantwortet, die erst praktische Anlässe für die Wahrnehmbarkeit durch die geschlechtliche Codierung von Praktiken schaffen.[6] Die *Wahrnehmbarkeit* bietet hier gewissermaßen einen Anker für die kommunikative Bearbeitung von Differenz und damit von Identität. Und wo es mit der Wahrnehmbarkeit nicht auf Anhieb funktioniert, wird sie ästhetisch erzeugt – man denke etwa an die Entstehung von (nationalen/ethnischen) Stereotypen, die in vielfältigen Medien (Kunst, Film, Oper, Karikaturen, Propaganda usw.) so lange wiederholt werden, bis man sie auch im richtigen Leben sieht. Oder man denke an den Antisemitismus, der vor allem in seiner bürgerlichen Gestalt des 19. Jahrhunderts den Juden vorwirft, dass sie sich nicht unterschieden haben, weswegen man das Unterscheiden auf die Spitze treiben musste. Der rassische Antisemitismus in den 1930er Jahren hat dann «wissenschaftlich» für die Visibilisierung der Differenz gesorgt, durch biologische und medizinische Klassifikation.[7] Es gibt derzeit eine geradezu obsessive Konzentration auf Geschlecht und auf «Rasse» – nicht weil es sich dabei um unbedeutende Differenzen handelte, ganz im Gegenteil. Die Ungleichbehandlung von Menschen unterschiedlichen Geschlechts ebenso wie die bis dato gescheiterte Invisibilisierung realer oder eingebildeter «rassischer» Sichtbarkeiten spotten jeglicher rechtlicher und normativer Selbstbeschreibung einer Moderne, die sich selbst etwas höchst Unrealistisches versprochen hatte: *ein Gleichheitsversprechen trotz offenkundiger und unvermeidlicher Ungleichheit in je unterschiedlichen Hinsichten.* Nun muss man dialektisch genug denken, um zu sehen, dass das Versprechen nur in einer Welt Sinn macht, in der sich Gleichheit nicht von selbst einstellt – und zugleich muss man mit kaltem funktionalistischem Blick sehen, dass sich diese Formen der Asymmetrie «bewährt» haben, als Anlass für Rollenzuweisungen, für Arbeitsteilung, für Herrschaft, für Ordnungsbildung. Sichtbar wird dies erst, seit diese deutlichen Zuschreibungen in Bewegung geraten und in Frage gestellt werden, was dann freilich Konflikte um eine gewohnte Ordnung impliziert, die zuvor galt, weil sie mit Latenzschutz versehen war. Der aufgehobene Latenzschutz in vielen Bereichen scheint tatsächlich die größte Quelle für das Erleben von Unbehagen und Überforderung zu sein. Offensichtlich leidet der moderne Mensch nicht in erster Linie unter einem «metaphysischen ‹Heimatverlust›», wie es bei Peter L. Berger, Brigitte Berger und Hansfried Kellner in den 1970er Jahren vielzitiert hieß[8], was nur mit der theoretischen Funktionsstelle gemeinsam geteilter und überwölbender «symbolischer Sinnwelten» plausibel ist.[9] Eher muss man wohl von einem *gesellschaftsstrukturellen Heimatverlust* besprechen, weswegen die kompensatorische Selbsteinteilung der Gesellschaft in Großgruppen (Nation), in Regionen, in schichtungs-/klassensensible Habitus, Geschlechterrollen und «Identitäten» semantisch so überschießend ausfällt. Hier ist die besondere Rolle intellektueller und akademischer Selbstbeschreibungen hervorzuheben: *Haben die Intellektuellen einst die Nation als Entität hergeschrieben und in Reden* an dieselbe ihre jeweilige Suprematie verteidigt, haben sie den Rassismus als taxonomisches System erfunden und im Antisemitismus sich die eigene Größe hergeschrieben (man lese Wagners «Das Judenthum in der Musik»[10]), erzeugen sie heute weniger verdächtige, aber durchaus wirkmächtige Formen kollektiver Adressen, um überhaupt etwas zu beschreiben zu haben, die strukturellen Fragen der Zeit aber gar nicht erst behandeln zu müssen. Für die frühe Soziologie galt das übrigens nicht. Diese hat in Gestalt von Marx und Weber, Tocqueville, Simmel und Durkheim die tiefgehenden Modernisierungsprozesse eher distanziert beschrieben und sich eben nicht allein auf jene Sozialdimension kapriziert, die als selbstberuhigende, aber auch im Sinne Shmuel N. Eisenstadts[11] politisch projekthafte Beschreibungsform die großen Konflikte des 19. und 20. Jahrhunderts bestimmen sollte. Nicht zufällig hat Hans-Peter Müller ausgerechnet diese Klassiker des Faches jüngst in einer lesenswerten Rekonstruktion als eine soziologische Generation beschrieben, die sich in Distanz auch zu den Selbstbeschreibungsroutinen ihres eigenen Milieus gesetzt hat: Marx als durchaus wohlwollender Kritiker der bürgerlichen Gesellschaft, Tocqueville als eher aristokratischer Kritiker der Aristokratie, Weber als bürgerlicher Kritiker bürgerlicher Selbstgerechtigkeit, Simmel als Theoretiker der Ambivalenz des modernen Individualismus und der Kultur. Das Kritische an dieser ersten Soziologie-Generation war nicht ihr Einstimmen in die kritischen Diskurse ihrer Gegenwart, sondern ihre Selbstkritik, die dem Wohlfeilen misstraute.[12]

Das Vorstehende erwähne ich hier nur, um noch einmal zu verdeutlichen, wie sehr die Einteilung der Welt in der Sozialdimension gesellschaftliche Selbstbeschreibungen semantisch und praktisch bindet, ohne die Grundstrukturen der Gesellschaft selbst überhaupt zu erreichen. Sie schützt sich vor dieser Überforderung – und überfordert sich nun selbst, da der Latenzschutz für Rollenzuweisungen und Humankategorien verlorengeht. Auch deshalb geht übrigens die meiste Kritik an «Identitätspolitik» fehl. Diese ist alles andere als falsch – sie reagiert vielmehr schlicht mit denselben Mitteln, mit der die kritisierte Gesellschaft ohnehin operiert. Ich habe oben dargestellt, wie sehr «Identitätspolitik» unter die Räder des Widerspruchs zwischen universalistischen Zielen und partikularistischen Praktiken gerät – das galt schon für die Erfindung der Nation im Verhältnis zur Aufklärung. Dass dabei Übertreibungen und Überempfindlichkeiten entstehen,[13] ist nur ein Kollateralschaden jener Konzentration auf die Sozialdimension. Das Tragische ist tatsächlich, wie stabil ganz offensichtlich jene Muster sind, die sich auf die «Paradoxie der Sichtbarkeit»[14] stützen. Welche Funktion haben solche Sichtbarkeiten? Welches Problem lösen sie? Ganz offensichtlich das Problem der Beschreibung der Welt. Darin vor allem eine Macht- und Herrschaftsfolge zu sehen,[15] dreht fast die Erklärungsrichtung um: Die Persistenz von Sichtbarkeit schafft und stabilisiert erst die Möglichkeit für Asymmetrisierungen und Diskriminierungen. Es ist kein Zufall, dass sich Gesellschaften auf solche Sichtbarkeiten stützen, um Ordnung zu schaffen, um sich beschreibbar zu machen, um sich mit narrativen Ansatzpunkten zu versorgen, um sich einen Reim auf sich selbst zu machen. Das muss unbedingt analysiert werden – aber als Analysekategorie taugt all das nicht.

Mein Argument lautet: Die *Physiodizee*, also die Konzentration auf Sichtbarkeit, und die *Soziodizee der Gemeinschaft* versorgen gesellschaftliche Konflikte und Selbstbeschreibungsformen mit ausreichend Material, was es ihnen ermöglicht, von der gesellschaftlichen Struktur einer Gleichzeitigkeit von Unterschiedlichem abzusehen – dem, was soziologisch als funktionale Differenzierung bezeichnet wird. Dieser Differenzierungsprozess ist einerseits der Garant für eine nie dagewesene Options- und Leistungssteigerung der einzelnen Bereiche der Gesellschaft, andererseits besteht die evolutionäre Errungenschaft darin, dass die Position des Vetospielers kaum zu besetzen ist, eben weil es keine Zentralposition oder Zentralperspektive gibt. Das findet sich nicht nur zwischen den Bereichen, sondern auch innerhalb: Der Markt lebt von individuellen Akteuren, die eigene Entscheidungen treffen, der Staat organisiert Gewaltenteilung und integriert die Opposition, in der Wissenschaft gibt es keine letzte Erkenntnis, und Kirchen können kaum anders, als andere Religionen als solche anzuerkennen. Es gibt kein Handeln der Gesellschaft aus einem Guss – und sosehr man das in bestimmten Situationen beklagt, so sehr ist es vielleicht die zivilisatorische Errungenschaft schlechthin.

Erst in Situationen, die wie (kollektive) Krisen aussehen, rückt dieses *Einerseits/Andererseits* in den Bereich des Sichtbaren. Erst hier werden die strukturell bedingten Zielkonflikte und Überforderungen sichtbar, erst hier wird deutlich, wie wenig «die Gesellschaft» aus der Perspektive des politischen Systems erreichbar und steuerbar ist, erst hier wird sichtbar, wie brutal die Selbstbeschränkung auf die je eigene Logik wirkt, erst hier wird sichtbar, *dass die Leistungsfähigkeit einer funktional differenzierten Gesellschaft zugleich die Quelle ihrer eigenen Überforderung ist.* Die Reaktionen auf die COVID-Krise haben das deutlich gezeigt. Sie ist insofern von besonderer analytischer Bedeutung, weil sie zwar länger andauert, als erwartet wurde. Aber sie wird als eine Krise erlebt, die vorübergeht. Gerade diese kairologische Struktur verhindert, dass sich gesellschaftliche Routinen an sie gewöhnen – und deshalb ist diese Krise nicht nur eine radikale Latenzvernichterin, sondern auch ein permanenter Anlass, auf die Instabilität sonst gut funktionierender Routinen hinzuweisen. Gerade weil sich diese Krise nicht so leicht chronifizieren, auf Dauer stellen lässt, bleibt keine Zeit, sich an sie zu gewöhnen. Das ist eine permanente Quelle von Unsicherheit, während die Klimakrise noch so radikale und apokalyptische Diagnosen hervorbringen kann. Je öfter sie wiederholt werden, desto stärker sinkt ihr Informationswert. In der COVID-Krise wurde das Steuerungsdefizit der Gesellschaft und die Unauflöslichkeit von Zielkonflikten allzu deutlich. Auch die Zielkonflikte hat man in der politischen Debatte gerne in der Sozialdimension dargestellt – als Konflikte zwischen Interessengruppen («die» Wirtschaft, Familien, Männer/Frauen, Kulturschaffende, Generationen, Inländer/Ausländer, Gebildete/Ungebildete, Vernünftige/Unvernünftige etc.), die es selbstverständlich auch gegeben hat. Aber die Grundlage der krisenhaften Selbstüberforderung der Gesellschaft waren eben die unterschiedlichen Problemkonstellationen der jeweiligen Felder und Funktionssysteme, in denen sich die pandemische Herausforderung unterschiedlich dargestellt hat. Der wohl deutlichste Indikator war sicher, dass man im Sommer 2020 bei niedrigen Inzidenzen so tun konnte, als gebe es gar kein Problem mehr, weil sich die Routinen wieder eingependelt hatten. Hier stellte man kurzfristig von Kairologie auf Chronologie um, wenn ich es unakademisch ausdrücken darf: vom *Entscheidungsmodus* in den *Schlummermodus.*

Um es deutlich zu sagen: *Wenn es nicht gelingt, die fast ausschließliche Konzentration auf die Sozialdimension und die alleinige Politisierung von Problemen zu überwinden, wird es auch nicht gelingen, den für die Lösung von Problemen notwendigen Komplexitätsgrad zu erreichen. Das heißt explizit nicht, die eine gegen die andere Dimension auszuspielen, das wäre fahrlässig und naiv. Aber es müssen die Differenzierung in der Sachdimension und die daraus – nicht nur aus Interessenkonflikten und Machtasymmetrien – resultierenden Konflikte in ihrem Eigensinn begriffen werden, um zu Problemlösungskonzepten zu kommen.*

Risiko-Lernprozesse

Wie im dritten Kapitel herausgearbeitet, sind es zumeist evolutionäre Veränderungen, die die Gesellschaft verändern, eher selten Entscheidungen, auf die man eine grundlegende Veränderung zurechnen kann. Genau deshalb ist die funktional differenzierte Gesellschaft sehr leistungsfähig, wenn es um die Lösung konkreter Probleme geht – man denke etwa daran, wie schnell Wissenschaft in der Lage war, Vakzine gegen das Corona-Virus zu entwickeln, oder wie schnell medizinisch gelernt werden konnte, wie man eine völlig unbekannte Erkrankung behandelt, oder wie schnell es Organisationen (Unternehmen, Betriebe, Verwaltungen, Schulen etc.) gelungen ist, sich auf kontaktlose Formen einzustellen. Übrigens ist es nicht nur ein Effekt mangelnder Aufmerksamkeit oder mangelnden Interesses, dass Familien in der Pandemie besonders belastet waren – das sicher auch. Aber es hat auch etwas mit jener Familienlogik zu tun, die tatsächlich eine soziale Zumutung darstellt: sich nicht aus dem Weg gehen zu können und aufeinander angewiesen zu sein. Wieder erweist sich das Familiale, die Form der wechselseitigen Versorgungs-, Betreuungs- und Verantwortungsbeziehung, als eine besondere Herausforderung, die sich den anderen Logiken der Gesellschaft schlicht nicht beugt und deshalb in einer merkwürdigen Weise unterbestimmt ist. Darin ist auch die Persistenz gerade der geschlechterförmigen Arbeitsteilung in der Familie zu sehen, die offensichtlich eine Art Kompensation dieser besonderen Form der engen Sozialbeziehung ist – eine Konstellation, die sich bewährt hat und deren Problematischwerden wiederum auf den Verlust von Latenzschutz hinweist.

Obwohl man auch konzedieren muss, wie viel *nicht* funktioniert hat, und obwohl in der Pandemie sichtbar wurde, welche Bereiche etwa der Verwaltung offensichtlich nicht auf dem (digitalen) Stand der Zeit sind, liegen doch echte Differenzierungseffekte vor, d. h. die Konzentration von Aufmerksamkeit auf nur eine gesellschaftliche Funktion, um Probleme als *isolierte* Probleme zu lösen – was dann *ex negativo* letztlich auch für die Überlastung der Familie gilt. Gerade diese Leistungsfähigkeit durch differenzierte Sezierung der Probleme hat einen schlechten Leumund, weil es dem Prinzip von *Ganzheitlichkeit* widerspricht, das ja nur deshalb mit so überschießender semantischer Verve gefeiert und gefordert werden muss, weil das Kleinarbeiten von Problemen so große Enttäuschungen erzeugt. Hätten die Leute, die die Vakzine entwickeln konnten, ganzheitlich denken müssen, hätten sie sicher keinen Impfstoff entwickelt.

Die Formel lautet also: Die Gesellschaft ist einigermaßen gut darin, isolierte Probleme zu lösen, parallel zum Differenzierungsschema, aber sie ist überfordert mit der Lösung grundlegender Herausforderungen, weil ihr in dieser Hinsicht das Differenzierungsschema im Weg steht. Das heißt nicht, dass die Lösungen «gelungene» Lösungen sind – gerade die COVID-Krise ist ein gutes Beispiel dafür, wie schwierig auch die Lösungskonzepte innerhalb einer funktionalen Logik waren und wie viel da gescheitert ist. Aber das entscheidende Scheitern bestand in der Kombination und Abstimmung unterschiedlicher Logiken. Die Leistungsfähigkeit der Moderne ist ein Effekt der Differenzierung, des Verzichts auf Interdependenzen, der Überwindung von «Ganzheitlichkeit», der (Ergebnis-)Offenheit der jeweiligen Prozesse, des Verzichts auf wechselseitige vollständige Kontrolle und Koordination. Ihre Schwäche ist aber, dass die funktionale Differenzierung die Gesellschaft an die Grenzen koordinierter Handlungsfähigkeit bringt.

Es liegt fast nahe, die Sicherungen der Moderne außer Kraft setzen zu wollen – denn gerade jetzt wird das Risiko der Gewaltenteilung und der Dezentralisierung sichtbar. Märkte sind zwar grandiose Problemlöser, aber sie produzieren auch Probleme und viele Produkte, die nur der Markt braucht. Die Demokratie ist eine geniale

Form der Entscheidungsfindung, aber die Leute wählen bisweilen die falschen Lösungen. Wissenschaft ist unfassbar leistungsfähig, aber die Erwartung nach eindeutigen Lösungen kann sie gerade deswegen nicht stillen. Das Recht kann alles Mögliche normativ regeln, aber eben nur im Rahmen eines konsistenten Zusammenspiels garantierter und veränderbarer Rechte. Bildung bringt Wissen und Wissen um die notwendige Einsicht unter die Leute, aber mehr Bildung erzeugt immer auch mehr Widerspruch und weniger konsistente Verhaltensweisen, Massenmedien können hervorragend aufklären und eine gemeinsame Welt erzeugen, nur pflegen sie unterschiedliche Versionen dieser gemeinsamen Welt zu verbreiten. Man dreht sich im Kreis, wenn man hier weiterdenkt, und landet wieder bei der Frage meiner Studentinnen und Studenten – und bei der Frage nach koordiniertem Handeln, das offensichtlich gesellschaftsstrukturell ausgeschlossen oder wenigstens unwahrscheinlich ist.

Vielleicht kann man etwas aus den Institutionenarrangements der klassischen Industriegesellschaft seit dem 19. Jahrhundert lernen. Wie im fünften Kapitel dargestellt, war die Reaktion auf die erfolgreiche Differenzierung und Optionsentfaltung der Gesellschaft die Herstellung von Institutionen, die unterschiedliche Logiken miteinander verbunden haben. Das Grundproblem war vor allem die sozial- und wirtschaftspolitische Herstellung von biografischer Kontinuität und politischer Massenloyalität. Genau genommen lagen diese Lösungen quer zur differenzierten Gesellschaftsstruktur: Sie verbanden ökonomische Volatilität mit der Möglichkeit von individuellen und familialen Kontinuitäts- und Versorgungsbedürfnissen. Sie ermöglichten die Inklusion von immer mehr Gruppen der Gesellschaft in die wirtschaftlichen, schulischen/universitären, medizinischen und rechtlichen Leistungsbereiche. Sie ermöglichten es, politische und ökonomische Ordnungsbildung immer wieder temporär aufeinander zu beziehen. Aus politischer Perspektive «bändigten» sie den Kapitalismus, aus ökonomischer Perspektive «ermöglichten» sie genügend Ergebnisoffenheit, aus rechtlicher Perspektive «begründeten» sie Ansprüche. Diese Arrangements ermöglichten eine Strukturierung von Konflikten ebenso wie eine Kalkulierbarkeit von Lösungsmöglichkeiten. Es entstanden Organisationen, die letztlich die Konfliktparteien abgebildet haben – Gewerkschaften, Wirtschaftsverbände, Interessenvertretungen usw. Und wie unterschiedlich diese Lösungen in unterschiedlichen Staaten aussahen, lässt sich etwa an den unterschiedlichen «Wohlfahrtsregimes» ablesen, für deren Analyse vor allem die von Gøsta Esping-Andersen stammende idealtypische Differenzierung in ein «liberal-angelsächsisches», ein «konservativ-kontinentaleuropäisches» und ein «sozialdemokratisch-skandinavisches» Modell stilbildend wurde.[16]

Hier soll es nun nicht um eine Rekonstruktion der wohlfahrtsstaatlichen Tradition und ihrer Weiterentwicklung gehen.[17] Was hier interessiert, ist die Frage, auf welchen Lösungstyp die funktional differenzierte Industriegesellschaft gesetzt hat. Der Problemtyp jedenfalls ähnelt auch der Herausforderung vom Typ der Klimakrise: Die Eigendynamik der Gesellschaft, hier: eines technisch aufgerüsteten Wirtschaftssystems, eines auf immer mehr Gleichheitsversprechen und Inklusion gerichteten Rechtssystems, eines demokratischer werdenden politischen Systems mit mehr Partizipationsmöglichkeiten, eines flächendeckenden Bildungssystems, das sowohl ungleiche Positionen zuweist als auch Aufstiegschancen moderieren kann, eines sich pluralisierenden Mediensystems, eines sich aufs Eigene spezialisierenden Religionssystems – diese in unterschiedlichen Perspektiven erhöhte Eigendynamik entzieht sich zentraler Koordination, aber die Gesellschaft wandelt die daraus erwachsende Gefahr in Handlungsmöglichkeiten um, also Risiken. Eine *Risikogesellschaft* ist die Moderne nicht, weil sie immer stärker der möglichen Schäden gewahr wird, die aus ihrer Eigendynamik resultieren,[18] sondern weil sie Gefahren in Risiken umwandelt. Mit dieser Unterscheidung von Gefahr und Risiko wird das Problem der offenen Zukunft auf zweierlei Weise erfasst: Eine Gefahr widerfährt einem gewissermaßen passiv, und man kann nur hoffen, dass sie nicht kommt; ein Risiko wird daraus, wenn die unbekannt bleibende Zukunft auf eigene Entscheidungen zugerechnet werden kann.[19] Sehr einfach formuliert: Aus der *Gefahr*, dass sich Konjunkturentwicklungen negativ auf die Lebenslage von Arbeitnehmern auswirken, wird ein *Risiko*, wenn man eine Sozialversicherung einrichtet und darüber entscheidet, ob, wie und für wen man solche Sicherheiten vorhält. Lebensverläufe werden weniger gefährlich, aber immer riskanter, weil Vieles auf Entscheidungen zugerechnet wird. Eine Krebserkrankung wird zu einem Risiko, sobald es medizinische Vorsorge gibt. Die Berufswahl, aber auch normativ-rechtliche Regulierungen erhöhen das Risiko, weil man sie auch anders hätte gestalten können. Und selbst die wissenschaftliche Behauptung von Faktizitäten ist insofern riskant, als ein anderer Forschungsaufbau vielleicht nicht das Gegenteil, aber Anderes gesehen hätte. Aber diese Risiken werden nicht einfach zu neuen Gefahren, weil sich Kriterien und Routinen entwickeln, die den Entscheidungsformen Plausibilität verleihen – und wenn es nur die Wiederholung vorheriger Entscheidungskriterien ist. Letztlich hat die industriegesellschaftliche Moderne die *Überforderung der funktionalen Differenzierung durch Etablierung von Risikomöglichkeiten* bewältigt. Folgen von Konjunkturkrisen bleiben eine amorphe Gefahr, wenn solche Arrangements nicht getroffen werden, sie werden zu einem handhabbaren und zurechenbaren Risiko, wenn es solche Einrichtungen gibt – und sobald es solche Einrichtungen gibt, wird auch die bloße Gefahr-Strategie zu einem Risiko, weil einem dann als Handeln zugerechnet wird, nicht gehandelt zu haben.

Solche Risikoarrangements finden sich vielerlei im institutionellen Arrangement – vom Kreditwesen über private, halbstaatliche und staatliche Versicherungen bis hin zur Etablierung von Lebenslaufentscheidungen (Beruf, Partner/in, generatives Verhalten, Kauf-/Konsumverhalten, Eigentum). Diese Risikostrategie reagiert gewissermaßen darauf, die Schnittstellen zwischen den Zielkonflikten der Gesellschaft handhabbar und entscheidungsfähig zu machen. Wie schon gezeigt: Entscheidungen finden nicht im unstrukturierten Raum statt, sondern brauchen bereits vorentschiedene Formen und Alternativen, damit Situationen durch aktives Verhalten gestaltet werden können. Auf die Überforderung des Entscheidens wird durch seine Ermöglichung reagiert – selbst wenn die Entscheidungsalternativen von vielen unkontrollierbaren Faktoren abhängig sind, lebensgeschichtliche Entscheidungen etwa von ungleich verteilten Chancen, ökonomische Entscheidungen von schwer kontrollierbaren Märkten, Versicherungsentscheidungen von der Berechenbarkeit von Risiken.[20]

Wohlgemerkt: Eine Risikostrategie bedeutet nicht unbedingt die Lösung des Problems. Entziehen sich Entscheidungssituationen und der Entscheidungsdruck einer solche Kategorisierung, haben wir es mit Entscheidungen unter Unsicherheitsbedingungen zu tun – also Bedingungen, die nicht einmal Alternativen bereithalten. Deshalb müssen angemessene Risikostrategien nicht nur Entscheidungsalternativen konstruieren, um zu entscheidbaren Problemlösungskonzepten zu kommen, sondern sie müssen sich auch für jene Unterscheidungen entscheiden, mit Hilfe derer dann Risiken kalkuliert werden können. Auch hier droht die Gefahr (sic!) der paradoxen, der selbsttragenden Herstellung von Sicherheit und Bedingungen von Unsicherheit – und auch hier droht das Latenzproblem, denn Risikoentscheidungen müssen letztlich im Dunkeln lassen, dass es auch andere Alternativen gegeben hätte. Wer zum Beispiel wirtschaftspolitische Entscheidungen nur unter der Unterscheidung angebots- und nachfrageorientierter Programmatik fällen kann, kann Risiken deutlich benennen, wird aber blind für jede andere Unterscheidung, die sich vielleicht besser bewähren könnte.

An den Reaktionen auf die COVID-Pandemie lässt es sich ablesen: Unstrukturierte und halbherzige Lockdowns, deren Outcome so unspezifisch ist, dass man nicht genau weiß, ob die gemessenen Werte nun ein Erfolg sind oder nicht, entlasten davon, eine Risikostrategie zu fahren. Sie begnügen sich lieber mit einer Gewöhnung an die Gefahr – die sich für manche politische Akteure freilich als zumindest politisch (sic!) riskante Strategie herausgestellt hat. Risikoadaptierte Strategien würden klare Ziele vorgeben und damit das je individuelle Handeln von ökonomischen oder auch anderen Akteuren an der Zielerreichung festmachen. Ohne klare Zielformulierung bleibt die Pandemie eine amorphe Gefahr, von der man hofft, dass sie verschwindet, mit klaren Zielformulierungen (in Form etwa von Grenzwerten oder Belegungszahlen von Kliniken usw.) wird die Pandemie zum Risiko. Man könnte dann besser ertragen, einen kurzen, aber richtigen Lockdown zu machen, weil die Erwartung niedriger Fallzahlen dem eigenen Handeln zugerechnet werden kann und die Pandemie damit keine bloße Gefahr mehr ist. Das bedeutet nicht, dass man damit die Probleme automatisch gelöst hätte, es würde aber dazu gezwungen haben, Ziele und ihre Parameter klarer zu benennen und damit auch zurechenbar zu machen. Ganz analoge Formen ließen sich auch für die Klimafrage denken: Eine angemessene CO_2-Bepreisung macht unternehmerische Entscheidungen zu einem

Risiko. Man muss dann nicht einfach warten, ob man mit den eigenen Technologien zufällig richtig liegt oder nicht. Dafür bedarf es aber exakt jener Handlungsformen, die zum Beispiel politisch über die eigene Logik hinausdenken und gleichzeitig politische Gefolgschaft mobilisieren können.

Gemeinsam ist all diesen Beispielen – die hier nicht über das Reflexionsniveau von Andeutungen hinauskommen –, dass sie auf Arrangements zwischen den unterschiedlichen Funktionslogiken verweisen, die Handlungsfähigkeit herstellen und damit Zielkonflikte bearbeiten. Das müsste auch der Maßstab dafür sein, mit neuen Herausforderungen umzugehen. Exakt hier ließen sich Lernprozesse andocken, schon weil das Institutionenarrangement offenbar einen Latenzschutz genießt und wir vergessen haben, wie kontingent, aber auch wie leistungsfähig diese Lösung war und ist. Dieses Institutionenarrangement wirkt fast wie eine Art *natürliche* gesellschaftliche Ordnung, wie sie in Modernisierungstheorien oder Sozialkundebüchern als *Gesellschaft* erscheint.

Der Versuch, den ich hier unternehme, ist zu zeigen, dass diese institutionelle Ordnung gesellschaftstheoretisch nicht grundbegrifflich geführt werden sollte, sondern gewissermaßen in der zweiten Reihe verbleibt – er ist eine Reaktion auf die differenzierungstheoretisch zu beschreibende Gesellschaftsstruktur, die sich als Narrativ für die Beschreibung irgendwie entzieht, weil sie so amorph erscheint und die Komplexität der Beschreibung geradezu unangemessen erhöht.

War die klassische industriegesellschaftliche Moderne in diesem Sinne vor allem an der *sozialen Frage* orientiert, an der zumindest für die reichen Regionen des Nordens und Westens erfolgten wachsenden Inklusion großer Beväölkerungsteile in die entsprechenden Leistungsbereiche, stellen sich nun keineswegs nur *andere* Fragen, sondern vor allem *zusätzliche*. Die soziale Frage wird sich insofern verschärfen, als sich der Zusammenhang zwischen Arbeitsleistung und Wertschöpfung in digitalisierten Ökonomien im Vergleich zur klassischen Industriegesellschaft verschieben wird[21] und zugleich die Zielkonflikte zwischen den unterschiedlichen Funktionssystemen der Gesellschaft eine andere Form annehmen werden. In der COVID-Krise hat sich diese neue Struktur von Konflikten bereits abgebildet.

316 Was tun?

Das Unbehagen gerade während dieser Krise lag daran, dass sie lange Zeit wie eine Gefahr behandelt wurde und es kaum gelungen ist, sie risikoadäquat zu behandeln – wozu es freilich konkreter Konzepte bedurft hätte, eines Rahmens, innerhalb dessen Entscheidungen möglich gewesen wären. Was einem großen Publikum vorgeführt wurde, ist letztlich, was passiert, wenn es diesen Rahmen nicht gibt – und wenn die Orte fehlen, an denen diese unterschiedlichen Logiken aufeinander bezogen werden können und daraus neue institutionelle Konzepte entstehen. Ich habe oben, im vierten Kapitel, nicht umsonst aus eigener empirischer Forschung berichtet: Regelungen zum Personenstand von intersexuellen Menschen oder auch Entscheidungsfindungen bei der Organspende und die Arbeit von klinischen Ethikkomitees werden nicht nur in Verfahrensform gebracht, sondern es werden Orte geschaffen, in denen Sprecherpositionen nicht nur unterschiedlicher Interessen- und Betroffenenebenen (Sozialdimension), sondern auch unterschiedlicher Expertise (Sachdimension) zusammenfinden, um Lösungen und Entscheidungen zu ermöglichen, die nicht aus einem gewissermaßen *wilden* Gegeneinander von unterschiedlichen Funktionslogiken – Medizin, Recht, Politik, Wissenschaft/Ethik, Ökonomie – bestehen, sondern in denen eine solche Gefahr in ein *Risiko* verwandelt werden kann: indem man Entscheidungen ermöglicht und das in Verfahren implementiert, an denen nicht nur Interessen verhandelt oder ausgeglichen werden, sondern tatsächlich auch neue Ebenen von Expertise entstehen.

Interessenausgleich und demokratische Verfahren waren bis dato zumeist in der Repräsentationslogik der Sozialdimension gebaut – Beteiligung/Inklusion möglichst aller gesellschaftlicher Gruppen –, muss aber um die Sprechfähigkeit zwischen unterschiedlichen Funktionslogiken erweitert werden. Die neuen Herausforderungen, wie sie hier für Beispiele aus der Medizin angedeutet wurden, werden vielfältiger und steigen mit der Komplexität der Aufgaben. Wiederum war COVID-Krise eine Demonstration des Problems von Zielkonflikten, und wenn sich daraus etwas lernen lässt, dann sicher nicht, dass das Durchregieren als Blaupause für etwa die Klimakrise taugen könnte. Vielmehr müssen Formen gefunden werden, mit diesen Zielkonflikten umzugehen.[22] Das ist keine akademische Frage, also kein interdisziplinäres Seminar, sondern es geht um die Entwicklung handhabbarer Lösungen und Entscheidungsmöglichkeiten, die durchaus am Lösungstyp der klassischen Industriegesellschaft lernen könnte: Entscheidungsmöglichkeiten durch neue Arrangements auf Dauer zu stellen.

Es kann hier nun nicht darum gehen, Konzepte für solche Orte zu entwickeln und vorzustellen, aber es können Andeutungen über den Typus solcher Orte und Anlässe formuliert werden. «Ideale» Sprechsituationen wurden für die industriegesellschaftliche Moderne vor allem an der Sozialdimension scharfgestellt – und sie waren deshalb vor allem daran orientiert, *wer* (prinzipiell alle, wenigstens alle Betroffenen) teilnehmen kann und was das Ziel ist: *Konsens*. Jürgen Habermas hat dieses Modell einer tatsächlich *idealen* Sprechsituation entworfen, das keineswegs als empirisches Phänomen gedacht, dem er aber «eine im Diskurs unvermeidliche, reziprok vorgenommene Unterstellung»[23] gewissermaßen eingeschrieben sah, deren Bedingungen für die beteiligten Sprecher latent bleiben müssen, um wirken zu können. Habermas meint, dass ein kontrafaktisches Einverständnis über die Bedingungen eines Diskurses die Sprecher «vorgängig verbinden muß», dass darüber also «eine Verständigung nicht erforderlich sein darf»[24]. Latent halten kann Habermas diese Bedingung letztlich nur dadurch, dass er deren Bedingungen in der Sozialdimension begründet und auch sachliche Verständigung («über etwas in der objektiven Welt») davon ableitet.

Das passt tatsächlich in Gesellschaftskonzepte, die fast ausschließlich von der Sozialdimension her denken – und es gehört nach wie vor zu den großen Stärken von Habermas, zumindest erkannt zu haben, dass sich in – so seine Formulierung – mediatisierten Bereichen wie Staat/Verwaltung und Wirtschaft andere Formen etablieren, die sich dieser Bedingung entziehen.[25] Und auch heute müssten Gesellschaftstheorien, die sich vor allem auf die Sozialdimension kaprizieren, Habermas' Bedingung der Vorgängigkeit von Verständigungsmöglichkeiten teilen – sie halten aber, anders als Habermas selbst, die Begründung dieser Art von Latenz soziologisch latent.[26] Den Gedanken der Latenz werde ich sogleich noch einmal aufnehmen. Hier referiere ich Habermas gewissermaßen als Kontrastfolie, denn anders als in den 1960er Jahren, als diese Denkungsart ihren

Anfang nahm, stellt sich heute eher die Frage, ob man, wollte man eine «ideale Sprechsituation» vorschlagen, die Bedingungen der Sprechsituation selbst noch als «unvermeidliche Unterstellung» voraussetzen könnte, über die «eine Verständigung nicht erforderlich» sein dürfe.

Wollte man sich eine *heutige ideale Sprechsituation* ausdenken – also nicht: ein empirisches Phänomen, sondern so etwas wie eine regulative Idee oder eine Denkbarkeit –, ginge es wohl eher darum, diejenigen an einen Tisch/in eine Entscheidungsverantwortung/in eine Risikoverantwortung zu bringen, die üblicherweise nicht zusammenkommen. Rein logisch gesehen, verlangt die Überforderung durch Zielkonflikte, durch Differenzierungsfolgen, durch die Differenz von Erfolgskriterien, auch durch daraus resultierende Interessen nach einer solchen Situation: Die Beobachtung einer anderen Logik hat Folgen für die eigenen Präferenzen, für die eigene Beobachtung, für das eigene Handeln. Das hört sich einfacher an, als es erscheint. Denn die Leistungsfähigkeit der Moderne besteht ja gerade darin, davon absehen zu können oder auch zu müssen.

Und um naheliegenden und beliebten, dann süffisanten Rezeptionsmöglichkeiten dieses Gedankens gleich das Leben schwerer zu machen: Das ist kein Versuch, einer Entdifferenzierung das Wort zu reden, es soll gerade nicht «alles unter den Himmel» gebracht werden, es handelt sich um keinen Masterplan, auch nicht um die Idee einer Verständigung, sondern im wahrsten Sinne des Wortes: um Pragmatik, die an Anschlussmöglichkeiten orientiert ist. Ein kategorischer Imperativ müsste dann lauten: *Handle so, dass Dein Gegenüber anschließen kann, gerade weil Du das nicht kontrollieren kannst!* Würde man die institutionellen Bedingungen der klassischen Industriegesellschaft so rekonstruieren, käme man auf exakt diese Form, die wechselseitigen Bedingungen für Anschlussmöglichkeiten bei gleichzeitiger Kontinuierung von Strukturen, von Erwartbarkeiten zu ermöglichen. Die Grundidee ist also gerade nicht Konsens, schon gar kein gemeinsamer Konsens, sondern die Idee, dass jede Seite in der Lage ist, nach den eigenen Regeln, aber in einem institutionellen Arrangement weiter zu operieren.

Genügt Evolution?

Man kann das an unseren eigenen Forschungsfeldern studieren: Ob in Organisationen (hier: Krankenhäusern, Palliativstationen, Ethikkomitees), in anderen Ethikgremien (klinischen Ethikkomitees, allgemeinen Ethikkommissionen und Ethikgremien), aber auch in der Flüchtlingshilfe – überall entstehen Lösungen dort, wo man aufgrund von Entscheidungs- und Handlungsdruck unterschiedliche Instanzen sowohl trennen als auch aufeinander beziehen muss. Dass bei der Bezeichnung solcher Orte oftmals von *Ethik* die Rede ist, meint keineswegs eine Implementierbarkeit akademischer Ethikbegründungsalgorithmen in entsprechenden Feldern, sondern ist eher Ausdruck einer Sprachlosigkeit: Es gibt dafür schlicht keine Begriffe, weil der Fall gar nicht vorgesehen war. Alles war auf Differenzierung gepolt, nicht auf Differenzierungsbearbeitung. «Ethik» ist die Verlegenheitsformel für die Tatsache, dass Logiken aufeinandertreffen, die andernorts auch institutionell geschieden sind.[27] Operativ sind sie es auch hier, organisatorisch aber wird genau damit gearbeitet.[28]

Die Pragmatik solcher Orte besteht darin, dass es eben nicht zu einem Konsens kommen muss, sondern zu Arrangements, mit denen die beteiligten Spieler weiterarbeiten können. Nur so werden auch die kommenden Großprojekte anzugehen sein – was in der COVID-Krise aufgrund von Zeitdruck und Echtzeitorientierung kaum möglich war, wird sich bei anderen Fragen durchaus anders darstellen: in der Klima- und Ökologiekrise, bei der Etablierung von Städtebau und Verkehrswende, beim Umbau des Verhältnisses von Wertschöpfung und Arbeitsleistung und den damit verbundenen Verteilungsfragen, bei der Frage der globalen Arbeitsteilung, bei der kulturellen und ökonomischen Bedeutung von Plattformökonomien, nicht zuletzt bei neuen Zurechnungsfragen durch digitale Technologien und der Macht von Dateneigentümern und -besitzern zur Steuerung und Kontrolle gesellschaftlicher Prozesse auch jenseits politischer Legitimation, aber auch bezüglich der Modernisierung von Verwaltung und der Neuverteilung von Bildungsphasen im Lebensverlauf – die Liste ist genau genommen beliebig, unvollständig und allzu formelhaft. Aber sie verweist auf die Notwendigkeit von Rekombinationen von Elementen: Keines dieser Probleme lässt sich allein mit den Bordmitteln eines Funktionssystems bewältigen. *Die gesellschaftliche Moderne tritt gewissermaßen in eine Phase, in der nicht nur die Funktionslogiken auseinandertreten, sondern in der die Folgen dieses Auseinandertretens selbst zum Thema von Entscheidungsformen und -alternativen werden müssen.*

Meine Formel dafür lautete: Anschlussmöglichkeiten schaffen, den Anschluss unterschiedlicher Provenienz ermöglichen, um kompakte Lösungen herzustellen. Vielleicht wird deshalb eine Zeit kommen, in der Modellprojekte und regionale Lösungen verstärkt werden müssen, um die Rekombinationsmöglichkeiten auszutarieren und Kommunikationsformen einzuüben, die sich dann etablieren können. Würde es sich für sensible sozialwissenschaftliche Ohren nicht so *neoliberal* anhören, würde ich fast sagen: McCloskeys *trade-tested betterments* sind gefragt, die sich tatsächlich durchsetzen und Elemente ungewohnt, ergebnisoffen neu kombinieren. Das *Tradige* in *trade-tested* – argumentative Vorsicht ist die Mutter der soziologischen Werkzeugkiste – ist hier metaphorisch zu verstehen: eben als ergebnisoffene Form einer Rekombination von Elementen, die kein abstrakt-akademisches Gütesiegel bekommt, sondern eines, das pragmatisch getestet und damit implementierbar ist.

Ein Beispiel: Sterben als Risiko

Für mich ist – bedingt durch den Zufall der eigenen empirischen Forschungsthemen – die Entstehung und Etablierung der Palliativmedizin dafür das paradigmatische Beispiel.[29] Dass die Begleitung und Organisation des Sterbens zu einer expliziten Aufgabe organisierter Professionalität wurde, hat erst in den späten 1960er Jahren begonnen. Lange Zeit konnten medizinische Praxis und Organisationen der Krankenbehandlung mit dem Sterben selbst nichts anfangen. Der Tod galt als Niederlage der ärztlichen Kunst und störte letztlich das Narrativ der aufstrebenden, wissenschaftlich fundierten und immer erfolgreicher werdenden Medizin. Diagnosen und Kritiken der Abschiebung der Sterbenden in marginale Bereiche, der Sprachlosigkeit angesichts des Sterbens und nicht zuletzt der Unkenntnis über den Umgang mit Schmerzen und unbehandelbaren Situationen sind Legion. Zugleich muss betont werden, dass es wohl auf kaum einem Gebiet erfolgreichere Fortschritte und nicht zuletzt Transfers von wissenschaftlich gesichertem Wissen in konkrete Alltagspraxis gegeben hat wie in der Medizin. Vielleicht wirkte das Sterben auch deshalb zunächst wie ein Fremdkörper. In den späten 1960er Jahren hat sich das zu verändern begonnen. Man datiert den Beginn der modernen Hospiz- und Palliativentwicklung auf die Gründung des St. Christopher Hospice in London durch die Krankenpflegerin und Ärztin Cicely Saunders im Jahre 1967. Die Diskussion um die Palliativmedizin oder Palliative Care wurde zu einem Kulminationspunkt einer neuen öffentlichen Auseinandersetzung um das Sterben. In Deutschland kam es 1983 zur Gründung der ersten Modellstation für Palliativmedizin an der Universitätsklinik Köln. Inzwischen gibt es mehr als 300 Palliativstationen in Deutschland. An der medizinischen Fakultät der Ludwig-Maximilians-Universität München wurde Palliativmedizin im Jahre 2004 zu einem obligatorischen Teil der medizinischen Ausbildung, und im Jahre 2009 beschloss der Deutsche Bundestag, zum Teil gegen Widerstände des Medizinischen Fakultätentages, Palliativmedizin als Pflichtlehr- und Prüfungsfach in die Approbationsordnung aufzunehmen. Inzwischen besteht ein gesetzlich verbriefter Anspruch auf ambulante Palliativversorgung in Deutschland, der von den Krankenkassen finanziert wird. Pionier auf diesem Gebiet war der damals in München, heute in Lausanne lehrende Palliativmediziner Gian Domenico Borasio.[30]

Der medizinische Fortschritt, der mit dem Sterben als konkreter sozialer Tatsache zunächst nichts anfangen konnte, hat selbst durch seine Erfolge nicht nur schwerere Krankheiten zu heilen gelernt und das Leben verlängert, er hat damit auch zu längeren Sterbeprozessen geführt. Durch verbesserte Krankenbehandlung, Anstieg der Lebenserwartung und Behandelbarkeit chronischer Krankheitsverläufe sterben die Menschen schlicht länger – und so wird das Sterben selbst explizit Gegenstand professioneller Behandlung. Das hat freilich auch damit zu tun, dass sich durch gesellschaftlichen Wandel die Stellung des Individuums verändert. Was man Individualisierungsprozesse nennt, auch getriggert durch die Bildungsexpansion und nicht zuletzt durch die Kritik an geschlossener Expertise seit den 1970er Jahren, hat auch zu selbstbewussteren Patientinnen und Patienten geführt, zu einer durchaus medizinkritischen Öffentlichkeit, aber eben auch zu besseren medizinischen Möglichkeiten. Professionskritik wurde hier zum Teil sehr professionell aufgenommen.[31]

Es sterben in Deutschland nicht einmal 4 Prozent der Menschen auf Palliativstationen oder in Hospizen, und doch wird die öffentliche Diskussion um das Sterben, man könnte sagen: die gesellschaftliche Aneignung des Themas sehr stark von diesem Feld geprägt. Das ist kein Zufall, denn in der Palliativmedizin lässt sich etwas beobachten, das auch für andere Bereiche in der Gesellschaft derzeit konstitutiv ist: eine Zusammenarbeit zuvor getrennter, geradezu hermetisch verschlossener Bereiche miteinander. Palliativmedizin, oder *Palliative Care*, so die international gebräuchliche Bezeichnung, erschöpft sich nicht in medizinischer Symptom- und Schmerzkontrolle, sondern schließt pflegerische, psychosoziale und seelsorgerliche Bereiche mit ein. Schon der rein medizinische Bereich ist hier interdisziplinärer als in anderen Bereichen. Der Kulminationspunkt ist dabei der Patientenwille, der gewissermaßen zum Gegenstand professioneller Intervention wird. Es ist dies eine wirklich außergewöhnliche Konstellation, die aber paradigmatisch für eine Gesellschaft ist, die mit der bloßen Versäulung ihrer professionellen Bereiche parallel zum Differenzierungsschema an Grenzen stößt. In immer mehr Bereichen müssen wir uns daran gewöhnen, dass Professionen, Expertise, Interessen, Fertigkeiten und nicht zuletzt persönliche Habitus unterschiedlicher Provenienz Formen gemeinsamer Entscheidungsroutinen finden müssen. Es muss zunehmend zusammenkommen, was zunächst nicht zusammengehört. Die Industriegesellschaft westlichen Typs war sehr erfolgreich darin, sich zu versäulen, ökonomische, politische, wissenschaftliche Expertise zu verselbständigen. Neues entsteht aber in den Grenzbereichen, in den Übersetzungszonen, in den Graubereichen, dort, wo man Gesprächspartner findet, die dasselbe Problem unter anderen Perspektiven betrachten. Das nennt man Umgang mit Komplexität.[32]

Palliativmedizin ist selbst ein Symptom exakt dafür. Das Sterben kann eben nicht (mehr) als marginalisiertes Phänomen medizinischer

Praxis behandelt werden, sondern rückt selbst in den Fokus einer Debatte, in der die unterschiedlichen Perspektiven in einer neuen Praxis kulminieren, um die Komplexität von Sterbeprozessen ernst zu nehmen und zugleich den Patientenwillen in den Vordergrund zu rücken. Der Patientenwille freilich ist nicht einfach da, er wird nicht einfach vorgefunden, sondern gerade durch den Diskurs miterzeugt.

Es ist sehr interessant, dass der öffentliche Diskurs um das Sterben, vor allem amalgamiert in der Debatte um *Palliative Care*, eine spezifische Form normativer Ansprüche und Voraussetzungen erzeugt. Die gesamte Diskussion dreht sich seit den 1960er Jahren um die Frage, wie es gelingen kann, den Sterbenden zu einem Kommunikationspartner zu machen, der sich seinem Schicksal bewusst stellt.[33] Darin offenbart sich ein milieuspezifisches Ideal, dass gelungene Vergesellschaftung stets auf völliger Transparenz der Kommunikation, auf Aushandlungsprozessen, auf deliberativer Herstellung von Zustimmung, auf symmetrischen Kommunikationsbedingungen und damit auch Entdramatisierung beruhen soll.[34] Neuere empirische Befunde können zeigen, dass sich Patientinnen und Patienten solchen Ansprüchen des «bewussten Sterbens» bisweilen entziehen, was erhebliche Konsequenzen für das professionelle Selbstbild der beteiligten Disziplinen haben kann, die solches Verhalten durchaus als Niederlage oder Scheitern der eigenen Praxis verstehen. So sind es erstaunlicherweise oft die Seelsorger oder das Pflegepersonal, denen es leichter fällt, das Sterben gar nicht explizit zu thematisieren, weil die einen mit mehr Unschärfe arbeiten können, die anderen praktische Probleme lösen müssen.[35] Medizinischem, aber auch sozialpädagogischem Personal steht diese Möglichkeit weniger zur Verfügung.[36] Vielleicht ist eine der besonderen Leistungen palliativer Begleitung, auch auf das permanente, dem protestantischen Tagebuchschreiber nachempfundene Reflexionsideal verzichten zu können und doch in angemessener Weise versorgt zu werden. Vielleicht ist der Seelsorger, der begleitet, ohne direktiv zu werden, jemand, der mit dem Schicksal stärker versöhnen kann als ein hoher Reflexionsgrad. Was sich zunehmend durchzusetzen beginnt, ist jedenfalls eine Sensibilität für den praktikablen Willen des Patienten und der Patientin.

Das ist ein Hinweis auf zweierlei: Zum einen zeigt die Entwicklung der letzten Jahrzehnte, wie komplex die Situation des Sterbens ist, wie voraussetzungsreich und wie schwer kontrollierbar. Das Sterben ist tatsächlich eine Parabel auf eine Praxis, in der vielfältige Wirkkräfte zugleich am Werke sind und auch die betreuenden Institutionen einen permanenten Lernprozess durchmachen müssen. Zum anderen wird deutlich, dass das Sterben eben nicht nur eine Herausforderung für die betroffenen Moribunden und ihre Angehörigen ist, sondern für die gesellschaftlichen Instanzen und ihr Personal selbst, die damit zu tun haben. Auch sie müssen sich einen Reim darauf machen und befördern deshalb die normative Idee des «bewussten» Sterbens, des Sterbens, das angenommen werden soll, in dem sich auch ein durchaus bürgerliches Ideal der kommunizierbaren Zustimmung materialisiert. Der Patientenwille ist der Fokus – aber der Patientenwille soll durchaus jener Idee entgegenkommen, die die Praxis des Sterbens zivilisieren kann.

Was dieses Beispiel sehr deutlich zeigt, ist nicht nur eine abstrakte Komplexität des Problems, sondern eine sehr konkrete Form, wie unterschiedliche Perspektiven eines hochdifferenzierten Settings damit umgehen, miteinander Entscheidungen zu treffen, ohne auf so etwas wie eine *ideale Sprechsituation* setzen zu können, in der die Kommunikationspartner auf Augenhöhe gebracht werden. Es ist vielmehr die Unversöhnlichkeit unterschiedlicher medizinischer und anderer Perspektiven, die das Setting so schwierig machen, in dem dann aber trotzdem Formen gefunden werden müssen, damit umzugehen. Wir haben uns inzwischen daran gewöhnt, dass palliative Versorgung und entsprechende Einrichtungen professionell und erwartbar zur Verfügung stehen. Aber der Weg dorthin war eben nicht einfach eine Entscheidung, es zu tun, sondern eher der Versuch, aus einer Problemsituation heraus Akteure und Logiken ganz neu zu ordnen und die Dinge auszuprobieren.

Auch wenn es sich merkwürdig anhört: Die Entwicklung von *Palliative Care* ist ein geradezu paradigmatischer Fall für *Trade-Testing* im oben modifizierten Sinne: eine Lösung, die sich praktisch bewähren, gegen Konkurrenz und Widerstände durchsetzen muss, die nach wie vor umstritten ist, in einem stark ökonomisierten Medizinbetrieb hochgradig unwahrscheinlich war, weil sie eher kostet als etwas einbringt, sogar mit einer (wenn auch immer noch) prekären

Finanzierung versehen. Und noch etwas ist paradigmatisch daran: *Palliative Care* ist eine *revolutionäre* Veränderung, der ganze Komplex bewirkt einen anderen Umgang mit dem organisierten Sterben auch außerhalb der organisierten Settings in Palliativstationen und Hospizen, in denen nur ein Bruchteil aller Sterbefälle geschehen. Aber durchgesetzt haben sich palliativmedizinische Lösungen *evolutionär*, also durch Austesten der Möglichkeiten, durch Herstellung von Entscheidungssituationen, durch Etablierung von Entscheidungsalternativen. Man hat aus dem *schlechten Sterben* ein Risiko gemacht, auch wenn es vielerorts immer noch eine Gefahr ist, man hat Leute und Logiken zusammengebracht, die nicht zusammengehören.

Es sollte deutlich geworden sein, dass Lernprozesse durch Rekombination möglich sind, durch ungewöhnliche Formen. Und es sollte deutlich geworden sein, dass die «große Transformation» eine eher unwahrscheinliche Form der Veränderung ist. Letztlich gilt das für fast alle «Lösungen», die gesellschaftliche Bezugsprobleme lösen – die Einführung der Demokratie durch Reformen, nicht durch Revolutionen,[37] ebenso die Etablierung des Sozial- und Wohlfahrtsstaates[38] oder auch des modernen Schulwesens.[39] Ähnliches gilt für die Liberalisierungen, Pluralisierungen und die Etablierung sozialen Aufstiegs, wie man sie der 68er-Bewegung zuschreibt,[40] und auch die digitale Revolution war ein eher evolutionäres Geschehen.[41] Ähnliches wird auch für die Lösung der Klimakrise gelten, auch hier ist die «große Transformation» unwahrscheinlich, selbst wenn die Semantik der Transformation das explizite Handeln promoviert.[42]

Die COVID-Krise ist insofern ein Sonderfall, eine eher untypische Krise und darin ein besonderer Lernanlass, weil sie sich aufgrund des offenkundigen, will heißen: nicht in die Zukunft verschiebbaren Handlungsdrucks nicht auf später delegieren und auf Langfristigkeit verplanen ließ. Man konnte nicht auf Evolution setzen und warten – auch wenn am Ende viel zu viel gewartet wurde. Es musste jetzt und hier gehandelt werden, und die Erfolgskontrolle des Handelns erfolgte anhand von täglich beobachtbaren Veränderungen von Zahlenwerten, von Daten und Kurven, die der Öffentlichkeit vorgeführt wurden. Die Kontingenz solcher Daten und ihrer Messungen wurde nun sichtbarer, weil die Frage der angemessenen Messtechnik und der Aussagefähigkeit der Daten nicht mehr eine Entscheidung innerhalb von Expertenkulturen der Wissenschaft war, sondern vor Publikum diskutiert wurde. Das gesamte Geschehen während der Krise war gewissermaßen von einer Art Echtzeitcharakter geprägt, jede Gegenwart wurde zur Entscheidungsgegenwart, was auch dazu führte, dass es zu einem permanenten Spiel der Entscheidungszurechnung kam. Es wurde damit auch mitgeführt, wie kontingent die Zurechnungen von Handlungen, damit auch von Entscheidungshandlungen sind. Wir sind daran gewöhnt, Handlungen auf Akteure zuzurechnen. Der systemtheoretische Satz, dass Ereignisprozesse in sozialen Systemen als Folge von Handlungen beobachtet werden,[43] meint genau dies: Man kann sich nur einen Reim auf das Geschehen machen, wenn man das Geschehen als Handlungen von Akteuren zurechnen kann, bei gleichzeitiger Ausschaltung der Kontingenz der Zurechnung. Dieser Mechanismus vereinfacht die Beobachtung sehr komplexer Kommunikationsprozesse, aber da es eine Vereinfachung ist, bildet diese Form der Zurechnung auf Handlungen das tatsächliche Geschehen nicht wirklich ab.

Wer dieses Argument zu abstrakt findet, beobachte einen simplen Streit unter Ehepartnern oder Freundinnen und Freunden. Spätestens im Moment des Dissenses und der unterschiedlichen Interpretation/Rekonstruktion des Geschehens werden sehr unterschiedliche Zurechnungen vorgenommen, es werden auch unterschiedliche Kausalannahmen deutlich («du bist schuld, dass ich mich so geärgert habe»), und man sieht, dass sich die Dinge sehr unterschiedlich erzählen lassen – ich erinnere an meinen kurzen Bericht meiner U-Bahn-Fahrt vom Münchner Rotkreuzplatz zum Marienplatz im zehnten Kapitel. Wir können das Geschehen schon in der Beschreibung nicht erreichen – und im Handeln erst recht nicht. Und das wird deutlich, wenn es wie in der sehr gegenwartsorientierten COVID-Krise um etwas geht: um die richtige Entscheidung in der konkreten Gegenwart. So deutlich bekommen wir es selten vorgeführt.

Unsere Orientierung an «Handlungen» macht es leichter, in Disruptionen zu denken als in komplexen Prozessen. Auch dies hat etwas mit der Frage nach Sichtbarkeit und Unsichtbarkeit zu tun. Die Soziodizee der Handlung, wie der Begriff im zweiten Kapitel entfaltet wurde, erzeugt die Illusion einer selbstwirksamen Handlung, also gewissermaßen einer Kausalität zwischen beabsichtigter Wirkung und der Handlung. Und dann stoßen wir darauf, dass sich gerade in komplexen Situationen die Dinge eben nicht so einfach darstellen lassen. Mit einem Blick auf die ganz anders gebaute Krise, die chronische Klimakrise nämlich, wird sehr deutlich, wie unwahrscheinlich die Zurechnung auf Handlung ist, wenn man rekonstruiert, wie viele Handlungsformen und -ketten gleichzeitig und wie unterschiedliche Handlungsräume davon betroffen sind und aufgrund der funktional differenzierten Struktur der Gesellschaft gerade nicht so koordiniert werden können, dass man Wirkung und Absicht in einer Form miteinander vernetzen kann, dass man das Problem versteht.

Handlungen haben etwas Disruptives, übertrieben formuliert: etwas Heroisches. Dieser Satz ist missverständlich – gemeint ist: Am liebsten würden wir die Veränderung der Welt oder die Lösung von Krisen gerne auf Handlungen zurechnen können, weil dann die Kausalschemata einfacher darstellbar sind. Und weil wir die Veränderung der Welt so gern Handlungen zurechnen, geraten entsprechende Diskurse auch schnell in die Nähe moralischer Kategorien – oder in die Nähe eines Dezisionismus, der eben nicht mit der Evolution der Gesellschaft oder mit der Soziodizee der Gewohnheit rechnet, sondern mit dem Heroismus der Veränderung. Es ähnelt ein bisschen der Faszination eines Carl Schmitt für die unbedingte Entscheidung – und seiner Verachtung für die Routinen der Verfahren, der kompromissförmigen Veränderung, der Dauerkommunikation, die es erfordert, eine Strategie zu fahren, die darauf setzt, evolutionäre Veränderungen anzustoßen. Eigentlich ist es eine *contradictio in adiecto*, von einem Konzept zu sprechen, das der Evolution auf die Sprünge helfen soll – aber die Rekombination von Sprechern, von Logiken, von Möglichkeiten und Anschlüssen ist am ehesten in der Lage, für Variation, Selektion und Restabilisierung zu sorgen. Wie man durch Zuchtverfahren bei Tieren die Rekombination von Merkmalen der Evolution beobachten kann, müsste das auch für die soziokulturelle Evolution gelten können. Dafür braucht man Ideen – die auch nicht anders entstehen als durch Rekombination. Diese Denkungsart steht jenem revolutionären Denken gegenüber, das Veränderungen nicht ertragen kann, wenn sie nicht weh tun, wenn sie nicht Verzicht bedeuten, wenn sie nicht eine wirkliche Umkehr sind. Man ist dann schnell bei religiösen Metaphern. Das Unbehagen muss nach diesem Verständnis auch durch Unbehagen aus der Welt geschafft werden – oder eben durch eine Strategie der unwahrscheinlichen Rekombination von Elementen, wie das Beispiel des organisierten Sterbens zeigt.

Am Ende noch einmal: Latenz

Das Fragilste an der Moderne ist der Latenzschutz. Eine durchschaubare Welt ist eine unsichere Welt. Das hört sich widersinnig an, stimmt aber. Die sprichwörtliche «Entzauberung der Welt» (Max Weber) führt keineswegs in Sicherheit und Eindeutigkeit. Die Entzauberung der Welt macht die brüchigen Bedingungen aller Möglichkeiten sichtbar – und darin liegt auch die besondere Leistung von Talcott Parsons' Latenzfunktion, deren Funktionsstelle in der späteren Systemtheorie dann das Problem der Entparadoxierungsstrategien durch Invisibilisierung der eigenen Voraussetzungen wurde.[44] Will heißen: Soziale Kommunikation ist nur möglich, wenn sie schlicht kontinuiert und nicht alle ihre Bedingungen zugleich sichtbar machen muss. Das hört sich an wie eine starke Abstraktion, aber genau genommen ist es eine empirische Beobachtung: Bedeutungen werden durch ihren *Gebrauch* stabilisiert, Konsens kann nicht *geprüft*, sondern nur *unterstellt* werden, und die Plausibilität das Alltäglichen erschließt sich *praktisch*, nicht systematisierend und taxonomisch. Schon das Sprechen gelingt am besten, wenn es sich seinen Weg selbst bahnt, nicht wenn es gleichzeitig auf seine Regeln hin überprüft werden muss – was uns vor allem beim Gebrauch von Fremdsprachen ansichtig wird. Oder auch bei der Behauptung von Identitäten: Schon wenn man sie thematisiert, geraten sie in Differenz – zu anderen Möglichkeiten, und schon ist sie weg, die schöne Identität.

Nimmt man dies wirklich ernst, ist es ein frontaler Angriff auf das aufklärerische, akademisch-professionelle Selbstmissverständnis derer, die meinen, man müsse den Menschen nur angemessen erklären, wie sie sich zu verhalten haben, dann würde die Notwendigkeit sie schon einsichtig und handlungsfähig machen. Aber womöglich ist das Gegenteil der Fall. Ein schönes Beispiel ist der 2020 erschienene Bestseller «Unsere Welt neu denken» von Maja Göpel,[45] der auf 200 Seiten Ziele zusammenträgt und das tut, was auf dem Buchcover steht: *die Welt neu denken* – und, um nicht falsch verstanden zu werden, es werden exakt die Dinge zusammengetragen, um die es geht. Dies ist keine Kritik an den Zielen, auch keine Kritik an der Dringlichkeit ihrer Lösung. Aber die Lektüre des Buches erzeugt Ähnliches wie die *Entzauberung der Welt*: Transparenz und Zustimmungsfähigkeit, Aufklärung und Wissen. Es wird auf Handeln gesetzt, auf Zurechenbarkeit, es ist sogar so klug, die Veränderung nicht von Einzelpersonen zu verlangen, sondern es weiß, dass sich zur Lösung des Klimawandelproblems Strukturen ändern müssen. Aber es wirbt mit guten Gründen und bestmöglichem Wissen. Ähnlich zustimmungsfähig trägt Uwe Schneidewind seine Forderung nach einer «großen Transformation» vor – seit dem Bericht des Wissenschaftlichen Beirats der Bundesregierung Globale Umweltveränderungen (WBGU) von 2011 dient der Ausdruck von Karl Polanyi von 1944[46] als Programmformel. Laut Schneidewind bedarf es einer «moralischen Revolution», die in «Arenen» eine «organisierte Zivilgesellschaft, die Politik, Unternehmen und die Wissenschaft» in Dienst nehmen will.[47] Dieses «Wuppertaler Transformationsmodell» trifft exakt die richtigen Punkte, es bringt die Spieler unterschiedlicher Funktionslogiken zusammen, es hat einen Sinn dafür, dass sich die Dinge nicht einfach dekretieren lassen, und es setzt auf Aufklärung. Übrigens: Polanyis «große Transformation» ist zwar eine schöne und griffige Formel, aber bei Polanyi selbst gar keine Programmformel. Seine Rekonstruktion der gesellschaftlichen Veränderung in England seit dem 19. Jahrhundert ist eine Rekonstruktion von Verselbständigungs- und Differenzierungsprozessen (v. a. der Ökonomie und der nationalstaatlichen Politik) sowie des Ringens um Kontrollmöglichkeiten.

Und genau besehen bleibt diesem Typus von Aufklärung auch nichts anderes übrig, als genau so zu argumentieren. Mein Einwand ist keiner in der Sache. Hier wird nicht gegen diese Konzepte argumentiert – und es gehört sicher zu einer wissenschaftlich informierten Form der Aufklärung, Wissen um diese Fragen bereitzustellen. Und doch stehen wir damit auch am Ende der Überlegungen exakt bei der Frage meiner Studentinnen und Studenten, warum es denn nicht gelingt, das Problem zu lösen, da doch das Wissen zumindest für die Ziele und zum Teil auch für die nötigen Prozesse und auch über die notwendige Beteiligung unterschiedlicher Akteure unter Berücksichtigung unterschiedlicher Funktionslogiken vorhanden ist. Solche Texte tun exakt das, was politische Rede kann: Ziele an Kollektive zu adressieren und für entsprechende Entscheidungen zu sorgen – und sie verlangen von ihren Adressaten ohne Zweifel Verhaltensänderungen, Änderungen der Bedingungen ihres Energieverbrauchs, ihrer Mobilität, ihrer Freizeitgestaltung, ihrer Ernährungsgewohnheiten usw. Und es wäre völlig falsch, zu behaupten, dass all diese Dinge verpuffen würden – sie wirken, im Kleinen, nicht als große Transformation, sondern als evolutionäre Veränderung, als langsame Gewöhnung an neue Formen – oben habe ich es bereits für andere Beispiele durchgespielt. Letztlich muss man an der Soziodizee der Gewohnheit ansetzen – die zugleich die Bremse für die gewünschten disruptiven Veränderungen ist, aber auch der Punkt, an dem man womöglich ansetzen kann.

Dies verweist wieder auf das Latenz-Argument. Würde man es übertrieben formulieren, müsste man sagen: Am besten funktionieren solche Veränderungen, an die man sich gewöhnen kann und die zumindest nicht disruptiv sind. Selbstverständlich werden manche Dinge eher disruptiv durchgesetzt werden müssen – man denke etwa an die Diskussionen um die Einführung des gesetzlichen Mindestlohns in Deutschland, der von manchen geradezu als ökonomische Katastrophe diffamiert wurde, als Disruption, von anderen als einschneidende Lösung – und schnell trat ein Gewöhnungseffekt ein. Politisch konsentierte er sich schneller, als man gedacht hatte, ökonomisch ist das Abendland nicht untergegangen, Probleme mit dem Niedriglohnsektor gibt es immer noch.[48] Aber die Veränderung ist fast unsichtbar geworden – und hat sich dadurch etabliert. Transformationen sind meist kleine Transformationen – und werden dadurch nachhaltig, dass sie gewissermaßen unsichtbar werden, in den Latenzschutz der eigenen Praxis verschwinden.

Daraus lässt sich zum einen lernen, dass Verhaltensänderungen und Zustimmung dann möglich sind bzw. steigen, wenn sich die entsprechenden Lösungen *praktisch* bewähren. Es ist so ähnlich wie bei der Einführung von neuen Techniken. An anderer Stelle habe ich gezeigt, dass die Einführung digitaler Techniken in Alltagssituationen nicht deshalb gelingt, weil man die Anwender darüber aufklärt, dass es sich dabei um besonders nützliche, besonders erstrebenswerte und deshalb unbedingt notwendige Lösungen handelt. Neue Techniken werden nicht benutzt, weil sie konzeptuell überzeugend sind, sondern *weil sie funktionieren*, wenn man die Funktion des Technischen vor allem darin sieht, dass sie auf Konsens, auf Aufklärung, auf Sichtbarkeit verzichten kann, *wenn sie denn funktioniert* – also wenn sie sich bewährt. Wenn sie das nicht tut, dann wird all das sichtbar und verliert seinen Latenzschutz. Unbehagen ist die Folge.[49] Und das lässt sich letztlich auch auf Verhaltensänderungen übertragen, die ja zumindest analog zur Technik dann funktionieren, wenn sie unsichtbar werden – ein letztes Mal sei Aladin El-Mafaalanis «Integrationsparadox» genannt: Konflikte über Migration nehmen dann zu, wenn sich die Position von Migrantinnen und Migranten erheblich verbessert hat – aber das bleibt letztlich unsichtbar, für die Allochthonen wie für die Autochthonen, weil man sich daran gewöhnt hat. Über die Faktoren, die dazu geführt haben, kann man lange streiten – aber ganz sicher sind es nicht allein die Aufklärung und das Wissen darüber, dass es so besser sei. Ganz ohne Zweifel bedarf es normativer Debatten über solche Fragen, ganz ohne Zweifel hilft so etwas wie «wissenschaftliche», sagen wir: «akademische» Aufklärung darüber, aber es gibt keine Übertragung solchen Wissens in die Verhaltensweisen von Menschen – was übrigens auch für Entwicklungen in die andere Richtung gilt. Wie schnell gewöhnen sich Menschen an neue Sagbarkeiten, die zuvor ausgeschlossen waren. Nur so lässt sich erklären, dass sich im Zusammenhang mit der Flüchtlingskrise 2015 Semantiken und Ressentiments in eine bestimmte Richtung entwickeln konnten – man gewöhnt sich auch an weniger wünschenswerte Formen.

Im letzten Kapitel habe ich den Konsum als den letzten Garanten von Latenz eingeführt. In überspitzter Diagnose könnte man sagen: *Vielleicht ist Verhaltensänderung in ästhetisch-konsumähnlicher Form leichter, als wenn es sich um das Ergebnis von Aufklärung und Überzeugung handelt.* Dieser Gedanke ist genau genommen leicht zu verstehen, er widerspricht aber diametral den Selbstillusionen jenes Milieus, das sein Geld damit verdient, die Welt zu erklären und wünschenswerte Konstellationen zu entwerfen. Dieses, unser (sic!) Milieu ist sehr geübt, in großen Zusammenhängen, in Wechselwirkungen, in starken Linien zu denken. Es ist daran gewöhnt, dass sich Welten semantisch entwerfen lassen. Es kann meisterhaft die Bedingungen für große Ziele entwerfen. Es ist in der Lage, Utopien zu formulieren und starke normative Ableitungen vorzunehmen. Es ist aber eher schwach darin, nach den je gegenwärtigen Bedingungen zu fragen, unter denen man sich solche entworfenen Veränderungen «leisten» kann. Üblicherweise wird das nur unter ökonomischen Aspekten diskutiert, etwa so: Eine CO_2-Bepreisung oder eine Verteuerung von Benzin oder den Einsatz von sauberer Technologie muss man sich leisten können. Der Verzicht setzt die Verfügung über Verzichtbares voraus. Das sind ökonomisch richtige Argumente. Aber es geht eben nicht nur ums Ökonomische, sondern auch um die empirische Lebbarkeit des Lebens. Lebensformen sind kaum das Ergebnis rationaler Entscheidungen, sondern das Resultat einer bewährten Praxis. Gewohnheiten heißen so, weil man sich an sie gewöhnt hat. Der Alltag ist so stabil, weil er alltäglich ist. Die Veränderungsbereitschaft ist nur alltäglich für diejenigen, die vergleichsweise konsequenzfrei in der Lage sind, solche Welten zu entwerfen. Pierre Bourdieu verdanken wir den Hinweis darauf, dass auch diejenigen, die immerzu berufsmäßig am Schreibtisch neue Welten entwerfen dürfen, eine «Praxis» haben, an die sie sich gewöhnt haben. Dieser *scholastische Epistemozentrismus*[50] als Habitus des schreibenden Intellektuellen grundiert eine Praxis, die sich große Transformationen und disruptive Veränderungen gut vorstellen kann – zumeist auf dem Boden vergleichsweise stabiler Lebenswelten. Wer das für eine Intellektuellenschelte oder eine Kritik des «Elfenbeinturms» hält, liegt falsch. Es ist eher der Hinweis darauf, dass die Aufklärung über die Praxis der anderen auch nur eine Praxis ist und denselben Kategorien folgt wie Ordnungsbildung stets.[51] Das spricht nicht gegen Aufklärung etwa über die Klimafrage – aber es spricht dagegen, immer schon zu glauben, dass die Einsicht schon die Lösung sei. Semantisch ist es sehr einfach, das Richtige zu sagen (sic!), daraus aber Verhaltens- und Strukturänderungen abzuleiten, ist komplexer, als es sich die akademische Selbstbestätigung der begründeten Notwendigkeit vorstellen kann.

Auf Krisen wird aber fast automatisch mit einem Ruf nach Bildung reagiert: dem politischen Radikalismus mit politischer Bildung begegnen, dem Übergewicht mit Gesundheitsbildung, der Umweltverschmutzung mit ökologischer Bildung, dem Glaubensverlust mit religiöser Bildung und der Todesverdrängung mit *death education*.[52] In einer argumentierenden Gesellschaft sind Expertise und ihre argumentierende Inszenierung gewissermaßen der Schlüssel für angemessene Veränderungen – und das folgende Argument würde missverstanden, würde es so gelesen, als werde hier die Irrelevanz von guten Argumenten und besserer Einsicht behauptet. Es wäre, nach über 300 Seiten argumentierendem Text, sogar ein performativer Widerspruch. Es geht eher darum, dass sich ganz offensichtlich eher latenzbewehrte Formen der Überzeugung durchsetzen. In einer Gesellschaft, die an die ästhetische Form des Konsums gewöhnt ist, sollte man dies nicht unterschätzen. Oben habe ich argumentiert, es habe geradezu etwas Ironisches, dass ausgerechnet die einzige wirklich *unechte* Form der Identitätszuschreibung eine so große Macht entfalten kann. Dies gipfelte sogar in der These, Konsum könne eine Versöhnung mit der Komplexität der Welt anbieten und ersetze womöglich *Arbeit* im Hinblick auf die Inklusion von Personen.

Konsum ist in geradezu extremer Weise darauf angewiesen, mit Transparenz und Intransparenz gleichzeitig zu spielen. Markenbildung ist so offensichtlich inszeniert, dass sie eben als Inszenierung wirken kann – sie muss *funktionieren*, in dem Sinne, dass *unsichtbar* wird: als Inszenierung. Darin ist sie vielleicht der Kunst, dem Theater, der Malerei, der Literatur nahe, weil all diese Bereiche ja Fiktionen vermitteln, aber realistisch sein können und sind. Die Funktion von Literatur ist ja nicht die Erfindung unmöglicher Welten, sondern die Demonstration anderer Versionen der Welt. Sie ist als fiktive Realität radikal an die reale Realität gekoppelt, sonst würde sie nicht als Kunst durchgehen. So etwas Ähnliches leisten Bilder stets. Um ein banales Beispiel zu nennen: Vielleicht ist während der COVID-Krise ein Bild in einer Zeitung oder auf einer Internetseite, das eine Frau statt immer nur einen Mann im Home-Office zeigt, wirkmächtiger als manche komplexe Argumentation.[53] Und die Sensibilität von Rezipienten dürfte in einer solchen ästhetischen Umgebung ziemlich geschult darin sein, das gestellte Gestellte vom echten gestellten Bild zu unterscheiden. Gemeint ist: Ein solches Bild kann Plausibilitäten entfalten und doch den Latenzschutz behalten und damit auf die Dinge aufmerksam machen.

Wenngleich es etwas gewagt ist, würde es sich zumindest lohnen, auch darüber nachzudenken, ob die Forderung oder Herbeiführung von Einstellungsänderungen und in diesem Sinne eine Gewöhnung an andere Praktiken vor allem *ästhetisch* überzeugen und sich praktisch *bewähren* muss. Dafür sprächen Personalisierungen, die Ästhetik von Protestbewegungen, aber auch die Bildästhetik von Filmen. Die historisch eindringlichsten Beispiele sind vielleicht die Fernsehserie «Holocaust», der Film «Schindlers Liste»[54] oder die ABC-Serie «Roots» nach dem Roman über die Sklaverei von Alex Haley.[55] Man sollte nicht unterschätzen, dass diese ästhetisierenden Formen bisweilen lernadäquater sind als die rationalisierende Erklärung oder die pädagogisch-moralische Zumutung.

Man könnte gegen dieses Argument mehrfache Einwände machen: Ein Reflex gegen mein Argument könnte sein, hier werde für *Greenwashing* geworben, also für ein Marketing, das sich einen kritischen oder ökologischen Anstrich gibt, nur um die Umsätze zu erhöhen.[56] Man unterschätzt aber die Kulturbedeutung des Konsums in seiner Funktion für die Selbstbeschreibung und die Selbstpositionierung von Personen in der Gesellschaft, wenn man nicht in Rechnung stellt, dass Lebenswelten tatsächlich über solche Chiffren geprägt werden. Gerade deshalb ist Greenwashing oder völlig an der Sache vorbeigehendes Marketing auch so skandalisierungsfähig.[57]

Ein weiterer Einwand könnte lauten, dass damit etwa die Differenz von Information und Propaganda vernachlässigt wird. Dieser Einwand ist nicht ganz von der Hand zu weisen – aber man sollte auch die rationalisierende Form der Propaganda nicht unterschätzen.[58] Außerdem könnte man einwenden, dass es einerseits die Probleme verniedlicht und auch unterschätzt, dass es bei Verhaltens- und Einstellungsänderungen stets auch um Konflikte und um Interessen, auch um die Abwehr von Unbekanntem geht. Aber gerade darum soll es ja hier auch gehen. Kollektive Verhaltensänderungen sind nur zu erreichen, wenn sich die Mittel dazu bewähren. Es ist fast zu banal, es hinzuschreiben: Der Umstieg vom eigenen Automobil auf ein öffentliches Verkehrsmittel ist unmittelbar abhängig von der Attraktivität der Alternative. Der Umstieg vom Kurzstreckenflug auf die Bahn setzt konkurrenzfähige Infrastrukturen voraus. Wenn Verzicht geübt werden müsste, dann muss der Verzicht wie ein Gewinn aussehen – das gilt übrigens auch für eine Industriepolitik, die nicht nur ökonomische und gesetzliche, sondern eben auch praktisch handhabbare Anreize für marktorientierte Forschung und Entwicklung anbieten muss, etwa als eher indirekte Infrastrukturpolitik. Wenn es darum geht, Gewohnheiten zu ändern, braucht es Möglichkeiten, andere Gewohnheiten gewissermaßen gewohnheitsmäßig zu verlieren. «Der Evolution auf die Sprünge zu helfen», wie ich oben formuliert habe, bedeutet eben auch, Anpassung an entsprechende Bedingungen zu erlauben. Gesünderes Verhalten lernen wir nicht nur durch besseres Wissen darüber (davon gibt es mehr als genug) – sondern dadurch, dass es in den Alltag eingebaut werden und sich dort bewähren kann. Dies ist dann die nicht-bremsende, sondern die ermöglichende Seite der Soziodizee der Gewohnheit.

Konsum bzw. konsumähnliches Verhalten könnte das Vehikel sein, diejenigen zu überzeugen, die schon alles wissen. Das hört sich erschreckend an, vor allem für jene akademisch bewehrten Ohren, die den ganzen Tag nichts anderes tun, als die Welt mit guten Gründen «neu zu denken». Aber Veränderungen müssen sich in sozialen Systemen, d. h. im Nacheinander sich selbst stabilisierender Ereignisse einnisten können und mit einem Latenzschutz versehen werden. Durch nichts ist das besser möglich als durch Konsum.

Es hätte zumindest eine gewisse Ironie für sich, zu behaupten, dass der Klimawandel vor allem durch *Konsum* zu bewältigen sei – lautet das Argument doch eher, dass unser Konsumstil es ist, der mit dem Energieaufwand für sinnlose Produkte und mit ihrer kurzen Nutzungsdauer zu viel Müll produziert usw. Aber es geht gar nicht um Konsum, sondern darum, die Konsumlogik in Anspruch zu nehmen, um die eigene Überforderung zu kompensieren. Dies ist nicht das Bild jenes autonomen Individuums, das durch Selbstsetzung verallgemeinerungsfähiger Sätze die eigene Freiheit an der Freiheit der anderen ausrichtet und das man mit einem Konzept eines «eingebetteten Liberalismus» (Reckwitz) freundlich bitten kann, sich zurückzunehmen. Es ist das Bild eines überforderten Individuums, das die unterschiedlichen Ansprüche einer ungemütlichen, überkomplexen

Gesellschaft dadurch bearbeitet, dass es Praktikabilitäten schafft. Es hört sich fast wie eine Theorie des *social marketing* an, wenn Martha C. Nussbaum formuliert: «Wenn Gesetze und Institutionen die Erkenntnisse positiver Gefühle verkörpern, erleichtern sie das Erleben dieser Gefühle.»[59] Aber der Satz meint, dass die Überforderung mit der Komplexität der Welt exakt durch jenen Latenzschutz bearbeitet werden kann, der vor allem den Logiken des Konsums, der Marken, der Bilder, der Exempel entspricht. Man denke nur an die Personalisierung des Politischen, an die an Markenbildung gemahnenden Wahlkämpfe und Inszenierungen von Personen im politischen Raum – und gleich fallen einem womöglich auch professionellere, vor allem intelligentere Formen dafür ein. Vertrauen wird dadurch hergestellt, dass man nicht so genau hinsehen muss – und nur wer nicht so genau hinsieht, kann die Bedingung der Kontingenz einer Situation so unsichtbar halten, dass es möglich ist, der Überforderung entgegenzutreten.

Vielleicht kann man es auf die ätzende Formel bringen, dass *Konsum womöglich leistungsfähiger ist als Bildung*. Wie wenig leistungsfähig Bildung im Hinblick auf die Bearbeitung und Überwindung sozialer Ungleichheit ist, wissen wir spätestens seit Pierre Bourdieus klassischen Studien über die «Illusion der Chancengleichheit»[60] und über die Persistenz von Milieu- und Klassenhabitus.[61] Bildung ist ohne Zweifel ein Medium sozialen Aufstiegs und auch ein Gleichheitsgenerator, zugleich können aber Bildungsprozesse Ungleichheit auch festigen und bestätigen.[62] Die Konsumlogik ist womöglich erheblich ungleichheitsresistenter, weil sie an praktischer Bewährung ansetzt und an einer Überzeugung ohne große Überzeugungstransformation. Man muss sich entscheiden: Wollen wir mehr Wissen darum, wie die Dinge sein sollten, oder wollen wir Verhalten, das sich bewähren kann, so dass Überzeugungen *ex post* und *in praxi* entstehen?

Das hört sich auf den ersten Blick an wie eine Untertreibung des Problems, wie eine Verharmlosung, noch schlimmer: wie «Nudging».[63] Vielleicht geht das Argument in die Richtung, zumindest in dem Sinne, dass der Hinweis auf die Überforderung durch Latenzverlust Entscheidungen auf den Boden einer Konsumlogik stellt, die jegliches Latenzangebot wahrzunehmen bereit ist. Dass mit dieser Logik *so-*

wohl der politische Populismus *als auch* ein angemessenes Verhalten gelernt werden können, ist nur ein Hinweis darauf, dass mein Argument in der Tradition von Reflexionstheorien steht, die sich auf die Logik sozialer Prozesse beziehen und nicht von den Zielen her denken. Der Klassiker dieser Textsorten ist der «Fürst» von Machiavelli – eine Beschreibung der Mechanik politischer Machtausübung, unabhängig von der Art der Tugendhaftigkeit, der sich diese Macht verschrieben hat.[64]

Das Argument scheint mit dem Paradigma der Aufklärung und des Vertrauens in die vernünftige Entscheidungsfähigkeit des Publikums zu brechen. Aber womöglich hat eine Gesellschaft, die Latenz nur konsumförmig erzielen kann, dies ohnehin längst getan – und vielleicht waren Überzeugung und vernünftige Nachvollziehbarkeit schon länger eine Funktion des Funktionierens. Was sich bewährt, das bewährt sich – und viele der Verhaltensweisen, die wir gerade loswerden wollen, sind genau so entstanden: durch Gewöhnung und durch eingelebte Praktiken, die fast ohne die Beteiligung des Bewusstseins funktionieren, in einer Soziodizee der Gewöhnung, wie ich sie als eine der drei grundlegenden Soziodizeen entwickelt habe. Das gilt sowohl für die Lebensführung als auch für diejenigen Orte, an denen Neuarrangements für Lösungen in allen möglichen Bereichen erfunden und gefunden werden müssen. Die Orte, von denen oben die Rede war, an denen sich Vertreterinnen und Vertreter unterschiedlicher Logiken auf Lösungen einigen müssen, leben nicht von der idealen Sprechsituation, die auf Konsens und Einigung zielt, sondern davon, sich in den Differenzen aneinander zu gewöhnen und zu Lösungen zu kommen.

Man mag dieses Argument für naiv halten, weil es wenig macht- und interessensensibel ist. An dieser Kritik wäre etwas dran. Eine eher machtsensible Perspektive führt den Kampf an einer anderen, kaum weniger wichtigen Stelle, nämlich dort, wo Lösungen durchgesetzt und gegen Widerstände implementiert werden müssen – gegen Macht- und Interessenwiderstände. Aber es braucht, gewissermaßen davor geschaltet, jene Orte, an denen überhaupt Lösungen denkbar sind, denen man Durchsetzungsmacht verschaffen muss. Ich wiederhole: Die (vermeintliche) Kenntnis und das (oft nicht so eindeutige) Wissen um die richtigen Ziele ersetzen nicht die Frage ihrer Implementierbarkeit. Der «kritische» Diskurs gefällt sich oft in einer erstaunlich sicheren Attitüde des Wissens, hat dann aber wenig Verständnis für die Frage, wie sich die Dinge in und gegen Strukturen einer Gesellschaft durchsetzen lassen, die eben keine im Ganzen politische Veranstaltung ist, sondern von Zielkonflikten und Differenzierung geprägt ist und eine erstaunliche Eigendynamik aufweist. Zum Schluss ein Hinweis auf die Ästhetik, an der sich auch ein Generationeneffekt bemerkbar macht. Was wir Älteren despektierlich eine Konsumästhetik nennen, ist für die jüngere Generation womöglich die Mediatisierung, die am überzeugendsten ist. Vielleicht war die Implementierung von «Kritik» als eigener Form mit einem Latenzschutz ausgestattet, der sich die Veränderung der Welt, die Entstehung von Lösungen usw. aufs eigene Handeln zurechnen ließ, sich selbst aber nur wenig um die Implementierung kümmern musste. «Kritisch» zu sein, ist eine Attitüde der Disruption; die Demütigung besteht darin, dass sich die Dinge erheblich weniger disruptiv geändert haben und eher evolutionär verändern – und oft ohne die Beteiligung der großen kritischen Attitüde. Vielleicht ist dies auch ein Effekt der Akademisierung zweier Generationen durch Bildungsexpansion und durch Reflexionssteigerung in allen möglichen Bereichen der Gesellschaft. Es kann sein, dass das alles zunehmend inplausibel wird. Die Ästhetisierung des Kapitalismus ist schon öfter aufgefallen,[65] und die Ästhetik der sozialen Medien ist eine, die sich sehr stark an Markenbildung und stimmigen Bildern orientiert. Man muss sich nur die technische und ästhetische Perfektion von Selbstdarstellungen, aber auch von inhaltlichen Formen in den sozialen Medien ansehen, um zu verstehen, dass Überzeugung immer stärker eine gestalthafte Form der Überzeugung annimmt. Das korreliert mit dem Gedanken, dass sich auch flächendeckende Lösungen für Umgestaltungen der Lebensführung, des Energieverbrauchs, des Konsumstils usw. viel weniger begründen als gestalthaft darstellen lassen müssten. Wenn die Grundthese stimmt, dass Unbehagen und Überforderung mit dem Verlust von Latenzschutz wachsen, dann ließe sich daraus ableiten, wie man ein Publikum und eine Gesellschaft überzeugen kann, die nach dem Latentbleiben ihrer eigenen Praxis und deren Bedingungen geradezu lechzt – das macht sie ebenso verführbar für populistische Inszenierungen wie empfänglich für die Lösung der Klimakrise oder das angemessene Mobilitätsverhalten. Vielleicht gibt es am Ende doch eine Hinsicht, unter der etwas aus der COVID-Krise für spätere Herausforderungen zu lernen ist. Sicher nicht die Hoffnung darauf, endlich gelernt zu haben, dass man politisch durchgreifen kann – genau besehen muss man sagen, dass das Gegenteil der Fall ist. Die Gesellschaft hat sich eher als unregierbar herausgestellt. Eine Lehre aus COVID ist die, was mit einer Gesellschaft passiert, die temporär in den Abgrund ihrer eigenen Praktiken sieht: wie beliebig und kontingent und inkonsistent politisches Entscheiden vonstattengeht, wie voraussetzungsreich wissenschaftliches Wissen ist, wie fragil die eigene familiale Lebensform, wie abhängig wir vom Cashflow sind und wie bedeutungslos Routinen, wenn der Rahmen verschwindet. Der größte Wunsch, den alle haben, ist: nicht mehr so genau hinsehen zu müssen. Latenzschutz zu genießen. Daraus sollte man etwas lernen für die nächsten Formen der Krisenbewältigung, denn der Krisenmodus scheint nicht wirklich geeignet zu sein, um Krisen zu meistern.

Anmerkungen

Alle angegebenen Links wurden zuletzt aufgerufen am 1. August 2021.

1
Einleitung

1 So Hans-Peter Müller: Krise und Kritik. Klassiker der soziologischen Zeitdiagnose, Berlin 2021.
2 Klassisch Reinhart Koselleck: Kritik und Krise. Eine Studie zur Pathogenese der bürgerlichen Welt, Frankfurt/M. 1973; Reinhart Koselleck: ‹Neuzeit›. Zur Semantik moderner Bewegungsbegriffe, in: ders.: Vergangene Zukunft. Zur Semantik geschichtlicher Zeiten, Frankfurt/M. 1989, S. 300–348.
3 Vgl. Armin Nassehi: No Time for Utopia. The absence of Utopian contents in modern concepts of time, in: Time and Society 3 (1994), S. 47–78.
4 Sigmund Freud: Das Unbehagen in der Kultur (1930), in: ders.: Das Unbehagen in der Kultur und andere kulturtheoretische Schriften, Frankfurt/M. 1994, S. 29–108, hier S. 78.
5 Ebd., S. 86 ff.
6 Ebd., S. 105.
7 Ebd., S. 106.
8 Ebd.
9 So lautet der Titel der englischsprachigen Ausgabe entsprechend Sigmund Freud: Civilization and its Discontents, New York/London 1961.
10 Vgl. Torsten Brand, Robert Follmer und Kai Unzicker: Gesellschaftlicher Zusammenhalt in Deutschland 2020. Eine Herausforderung für uns alle. Ergebnisse einer repräsentativen Bevölkerungsstudie, Gütersloh 2020; Cathleen Bochmann und Helge Döring (Hg.): Gesellschaftlichen Zusammenhalt gestalten, Wiesbaden 2020; Nicole Deitelhoff, Olaf Groh-Samberg und Matthias Middell (Hg.): Gesellschaftlicher Zusammenhalt. Ein interdisziplinärer Dialog, Frankfurt/M./New York 2020.
11 Vgl. Charles Taylor: Das Unbehagen an der Moderne, Frankfurt/M. 1995, S. 7–19.
12 Ehrenbergs komplementär vergleichende Studie über das Verhältnis von Institutionen und Individuen in Frankreich und in den USA ist näher an Freuds Vorlage gebaut als die des Kommunitaristen Taylor. Ehrenberg interessiert sich vor allem dafür, welche Ressourcen Individuen überhaupt haben, um sich innerhalb der Gesellschaft zurechtzufinden. Geradezu unmöglich wird die Überwindung des Individualismus für Ehrenberg, weil der Individualismus keine Gegenkraft zum Gesellschaftlichen sei, sondern gerade das Gesellschaftliche am Verhältnis von Individuum und kollektiven Ebenen ausmache. Die Reaktion

1 Einleitung 341

darauf ist psychisches Leiden. (Vgl. Alain Ehrenberg: Das Unbehagen in der Gesellschaft, Berlin 2011, S. 490 ff.)
13 Vgl. Andreas Reckwitz: Das Ende der Illusionen. Politik, Ökonomie und Kultur in der Spätmoderne, Berlin 2019, S. 170 ff.
14 Vgl. dazu Armin Nassehi: Der soziologische Diskurs der Moderne, Frankfurt/M. 2009, S. 67 ff.
15 So auch Niklas Luhmann: Die Gesellschaft der Gesellschaft, Frankfurt/M. 1997, S. 1116 f.
16 Zu solchen Steigerungsverhältnissen vgl. Armin Nassehi: Geschlossenheit und Offenheit. Studien zur Theorie der modernen Gesellschaft, Frankfurt/M. 2003, S. 89–125; vgl. dazu auch, allerdings bisweilen stark in der Gegenüberstellung von Individuum und Gesellschaft verhaftet, die materialreiche Arbeit von Markus Schroer: Das Individuum der Gesellschaft. Synchrone und diachrone Theorieperspektiven, Frankfurt/M. 2001.
17 Vgl. Francis Fukuyama: Identität. Wie der Verlust der Würde unsere Demokratie gefährdet, Hamburg 2019.
18 Hartmut Rosa: Resonanz. Eine Soziologie der Weltbeziehung, Berlin 2016.
19 Vgl. Hartmut Rosa: Beschleunigung und Entfremdung. Entwurf einer kritischen Theorie spätmoderner Zeitlichkeit, Berlin 2013. Zum Begriff der Entfremdung und seiner Kritik vgl. den wunderbaren Aufsatz Martin Bauer: Das Ende der Entfremdung, in: Zeitschrift für Ideengeschichte 1 (2007), S. 7–29.
20 Damit begibt sich Rosa in auffällige Nähe zu einer konservativen Kristallisationsthese, die darauf hinausläuft, dass die Gesellschaft selbst keine Antwort mehr auf Fragen geben kann, weil alles ausgereizt ist. (Vgl. Arnold Gehlen: Über kulturelle Kristallisation, in: Wolfgang Welsch (Hg.): Wege aus der Moderne. Schlüsseltexte der Postmoderne-Diskussion, Weinheim 1988, S. 133–143.)
21 Vgl. etwa Gabriel Felbermayr, Michele Battisti und Jan-Philipp Suchta: Lebenszufriedenheit und ihre Verteilung in Deutschland. Eine Bestandsaufnahme, in: ifo Schnelldienst 9/2017, 70. Jg., S. 19–30.
22 Zur Einführung und als Überblick vgl. Martin Schröder: Wann sind wir wirklich zufrieden? Überraschende Erkenntnisse zu Arbeit, Liebe, Kindern, Geld, München 2020.
23 Vgl. Jan Delhey und Georgi Dragolov: Why Inequality Makes Europeans Less Happy. The Role of Distrust, Status Anxiety, and Perceived Conflict, in: European Sociological Revue 30 (2014), S. 151–165; Andrew E. Clark, Sarah Flèche, Richard Layard, Nattavudh Powdthavee und George Ward: The Origins of Happiness. The Science of Well-Being over the Life-Course, Princeton 2019, S. 115 ff.; Christoph Glatz und Anja Eder: Patterns of Trust and Subjective Well-Being Across Europe. New Insights from Repeated Cross-Sectional Analyses Based on the European Social Survey 2002–2016, in: Social Indicators Research 148 (2020), S. 417–439.
24 So die grobe Zusammenfassung der Ergebnisse einer Clusteranalyse über die Lebenszufriedenheit und die Einschätzung der gesellschaftlichen Situation von Laura-Kristine Krause und Jérémie Gagné: Die andere deutsche Teilung. Zustand und Zukunftsfähigkeit unserer Gesellschaft, more in common Deutschland, Berlin 2019.
25 Vgl. dazu für den internationalen Vergleich John F. Helliwell, Richard Layard, Jeffrey Sachs und Jan-Emmanuel De Neve (Hg.): World Happiness Report 2020, New York: Sustainable Development Solutions Network 2020. URL: http://worldhappiness.report/

26 Sigmund Freud: Das Unbehagen in der Kultur (1930), in: ders.: Das Unbehagen in der Kultur und andere kulturtheoretische Schriften, Frankfurt/M. 1994, S. 29–108, hier S. 106.
27 Vgl. dazu https://www.welthungerhilfe.de/hunger/
28 Vgl. dazu Hartmut Essers Forderung, dass auch in einer erklärenden Soziologie, deren analytisches Paradigma meint, alle Teile der Erklärung methodisch und empirisch kontrollieren zu können, komme es in erster Linie auf die «richtige Beschreibung» an, die sich freilich dem hohen Standard der «Erklärung» entzieht und mehr soziologisches (Vor-)Wissen braucht, als zugestanden wird (vgl. dazu Hartmut Esser: Soziologie. Spezielle Grundlagen. Band 1: Situationslogik und Handeln, Frankfurt/M./New York 1999, S. 403.)
29 Ich selbst habe am Institut für Soziologie der LMU München in der Lehre seit mehr als zwei Jahrzehnten die Aufgabe, in die Soziologie und in die soziologische Theoriebildung einzuführen. Ich vermeide sowohl für den Bachelor- als auch für den Master-Studiengang, Studierende als Erstes mit der Reihe «großer Namen» zu traktieren. Sie bekommen im Bachelor-Studiengang zunächst eine Einführung in die Grundbegriffe der Soziologie, die dazu dienen soll, den empirischen Blick zu schärfen und an sich selbst auszuprobieren, was passiert, wenn man Alltagsbekanntes nun mit methodisch kontrollierten Begriffen wie Handlung, Rolle, Lebenswelt, Organisation, Gesellschaft oder Macht beschreibt. Erst im zweiten Semester kommen dann die «großen Namen». Im Master-Studiengang behandelt die erste Vorlesung Formen der Theoriebildung anhand von Unterscheidungen wie Handeln/Struktur, Soziologie/Gesellschaft, System/Umwelt oder qualitative/quantitative Sozialforschung. Die Bachelor-Vorlesung liegt als Buch vor, die Master-Vorlesung noch nicht; vgl. Armin Nassehi: Soziologie. Zehn einführende Vorlesungen, 2. Aufl., Wiesbaden 2011.
30 Peter V. Zima: Soziologische Theoriebildung. Ein Handbuch auf dialogischer Basis, Tübingen 2020. Das Konzept dieses Buches hat der Autor bereits zuvor theoretisch (sic!) hier grundgelegt: Peter V. Zima: Was ist Theorie? Theoriebegriff und Dialogische Theorie in den Kultur- und Sozialwissenschaften, Tübingen/Basel 2004.
31 Karlheinz Stierle: Werk und Intertextualität. in: Karlheinz Stierle und Rainer Warning (Hg.): Das Gespräch. Poetik und Hermeneutik 11, München 1984, S. 139–150.
32 Vgl. W. Ross Ashby: Einführung in die Kybernetik, Frankfurt/M. 1974, S. 46 ff.
33 Vgl. Niklas Luhmann: Soziale Systeme. Grundriß einer allgemeinen Theorie, Frankfurt/M. 1984, S. 15–29.
34 Zur Einführung Georg Kneer und Armin Nassehi: Niklas Luhmanns Theorie sozialer Systeme, 4. Aufl., München 2009.
35 Vgl. dazu Armin Nassehi: Geschlossenheit und Offenheit. Studien zur Theorie der modernen Gesellschaft, Frankfurt/M. 2003; Armin Nassehi: Gesellschaft der Gegenwarten. Studien zur Theorie der modernen Gesellschaft II, Berlin 2011.
36 Niklas Luhmann und Peter Fuchs: Blindheit und Sicht. Vorüberlegungen zu einer Schemarevision, in: dies.: Reden und Schweigen, Frankfurt/M. 1989, S. 178–208, hier S. 178.
37 Jochen Schulte-Sasse und Renate Werner: Einführung in die Literaturwissenschaft, 7. Aufl., München 1991, S. 149.
38 Vgl. Niklas Luhmann: Soziale Systeme. Grundriß einer allgemeinen Theorie, Frankfurt/M. 1984, S. 92 ff.; Georg Kneer und Armin Nassehi: Niklas Luhmanns Theorie sozialer Systeme, 4. Aufl., München 2009, S. 74–80.

39 So etwa Alfred Schütz: Der sinnhafte Aufbau der sozialen Welt. Eine Einleitung in die verstehende Soziologie, 2. Aufl., Frankfurt/M. 1981.
40 Vgl. Niklas Luhmann: Soziale Systeme. Grundriß einer allgemeinen Theorie, Frankfurt/M. 1984, S. 112-122.
41 Vgl. Armin Nassehi: Der soziologische Diskurs der Moderne, Frankfurt/M. 2009.

2
Soziodizee

1 Immanuel Kant: Über das Misslingen aller philosophischen Versuche in der Theodizee, in: Werke in zehn Bänden, hg. von Wilhelm Weischedel, Band 9, Darmstadt 1983, S. 105-126.
2 Georg Wilhelm Friedrich Hegel: Einleitung zu den Vorlesungen über die Philosophie der Geschichte, Werke, Band 12, Frankfurt/M. 1986, S. 11-141, hier insb. S. 28.
3 Jörg Splett: Gotteserfahrung im Denken. Zur philosophischen Rechtfertigung des Redens von Gott, 2. Aufl., Freiburg/München 1978; Johann Baptist Metz: Theologie und Theodizee, in: Willi Oelmüller (Hg.): Theodizee – Gott vor Gericht?, München 1990, S. 103-118.
4 Zum Folgenden vgl. schon Armin Nassehi: Der Ausnahmezustand als Normalfall. Modernität als Krise, in: Kursbuch 170: Krisen lieben, Hamburg 2012, S. 34-49; Armin Nassehi: Der soziologische Diskurs der Moderne, Frankfurt/M. 2009, S. 365 ff.
5 So Odo Marquard: Entlastungen. Theodizeemotive in der neuzeitlichen Philosophie, in: ders.: Apologie des Zufälligen, Stuttgart 1986, S. 11-32.
6 Vgl. Hans Joas: Die Sakralität der Person. Eine neue Genealogie der Menschenrechte, Berlin 2012.
7 Georg Wilhelm Friedrich Hegel: Grundlinien der Philosophie des Rechts, Werke Band 7, Frankfurt/M. 1986, S. 24.
8 Vgl. ebd., S. 403 f.
9 Susan Neimann: Das Böse Denken. Eine andere Geschichte der Philosophie, Frankfurt/M. 2004, S. 28.
10 Nur wer das nicht weiß, kann Biopolitik und Disziplinargesellschaft skandalisieren, denn es war ja gerade die Umstellung von Fremd- auf Selbstdisziplin, die jene modernen Formen der besseren Einsicht in den Menschen verankern konnte – als liege die Vernunft des Handelns in den Tiefen der inneren Freiheit verborgen, ist diese doch frei. Ganz ohne diese Dialektik geht es nicht. Zum Begriff der Diziplinargesellschaft vgl. Frank Hillebrandt: Disziplinargesellschaft, in: Georg Kneer, Armin Nassehi und Markus Schroer (Hg.): Soziologische Gesellschaftsbegriffe. Konzepte moderner Zeitdiagnosen, München 1997, S. 101-126; zur Biopolitik die Beiträge in Andreas Folkers und Thomas Lemke (Hg.): Biopolitik. Ein Reader, Berlin 2014.
11 Zum Konzept vgl. Georg Henrik von Wright: Probleme des Erklärens und Verstehens von Handlungen, in: Conceptus 19, 47 (1985), S. 3-19.
12 Daran hängen erhebliche wissenschaftstheoretische Probleme, denen hier nicht nachzugehen ist. Einen aus pragmatischer Perspektive gut lesbaren Problemüberblick findet sich bei Herbert Stachowiak: Allgemeine Modelltheorie, Wien/New York 1973.
13 Vgl. dazu meine Vorlesung im Rahmen der «Corona-Lectures» der LMU München

im Wintersemester 2020/21 «Die infizierte Gesellschaft und die Unerreichbarkeit des Virus». URL: https://www.youtube.com/watch?v=Ix6PDqrybTo&t=197s

14 «O welche Tiefe des Reichtums sowohl der Weisheit als auch der Erkenntnis Gottes! Wie unergründlich sind seine Gerichte, und wie unausforschlich seine Wege! Denn wer hat den Sinn des Herrn erkannt, oder wer ist sein Ratgeber gewesen? Oder wer hat ihm etwas zuvor gegeben, dass es ihm wieder vergolten werde? Denn von ihm und durch ihn und für ihn sind alle Dinge; ihm sei die Ehre in Ewigkeit! Amen.» (Römer 11, 33–36)

15 Vgl. Viktor E. Frankl: Homo Patiens. Versuch einer Pathodizee, Wien 1950.

16 Vgl. Art. Kontingenz I–III, in: Historisches Wörterbuch der Philosophie, hg. von Joachim Ritter und Karlfried Gründer, Band 4, Darmstadt 2019, S. 1027–1038; Niklas Luhmann: Soziale Systeme. Grundriß einer allgemeinen Theorie, Frankfurt/M. 1984, S. 152.

17 So der Grundgedanke in Armin Nassehi: Muster. Theorie der digitalen Gesellschaft, München 2019.

18 Peter V. Zima: Theorie des Subjekts. Subjektivität und Identität zwischen Moderne und Postmoderne, Tübingen 2000, S. 91 ff.

19 Vgl. dazu schon Armin Nassehi: Der soziologische Diskurs der Moderne, Berlin 2009, S. 19.

20 Vgl. Talcott Parsons: Zur Theorie sozialer Systeme, Opladen 1976, S. 124.

21 Vgl. ebd., S. 121.

22 Hilfreich ist auch das sozialphänomenologische Verständnis des «Gesellschaftlichen Handelns» und der «Transzendenzen» das Handelns und des Alltags, vgl. dazu Alfred Schütz und Thomas Luckmann: Strukturen der Lebenswelt, Band 2, Frankfurt/M. 1984, S. 95 ff., 139 ff.

23 Vgl. Armin Nassehi: Muster. Theorie der digitalen Gesellschaft, München 2019, S. 44 ff. Die zweite Entdeckung der Gesellschaft wird hier auf die Erfahrung der Gestaltbarkeit, aber auch der musterhaften Restriktion in die zweite Hälfte des 20. Jahrhunderts datiert, und die dritte mit der Digitalisierung in Verbindung gebracht, die auf die Musterhaftigkeit gesellschaftlicher Strukturen setzt.

24 Allgemein zu vertragstheoretischen Modellen vgl. Wolfgang Kersting: Vertragstheorien. Kontraktualistische Theorien in der Politikwissenschaft. Kohlhammer, Stuttgart 2015; vertragstheoretische Modelle finden sich auch noch im 20. Jahrhundert in der Moralphilosophie und in der politischen Philosophie, so etwa bei John Rawls: Eine Theorie der Gerechtigkeit, Frankfurt/M. 1971; Richard Saage: Vertragsdenken und Utopie: Studien zur politischen Theorie und zur Sozialphilosophie der frühen Neuzeit, Frankfurt/M. 1989; Thomas M. Scanlon: What do we owe to each other, Cambridge, MA/London 1998.

25 Ein schönes, dazu noch von zwei Sozialwissenschaftlern formuliertes Beispiel ist dieser kleine Zeitungsartikel, der freilich pars pro toto für ein ganzes Genre steht: Stephan Lessenich und Martin Kronauer: Rendezvous mit der Ungleichheit. Fehlende Gerechtigkeit und Solidarität: Der Gesellschaftsvertrag wird ernsthaft infragegestellt. Linke müssten für einen neuen streiten, in: taz vom 24.10.2018. URL: https://taz.de/Debatte-um-neuen-Gesellschaftsvertrag/!5539659/

26 Vgl. Joseph de Maistre: Von der Souveränität. Ein Anti-Gesellschaftsvertrag, Berlin 2016, S. 8.

27 Vgl. Beatrice Bondy: Die reaktionäre Utopie. Das politische Denken von Joseph de Maistre, Köln 1982.

28 Vgl. José María Beneyto: Apokalypse der Moderne. Die Diktaturtheorie von Donoso Cortes, Stuttgart 1988.
29 Vgl. Carl Schmitt: Politische Theologie. Vier Kapitel zur Lehre von der Souveränität, 3. Aufl., Berlin 1979.
30 Georg Wilhelm Friedrich Hegel: Grundlinien der Philosophie des Rechts oder Naturrecht und Staatswissenschaft im Grundrisse, Band 7 der Werke in 20 Bänden, Frankfurt/M. 1970, S. 157.
31 Nur um zu zeigen, dass es dies noch in Reinform gibt: der Soziologe Stephan Lessenich mit einer Form der «Ideologiekritik», die sich weniger durchs Argument als gerührt von der eigenen Verve mit deutlichem Bezug zur hier vertretenen Position geradezu immunisiert: «Wer heute als Soziolog*in immer noch – oder historisch betrachtet eher wieder – von sich behauptet, entweder nur ideologiefreies politisches Steuerungswissen oder aber umgekehrt komplexitätssensibles Wissen über die Unmöglichkeit politischer Steuerung zu liefern, lügt sich kollektiv und individuell in die Tasche. Denn soziologische Wissensproduktion ist immer, ob sie dies nun wahrhaben will oder nicht, ein Einsatz im Spiel der Gestaltung gesellschaftlicher Verhältnisse. Die – sei es interessierte, sei es unbedarfte – Imagination einer ‹autonomen› Sphäre ‹rein› wissenschaftlicher Wahrheitssuche ist de facto ein politischer Akt der Entpolitisierung einer unvermeidlich politischen Praxis. Wer soziologisches Wissen produziert, ist nolens volens gesellschaftsgestaltend engagiert – und damit teilnehmende Beobachter*in des politischen Geschehens. Zwar können sich Soziolog*innen auch, in einem Akt paradoxaler, von einer am Schein wissenschaftlicher ‹Neutralität› interessierten Öffentlichkeit allerdings goutierter und honorierter Selbstverleugnung gegen das eigene Engagiertsein engagieren [...] – die Akademie ist, wie wir wissen, voll davon. Aber eine kritisch sich verstehende Soziologie sollte eine derartige Entpolitisierungspolitik immer als das sichtbar machen, was sie ist: als ein – jedenfalls in der professoral bestallten Soziologie nicht einmal notwendiges – falsches Bewusstsein.» (Stephan Lessenich: Soziologie – Corona – Kritik, in: Berliner Journal für Soziologie 30 (2020), S. 215–230, hier S. 227.)
32 Max Horkheimer: Traditionelle und Kritische Theorie, Frankfurt/M. 1973.
33 Stephan Lessenich: Soziologie – Corona – Kritik, in: Berliner Journal für Soziologie 30 (2020), S. 215–230, hier S. 215.
34 Pierre Bourdieu: Meditationen. Kritik der scholastischen Vernunft, Frankfurt/M. 2001, S. 233.
35 Michael S. Gazzaniga: Who's in Charge? Free Will and the Science of the Brain. The Gifford Lectures 2009, New York 2011, S. 68.
36 Pierre Bourdieu: Leçon sur la leçon, in: ders.: Sozialer Raum und «Klassen». Leçon sur la leçon. Zwei Vorlesungen, Frankfurt/M. 1985.
37 Pierre Bourdieu: Meditationen. Kritik der scholastischen Vernunft, Frankfurt/M. 2001, S. 233.
38 Locus classicus dazu ist Albert Bandura: Self-Efficacy. Toward a Unifying Theory of Behavioral Change, in: Psychological Review 84 (1977), S. 191–215.
39 Karl Marx: Der achtzehnte Brumaire des Louis Bonaparte, in: MEW Band 8, Berlin (DDR) 1972, S. 115.
40 Max Weber: Gesammelte Aufsätze zur Wissenschaftslehre, 6. Aufl., Tübingen 1985, S. 565.
41 George Herbert Mead: Geist, Identität und Gesellschaft, Frankfurt/M. 1973, S. 56.

346 Anmerkungen

42 Pierre Bourdieu und Loïc J.D. Wacquant: Reflexive Anthropologie, Frankfurt/M 1996, S. 153.
43 Vgl. Niklas Luhmann: Die Moral der Gesellschaft, Frankfurt/M. 2008, S. 101 ff.
44 Sigmund Freud: Das Unbehagen in der Kultur (1930), in: ders.: Das Unbehagen in der Kultur und andere kulturtheoretische Schriften, Frankfurt/M. 1994, S. 29-108, hier S. 86 ff.
45 Pierre Bourdieu und Loïc J.D.Wacquant: Reflexive Anthropologie, Frankfurt/M 1996, S. 147 ff.

3
Versuchsaufbau

1 Einen Überblick bietet Maja Göpel: Unsere Welt neu denken. Eine Einführung, Berlin 2020.
2 So der Beschluss des BVerfG vom 24.04.2021. URL: https://www.bundesverfassungsgericht.de/SharedDocs/Pressemitteilungen/DE/2021/bvg21-031.html
3 Niko Paech: Auf dem Weg in die Postwachstumsökonomie, in: Orientierungen zur Wirtschafts- und Gesellschaftspolitik 134 (4/2012), S. 61-67, hier S. 65; Manfred Folkers und Niko Paech: All you need is less. Eine Kultur des Genug aus ökonomischer und buddhistischer Sicht, München 2020; Niko Paech: Befreiung vom Überfluss. Auf dem Weg in die Postwachstumsökonomie, München 2012.
4 Nur als Beispiel für solcherart Forschung Immo Fritsche et al.: A social identity model of pro-environmental action (SIMPEA), in: Psychological Review, 125 (2018), 245-269.
5 Als unterschiedliche Beispiele aus der soziologischen Theoriebildung: Niklas Luhmann: Soziale Systeme. Grundriß einer allgemeinen Theorie, Frankfurt/M. 1984, S. 551 ff.; Alfred Schütz und Thomas Luckmann: Strukturen der Lebenswelt, Band 2, Frankfurt/M. 1984, S. 95 ff.; Anthony Giddens: Die Konstitution der Gesellschaft. Grundzüge einer Theorie der Strukturierung, Frankfurt/M./New York 1995.
6 Wohlgemerkt: Die Gesellschaft solle sich ändern. Das ist eine andere Frage als die nach der Veränderung des Selbst, die fast gleichzeitig mit der Behauptung auftaucht, man habe eine Identität. Vgl. dazu Peter Sloterdijk: Du musst Dein Leben ändern. Über Anthropotechnik, Berlin 2012.
7 So etwa in exaktem Jahresabstand Niko Paech: Verheerende Lebenslüge, in: Süddeutsche Zeitung vom 20.08.2019; Bernd Ulrich: Kämpft Ihr noch?, in: DIE ZEIT Nr. 35/2020 vom 20.08.2020, meine Replik darauf Armin Nassehi: Die unerträgliche Trägheit des Seins, in: DIE ZEIT Nr. 36/2020 vom 27.08.2020.
8 Hartmut Rosa: Wir können die Welt verändern, in: Die Zeit – Christ & Welt vom 28.04.2020; ausführlicher und genauer Hartmut Rosa: Pfadabhängigkeit, Bifurkationspunkte und die Rolle der Soziologie. Ein soziologischer Deutungsversuch der Corona-Krise, in: Berliner Journal für Soziologie 30 (2020), S. 191-213.
9 Armin Nassehi: Das Virus ändert alles, aber es ändert sich nichts, in: Zeit-online vom 04.05.2020. URL: https://www.zeit.de/kultur/2020-05/corona-massnahmen-lockerungen-kontaktverbot-lockdown-social-distancing/ komplettansicht
10 Vgl. Niklas Luhmann: Die Gesellschaft der Gesellschaft, Frankfurt/M. 1997, S. 413 ff.; Katja Mellmann: Evolution, in: Oliver Jahraus, Armin Nassehi et al. (Hg.): Luhmann-Handbuch. Leben – Werk – Wirkung, Stuttgart 2012, S. 80-83; allgemein vgl. Peter J. Bowler: Evolution. The History of an Idea, 3. Aufl., Berke-

ley 2003; Eva Jablonka und Marion J. Lamb: Evolution in Four Dimensions: Genetic, Epigenetic, Behavioral, and Symbolic Variation in the History of Life, Cambridge, MA 2005.
11 Andrea Pieter, Eike Emrich und Robin Stark: Situierte Gesundheitsförderung. Überlegungen zur Umsetzung von situierten Lernansätzen in der Gesundheitsförderung, in: Prävention und Gesundheitsförderung 5 (2010), S. 95–102; Martin Lanzendorf und Robert Schönduwe: Urbanität und Automobilität. Neue Nutzungsmuster und Bedeutungen verändern die Mobilität der Zukunft. In: Geographische Rundschau 6 (2013), S. 34–41; Martin Lanzendorf und Dennis Tomfort: Warum bewirkt Mobilitätsmanagement Verhaltensänderungen? Zur Wirkung von Maßnahmen aus der Perspektive der Mobilitätsforschung, in: Mechtild Stiewe und Ulrike Reutter (Hg.): Mobilitätsmanagement. Wissenschaftliche Grundlagen und Wirkungen in der Praxis, Essen 2012, S. 62–75.
12 Eine ähnliche Figur findet sich bei Niklas Luhmann, der den Impetus von «Kritik» so beschreibt: «Die Kritik (im geläufigen Verständnis) setzt eine Diagnose der Gesellschaft voraus, die diese beschreibt als in einer Krise befindlich. Krisen sind vorübergehende Zustände. Man muß die Hoffnung nicht aufgeben. Die krisenhaften Erscheinungen der Gegenwart werden auf Fehlentwicklungen, vor allem Industriekapitalismus, zurückgeführt, die man korrigieren kann. Es muß gleichsam eine gute Gesellschaft hinter der Gesellschaft geben, auf die man Strukturen und Effekte zurückdirigieren kann, um in eine bessere Zukunft zu gelangen.» (Niklas Luhmann, Die Gesellschaft der Gesellschaft, Frankfurt/M. 1997, S. 1116 f., Hervorhebung AN)
13 Vgl. dazu Jürgen Habermas: Moralbewußtsein und kommunikatives Handeln, in: ders.: Moralbewußtsein und kommunikatives Handeln, Frankfurt/M. 1983, S. 127–206.
14 Vgl. dazu mein eigener Versuch der Ableitung einer «Minimalmoral von Kommunikation», der eher an der Binnenmoral der Missachtungsvermeidung ansetzt und gerade deshalb daraus keine universalisierbare Form sprachlicher Verständigung ableiten kann, in: Armin Nassehi: Moral im System. Die Minimalmoral von Kommunikation, in: Jan-Christoph Hellinger und Julian Nida-Rümelin (Hg.): Anthropologie und Ethik, Berlin 2015, S. 171–190.
15 Vgl. dazu Armin Nassehi: Soziologie des Politischen, in: Martin Endreß und Benjamin Rampp (Hg.): Handbuch politische Soziologie, Baden-Baden 2021 (i. E.). Es ist im Übrigen zu betonen, dass Habermas sowohl für als auch gegen dieses Vorurteil in Anspruch genommen werden kann – für dieses Vorurteil wegen seines erheblichen Vertrauens in die kommunikative Vernunft, gegen dieses Vorurteil, weil er mit dem zweistufigen Gesellschaftskonzept in der «Theorie des kommunikativen Handelns» (Frankfurt/M. 1981) zwischen jener vernünftigen Form der Handlungskoordination und einer «systemischen» durch Macht und Geld unterscheidet. Für die kritische Theorie war dieses zweistufige Konzept ein Meilenstein, das aber soziologisch und sozialphilosophisch geflissen vergessen und auch von Habermas selbst später nicht weiter verfolgt wurde.
16 Vgl. Aladin El-Mafaalani: Das Integrationsparadox. Warum gelungene Integration zu mehr Konflikten führt, Köln 2018.
17 Hedwig Richter: Demokratie. Eine deutsche Affäre. Vom 18. Jahrhundert bis zur Gegenwart, München 2020.
18 Zur «Tragik» von Protestbewegungen vgl. Armin Nassehi: Das große Nein. Eigendynamik und Tragik des gesellschaftlichen Protests, Hamburg 2020, v. a. S. 100 ff.

19 Norbert Elias: Über den Prozeß der Zivilisation, Band 2, 7. Aufl., Frankfurt/M. 1980, S. 336 ff.
20 James Gleick: Faster. The Acceleration of Just About Everything, New York 1999; Hartmut Rosa: Beschleunigung. Die Veränderung der Zeitstrukturen in der Moderne, Frankfurt/M. 2005.
21 Herrmann Lübbe: Schrumpft die Zeit? Zivilisationsdynamik und Zeitumgangsmoral: Verkürzter Aufenthalt in der Gegenwart, in: Kurt Weis (Hg.): Was ist Zeit?, München 1995, S. 53–80; Paul Virilio: Rasender Stillstand, Frankfurt/M. 1998.
22 Helga Nowotny: Eigenzeit. Entstehung und Strukturierung eines Zeitgefühls, Frankfurt/M. 1998.
23 Vgl. dazu ausführlich meine Rekonstruktion der Soziologie als eine Geschichte zweier Diskursstränge, zum einen als integrierte/integrierbare Kollektivitäten, zum anderen als eine Gesellschaft operativer Gegenwarten in Armin Nassehi: Der soziologische Diskurs der Moderne, Frankfurt/M. 2009, v. a. S. 374 ff.
24 Vgl. Stephan Lessenich: Soziologie – Corona – Kritik, in: Berliner Journal für Soziologie 30 (2020), S. 215–230.
25 Vgl. dazu einen BBC-Bericht vom 07.05.2020. URL: https://www.bbc.com/news/world-us-canada-52568405
26 Vgl. dazu Le Monde vom 20.03.2020. URL: https://www.lemonde.fr/idees/article/2020/03/20/macron-dans-la-guerre-du-coronavirus_6033 812_3232. html
27 Vgl. dazu ausführlich Armin Nassehi: Der soziologische Diskurs der Moderne, Frankfurt/M. 2009, S. 342–350; vgl. auch Karl Otto Hondrich: Lehrmeister Krieg, Reinbek b. Hamburg 1992.
28 Vgl. dazu Herfried Münkler: Über den Krieg. Stationen der Kriegsgeschichte im Spiegel ihrer theoretischen Reflexion, Weilerswist 2002, S. 220 ff.; Herfried Münkler: Politik und Krieg. Die neuen Herausforderungen durch Staatszerfall, Terror und Bürgerkriegsökonomien, in: Armin Nassehi und Markus Schroer (Hg.): Der Begriff des Politischen, Soziale Welt – Sonderband 14, Baden-Baden 2003, S. 471–490.
29 Vgl. Peter Felixberger und Armin Nassehi: Deutschland. Ein Drehbuch, Hamburg 2016.
30 Als gute Übersicht zu Parsons' Theorie der Kommunikationsmedien vgl. Jan Künzler: Talcott Parsons' Theorie der symbolisch generalisierten Medien in ihrem Verhältnis zu Sprache und Kommunikation, in: Zeitschrift für Soziologie 15 (1986), S. 422–437; Niklas Luhmann: Generalized Media and the Problem of Contingency, S. 507–532, in: J. J. Loubser, R. C. Baum, A. Effrat und V. M. Lidz (Hg.): Explorations in General Theory in Social Science. Essays in Honour of Talcott Parsons, New York 1976, S. 507–532; Jurit Kärtner: Zur Theorie und Typologie der Erfolgsmedien, in: Zeitschrift für Soziologie 48 (2019), S. 116–135.

4
(An-)Ordnung

1 Vgl. dazu bereits Armin Nassehi: Der soziologische Diskurs der Moderne, Frankfurt/M. 2009, S. 335 ff.
2 Vgl. Shmuel N. Eisenstadt: Die Vielfalt der Moderne, Weilerswist 2000; ders.: Multiple Modernities, in: Daedalus 129 (2000), S. 1–29.
3 Vgl. Shmuel N. Eisenstadt: Multiple Modernen im Zeitalter der Globalisierung,

4 (An-)Ordnung 349

   in: Thomas Schwinn (Hg.): Die Vielfalt und Einheit der Moderne. Kultur- und strukturvergleichende Analysen, Wiesbaden 2006, S. 37–62.
4 Vgl. zu diesem Begriff Karin Knorr-Cetina: Postsoziale Beziehungen. Theorie der Gesellschaft in einem postsozialen Kontext, in: Thorsten Bonacker und Andreas Reckwitz (Hg.): Kulturen der Moderne. Soziologische Perspektiven der Gegenwart, Frankfurt/M./New York 2007, S. 267–300; Karen Barad: Posthumanist Performativity: Toward an Understanding of How Matter comes to Matter, in: Corinna Bath, Yvonne Bauer und Bettina Bock von Wülfingen (Hg.): Materialität denken. Studien zur technologischen Verkörperung – Hybride Artefakte, posthumane Körper, Bielefeld 2005, S. 187–216; Diana Coole: Rethinking agency. A phenomenological approach to embodiment and agentic capacities, in: Political Studies 53 (2005), S. 124–142.
5 Bruno Latour: Wir sind nie modern gewesen. Versuch einer symmetrischen Anthropologie, Berlin 1995, S. 47.
6 Ebd., S. 189.
7 Ebd., S. 145.
8 Ebd.
9 Sabine Hark: Die Netzwerke des Lebens, in: Frankfurter Rundschau vom 03. 04. 2020. URL: https://www.fr.de/wissen/netzwerke-lebens-13640296.html
10 Bruno Latour: Wir sind nie modern gewesen. Versuch einer symmetrischen Anthropologie, Berlin 1995, S. 189 ff.
11 Vgl. James Lovelock: Gaias Rache. Warum die Erde sich wehrt. Berlin 2007.
12 Bruno Latour: Kampf um Gaia. Acht Vorträge über das neue Klimaregime, Berlin 2017, Kindle-Ausgabe Pos. 2567.
13 Ebd., Pos. 2587.
14 Ebd., Pos. 2542.
15 Ebd., Pos. 2527.
16 Zum Folgenden vgl. bereits Armin Nassehi: De rebus rerum. Bruno Latours Neuordnung des Sozialen, in: Soziologische Revue 31 (2008), S. 350–356.
17 Bruno Latour: Eine neue Soziologie für eine neue Gesellschaft. Einführung in die Akteur-Netzwerk-Theorie, Frankfurt/M. 2007, S. 279 f.
18 Vgl. ebd., S. 356.
19 Ebd., S. 357.
20 Vgl. Armin Nassehi: Der soziologische Diskurs der Moderne, Frankfurt/M. 2009, S. 33 ff.
21 Vgl. dazu Irmhild Saake: Zum Umgang mit Asymmetrien, in: APuZ 9 (2016). URL: http://www.bpb.de/apuz/221590/zum-umgang-mit-unterschieden-und-asymmetrien; Irmhild Saake: Soziologie der Ethik. Semantiken symmetrischer Kommunikation in: Armin Nassehi, Irmhild Saake und Jasmin Siri (Hg.): Ethik – Normen – Werte (Studien zu einer Gesellschaft der Gegenwarten), Wiesbaden 2015, S. 43–67.
22 Gesa Lindemann: ‹Allons enfants et faits de la patrie ...› Über Latours Sozial- und Gesellschaftstheorie sowie seinen Beitrag zur Rettung der Welt, in: Georg Kneer et al. (Hg.): Bruno Latours Kollektive, Frankfurt/M. 2008, S. 339–360.
23 Bruno Latour: Eine neue Soziologie für eine neue Gesellschaft. Einführung in die Akteur-Netzwerk-Theorie, Frankfurt/M. 2007, S. 428.
24 Bruno Latour: Kampf um Gaia. Acht Vorträge über das neue Klimaregime, Berlin 2017, Kindle-Ausgabe Pos. 245.
25 Vgl. dazu Cornelius Borck: Eine kurze Geschichte der Maschinenmodelle des

Denkens, in: Kevin Liggieri und Oliver Müller (Hg.): Mensch-Maschine-Interaktion, Stuttgart 2019, S. 15–17.

26 Etwas, das ich nie vergessen werde, ist eine Episode im Rahmen der Planung eines größeren Forschungsprojekts. Wir haben dazu Workshops veranstaltet, auswärtige Kolleginnen und Kollegen eingeladen und wirklich hart an den Dingen gearbeitet – um am Ende festzustellen, dass so etwas wie ein gemeinsames Projekt wohl nicht zustande kommen kann. In einem der Workshops habe ich einen Vortrag gehalten über die methodische und theoretische Frage der Unterscheidung von Ordnung (Struktur) und Ordnungsbildung (Prozess) und die methodischen Konsequenzen für unsere Forschungsfrage, als ein hochmögender soziologischer Kollege ernsthaft fragte, ob denn Ordnung etwas Gutes sei und ob Ordnung überhaupt erstrebenswert sein könne. Schon die Tatsache, dass die Frage zum Vortrag erst nach dem Vortrag gestellt werden konnte und das durch Organisationsleistung miterzeugt wurde, von der grammatischen Ordnung der sprachlichen Ausdrücke ganz zu schweigen (sic!), hat gezeigt, wozu haltlose Komplexität auch innerhalb der Soziologie führt: nicht Nicht-Ordnung, sondern Unordnung. Selten war ich so perplex, mitzubeobachten, wie viel Ordnung (im Sinne von strukturierter Erwartbarkeit) gegeben sein muss, damit man solch eine Frage stellen kann (abgesehen von der ordentlichen Inanspruchnahme der entsprechenden Besoldungsordnung).

27 Vgl. Armin Nassehi: Der soziologische Diskurs der Moderne, Frankfurt/M. 2009, v. a. S. 374 ff.

28 Vgl. dazu schon Armin Nassehi: Hat die Soziologie einen sozialen Bias?, in: Martina Löw (Hg.): Vielfalt und Zusammenhalt. Verhandlungen des 36. Kongresses der Deutschen Gesellschaft für Soziologie in Bochum und Dortmund 2012. Teilband 1, Frankfurt/M./New York 2014, S. 57–68.

29 Vgl. Thomas Schwinn (Hg.): Differenzierung und soziale Ungleichheit. Die zwei Soziologien und ihre Verknüpfung, Frankfurt/M. 2004.

30 Von der DFG gefördertes Projekt «Ethik und Organisation – Klinische Ethik-Komitees: Strukturen ethischer Entscheidungen». Laufzeit: 2002–2009. Projektleitung: Reiner Anselm, Armin Nassehi und Michael Schibilsky.

31 Vgl. Armin Nassehi, Irmhild Saake und Katharina Mayr: «Healthcare Ethics Comitees without Function? Locations and Forms of Ethical Speech in a «Society of Presents», in: Barbara Rothman, Elizabeth Armstrong und Rebecca Tiger (Hg.): Bioethical Issues, Sociological Perspectives. Advances of Medical Sociology, Vol. 9 (2008), S. 131–158.

32 Armin Nassehi, Irmhild Saake und Matthias Tann: Anerkennung und Eigensinn. Übersetzungskonflikte am Beispiel der Ethikratsdebatte zu Intersexualität, in: Soziale Welt 3/4 70 (2019), S. 233–267.

33 Wir haben das in der erwähnten Untersuchung an einer der womöglich stärksten anerkennungstheoretischen Perspektive, hier bezogen auf migrantische/ethnische Minderheiten, aufgezeigt, die sehr deutlich demonstriert, dass sie sich den gesellschaftlichen Raum nur als Versammlungsraum und Arena, nicht aber als eine differenzierte Form vorstellen kann und deshalb am Ende nur moralisch richtig liegen kann, aber den gesellschaftlichen Mechanismus der Bearbeitung des Phänomens gar nicht in den Blick bekommt, nämlich bei Sabine Hark und Paula-Irene Villa: Unterscheiden und herrschen. Ein Essay zu den ambivalenten Verflechtungen von Rassismus, Sexismus und Feminismus in der Gegenwart, Bielefeld 2017. Darin zeigt sich womöglich ein grundlegendes methodisches Pro-

blem einer rein kultursoziologischen Perspektive, die kulturelle Form mit der gesellschaftlichen Struktur zu verwechseln bzw. direkt kurzzuschließen. Das Problem war der klassischen Wissenssoziologie freilich bereits bekannt, weswegen die Differenz von Kultur und Gesellschaft oder Gesellschaftsstruktur und Semantik eben keine triviale Unterscheidung ist.

34 Von der DFG gefördertes Projekt über Übersetzungskonflikte zwischen unterschiedlichen funktionssystemischen Perspektiven in unterschiedlichen Feldern (Palliativmedizin, Organisation der Organspende, Debatte über religiöse Beschneidung etc.). Laufzeit: 2015–2018. Projektleitung: Armin Nassehi und Irmhild Saake.
35 Vgl. Armin Nassehi, Irmhild Saake und Niklas Barth: Die Stärke schwacher Verfahren. Zur verfahrensförmigen Entdramatisierung von Perspektivendifferenzen im Kontext der Organspende, in: Zeitschrift für Soziologie 48 (2019), S. 190–208.
36 So etwa Mona Motakef: Körper Gabe. Ambivalente Ökonomien der Organspende, Bielefeld 2011.
37 Von der DFG gefördertes Projekt «Gesellschaftliche Andockstellen für Flüchtlinge. Eine inklusionstheoretische Studie». Laufzeit: 2020–2023. Projektleitung: Armin Nassehi und Irmhild Saake.
38 Vgl. etwa Benjamin Etzold: Capitalising on Asylum – The Reconfiguration of Refugees' Access to Local Fields of Labour in Germany, in: Refugee Review 3 (2017), S. 82–102; Silke van Dyk und Elène Misbach: Zur politischen Ökonomie des Helfens. Flüchtlingspolitik und Engagement im flexiblen Kapitalismus. Prokla 183, 46 (2017), S. 205–227; Christian Ulbricht: Ein- und Ausgrenzungen von Migranten: Zur sozialen Konstruktion (un-)erwünschter Zuwanderung, Bielefeld 2017.
39 Vgl. dazu die Beiträge in Michael Perraudin und Jürgen Zimmerer (Hg.): German Colonialism and National Identity, New York 2011; Achille Mbembe: Kritik der schwarzen Vernunft, Berlin 2017.
40 Vgl. W. Ross Ashby: Einführung in die Kybernetik, Frankfurt/M. 1974; Günter Ropohl: Allgemeine Systemtheorie. Einführung in transdisziplinäres Denken, Berlin 2012.
41 Armin Nassehi: Geschlossenheit und Offenheit. Studien zur Theorie der modernen Gesellschaft, Frankfurt/M. 2003, S. 27 ff.
42 In der Soziologie hat man diese Denkungsart – lange bevor systemtheoretische Denkweisen mit Talcott Parsons und Niklas Luhmann von der Soziologie aufgenommen wurden – zunächst nur für die Ökonomie akzeptiert – und der Gewährsmann dafür ist sicher Karl Marx, dessen Beschreibung der selbstinduzierten Dynamik eines kapitalistischen Wirtschaftssystems die selbstreferentiellen Effekte ökonomischer Dynamik als sich selbst verstärkende, sich von einer gesellschaftlichen Umwelt wegdifferenzierende und damit die Gesellschaft mit den Folgen zurücklassende Dynamik letztlich als Effekt systemischer Schließung gedeutet werden kann (vgl. etwa Hauke Brunkhorst: Die Aktualität des Marxismus in der Krise – Revisionen eines Theorieprogramms, in: Soziale Welt 63 (2012), S. 273–281). Zum Gesamtkomplex vgl. Armin Nassehi: Zirkulation als Selbstzweck? Kann man Marx und Luhmann in kritischer Absicht lesen – und umgekehrt?, in: Albert Scherr (Hg.): Systemtheorie und Differenzierungstheorie als Kritik. Perspektiven in Anschluss an Niklas Luhmann, Weinheim 2015, S. 56–79.
43 Vgl. Niklas Luhmann: Die Gesellschaft der Gesellschaft, Frankfurt/M. 1997, S. 595 ff.

44 Vgl. Armin Nassehi: Gesellschaft der Gegenwarten. Studien zur Theorie der modernen Gesellschaft II, Berlin 2011, S. 123 ff. und 161 ff.

45 Armin Nassehi: Der Begriff des Politischen und die doppelte Normativität der «soziologischen» Moderne, in: Armin Nassehi und Markus Schroer (Hg.): Der Begriff des Politischen, Soziale Welt-Sonderband 14, Baden-Baden 2003, S. 133–169.

46 In der soziologischen Klassik gibt es eine Figur, die die Frage der Inkompatibilität des Unterschiedlichen wirklich ernst genommen hat, Max Weber nämlich. Er hat in seinem Spätwerk die Frage aufgeworfen, wie der «Kampf der Götter», also die Differenz der Wertsphären, ausgehalten werden kann und wie man sich dennoch der «Forderung des Tages» stellen kann (vgl. Max Weber: Wissenschaft als Beruf, in: Studienausgabe der Max-Weber-Gesamtausgabe, Bd. 17, Tübingen 1994, S. 1–23, hier S. 20 und S. 23). Bekanntlich verzichtet Weber auf einen Gesellschaftsbegriff, der solche Probleme hätte lösen können oder aber mit einfacheren Modellen einer funktionalistischen Arbeitsteilung hätte operieren müssen. Das kam für Weber nicht in Frage, denn er hätte dann seine radikale Problemdiagnose dementieren müssen. Weber hat dieses «gesellschaftliche» Problem in die heroisch-männliche Persönlichkeit verlagert, die eben aushalten muss, was einfachere Naturen einfach ausblenden oder sich durch eine wieder erstarkende Macht des Religiösen harmonisieren lassen (vgl. dazu Michael N. Ebertz: Charisma und ‹das Heroische›, in: helden. heroes. héros. E-Journal zu Kulturen des Heroischen, band 4.2 (2016), S. 5–16). In dieser am Ende sehr kulturprotestantisch gefärbten, durch und durch bürgerlichen Idee einer Exklusionsindividualität, die selbst entscheiden muss, wie sie sich orientiert, zeigt sich eine soziologisch für das Problem der Unmöglichkeit von Zusammenhalt als Lösung für Probleme der Vielfalt sensible Position, weil Weber ebenfalls Desintegration in der Sachdimension (Wertsphären) diagnostiziert und alle politisch-romantischen Versuche einer harmonisierenden Lösung leugnet. Dieser Weber muss dringend vor seinen Liebhabern verteidigt werden, damit das in der philologischen Pflege eines «Weber-Paradigmas» nicht verlorengeht (vgl. dazu Irmhild Saake und Armin Nassehi: Das gesellschaftliche Gehäuse der Persönlichkeit. Über Max Weber und die (soziologische) Produktion von Motiven, in: Berliner Journal für Soziologie 14 (2004), S. 503–525).

47 Und für die Connaisseurs: Es geht nicht darum, ob Latour das so gemeint hat. Er hat es so geschrieben, weil offensichtlich die Nomenklatur nichts anderes vorsieht und nichts anderes bereithalten kann – was ja eine gewisse Bestätigung der Akteur-Netzwerk-Theorie ist. Auch Begriffe, Worte, Zeichen, Zeichenrelationen, gewohnte Sprechweisen, Grammatik, Satzstrukturen, Semantiken und Symbole sind am Ende etwas, das mich dazu bringt, etwas so und nicht anders zu tun, vulgo: Akteure.

48 Vgl. dazu Niklas Luhmann: Gesellschaftliche Struktur und semantische Tradition, in: ders.: Gesellschaftsstruktur und Semantik. Studien zur Wissenssoziologie der modernen Gesellschaft, Band 1, Frankfurt/M. 1981, S. 9–71.

5
Andockstellen

1 Vgl. dazu Iring Fetscher: Volonté générale; volonté de tous, in: Joachim Ritter, Karfried Gründer und Gottfried Gabriel (Hg.): Historisches Wörterbuch der Philosophie, Band 11, Darmstadt 2019, S. 1142 f.
2 So Gabriel Felbermayr, Michele Battisti und Jan-Philipp Suchta: Lebenszufriedenheit und ihre Verteilung in Deutschland. Eine Bestandsaufnahme, in: ifo Schnelldienst 9/2017, 70. Jg., S. 19–30.
3 Michel Foucault: Der Wille zum Wissen. Sexualität und Wahrheit 1, Frankfurt am Main: Suhrkamp 1989, S. 63.
4 Ebd., S. 73.
5 Vgl. Armin Nassehi: Die Zurichtung des Privaten. Gibt es analoge Privatheit in einer digitalen Welt?, in: Kursbuch 177: Privat 2.0, Hamburg 2014, S. 27–46.
6 Vgl. Georg Wilhelm Friedrich Hegel: Enzyklopädie der philosophischen Wissenschaften III, Werke Band 10, Frankfurt/M. 1986, §§ 524–528.
7 Vgl. dazu Giorgio Agamben: Homo sacer und das nackte Leben, Frankfurt/M. 2002.
8 Klassisch Robert E. Park: Race and Culture, New York 1964; E. V. Stonequist: The Marginal Man, New York 1937; Margaret Mary Wood: The Stranger. A Study on Relationshups, New York 1934.
9 Hartmut Esser: Aspekte der Wanderungssoziologie. Assimilation und Integration von Wanderern, ethnischen Gruppen und Minderheiten. Eine handlungstheoretische Analyse, Darmstadt/Neuwied 1980, S. 236.
10 Vgl. Aladin El-Mafaalani: Das Integrationsparadox. Warum gelungene Integration zu mehr Konflikten führt, Köln 2018.
11 Jeffrey C. Alexander: Theoretical Logic in Sociology. Vol. 4: The Modern Reconstruction of Classical Thought: Talcott Parsons, Berkeley/Los Angeles 1983, S. 56; Talcott Parsons: Das System moderner Gesellschaften, München 1972, S. 12 ff.
12 Vgl. dazu auch Bernhard Peters: Die Integration moderner Gesellschaften, Frankfurt/M. 1993; Richard Münch: Dialektik der Kommunikationsgesellschaft, Frankfurt/M. 1991.
13 Instruktiv Marc Mölders: Differenzierung und Integration. Zur Aktualisierung einer kommunikationsbasierten Differenzierungstheorie, in: Zeitschrift für Soziologie, Jg. 41 (2012), S. 478–494.
14 Vgl. dazu Hartmann Tyrell: Zur Diversität der Differenzierungstheorie. Soziologiehistorische Anmerkungen, in: Soziale Systeme 4 (1998), S. 119–149.
15 Émile Durkheim: Über soziale Arbeitsteilung, Frankfurt/M. 1988, S. 480.
16 Max Weber: Wissenschaft als Beruf, in: Studienausgabe der Max-Weber-Gesamtausgabe, Bd. 17, Tübingen 1994, S. 1–23; vgl. auch Irmhild Saake und Armin Nassehi: Das gesellschaftliche Gehäuse der Persönlichkeit. Über Max Weber und die (soziologische) Produktion von Motiven, in: Berliner Journal für Soziologie 14 (2004), S. 503–525.
17 Vgl. dazu schon Armin Nassehi: Hat die Soziologie einen sozialen Bias?, in: Martina Löw (Hg.): Vielfalt und Zusammenhalt. Verhandlungen des 36. Kongresses der Deutschen Gesellschaft für Soziologie in Bochum und Dortmund 2012, Frankfurt/M./New York 2014, S. 57–68.
18 Niklas Luhmann: Inklusion und Exklusion, in: Helmut Berding (Hg.): Nationales

354 Anmerkungen

Bewußtsein und kollektive Identität. Studien zur Entwicklung des kollektiven Bewußtseins der Neuzeit 2, Frankfurt/M. 1994, S. 15–45, hier S. 20.

19 Niklas Luhmann: Gesellschaftsstruktur und Semantik. Studien zur Wissenssoziologie der modernen Gesellschaft, Band 1, Frankfurt/M. 1980, S. 30 f.

20 Zu dieser Frage vgl. die Beiträge in Thomas Schwinn (Hg.): Differenzierung und soziale Ungleichheit. Die zwei Soziologien und ihre Verknüpfung, Frankfurt/M. 2004.

21 Vgl. etwa Nicole Burzan: Soziale Ungleichheit. Eine Einführung in die zentralen Theorien, 4. Aufl., Wiesbaden 2011; Oliver Nachtwey: Die Abstiegsgesellschaft. Über das Aufbegehren in der regressiven Moderne, Berlin 2016; Klaus Dörre, Stephan Lessenich und Hartmut Rosa: Soziologie – Kapitalismus – Kritik: Eine Debatte, Frankfurt/M. 2009.

22 Vgl. die Beiträge in Hans-Günther Hockerts und Winfried Süß (Hg.): Soziale Ungleichheit im Sozialstaat. Die Bundesrepublik Deutschland und Großbritannien im Vergleich, München 2010.

23 Vgl. Stefan Hirschauer und Tobias Boll: Un/doing Differences. Zur Theorie und Empirie eines Forschungsprogramms, in: Stefan Hirschauer: Un/doing Differences. Praktiken der Humandifferenzierung, Weilerswist 2017, S. 7–28.

24 So auch Niklas Luhmann, der so formuliert: «Und sie legt es nahe, anzunehmen, daß die Semantik der sozialen Klasen ihrerseits die Funktion hat, die Funktionslosigkeit der Klassendifferenz auf der Folie der Gleichheit aller Menschen sichtbar zu machen und als Thema in der Kommunikation sichtbar zu halten.» (Niklas Luhmann: Zum Begriff der sozialen Klasse, in: ders. (Hg.): Soziale Differenzierung. Zur Geschichte einer Idee, Opladen 1985, S. 119–162, hier S. 151)

25 Ebd.

26 Vgl. Armin Nassehi: Humandifferenzierung und gesellschaftliche Differenzierung. Eine Verhältnisbestimmung, in: Stefan Hirschauer: Un/doing Differences. Praktiken der Humandifferenzierung, Weilerswist 2017, S. 55–78, hier S. 68.

27 Vgl. Homi K. Bhabha: The Location of Culture, London/New York 1994, S. 173 f.

28 Edward Said: Die Politik der Erkenntnis, in: Elisabeth Bronfen, Benjamin Marius und Therese Steffen (Hg.): Hybride Kulturen. Beiträge zur anglo-amerikanischen Multikulturalismusdebatte, Tübingen 1997, S. 81–96.

29 Ebd., S. 88.

30 Dies war übrigens schon lange vor der öffentlichen Sichtbarkeit des Topos Thema meiner Antrittsvorlesung an der Universität München vom 2. Juni 1999, vgl. Armin Nassehi: Die Paradoxie der Sichtbarkeit. Für eine epistemologische Verunsicherung der (Kultur-)Soziologie, in: Soziale Welt 50 (1999), S. 349–362.

31 So etwa Shalini Randeria: Jenseits von Soziologie und soziokultureller Anthropologie. Zur Ortsbestimmung der nichtwestlichen Welt in einer zukünftigen Sozialtheorie, in: Soziale Welt 50 (1999), S. 373–382; Shalini Randeria: Entangled Histories of Uneven Modernities. Civil Society, Case Councils, and Legal Pluralism in Postcolonial India, in: Heinz-Gerhard Haupt und Jürgen Kocka (Hg.): Comparative and Transnational History, New York 2009, S. 77–104; Gurminder K. Bhambra: Connected Sociologies, London 2014; Julian Go: For a postcolonial sociology, in: Theory and Society 42 (2013), S. 25–55; Julia Reuter und Paula-Irene Villa: Provincializing Soziologie. Postkoloniale Theorie als Herausforderung, in: dies. (Hg.): Postkoloniale Soziologie. Empirische Befunde, theoretische Anschlüsse, politische Interventionen, Bielefeld 2009, S. 11–46.

32 Vgl. Achille Mbembe: Kritik der schwarzen Vernunft, Berlin 2017.

33 Vgl. Egon Flaig: Weltgeschichte der Sklaverei, 3. Aufl., München 2018.
34 Vgl. dazu ausführlich Armin Nassehi: Die «Welt»-Fremdheit der Globalisierungsdebatte. Ein phänomenologischer Versuch, in: Soziale Welt 49 (1998), S. 151–166.
35 Vgl. Alma von der Hagen-Demszky, Katharina Mayr und Elias Sanaa: Wissen und Wollen. Die Produktion von Wissen im politischen Gestaltungsprozess, in: Soziale Welt 60 (2009), S. 389–409, hier S. 405.
36 Niklas Luhmann: Soziale Systeme. Grundriß einer allgemeinen Theorie, Frankfurt/M. 1984, S. 47; zum Gesamtkomplex des Verhältnisses von System und Umwelt vgl. ebd., S. 242 ff.
37 Vgl. dazu Armin Nassehi: Luhmann und Husserl, in: Oliver Jahraus, Armin Nassehi et al. (Hg.): Luhmann-Handbuch. Leben – Werk – Wirkung, Stuttgart 2012, S. 13–18; Armin Nassehi: Der soziologische Diskurs der Moderne, Frankfurt/M. 2009, S. 67 ff.
38 Niklas Luhmann: Gesellschaftsstruktur und Semantik. Band 1, Frankfurt/M. 1981, S. 31.
39 Peter Fuchs: Die Erreichbarkeit der Gesellschaft. Zur Konstruktion und Imagination gesellschaftlicher Einheit, Frankfurt/M. 1992, S. 204.
40 Zu diesem Begriffsvorschlag vgl. Irmhild Saake und Armin Nassehi: Die Emigration als biografisches Ereignis. Eine empirisch-qualitative Untersuchung, in: Georg Weber et al.: Die Emigration der Siebenbürger Sachsen. Studien zu Ost-West-Wanderungen im 20. Jahrhundert, Opladen 2003, S. 185–423, hier S. 407.
41 Die folgenden Überlegungen finden sich bereits in Armin Nassehi: Modi des (Über-)Lebens. Passen wir überhaupt in diese Welt?, in: Kursbuch 203: ÜberLeben, Hamburg 2020, S. 22–39.
42 Vgl. Manfred Frank: ‹Unendliche Annäherung›. Die Anfänge der philosophischen Romantik, Frankfurt/M. 1998; Detlef Kremer: Romantik, 2. Aufl., Stuttgart/Weimar 2003.
43 Hans-Christoph Kraus: Die Jenaer Frühromantik und ihre Kritik der Moderne, in: Zeitschrift für Religions- und Geistesgeschichte 47 (1995), S. 205–230; vgl. auch Cornelia Klinger: Romantik und neue soziale Bewegungen, in: Athenäum – Jahrbuch der Friedrich Schlegel-Gesellschaft, Heft 3 (1993), S. 223–244.

6
Arrangements

1 Karl Marx: Thesen über Feuerbach, in: Marx-Engels-Werke (MEW), Band 3, Berlin (DDR) 1973, S. 5–7 und S. 533–535, hier: S. 6.
2 So etwa (mit einigem Recht) Philipp Sarasin: Der alte Hass auf die Aufklärung. Die Neue Rechte von Arnold Gehlen bis Botho Strauß, in: Geschichte der Gegenwart, 16.12.2018. URL: https://geschichtedergegenwart.ch/der-alte-hass-auf-die-aufklaerung-die-neue-rechte-von-arnold-gehlen-bis-botho-strauss/
3 Arnold Gehlen: Anthropologische Forschung. Zur Selbstbegegnung und Selbstentdeckung des Menschen, Reinbek bei Hamburg 1961, S. 48.
4 Ebd., S. 70.
5 Arnold Gehlen: Urmensch und Spätkultur. Philosophische Ergebnisse und Aussagen, Bonn 1956, S. 286.
6 Ebd., S. 287.
7 Vgl. Klaus Türk: Organisation als Institution der kapitalistischen Gesellschafts-

356 Anmerkungen

formation, in: Günter Ortmann, Jürgen Sydow und Klaus Türk (Hg.): Theorien der Organisation, Wiesbaden 1997, S. 124–176.
8   Vgl. Franz-Xaver Kaufmann: Sozialpolitik und Sozialstaat. Soziologische Analysen, Wiesbaden 2005
9   Vgl. Stefan Lessenich und Ilona Ostner (Hg.): Welten des Wohlfahrtskapitalismus. Der Sozialstaat in vergleichender Perspektive, Frankfurt/M./New York 1998
10 Vgl. dazu Klaus von Beyme: Parteien in westlichen Demokratien, München 1982; Oskar Niedermayer, Richard Stöss und Melanie Haas (Hg.): Die Parteiensysteme Westeuropas, Wiesbaden 2006.
11 Vgl. Eric Hildendorf und Benno Zabel: Die Idee subjektiver Rechte, in: dies. (Hg.): Die Idee subjektiver Rechte, Berlin 2020, S. 1–16; Christoph Menke: Verfassung und subjektive Rechte, in: ebd., S. 125–134.
12 Vgl. Armin Nassehi: Muster. Theorie der digitalen Gesellschaft, München 2019, S. 152 ff.
13 Vgl Hauke Brunkhorst: Solidarität unter Fremden, Frankfurt/M. 2015.
14 Vgl. Benedict Anderson: Imagined Communities. Reflections on the Origin and Spread of Nationalism, rev. ed., New York 2016.
15 Vgl. dazu Laura Fröhlich und Isabell Schulte: Warmth and competence stereotypes about immigrant groups in Germany, in: PLoS ONE 14(9) 2019: e0223103. URL: https://doi.org/10.1371/journal.pone.0223103
16 Andreas Reckwitz: Das Ende der Illusionen. Politik, Ökonomie und Kultur in der Spätmoderne, Berlin 2019, S. 239 ff.
17 Vgl. Armin Nassehi: Selbstverwirklichung ist anstrengend (Rezension von Reckwitz: Das Ende der Illusionen), in: Frankfurter Allgemeine Zeitung vom 18.02.2020.
18 Andreas Reckwitz: Das Ende der Illusionen. Politik, Ökonomie und Kultur in der Spätmoderne, Berlin 2019, S. 15; vgl. auch: Andreas Reckwitz: Gesellschaft der Singularitäten, Berlin 2017.
19 Luc Boltanski und Ève Chiapello: Der neue Geist des Kapitalismus, Konstanz 2003.
20 So schon die Rezension von Gesellschaft der Singularitäten von Hans Kilian in: Kölner Zeitschrift für Soziologie und Sozialpsychologie 70 (2018), S. 311–313.
21 Andreas Reckwitz: Das Ende der Illusionen. Politik, Ökonomie und Kultur in der Spätmoderne, Berlin 2019, S. 235.
22 Der Vollständigkeit halber muss zugestanden werden, dass Reckwitz an einer Stelle dieses Buches durchaus mit einer Eigendynamik und Nicht-Determiniertheit der Gesellschaft rechnet, die offensichtlich auf differenzierungstheoretische Diagnosen anspielt, aber Folgen für sein Argument hat das leider keine. (Andreas Reckwitz: Das Ende der Illusionen. Politik, Ökonomie und Kultur in der Spätmoderne, Berlin 2019, S. 247).
23 Jürgen Habermas: Auch eine Geschichte der Philosophie. Band 2: Vernünftige Freiheit. Spuren des Diskurses über Glauben und Wissen, Berlin 2019, S. 795 f.
24 Ebd., S. 796.
25 Vgl. Norbert Elias: Entwurf einer Theorie der Zivilisation, in: ders.: Über den Prozeß der Zivilisation, Band 2, 7. Aufl., Frankfurt/M. 1980, S. 312–454.

7
Himmel

1 Vgl. Armin Nassehi: Die Theorie funktionaler Differenzierung im Horizont ihrer Kritik, in: Zeitschrift für Soziologie 33 (2004), S. 98–118, hier S. 103.
2 Vgl. Max Weber: Gesammelte Aufsätze zur Religionssoziologie. Band 1, Tübingen 1920, S. 564.
3 Vgl. Émile Durkheim: Über soziale Arbeitsteilung, Frankfurt/M. 1988, S. 228.
4 Vgl. Dagmar Burkhart: Eine Geschichte der Ehre, Darmstadt 2006; Friedrich Zunkel: Ehre, Reputation, in: Otto Brunner, Werner Conze und Reinhart Koselleck (Hg.): Geschichtliche Grundbegriffe. Historisches Lexikon zur politisch-sozialen Sprache in Deutschland, Studienausgabe, Band 2, Stuttgart 2004, S. 1–75.
5 Vgl. dazu Felicitas von Lovenberg: Jane Austen. Ein Portrait, Frankfurt/M. 2007.
6 Vgl. Pierre Bourdieu: Entwurf einer Theorie der Praxis, Frankfurt/M. 1979.
7 Vgl. dazu die Beiträge in Norbert F. Schneider (Hg.): Elternschaft heute. Gesellschaftliche Rahmenbedingungen und individuelle Gestaltungsaufgaben, Opladen 2002.
8 Vgl. Karin Hausen: Die Polarisierung der «Geschlechtscharaktere» – Eine Spiegelung der Dissoziation von Erwerbs- uns Familienleben, in: Werner Conze (Hg.): Sozialgeschichte in der Neuzeit Europas, Stuttgart 1976, S. 363–401.
9 Als moderner Klassiker dazu immer noch Heidi Rosenbaum: Formen der Familie. Untersuchungen zum Zusammenhang von Familienverhältnissen, Sozialstruktur und sozialem Wandel in der deutschen Gesellschaft des 19. Jahrhunderts, Frankfurt/M. 1982.
10 So das kommunitaristische Grundmotiv in Charles Taylor: Das Unbehagen an der Moderne, Frankfurt/M. 1995; Alasdair MacIntyre: Dependent Rational Animals. Why Human Beings Need the Virtues, London 1999; vgl. auch Walter Reese-Schäfer: Kommunitarismus, Frankfurt/ M./New York 2001.
11 Das ist die übliche Kontingenzformel dazu in der öffentlichen Diskussion, wenn man klug genug ist, die Differenzsetzungen nicht einfach zu perpetuieren, aber aus der Logik des Schemas nicht ausbrechen kann und dann eben nur politisch redet. In der hier genannten Formulierung etwa in einem Radiointerview von Paula-Irene Villa Braslavsky im Deutschlandfunk. URL: https://www.deutschlandfunk.de/gefahr-und-chancen-des-identitaetsdiskurses-wir-sollten-das.911.de.html?dram:article_id=495047
12 Vgl. Stefan Hirschauer: Humandifferenzierung. Modi und Grade sozialer Zugehörigkeit, in: ders. (Hg.): Un/doing Differences. Praktiken der Humandifferenzierung, Weilerswist 2017, S. 29–54.
13 Émile Durkheim: Vorwort zur zweiten Auflage, in: ders: Über soziale Arbeitsteilung. Studie über die Organisation höherer Gesellschaften, Frankfurt/M. 1992, S. 41–75, hier S. 46.
14 Ebd., S. 51.
15 Vgl. ebd., S. 57 f.
16 Émile Durkheim: Über soziale Arbeitsteilung. Studie über die Organisation höherer Gesellschaften, Frankfurt/M. 1992, S. 228.
17 Wolfgang Thierse: Wieviel Identität verträgt die Gesellschaft?, in: Frankfurter Allgemeine Zeitung vom 22.02.2021.
18 So etwa Cora Stephan: Lob des Normalen. Vom Glück des Bewährten, München

2021; Birgit Kelle: Noch normal? Das lässt sich gendern!: Gender-Politik ist das Problem, nicht die Lösung, München 2020.
19 So Bernd Stegemann: Die Öffentlichkeit und ihre Feinde, Stuttgart 2021; ders.: Die Moralfalle. Für eine Befreiung linker Politik, Stuttgart 2018.
20 Vgl. dazu Armin Nassehi: Die letzte Stunde der Wahrheit. Kritik der komplexitätsvergessenen Vernunft, 2. Aufl., Hamburg 2018, S. 43 ff.
21 Sehr aufschlussreich hierfür ist der hohe Erregungsgrad, den das jüngste Buch der Linken-Politikerin Sahra Wagenknecht entfacht hat. Sie wirft einer «selbstgerechten» Gruppe von Identitätslinken vor, die klassische Klientel linker/sozialdemokratischer Politik nicht nur nicht zu erreichen, sondern auch nicht zu verstehen; vgl. Sahra Wagenknecht: Die Selbstgerechten. Mein Gegenprogramm – für Gemeinsinn und Zusammenhalt, Frankfurt/M./New York 2021. Man achte auf die Soziodizee des Gemeinschaftlichen in Reinform im Untertitel des Buches.
22 Arlie Russel Hochschild: Fremd in ihrem Land. Eine Reise ins Herz der amerikanischen Rechten, Frankfurt/M./New York 2017, S. 174.
23 Ebd., S. 73.
24 Ebd., S. 161.
25 Vgl. George Packer, Eine innere Geschichte des neuen Amerika, Frankfurt/M. 2014.
26 Arlie Russel Hochschild: Fremd in ihrem Land. Eine Reise ins Herz der amerikanischen Rechten, Frankfurt/M./New York 2017, S. 200.
27 Ebd., S. 188 f.
28 Ebd., S. 190.
29 Ebd., S. 192.
30 Francis Fukuyama: «Why National Identity Matters», in: Journal of Democracy 29,4 (2018), S. 5–15, hier S. 5.
31 Dieses Argument findet sich bereits in Armin Nassehi: Das große Nein. Eigendynamik und Tragik des gesellschaftlichen Protests, Hamburg 2020, S. 52 f.
32 Vgl. dazu Reinhart Koselleck, Fritz Gschnitzer, Karl Ferdinand Werner und Bernd Schönemann: Volk, Nation, Nationalismus, Masse; in: Reinhart Koselleck, Otto Brunner, Werner Conze (Hg.): Geschichtliche Grundbegriffe, Band 7, Stuttgart 1972, S. 141–431; Rogers Brubaker: Citizenship and Nationhood in France and Germany, Harvard 1992; Armin Nassehi: Zum Funktionswandel von Ethnizität im Prozeß gesellschaftlicher Modernisierung. Ein Beitrag zur Theorie funktionaler Differenzierung, in: Soziale Welt 41 (1990), S. 261–282; Armin Nassehi: Das stahlharte Gehäuse der Zugehörigkeit. Unschärfen im Diskurs um die «multikulturelle Gesellschaft», in: ders. (Hg.): Nation, Ethnie, Minderheit. Beiträge zur Aktualität ethnischer Konflikte, Köln/Wien/Weimar 1997, S. 177–208.
33 Das passt übrigens gut zu George Orwells Konzeption des «Nationalismus» von 1945. Orwell beschränkt Nationalismus nicht auf politische/ethnische Kategorien eines Staates, sondern auf jegliche Kollektivität, die sich selbst eine unbedingte Identität zuschreibt und ihren Geltungsanspruch verabsolutiert. Dieser Begriff des Nationalismus kapriziert sich also nicht auf die konkrete Phänomenologie, sondern auf die Funktion solcher Gruppenzuschreibungen mit Macht- und Unbedingtheitsanspruch. (Vgl. George Orwell: Über Nationalismus. Mit einem Nachwort von Armin Nassehi, München 2020)
34 Vgl. etwa Jens Kastner und Lea Susemichel: Identitätspolitiken. Konzepte und Kritiken in Geschichte und Gegenwart der Linken, Münster 2020; Joshua Gamson: The Dilemmas of Identity Politics, in: Jeff Goodwin und James M. Jasper

(Hg.): The Social Movements Reader. Cases and Concepts, Malden, MA 2009, S. 383-392; Emma Dowling, Silke van Dyk und Stefanie Graefe: Rückkehr des Hauptwiderspruchs? Anmerkungen zur aktuellen Debatte um den Erfolg der Neuen Rechten und das Versagen der «Identitätspolitik», in: PROKLA 47 (2017), S. 411-420.
35 Stuart Hall: Rassismus als ideologischer Diskurs, in: Nora Räthzel (Hg.): Theorien über Rassismus, Hamburg 2000, S. 7-16; Achille Mbembe: Kritik der schwarzen Vernunft, Berlin 2014.
36 Vgl. Armin Nassehi: Geschlossenheit und Offenheit. Studien zur Theorie der modernen Gesellschaft, Frankfurt/M. 2003, S. 231 ff.
37 Richard Herrnstein und Charles Murray: The Bell Curve – Intelligence and Class Structure in America, Freepress 1994; zur Diskussion darüber: Steven Fraser: The Bell Curve Wars: Race, Intelligence, and the Future of America, Basic Books 1995.
38 Vgl. Thilo Sarrazin: Deutschland schafft sich ab. Wie wir unser Land aufs Spiel setzen, München 2010; vgl. zu der Parallele Armin Nassehi: Die Biologie spricht gegen den Biologismus, in: FAZ vom 13. 10. 2010.
39 Paula-Irene Villa: Identitätspolitik, in: Pop. Kultur & Kritik. Jg. H1/2020, S. 70-76; Silke van Dyk: Identitätspolitik gegen ihre Kritik gelesen. Für einen rebellischen Universalismus, in: Identitätspolitik, APuZ 2019, URL: https://www.bpb.de/apuz/286508/identitaetspolitik-gegen-ihre-kritik-gelesen-fuer-einen-rebellischen-universalismus; Nancy Fraser: Vom Regen des progressiven Neoliberalismus in die Traufe des reaktionären Populismus, in: Heinrich Geiselberger (Hg.): Die große Regression. Eine internationale Debatte über die geistige Situation der Zeit, Berlin 2017, S. 77-91.
40 Vgl. Jürgen Kocka: Bürgertum und Bürgerlichkeit als Probleme der deutschen Geschichte vom späten 18. zum frühen 20. Jahrhundert, in: ders. (Hg.): Bürger und Bürgerlichkeit im 19. Jahrhundert, Göttingen 1987, S. 21-63; M. Rainer Lepsius: Zur Soziologie des Bürgertums und der Bürgerlichkeit, in: Jürgen Kocka (Hg.): Bürger und Bürgerlichkeit im 19. Jahrhundert, Göttingen 1987, S. 79-100; Pierre Bourdieu: Die feinen Unterschiede. Kritik der gesellschaftlichen Urteilskraft, 2. Aufl., Frankfurt/M. 1988.
41 Niklas Luhmann: Soziologie der Moral (1978), in: ders.: Die Moral der Gesellschaft, hg. v. Detlef Horster, Frankfurt/M. 2008, S. 56-162, hier S. 101.
42 Ebd., S. 102.
43 Vgl. Gabriel de Tarde: Die Gesetze der Nachahmung, Frankfurt/M. 2003.
44 Kerstin Bronner und Stefan Paulus: Intersektionalität. Geschichte, Theorie und Praxis, Opladen 2017; Katrin Meyer: Theorien der Intersektionalität zur Einführung, Hamburg 2017.
45 So schon in Armin Nassehi: Moral im System. Die Minimalmoral von Kommunikation, in: Jan-Chriostoph Hellinger und Julian Nida-Rümelin (Hg.): Anthropologie und Ethik, Berlin 2015, S. 171-190.
46 Vgl. dazu Armin Nassehi: Gesellschaft der Gegenwarten. Studien zur Theorie der modernen Gesellschaft II, Berlin 2011, S. 231.
47 Vgl. Samuel Huntington: The Clash of Civilizations?, in: Foreign Affairs 72 (1993), S. 22-49.
48 Andreas Reckwitz: Das Ende der Illusionen. Politik, Ökonomie und Kultur in der Spätmoderne, Berlin 2019, S. 292.
49 Ebd.
50 Vgl. Junhua Zhang: Es ist absehbar, dass China wegen der Corona-Pandemie mit

Schadenersatzforderungen eingedeckt wird – klug wäre eine sanfte, keine «wölfische» Aussenpolitik, in: Neue Zürcher Zeitung vom 13.04.2020. URL: https://www.nzz.ch/meinung/china-und-seine-verantwortung-fuer-die-corona-pandemie-ld.15512 55; Wieland Giebel: Für die Coronavirus-Pandemie ist die KP-China verantwortlich, in: Telepolis vom 06.04.2020. URL: https://www.heise.de/tp/features/Fuer-die-Coronavirus-Pandemie-ist-die-KP-China-verantwortlich-4697288.html?seite=all

51 Vgl. Jürgen Gerhards und Michael Zürn: China gewinnt im Systemvergleich, in: Frankfurter Allgemeine Zeitung vom 13.01.2021.
52 Vgl. dazu Armin Nassehi: Probe auf unsere Möglichkeiten, in: Frankfurter Allgemeine Zeitung vom 29.10.2020.
53 Vgl. Jürgen Gerhards und Michael Zürn: China gewinnt im Systemvergleich, in: Frankfurter Allgemeine Zeitung vom 13.01.2021.
54 Vgl. Yan Xuetong: Chinese Power in a Divided World, in: Foreign Affairs: The Path to a Sustainable World. A 2020 Davos Reader, 2020 (Kindle-Ausgabe), Pos. 569 ff.
55 So auch Jürgen Gerhards und Michael Zürn: China gewinnt im Systemvergleich, in: Frankfurter Allgemeine Zeitung vom 13.01.2021; vgl. auch Sebastian Heilmann (Hg.): Das politische System der Volksrepublik China, 3. Aufl., Wiesbaden 2016.
56 Der Unterschied zwischen «kapitalistischen» und «sozialistischen» Gesellschaften ist gesellschaftstheoretisch gesehen eher marginal. Der Unterschied ist zum einen eher politischer Natur, zum anderen bezieht er sich auf das Institutionenarrangement der Herstellung gesellschaftlicher Kontinuität. Sobald eine Wirtschaft auf Geld umstellt, verschärft sich die Eigentumsfrage, unabhängig davon, ob es individualistisch/privat organisiert wird oder durch reine staatliche Planung, ganz unabhängig davon, dass Zentralbanken auch im «Kapitalismus» zumeist nicht politisch unabhängig sind. Vgl. dazu sehr instruktiv Niklas Luhmann: Die Wirtschaft der Gesellschaft, Frankfurt/M. 1988, S. 149 f.
57 Niklas Luhmann: Die Politik der Gesellschaft, Frankfurt/M. 2000, S. 256 f.
58 Ebd., S. 168.
59 Ebd., S. 256.
60 Vgl. dazu Armin Nassehi: Abwählen! Warum in Demokratien die Opposition regiert, es aber in Europa nicht gelingt, in: Kursbuch 174: Richtig wählen, Hamburg 2013, S. 25–36.
61 Vgl. dazu für unterschiedliche asiatische Länder Parag Khanna: Unsere asiatische Zukunft, 3. Aufl., Berlin 2020.
62 Daniel A. Bell und Wang Pei: Just Hierarchy. Why Social Hierarchies Matter in China and the Rest of the World, Princeton 2020, S. 69.
63 Ebd., S. 75.
64 Vgl. ebd., S. 79.
65 Hier von einer konfuzianischen Tradition des guten Herrschers zu sprechen, ist nicht ganz richtig, man denke etwa an die Diskussion um den Philosophenkönig nach Platons «Staat», vgl. dazu Robert Spaemann: Die Philosophenkönige, in: Otfried Höffe (Hg.): Platon. Politeia, 3. Auflage, Berlin 2011, S. 121–133; Rafael Ferber: Das Paradox von der Philosophenherrschaft im Staat, Staatsmann und in den Gesetzen. Einige Bemerkungen zur Einheit und Variation des platonischen Denkens, in: Filip Karfik und Song Euree (Hg.): Plato Revived. Essays on Ancient Platonism in Honour of Dominic J. O'Meara, Berlin 2013, S. 261–277.

66 Daniel A. Bell und Wang Pei: Just Hierarchy. Why Social Hierarchies Matter in China and the Rest of the World, Princeton 2020, S. 71.
67 Ebd., S. 68.
68 ZHAO Tingyang: Alles unter dem Himmel. Vergangenheit und Zukunft der Weltordnung, Berlin 2020.
69 Ebd., S. 17.
70 Ebd., S. 18.
71 Ebd.
72 Ebd., S. 27.
73 Ebd., S. 32.
74 Ebd., S. 42.
75 Ebd., S. 41 f.
76 Ebd., S. 44.
77 Ebd.
78 Ebd., S. 41.
79 Vgl. dazu Guillaume Lecointre und Hervé Le Guyader: Biosystematik, Berlin 2006.
80 ZHAO Tingyang: Alles unter dem Himmel. Vergangenheit und Zukunft der Weltordnung, Berlin 2020, S. 45.
81 Ebd., S. 48.
82 Ebd., S. 201.
83 Ebd., S. 202.
84 Ebd.
85 Ebd., S. 181.
86 Ebd.
87 Vgl. dazu Joachim Ritter: Entzweiung, entzweien, in: Joachim Ritter, Karfried Gründer und Gottfried Gabriel (Hg.): Historisches Wörterbuch der Philosophie, Band 2, Darmstadt 2019, S. 566–672.
88 Alle Zitate ZHAO Tingyang: Alles unter dem Himmel. Vergangenheit und Zukunft der Weltordnung, Berlin 2020, S. 214.
89 Ebd., S. 221.
90 Ebd., S. 200.
91 Ebd., S. 216.
92 Vgl. Armin Nassehi: Ökonomisierung als Optionssteigerung. Eine differenzierungstheoretische Perspektive, in: Soziale Welt 63 (2012), S. 403–420; Armin Nassehi: Das Problem der Optionssteigerung. überlegungen zur Risikokultur der Moderne, in: ders.: Differenzierungsfolgen. Beiträge zur Soziologie der Moderne, Wiesbaden 1999, S. 29–48.
93 Ernst-Wolfgang Böckenförde: Die Entstehung des Staates als Vorgang der Säkularisation, in: ders.: Staat, Gesellschaft, Freiheit. Studien zur Staatstheorie und zum Verfassungsrecht, Frankfurt/M. 1976, S. 42–64, hier S. 60.
94 Ebd.
95 Ebd., S. 58.

8
Organisation

1. Vgl. Carl Schmitt: Politische Theologie, Berlin 1985, S. 43.
2. Vgl. Kenneth Burke: The Rhetoric of Religion. Studies in Logology, Boston 1961.
3. Theodor W. Adorno: Soziologische Schriften I, in: Gesammelte Schriften, Band 8, Frankfurt/M. 1997, S. 196.
4. Vgl. dazu jüngst mit einem fachgeschichtlichen Zugriff Hans-Peter Müller: Krise und Kritik. Klassiker der soziologischen Zeitdiagnose, Berlin 2021, S. 11 ff. und S. 347 ff.
5. James S. Coleman: Grundlagen der Sozialtheorie. Band 1: Handlungen und Handlungssysteme, München 1991, S. 2.
6. Vgl. ebd., S. 10.
7. Zur Unterscheidung von Ebenen- und Systemunterscheidungen vgl. Niklas Luhmann: The Evolutionary Differentiation between Society and Interaction, in: Jeffrey Alexander et al. (Hg.): The Micro-Macro-Link, University of California Press 1987, S. 112–131.
8. Elementar dazu vgl. Armin Nassehi: Soziologie. Zehn einführende Vorlesungen, 2. Aufl., Wiesbaden 2011, S. 83–124; Gina Atzeni: Interaktion/ Organisation/Gesellschaft, in: Oliver Jahraus, Armin Nassehi et al. (Hg.): Luhmann-Handbuch. Leben – Werk – Wirkung, Stuttgart 2012, S. 88–90.
9. Karl Marx: Das Kapital. Kritik der politischen Ökonomie. Erster Band. Buch I: Der Produktionsprozeß des Kapitals, in: Marx-Engels-Werke (MEW), Band 23, 17. Aufl., Berlin (DDR) 1988, S. 441 ff.
10. Max Weber: Wirtschaft und Gesellschaft. Grundriss der verstehenden Soziologie, 5. Aufl., Tübingen 1990.
11. Theodor W. Adorno: Individuum und Organisation. Einleitungsvortrag zum Darmstädter Gespräch 1953, in: ders.: Soziologische Schriften I, in: Gesammelte Schriften, Band 8, Frankfurt/M. 1997, S. 440–456.
12. Talcott Parsons: Evolutionäre Universalien der Gesellschaft, in: Wolfgang Zapf (Hg.): Theorien des sozialen Wandels, Köln/Berlin 1969, S. 55–74.
13. Robert Presthus: The Organizational Society. An Analysis and a Theory, 2. Aufl., London 1979.
14. James S. Coleman: Die asymmetrische Gesellschaft. Vom Aufwachsen mit unpersönlichen Systemen, Weinheim/Basel 1986.
15. Jürgen Habermas: Theorie des kommunikativen Handelns, 2 Bände, Frankfurt/M. 1981.
16. Niklas Luhmann: Funktionen und Folgen formaler Organisation, Berlin 1964.
17. Niklas Luhmann: Organisation und Entscheidung, Opladen 2000.
18. Zum Gesamtkomplex vgl. Wieland Jäger und Uwe Schimank (Hg.): Organisationsgesellschaft. Facetten und Perspektiven, Wiesbaden 2005, darin v. a. der grundlegende Aufsatz von Uwe Schimank S. 19–50.
19. James G. March: Decisions and Organizations, Oxford 1988; James G. March: A Primer on Decision Making. How Decisions Happen, New York 1994; James G. March und Johan P. Olsen: Ambiguity and Choice in Organizations, Bergen 1976; James G. March und Herbert A. Simon: Organizations, New York/London/Sydney 1958; Nils Brunsson: The Irrational Organization. Irrationality as a Basis for Organizational Action and Change, Chicester 1985; M. D. Cohen, James

G. March und Johan P. Olsen: A garbage can model of organizational choice, in: Administrative Science Quarterly 17 (1972), S. 1–25.
20 Vgl. etwa Alfred Kieser und Mark Ebers (Hg.): Organisationstheorien, 6. Aufl., Stuttgart 2006.
21 Vgl. Victoria von Groddeck: Organisationen und Werte. Formen, Funktionen, Folgen, Wiesbaden 2011.
22 Durchgespielt für dieses Beispiel vgl. Armin Nassehi: Die Organisation des Unorganisierbaren. Warum sich Kirche so leicht, religiöse Praxis aber so schwer verändern lässt, in: Isolde Karle (Hg.): Kirchenreform. Interdisziplinäre Perspektiven, Leipzig 2009, S. 199–218.
23 Vgl. Uwe Schimank: Reforming the German University System – Mindful Change by Double Talk, in: Guido Becke (Hg.): Mindful Change in Times of Permanent Reorganization, Heidelberg 2014, S. 209–224.
24 Vgl. Werner Engeln: Produktenwicklung. Herausforderungen, Organisation, Prozesse, Methoden und Projekte, Essen 2018.
25 Vgl. Jasmin Siri: Parteien. Zur Soziologie einer politischen Form, Wiesbaden 2012.
26 Vgl. dazu Armin Nassehi: Organizations as Decision Machines. Niklas Luhmann's Theory of Organized Social Systems, in: Campbell Jones und Rolland Munro (Hg.): Contemporary Organization Theory, Oxford 2005, S. 178–191; Armin Nassehi: Die Organisationen der Gesellschaft. Skizze einer Organisationssoziologie in gesellschaftstheoretischer Absicht, in: Jutta Allmendinger und Thomas Hinz (Hg.): Soziologie der Organisation, Sonderband der Kölner Zeitschrift für Soziologie und Sozialpsychologie, Opladen 2002, S. 443–478.
27 Vgl. Armin Nassehi: Muster. Theorie der digitalen Gesellschaft, München 2019, S. 152 ff.
28 Émile Durkheim: Über soziale Arbeitsteilung, Frankfurt/M. 1988, S. 228.
29 Niklas Luhmann: Die Gesellschaft der Gesellschaft, Frankfurt/M. 1997, S. 829.
30 Vgl. Erving Goffman: Asylums. Essays on the Social Situation of Mental Patients and other Inmates, Garden City 1961.
31 Carl Schmitt: Politische Theologie, Berlin 1985, S. 42.
32 Niklas Luhmann: Organisation und Entscheidung, Opladen 2000, S. 142.
33 Vgl. ebd., S. 147.
34 Vgl. dazu Armin Nassehi: Die letzte Stunde der Wahrheit. Kritik der komplexitätsvergessenen Vernunft, 2. Aufl., Hamburg 2018, S. 7–26.
35 Vgl. Pierre Bourdieu: Meditationen. Zur Kritik der scholastischen Vernunft, Frankfurt/M. 2001, S. 68.

9
Offenheit

1 Vgl. Wolfgang Stegmüller: Hauptströmungen der Gegenwartsphilosophie. Band 4, Stuttgart 1989, S. 186; Charles R. Pidgen: Hume on Is and Ought, New York/London 2010.
2 Deirdre N. McCloskey: Why Liberalism Works. How True Liberal Values Produce a Freer, More Equal, Prosperous World for All, New Haven 2019, S. 31.
3 Ebd., S. 20.
4 Vgl. dazu Armin Nassehi: Die Zeit der Gesellschaft. Auf dem Weg zu einer soziologischen Theorie der Zeit, 2. Aufl., Wiesbaden 2008, S. 259 ff.; Jan Assmann:

Stein und Zeit. Das ‹monumentale› Gedächtnis der altägyptischen Kultur, in: Jan Assmann und Tonio Hölscher (Hg.): Kultur und Gedächtnis, Frankfurt/M. 1988, S. 97–114.
5 Deirdre N. McCloskey: Why Liberalism Works. How True Liberal Values Produce a Freer, More Equal, Prosperous World for All, New Haven 2019, S. 113.
6 Christoph Möllers: Freiheitsgrade, Berlin 2020, S. 61.
7 In der engagierten Diktion der amerikanischen Ökonomin lautet das so: «Declared Marx, adopting the investment obsession of the classical economists he was criticizing, ‹Accumulate, accumulate! That is Moses and the prophets.› No. The Master got it wrong, as have most of the economists and their readers from the Blessed Adam Smith to the present. The great founder of sociology, Max Weber, for example, made the mistake. He imagined that the Protestant ethic encouraged hard work and high saving, instancing Benjamin Franklin. Weber didn't get the joke about Father Abraham and a penny saved (few have, actually). Franklin's special gift was not working hard–which hard work, after all, the peasant planting rice does daily. His gift was innovation, at a frenetic rate, for which he was honored and required no patents for–his stove, bifocals, battery, street lighting, postal sorting shelves, the lightning rod, the flexible catheter, the glass harmonica, a map of the Gulf Stream, and the theory of electricity.» (Deirdre N. McCloskey: Why Liberalism Works. How True Liberal Values Produce a Freer, More Equal, Prosperous World for All, New Haven 2019, S. 113 f.)
8 So schon formuliert in Armin Nassehi: Muster. Theorie der digitalen Gesellschaft, München 2019, S. 42.
9 Vgl. dazu K. Neumann: Idee IV, in: Historisches Wörterbuch der Philosophie, hg. von Joachim Ritter und Karlfried Gründer, Band 4, Darmstadt 2019, Sp. 113–134.
10 Deirdre N. McCloskey: Bourgeois Equality. How Ideas, not Capital or Institutions, enriched the World, Chicago/London 2016, S. XXI.
11 Deirdre N. McCloskey: Why Liberalism Works. How True Liberal Values Produce a Freer, More Equal, Prosperous World for All, New Haven 2019, S. 114.
12 Josef Schumpeter: Kapitalismus, Sozialismus und Demokratie, Bern 1950, S. 140.
13 Bei Hayek heißt es: «If we possess all the relevant information, if we can start out from a given system of preferences, and if we command complete knowledge of available means, the problem which remains is purely one of logic.» (Friedrich August Hayek: The Use of Knowledge in Society«, in: ders.: Individualism and Economic Order, Auburn, Alabama 2009 (reprint der Ausgabe von 1948), S. 77.)
14 Bei McCloskey heißt es: «[...] after the failed revolutions in Europe during the hectic year of 1848 – compare 1968 – a new and virulent detestation of the bourgeoisie infected the artists, intellectuals, journalists, professionals, and bureaucrats – the ‹clerisy› [...] as it was called [...] on a German pattern. The German word was Clerisei, or later Bildungsbürgertum, meaning the cultivated and reading enthusiasts for Kultur as against the commercial and bettering bourgeoisie. The clerisy of Germany, Britain, and especially France came to hate merchants and manufacturers [...].» (Deirdre N. McCloskey: Bourgeois Equality. How Ideas, not Capital or Institutions, enriched the World, Chicago/London 2016, S. XVI)
15 Vgl. dazu schon Armin Nassehi: Das große Nein. Eigendynamik und Tragik des gesellschaftlichen Protests, Hamburg 2020, S. 82 f.
16 Deirdre N. McCloskey: Bourgeois Equality. How Ideas, not Capital or Institutions, enriched the World, Chicago/London 2016, S. XV.

17 Deirdre N. McCloskey: Why Liberalism Works. How True Liberal Values Produce a Freer, More Equal, Prosperous World for All, New Haven 2019, S. 32.
18 Das Motiv der gesellschaftlichen Offenheit über die ökonomische Form hinaus findet sich auch bei Ernst Mohr: Ökonomie mit Geschmack. Die postmoderne Macht des Konsums, Hamburg 2014, S. 499.
19 Vgl. Pierre Bourdieu: Vom Gebrauch der Wissenschaft. Für eine klinische Soziologie des wissenschaftlichen Feldes, Konstanz 1998.
20 Harrison C. White: Where do Markets Come from?, in: American Journal of Sociology 87 (1981), S. 517–547; Harrison C. White: Markets from Networks. Socioeconomic Models of Production, Princeton 2002.
21 Vgl. Gunther Teubner: Die Verfassung gesellschaftlicher Mehrwerte, in: Zeitschrift für Rechtssoziologie 40 (2020), S. 117–150, hier S. 132 f.
22 Deirdre N. McCloskey: Why Liberalism Works. How True Liberal Values Produce a Freer, More Equal, Prosperous World for All, New Haven 2019, S. 108.
23 Vgl. Daniel Lerner: The Passing of Traditional Society. Modernizing the Middle East, London 1958; Peter Flora: Indikatoren der Modernisierung. Ein historisches Datenhandbuch, Opladen 1975.
24 Vgl. Claude Shannon und Warren Weaver: The Mathematical Theory of Communication, Urbana 1949; vgl. dazu schon Armin Nassehi: Die letzte Stunde der Wahrheit. Kritik der komplexitätsvergessenen Vernunft, 2. Aufl., Hamburg 2018, S. 115 ff.
25 M. von Salisch: Zum Einfluß von Gleichaltrigen (Peers) und Freunden auf die Persönlichkeitsentwicklung, in M. Amelang (Hg.): Enzyklopädie der Psychologie, Differentielle Psychologie, Band 4: Determinanten individueller Differenzen, Göttingen 1999.
26 Vgl. Gabriel de Tarde: Die Gesetze der Nachahmung, Frankfurt/M. 2003.

10
Latenz

1 Vgl. Beatrice Bondy: Die reaktionäre Utopie. Das politische Denken von Joseph de Maistre, Köln 1982.
2 Vgl. Carl Schmitt: Politische Theologie. Vier Kapitel zur Lehre von der Souveränität, 3. Aufl., Berlin 1979.
3 Arnold Gehlen: Anthropologische Forschung. Zur Selbstbegegnung und Selbstentdeckung des Menschen, Reinbek bei Hamburg 1961, S. 48.
4 Vgl. Helmut Schelsky: Ist die Dauerreflexion institutionalisierbar? Zum Thema einer modernen Religionssoziologie, in: Zeitschrift für evangelische Ethik 1 (1957), S. 153–174.
5 Niklas Luhmann: Kultur als historischer Begriff, in: ders.: Gesellschaftsstruktur und Semantik. Studien zur Wissenssoziologie der modernen Gesellschaft, Frankfurt/M. 1995, S. 31–54, hier S. 48.
6 Vgl. Niklas Luhmann: Religion als Kultur, in: Otto Kallscheuer (Hg.): Das Europa der Religionen. Ein Kontinent zwischen Säkularisierung und Fundamentalismus, Frankfurt/M. 1996, S. 291–315.
7 Vgl. Katharina Klug: Vom Nischentrend zum Lebensstil. Der Einfluss des Lebensgefühls auf das Konsumentenverhalten, Wiesbaden 2018.
8 Vgl. dazu Fritz Schütze: Kognitive Strukturen des autobiographischen Stegreiferzählens, in: Martin Kohli und Günter Robert (Hg.): Biographie und soziale

Wirklichkeit. Neue Beiträge und Forschungsperspektiven, Stuttgart 1984, S. 78–117; auch Armin Nassehi: Die Form der Biographie. Theoretische Überlegungen zur Biographieforschung in methodologischer Absicht, in: BIOS 7 (1994), S. 46–63.

9 Vgl. Irmhild Saake und Armin Nassehi: Die Kulturalisierung der Ethik. Eine zeitdiagnostische Anwendung des Luhmannschen Kulturbegriffs, in: Günter Burkart und Gunter Runkel (Hg.): Niklas Luhmann und die Kulturtheorie, Frankfurt/M. 2004, S. 102–135.

10 Niklas Luhmann: Kultur als historischer Begriff, in: ders.: Gesellschaftsstruktur und Semantik. Studien zur Wissenssoziologie der modernen Gesellschaft, Frankfurt/M. 1995, S. 31–54, hier S. 39.

11 Armin Nassehi: Muster. Theorie der digitalen Gesellschaft, München 2019.

12 Vgl. Aus der Perspektive der analytischen Philosophie der normalen Sprache Paul Grice: Meaning. Bedeutung. Englisch/Deutsch, Ditzingen 2020, S. 26 ff.; aus phänomenologischer Perspektive Markus Heuft: Sagen und Meinen. Das Sprechen als sprachphilosophisches Problem, München 2004.

13 Prominent und pars pro toto Peter Eisenberg: Wenn das Genus mit dem Sexus, in: Frankfurter Allgemeine Zeitung vom 28.02.2018; Peter Eisenmann: Unter dem Muff von hundert Jahren, in: Frankfurter Allgemeine Zeitung vom 08.01.2021; etwas differenzierter Gisela Zifonun: Die demokratische Pflicht und das Sprachsystem. Erneute Diskussion um einen gechlechtergerechten Sprachgebrauch, in: Sprachreport 34 (4) (2018), S. 44–56.

14 Fritz Heider: Ding und Medium (1926), Berlin 2005.

15 Armin Nassehi: Muster. Theorie der digitalen Gesellschaft, München 2019, S. 154 ff.

16 Vgl. Niklas Luhmann: Soziale Systeme. Grundriß einer allgemeinen Theorie, Frankfurt/M. 1984, S. 96.

17 Vgl. dazu Elena Esposito: Was man von den unsichtbaren Medien sehen kann, in: Soziale Systeme 12 (2006), S. 54–78.

18 Martin Heidegger: Die Zeit des Weltbildes, in: ders.: Holzwege, 6. Aufl., Frankfurt/M. 1980, S. 73–110, hier S. 88.

19 Um einem Missverständnis vorzubeugen: Das bedeutet nicht, dass Spezialkulturen wie die Philosophie oder die Theologie nicht über ihre eigenen Grundlagen nachgedacht und reflektiert hätten. Es bedeutet eher, dass die Kontingenz dieser Bedeutung nicht der Hauptgegenstand der Reflexion war, sondern wohl eher eine zu vermeidende epistemologische Gefahr. Dass es nun «Weltbilder» gibt, verweist darauf, dass das Weltbild letztlich nicht wirklich erreichbar wird. Das führt freilich in epistemologische und philosophiegeschichtliche Fragen, die hier nicht weiterverfolgt werden können.

20 So schon andeutungsweise in Armin Nassehi: Eine Gesellschaft vollwertiger Bürger. Wer die gesellschaftlichen Bruchlinien und Konflikte der Gegenwart verstehen will, findet in der fast vergessenen Kulturtheorie von Talcott Parsons ein paar Antworten, in: Süddeutsche Zeitung vom 22.06.2020.

21 Eine hervorragende Rekonstruktion von Parsons Denkweg findet sich in Hans Joas und Wolfgang Knöbl: Sozialtheorie. Zwanzig einführende Vorlesungen, Frankfurt/M. 2004, S. 107–142.

22 Talcott Parsons: Societies. Evolutionary and Comparative Perspectives, Englewood Cliffs 1966, S. 26; Talcott Parsons: Das System moderner Gesellschaften, München 1972, S. 12 ff.; Talcott Parsons: The Social System, London 1964, S. 99.

23 Armin Nassehi: Moral im System. Die Minimalmoral von Kommunikation, in: Jan-Chriostoph Hellinger und Julian Nida-Rümelin (Hg.): Anthropologie und Ethik, Berlin 2015, S. 171–190.
24 So auch Karl Otto Hondrich: «Soziale Beziehungen können bewußt und sichtbar oder unbewußt und unbemerkt sein. Manifestationen von Sozialität stellen immer nur einen kleinen Ausschnitt des sozialen Lebens dar, dessen übergroßer und wachsender Teil sich in der Latenz befindet. Ich vermute, daß unter allen vergessenen oder vernachlässigten soziologischen Kategorien die der Latenz die wichtigste ist.» (Karl Otto Hondrich: Modernisierung – was bleibt?, in: Heinz Sahner und Stefan Schwendtner (Hg.): 27. Kongreß der Deutschen Gesellschaft für Soziologie – Gesellschaften im Umbruch: Sektionen und Arbeitsgruppen, Opladen 1995, S. 508–516, hier S. 509)
25 Odo Marquard: Entlastungen. Theodizeemotive in der neuzeitlichen Philosophie, in: ders.: Apologie des Zufälligen, Stuttgart 1986, S. 11–32, hier S. 11.
26 Talcott Parsons: Full Citizenship for the Negro American? A Sociological Problem, in: Daedalus 94, 4 (1965), S. 1009–1054.
27 In Sabine Hark und Paula-Irene Villa: Unterscheiden und herrschen: Ein Essay zu den ambivalenten Verflechtungen von Rassismus, Sexismus und Feminismus in der Gegenwart, Bielefeld 2017, S. 26; vgl. auch Paula-Irene Villa Braslavsky: Wir brauchen neue Debatten zur Identitätspolitik, in: Tagesspiegel-Causa vom 14.01.2020. URL: https://causa.tagesspiegel.de/ge sellschaft/spaltet-identitaetspolitik-die-gesellschaft/wir-brauchen-neue-de batten-zur-identitaetspolitik.html
28 Vgl. Achille Mbembe: Kritik der schwarzen Vernunft, Berlin 2017.
29 Klassisch dazu vgl. Robert N. Bellah: Civil Religion in America, in: Daedalus 96 (1967), S. 1–21.
30 Amanda Gorman: The Hill We Climb – Den Hügel hinauf. Zweisprachige Ausgabe, übersetzt von Kübra Gümüsay, Hadija Haruna-Oelker und Uda Strätling, München 2021.
31 Sehr treffend dazu, auch zur Einschätzung des Gedichts von Gorman vgl. Magnus Klaue: Bahnbrechende Banalität. Die Farce um die Übersetzung von Amanda Gormans Gedicht zeigt, dass die postmoderne Identitätspolitik dabei ist, sich selbst zu zerlegen, in: Jungle World vom 25.03.2021. URL: https://jungle.world/artikel/2021/12/bahnbrechende-banalitaet
32 Vgl. dazu meinen durchaus auch kritisierten Briefwechsel mit dem neurechten Verleger Götz Kubitschek aus dem Jahre 2014, der am Ende den Latenzschutz des Eigenen auf den Begriff bringt, indem er nur noch sagen kann, «dass das deutsche Volk ein sehr besonderes Volk» ist – es fällt dann noch auf, dass das wenig Informationswert enthält, aber die weiteren Erklärungen geraten dann zum Klischee aller Klischees (Musik, Wissenschaft, Handwerk), was letztlich die Notwendigkeit von Latenzschutzmaßnahmen gut abbildet; in: Armin Nassehi: Die letzte Stunde der Wahrheit. Warum rechts und links keine Alternativen mehr sind und Gesellschaft ganz anders beschrieben werden muss, Hamburg 2015, S. 320.
33 Vgl. Sigmund Freud: Das Unbehagen in der Kultur (1930), in: ders.: Das Unbehagen in der Kultur und andere kulturtheoretische Schriften, Frankfurt/M. 1994, S. 29–108, hier S. 86 ff.
34 Ebd., S. 87.
35 Vgl. Michel Foucault: Die Ordnung der Dinge. Eine Archäologie der Humanwissenschaften, 3. Aufl., Frankfurt/M. 1980, S. 447 ff.; vgl. dazu auch Armin Nassehi: Der soziologische Diskurs der Moderne, Frankfurt/M. 2009, S. 208 ff.

36 Vgl. Werner Conze und Antje Sommer: Rasse, in: Otto Brunner, Werner Conze, Reinhart Koselleck (Hg.): Geschichtliche Grundbegriffe. Historisches Lexikon zur politisch-sozialen Sprache in Deutschland. Band 5, Klett-Cotta, Stuttgart 2004, S. 135-178.
37 Vgl. Egon Flaig: Weltgeschichte der Sklaverei, 3. Aufl., München 2018, S. 124 ff.
38 Vgl. Christian Geulen: Geschichte des Rassismus, München 2007, S. 69 ff.
39 Vgl. Combahee River Collective: A Black Feminist Statement. In: Gloria T. Hull, Patricia Bell Scott, Barbara Smith (Hg.): But Some of Us Are Brave. Black Women's Studies. Old Westbury 1982, 13-22.
40 Vgl. Armin Nassehi: Luhmann und Husserl, in: Oliver Jahraus, Armin Nassehi et al. (Hg.): Luhmann-Handbuch. Leben - Werk - Wirkung, Stuttgart 2012, S. 13-18; Armin Nassehi: Die Zeit der Gesellschaft. Auf dem Weg zu einer soziologischen Theorie der Zeit, 2. Aufl., Wiesbaden 2008, S. 72 ff.; Benjamin Marius und Oliver Jahraus: Systemtheorie und Dekonstruktion. Die Supertheorien Niklas Luhmanns und Jacques Derridas im Vergleich, Siegen 1997; Armin Nassehi: Différend, Différance und Distinction. Zur Differenz der Differenzen bei Lyotard, Derrida und in der Formenlogik, in: Henk de Berg und Matthias Prangel (Hg.): Differenzen. Systemtheorie zwischen Dekonstruktion und Konstruktivismus. Tübingen/Basel 1995, S. 37-60.
41 Niklas Luhmann: Soziale Systeme. Grundriß einer allgemeinen Theorie, Frankfurt/M. 1984, S. 465.
42 Vgl. dazu schon Armin Nassehi: Geschlossenheit und Offenheit. Studien zur Theorie der modernen Gesellschaft, Frankfurt/M. 2003, S. 294; Armin Nassehi: Geschlecht im System. Die Ontologisierung des Körpers und die Asymmetrie der Geschlechter, in: Ursula Pasero und Christine Weinbach (Hg.): Frauen, Männer, Gender Trouble, Frankfurt/M. 2003, S. 80-104.
43 Das ist das Grundargument der «Kritischen Weißseinsforschung», vgl. als kurzer Überblick Monika Albrecht: Whiteness, in: Dirk Göttsche, Axel Dunker und Gabriele Dürbeck (Hg.): Handbuch Postkolonialismus und Literatur, Stuttgart 2017, S. 232-234, vgl. auch Maureen M. Eggers, Grada Kilomba und Peggy Piesche (Hg.): Mythen, Masken und Subjekte. Kritische Weißseinsforschung in Deutschland, Münster 2006.
44 Für die feministische Identitätspolitik so schon Judith Butler: Das Unbehagen der Geschlechter, Frankfurt/M. 1991, S. 20. Bei der Rezeption von Butler fällt dann freilich auf, dass die zumindest in dieser frühen Schrift mitformulierte epistemologische Skepsis einer engagierten Form der Visibilisierung von Latenzen kaum mitgelesen wird und damit geradezu ein regressus ad infinitum droht, der am Ende wohl nur durch die Unbedingtheit des Begehrens gestoppt werden kann. Diesen Pfad kann ich hier freilich nicht weiterverfolgen.
45 Vgl. Armin Nassehi: Muster. Theorie der digitalen Gesellschaft, München 2019, S. 52 f.
46 Vgl. Jacques Derrida: Die Schrift und die Differenz, 4. Aufl., Frankfurt/M. 1989.
47 Vgl. Gilles Deleuze: Differenz und Wiederholung, München 1992.
48 Vgl. Jean Francois Lyotard: Der Widerstreit, München 1989.
49 So etwa als kritische Rezeption Nils Heisterhagen: Kritik der Postmoderne. Warum der Relativismus nicht das letzte Wort hat, Wiesbaden 2018. Die affirmative Rezeption ist die Instrumentalisierung dieser «postmodernen» Texte zur bloßen Latenzaufhebung.
50 Vgl. dazu Armin Nassehi: Différend, Différance und Distinction. Zur Differenz

der Differenzen bei Lyotard, Derrida und in der Formenlogik, in: Henk de Berg und Matthias Prangel (Hg.): Differenzen. Systemtheorie zwischen Dekonstruktion und Konstruktivismus, Tübingen/Basel 1995.

51 Ich verzichte hier auf eine ausführliche und genauere Bestimmung der logischen Verhältnisse impliziter und expliziter Formen der Negation bzw. Selektivität. Nur dieser Hinweis: Man könnte von bestimmter Negation dann sprechen, wenn in einer Kommunikation eine bestimmte andere Möglichkeit ausgeschlossen wird, was die Form einer Entscheidung annehmen, aber auch schlicht die Wahl zwischen benannten oder auch nur mitgemeinten Möglichkeiten bedeuten kann, wenn also die Bezeichnung Mann die Nicht-Bezeichnung Frau mitlaufen lässt und damit durch die Ausschließung mitbezeichnet. Eine unbestimmte Negation wäre der Fall, wo die andere, die ausgeschlossene Seite im Dunkeln bleibt, gar nicht im Horizont möglicher Anschlüsse auftaucht und die Beobachtung mit einem unbeobachtbaren Horizont ausstattet – der paradoxerweise nur ein Horizont werden kann, wenn er nicht mehr unbeobachtet bleibt und den es ohne eine solche Beobachtung gar nicht «gibt». Denkbar wäre also, Mann auch von Kind von Schlappschwanz oder wovon auch immer zu unterscheiden. Diese Negation bleibt aber völlig unbestimmt, sie bleibt letztlich nicht einmal nicht realisiert, weil sie nicht einmal als die andere Seite des Bezeichneten herangezogen wird, sondern schlicht unbestimmt bleibt. Die unbestimmte Negation. Die unbestimmte Negation steht für einen unsichtbaren Schnitt in die Welt, die jeder sichtbare Schnitt einer bestimmten Negation auch hinterlässt. Sie ist aber nur eine theoretische Figur, ein theoretischer Horizont, der verdeutlichen Soll, dass nichts dazu zwingt, dass ausgerechnet die realisierte Form der Unterscheidung realisiert wurde, dass dies aber dann jene «Welt» erzwingt, die sich als Einheit der Unterscheidung verdankt. Die unbestimmte Negation unterscheidet – ja, was unterscheidet sie? Sie unterscheidet buchstäblich nichts und lässt damit die Arbitrarität aller tatsächlichen Unterschiedenheit (nicht!) hervortreten. Es ist dies sprachlich letztlich nicht auszudrücken, weil eine Nicht-Markierung markiert werden müsste, die das Unmarkierte nur verschiebt – Analoges hatte die Zeichenparadoxie des Poststrukturalismus bemerkt. Genauer ausgearbeitet findet sich dieser Begriffsvorschlag in Armin Nassehi: Geschlossenheit und Offenheit. Studien zur Theorie der modernen Gesellschaft, Frankfurt/M. 2003, S. 61 ff.
52 Duden. Die deutsche Rechtschreibung, 12 Bände, 28. Aufl., hg. vom Bibliographischen Institut Berlin, Berlin 2020.
53 Zum Begriff und den Motiven der Neuen Rechten vgl. Volker Weiß: Die autoritäre Revolte. Die Neue Rechte und der Untergang des Abendlandes, Stuttgart 2017.
54 Armin Mohler: Gegen die Liberalen, Schnellroda 2013, S. 9.
55 Ebd., S. 14.
56 Sehr instruktiv dazu für den Fall des Feminismus Nora Karsten: Der politische Liberalismus und seine Kritikerinnen, in: Kritische Justiz 31 (1998), S. 45–59; Martha C. Nussbaum: Konstruktionen der Liebe, des Begehrens und der Fürsorge. Drei philosophische Aufsätze, Stuttgart 2002; Birgit Sauer: ‹Only paradoxes to offer?› Feministische Demokratie- und Repräsentationstheorie in der ‹Postdemokratie›, in: Österreichische Zeitschrift für Politikwissenschaft 40 (2011), S. 125–138; Iris Marion Young: Communication and the Other: Beyond Deliberative Democracy, in: Seyla Benhabib (Hg.): Democracy and Difference. Contesting the Boundaries of the Political, Princeton 1996, S. 120–135.

57 Francis Fukuyama: »Why National Identity Matters«, in: Journal of Democracy 29,4 (2018), S. 5-15, hier S. 5.
58 Vgl. Armin Nassehi: Muster. Theorie der digitalen Gesellschaft, München 2019. Das Buch ist inzwischen sehr breit besprochen worden, sowohl in der allgemeinen Publizistik als auch in Fachzeitschriften. Bei aller Kritik, die an verschiedenen Punkten geübt wurde, ist diese Grundannahme nicht grundsätzlich in Zweifel gezogen worden. Eine Auswahl: Dirk Baecker: Auf dem Weg zu einer Theorie der digitalen Gesellschaft. Rezension zu ‹Muster. Theorie der digitalen Gesellschaft› von Armin Nassehi, in: Soziopolis v. 18.09.2019. URL: https://www.soziopolis.de/auf-dem-weg-zu-einer-theorie-der-digitalen-gesellschaft.html; Christophe Fricker: Wir sind digitaler, als wir denken. Armin Nassehi legt eine weitreichende Theorie der ‹digitalen Gesellschaft› vor, in: literaturkritik vom 30.11.2019. URL: https://literaturkritik.de/nassehi-muster-wir-sind-digitaler-als-wir-denken,26260.html; Nils Zurawski: Rezension: Muster. Theorie der digitalen Gesellschaft, in: criminologia vom 23.03.2020. URL: https://criminologia.de/2020/03/rezension-muster-theorie-der-digitalen-gesellschaft/; Jürgen Kaube: Übersetzungsmaschine Internet. So scheint es zu sein, in: Frankfurter Allgemeine Sonntagszeitung vom 26.08.2019. URL: https://www.faz.net/aktuell/feuilleton/juergen-kaube-ueber-armin-nassehis-buch-muster-16349381.html; Marc Reichwein: Die Welt als Wille zur 0 und 1, in: Die Welt vom 27.08.2019. URL: https://www.welt.de/kultur/literarischewelt/article199188109/Muster-Armin-Nassehis-Theorie-der-digitalen-Gesellschaft.html?cid=onsite.onsitesearch; Cornelia Koppetsch: Die Verdoppelung der Welt, in: Frankfurter Allgemeine Zeitung vom 06.09.2019; Steffen Martus: Der diskrete Reiz des Binären, in: Süddeutsche Zeitung vom 03.09.2019. URL: https://www.sueddeutsche.de/kultur/digitalisierung-der-diskrete-reiz-des-binaeren-1.45 8445 0; Thomas Kaspar: Armin Nassehi: ‹Muster› – Digitalisierung und Moderne, in: Frankfurter Rundschau vom 11.03.2020. URL: https://www.fr.de/kultur/literatur/armin-nassehi-muster-weil-moderne-digital-war-bevor-online-ging-13592221.html; Thomas Assheuer: Wir Sortiermaschinen, in: Die Zeit vom 21.11.2019. URL: https://www.zeit.de/2019/48/armin-nassehi-muster-theorie-der-digitalen-gesellschaft-sachbuch-soziologie; sowie ein Symposium über das Buch in Soziologische Revue 43 (2020), S. 301-327, darin die Beiträge: Gesa Lindemann: Die Brutalität der Codes; Jan-Hendrik Passoth und Werner Rammert: Digitale Technik entspricht digitaler Gesellschaft?; Axel Philipps: Die Gesellschaft in gigital erzeugten Daten verdoppelt – und nun?
59 Armin Nassehi: Muster. Theorie der digitalen Gesellschaft, München 2019, S. 42.

11
Konsum

1 Einige Motive dieses Abschnitts finden sich bereits in Armin Nassehi: Warum die Gesellschaft kindisch ist. Eine Ehrenrettung des Kindlichen, in: Kursbuch 201: Menschenskinder, Hamburg 2020, S. 161-178.
2 Vgl. Hans-Peter Schmalzl: Polizeipräsenz und subjektive Sicherheit, in: Manfred Bornewasser (Hg.): Empirische Polizeiforschung III, Herbolzheim 2002, S. 64-74.
3 Vgl. dazu Harrison C. White: Where do Markets Come from?, in: American Journal of Sociology 87 (1981), S. 517-547; Harrison C. White: Markets from Networks. Socioeconomic Models of Production, Princeton 2002; Birger P. Prid-

dat: Economics of Persuasion. Ökonomie zwischen Markt, Kommunikation und Überredung, Marburg 2015.
4 Vgl. dazu Dirk Baecker: Information und Risiko in der Marktwirtschaft, Frankfurt/M. 1988.
5 Michaela Weis und Frank Huber: Der Wert der Markenpersönlichkeit. Das Phänomen der strategischen Positionierung von Marken, Wiesbaden 2000; Jennifer Aaker: Dimensionen der Markenpersönlichkeit, in: Franz-Rudolf Esch (Hg.): Moderne Markenführung. Grundlagen – Innovative Ansätze – Praktische Umsetzungen, Wiesbaden 2001, S. 91–102.
6 Ein guter Überblick über die unterschiedlichen Funktionen des Konsums, auch in historischer Perspektive, findet sich bei Michael Jäckel: Einführung in die Konsumsoziologie. Fragestellungen – Kontroversen – Beispieltexte, 4. durchgesehene und aktualisierte Aufl., Wiesbaden 2011.
7 Kai-Uwe Hellmann: Der Konsum der Gesellschaft. Studien zur Soziologie des Konsums, Wiesbaden 2013, S. 10.
8 Armin Nassehi: Gab es 1968? Eine Spurensuche, Hamburg 2018, S. 162 ff.
9 Das bedeutet freilich nicht, dass man Pop und Unterhaltung nicht selbst wieder verschiedentlichen Reflexionsschleifen unterziehen kann, vgl. nur Charis Goer, Stefan Greif und Christoph Jacke (Hg.): Texte zur Theorie des Pop, Stuttgart 2013.
10 Niklas Luhmann: Die Autopoiesis des Bewusstseins, in: ders.: Soziologische Aufklärung, Band 6: Die Soziologie und der Mensch, Opladen 1995, S. 55–112, hier: S. 57.
11 Vgl. dazu Georg Waller, Daniel Süss und Markus Bircher: Die Markenpersönlichkeit als psychologischer Faktor der Markenwirkung. Entwicklung eines Instruments zur Analyse von Markenkommunikation und Markenbeziehungen, Forschungsbericht eines Projekts, gefördert vom Schweizerischen Nationalfonds, Zürich 2006. URL: https://www.zhaw.ch/storage/psychologie/upload/forschung/medienpsychologie/ZHAW_Marken_Forschun gsbericht_2005.pdf
12 David Bosshart: Billig. Wie die Lust am Discount Wirtschaft und Gesellschaft verändert, Frankfurt/M. 2004.
13 Vgl. Deirdre N. McCloskey: Why Liberalism Works. How True Liberal Values Produce a Freer, More Equal, Prosperous World for All, New Haven 2019, S. 107 ff.
14 Christoph Möllers: Freiheitsgrade. Elemente einer liberalen politischen Mechanik, Berlin 2020, S. 33 f.
15 Émile Durkheim: Über soziale Arbeitsleistung, Frankfurt/M. 1988.
16 Vgl. Michael Jäckel: Einführung in die Konsumsoziologie. Fragestellungen – Kontroversen – Beispieltexte, 4. durchgesehene und aktualisierte Aufl., Wiesbaden 2011, S. 303 ff.
17 Vgl. Helmut Kurz: Die Selbstbilder der Deutschen und der Österreicher und ihre gegenseitigen Fremdbilder: Grundlage für das Management der beiden Länder als Marken («Nation Branding»), in: Carsten Baumgarth, Gülpınar Kelemci Schneider und Bahar Ceritoğlu (Hg.): Impulse für die Markenforschung und Markenführung, Wiesbaden 2008, S. 227–247.
18 Hubert K. Rampersad: Authentic personal branding: A new blueprint for building and aligning a powerful leadership brand, Charlotte 2009.
19 Vgl. Ernst Mohr: Ökonomie mit Geschmack. Die postmoderne Macht des Konsums, Hamburg 2014, S. 194 ff.

12
Was tun?

1 Bruno Latour: Kampf um Gaia. Acht Vorträge über das neue Klimaregime, Berlin 2017, Kindle-Ausgabe Pos. 245.
2 Vgl. Theodor W. Adorno: Minima Moralia, in: Gesammelte Schriften, Band 4, Frankfurt/M. 1997, S. 19.
3 Vgl. Armin Nassehi: Soziologie des Politischen, in: Martin Endreß und Benjamin Rampp (Hg.): Handbuch politische Soziologie, Baden-Baden 2021 (i. E.).
4 So der Originaltitel von Benedict Anderson: Die Erfindung der Nation. Zur Karriere eines folgenreichen Konzepts, 3. Aufl., Frankfurt/M./New York 2005.
5 Die Verbindung dieser Logiken lässt sich gut in George Orwells Theorie des Nationalismus ablesen – für ihn ist Nationalismus nicht nur für politische Nationen reserviert, sondern für Gruppen aller Art, die einen unbedingten Zugehörigkeitsanspruch pflegen (vgl. George Orwell: Über Nationalismus. Mit einem Nachwort von Armin Nassehi, München 2020).
6 Vgl. Armin Nassehi: Geschlecht im System, in: ders.: Gesellschaft der Gegenwarten. Studien zur Theorie der modernen Gesellschaft II, Berlin 2011, S. 267–290, hier: S. 279 ff.
7 Vgl. Klaus Holz: Nationaler Antisemitismus. Wissenssoziologie einer Weltanschauung, Hamburg 2010.
8 So die Formulierung in Peter L. Berger, Brigitte Berger und Hansfried Kellner: Das Unbehagen in der Modernität, Frankfurt/M./New York 1975, S. 74.
9 So lautet die Formulierung in Peter L. Berger und Thomas Lckmann: Die gesellschatliche Konstruktion der Wirklichkeit. Eine Theorie der Wissenssoziologie, Frankfurt/M. 1980 (Orig. 1966), S. 98 ff. Diese Funktionsstelle wird in der Rezeption dieses den Sozialkonstruktivismus mitbegründenden Werks seltener mitgesehen, steht aber für eine am stark an normativer Integration orientierte implizite Gesellschaftstheorie.
10 Richard Wagner: Das Judenthum in der Musik, Leipzig 1869; vgl. auch Jens Malte Fischer: Richard Wagners ‹Das Judentum in der Musik›. Eine kritische Dokumentation als Beitrag zur Geschichte des Antisemitismus, Würzburg 2015.
11 Vgl. Shmuel N. Eisenstadt: Multiple Modernities, in: Daedalus 129 (2000), S. 1–29.
12 Vor allem lesenswert das Eingangskapitel «Soziologie und Moderne», Hans-Peter Müller: Krise und Kritik. Klassiker der soziologischen Zeitdiagnose, Berlin 2021, S. 11 ff.
13 Instruktiv dazu, trotz des verunglückten Untertitels, Caroline Fourest: Generation Beleidigt: Von der Sprachpolizei zur Gedankenpolizei, Berlin 2020.
14 Vgl. Armin Nassehi: Die Paradoxie der Sichtbarkeit und die ‹Kultur› der Kulturwissenschaften, in: ders.: Geschlossenheit und Offenheit. Studien zur Theorie der modernen Gesellschaft, Frankfurt/M. 2003, S. 231–157.
15 So etwa Sabine Hark und Paula-Irene Villa: Unterscheiden und herrschen. Ein Essay zu den ambivalenten Verflechtungen von Rassismus, Sexismus und Feminismus in der Gegenwart, Bielefeld 2017.
16 Vgl. Gøsta Esping-Andersen: The Three Worlds of Welfare Capitalism, Cambridge 1990.
17 Vgl. dazu Carsten G. Ullrich: Soziologie des Wohlfahrtsstaates, Frankfurt/M./New York 2005.

12 Was tun? 373

18 So aber Ulrich Beck: Risikogesellschaft. Auf dem Weg in eine andere Moderne, Frankfurt/M. 1986; Wolfgang Bonß: Vom Risiko. Unsicherheit und Ungewißheit in der Moderne, Hamburg 1995.
19 Vgl. Niklas Luhmann: Soziologie des Risikos, Berlin/New York 1991, S. 30–38.
20 Vgl. J. Richard Harrison und James G. March: Decision Making and Postdecision Surprises, in: Administrative Science Quarterly 29 (1984), S. 26–42.
21 Vgl. etwa die Beiträge in Sebastian Hanuss und Frank Nullmeier: Sozialstaat 4.0. Digitale Ökonomie und Sozialpolitik, Zeitschrift für Sozialreform 62 (2016), Heft 4.
22 Vgl. dazu mit einem ähnlichen Argument und einem ziemlich unausgegorenen, weil praktisch noch nicht durchdachten Vorschlag zu einem «Parlament der Funktionen» Armin Nassehi: Kritik der komplexitätsvergessenen Vernunft, 2. Aufl., Hamburg 2018, S. 189 ff.
23 Jürgen Habermas: Vorstudien und Ergänzungen zur Theorie des kommunikativen Handelns, Frankfurt/M. 1984, S. 180.
24 Ebd., S. 181.
25 Vgl. dazu Jürgen Habermas: Theorie des kommunikativen Handelns. Band 2: Zur Kritik der funktionalistischen Vernunft, Frankfurt/M. 1981, S. 229 ff.
26 So etwa bei Andreas Reckwitz: Das Ende der Illusionen. Politik, Ökonomie und Kultur in der Spätmoderne, Berlin 2019; auch bei Hartmut Rosa: Resonanz. Eine Soziologie der Weltbeziehung, Berlin 2016; auf ganz andere Weise Bruno Latours Konzentration auf die Sozialdimension, wie im vierten Kapitel dargestellt. In Andreas Reckwitz: Die Gesellschaft der Singularitäten. Zum Strukturwandel der Moderne, Berlin 2017, wird dann von einem Verlust der Idee der Allgemeinheit gesprochen, aber dann eher auf der Ebene individueller Selbstbeschreibung denn als sozialtheoretisches Konzept.
27 Vgl. Armin Nassehi: Ethik zwischen Gründewelt und sozialer Praxis. Zum gesellschaftlichen Ort moralischer Kommunikation, in: Konrad Hilpert (Hg.): Theologische Ethik im Pluralismus, Freiburg/Wien 2012, S. 29–46.
28 Ich verzichte hier auf eine systemtheoretisch genaue Rekonstruktion des Verhältnisses von Organisationssystemen und Funktionssystemen und der Frage, inwieweit Ereignisse des einen zugleich Ereignisse des anderen sind. Vgl. dazu aber Günther Ortmann: Luhmann und die Organisationssoziologie in: Oliver Jahraus, Armin Nassehi u. a. (Hg.): Luhmann Handbuch. Leben – Werk – Wirkung, Stuttgart 2012, S. 23–28; vgl. dazu auch die Beiträge in Bettina Heintz und Hartmann Tyrell (Hg.): Interaktion – Organisation – Gesellschaft revisited. Anwendungen, Erweiterungen, Alternativen, Sonderheft der Zeitschrift für Soziologie, Baden-Baden 2015.
29 Die folgende Beschreibung über die Palliativmedizin findet sich bereits in Armin Nassehi: Sterben. Zwischen kommunikativer Kontrolle und Drastik, in: Jutta Allmendinger, Ottfried Jarren, Christine Kaufmann, Hanspeter Kriesi und Dorothea Kübler (Hg.): Zeitenwende: Kurze Antworten auf große Fragen der Gegenwart, Zürich 2019, S. 187–196.
30 Gian Domenico Borasio: Über das Sterben. Was wir wissen. Was wir tun können. Wie wir uns darauf einstellen, München 2011.
31 Vgl. dazu Armin Nassehi und Irmhild Saake: Kontexturen des Todes. Eine Neubestimmung soziologischer Thanatologie, in: Hubert Knoblauch und Arnold Zingerle (Hg.): Thanatosoziologie. Tod, Hospiz und die Institutionalisierung des Sterbens. Berlin 2005. S. 32–54.

374 Anmerkungen

32 Armin Nassehi: Die letzte Stunde der Wahrheit. Kritik der komplexitätsvergessenen Vernunft, 2. Aufl., Hamburg 2018.
33 Barney G. Glaser und Anselm L. Strauss: Awareness of dying, Chicago 1965.
34 Armin Nassehi: Sterben müssen, sterben wollen. Die Öffentlichkeit spricht heute nicht mehr über den Tod, sondern nur noch über den Weg dorthin. Ein Erklärungsversuch, in: DIE ZEIT vom 31.03.2010.
35 Armin Nassehi, Irmhild Saake und Katharina Mayr: Mit Sterbenden sprechen. Die Rolle des Seelsorgers und die Potenz religiöser Rede auf multidisziplinären Palliativstationen, in: Traugott Roser (Hg.): Handbuch der Krankenhausseelsorge, Göttingen: 2019, S. 78-91.
36 Irmhild Saake, Armin Nassehi und Katharina Mayr: Gegenwarten von Sterbenden. Eine Kritik des Paradigmas vom «bewussten Sterben», in: Kölner Zeitschrift für Soziologie und Sozialpsychologie 71 (2019), S. 27-52.
37 Vgl. Hedwig Richter: Demokratie. Eine deutsche Affäre. Vom 18. Jahrhundert bis zur Gegenwart, München 2020.
38 Vgl. Manfred Schmidt: Sozialpolitik in Deutschland. Historische Entwicklung und internationaler Vergleich, 3. Aufl., Wiesbaden 2005.
39 Vgl. Hans-Georg Herrlitz, Wulf Hopf, Hartmut Titze und Ernst Cloer: Deutsche Schulgeschichte von 1800 bis zur Gegenwart, München 2008.
40 Vgl. Armin Nassehi: Gab es 1968? Eine Spurensuche, Hamburg 2018.
41 Vgl. Steffen Mau: Das metrische Wir: Über die Quantifizierung des Sozialen, Berlin 2017; Armin Nassehi: Muster. Theorie der digitalen Gesellschaft, München 2019.
42 Vgl. dazu sehr instruktiv Reiner Manstetten, Andreas Kuhlmann, Malte Faber und Marc Frick: Grundlagen sozial-ökologischer Transformationen: Gesellschaftsvertrag, Global Governance und die Bedeutung der Zeit. Eine konstruktive Kritik des WBGU-Gutachtens «Welt im Wandel – Gesellschaftsvertrag für eine Große Transformation», ZEW – Leibniz-Zentrum für Europäische Wirtschaftsforschung, Mannheim 2021. URL: http://ftp.zew.de/pub/zew-docs/dp/dp21034.pdf; diese Stellungnahme bezieht sich auf das Gutachten des Wissenschaftlichen Beirats der Bundesregierung Globale Umweltveränderungen: Hauptgutachten. Welt im Wandel. Gesellschaftsvertrag für eine Große Transformation, Berlin 2011.
43 Vgl. Niklas Luhmann: Soziale Systeme. Grundriß einer allgemeinen Theorie, Frankfurt/M. 1984, S. 191 ff.; einführend vgl. Georg Kneer und Armin Nassehi: Niklas Luhmanns Theorie sozialer Systeme, München 1993, S. 81-95.
44 Vgl. dazu Niklas Luhmann: Sthenographie, in: ders. u. a. (Hg.): Beobachter. Konvergenz der Erkenntnistheorien, München 1990, S. 119-137, hier S. 122; vgl. auch Armin Nassehi: Paradoxie, in: Oliver Jahraus, Armin Nassehi u. a. (Hg.): Luhmann-Handbuch. Leben – Werk – Wirkung, Stuttgart 2012, S. 110-111.
45 Maja Göpel: Unsere Welt neu denken. Eine Einladung, Berlin 2020.
46 Vgl. Karl Polanyi: The Great Transformation. Politische und ökonomische Ursprünge von Gesellschaften und Wirtschaftssystemen, Berlin 2019.
47 Uwe Schneidewind: Die Große Transformation. Eine Einführung in die Kunst des gesellschaftlichen Wandels, 4. Aufl., Frankfurt/M. 2018, S. 477.
48 Vgl. Oliver Bruttel, Arne Baumann und Matthias Dütsch: Beschäftigungseffekte des gesetzlichen Mindestlohns. Prognosen und empirische Befunde, in: Perspektiven der Wirtschaftspolitik 3 (2019), S. 237-253; Marco Caliendo, Carsten Schröder und Linda Wittbrodt: The Causal Effects of the Minimum Wage Introduction in Germany. An Overview, in: German Economic Review 3 (2019), S. 257-292.

12 Was tun? 375

49 Vgl. dazu Armin Nassehi: Muster. Theorie der digitalen Gesellschaft, München 2019, S. 207-212.
50 Vgl. Pierre Bourdieu: Meditationen. Zur Kritik der scholastischen Vernunft, Frankfurt/M. 2001, S. 68.
51 Schön lässt sich das in Schriften der feministischen Philosophin Rosi Braidotti nachverfolgen. Ihre «nomadisches» Denken und ihre «nomadische Ethik» sind so stabil, dass sie alles im Fluss belassen kann und sich gewissermaßen mit einer epistemologischen Superposition ausstattet, die den «anderen» nicht ansichtig werden kann, weil sie an der stationären Welt der Gesellschaft hängen. (Vgl. Rosi Braidotti: Politik der Affirmation, Berlin 2018; Rosi Braidotti: Transpositions. On Nomadic Ethics, Cambridge 2006)
52 So etwas gibt es wirklich, siehe etwa die Association for Death Education and Counseling in Minneapolis. URL: https://www.adec.org
53 Vgl. Martha M. Lauzen, David M. Dozier und Nora Horan: Constructing Gender Stereotypes Through Social Roles in Prime-Time Television in: Journal of Broadcasting & Electronic Media, 52 (2008), S. 200-214; Johanna Schaffer: Ambivalenzen der Sichtbarkeit. Über die visuellen Strukturen der Anerkennung, Bielefeld 2008.
54 Vgl. dazu Matthias Weiß: Sinnliche Erinnerung. Die Filme ‹Holocaust‹ und ‹Schindlers Liste‹ in der bundesdeutschen Vergegenwärtigung der NS-Zeit, in: Norbert Frei und Sybille Steinbacher (Hg.): Beschweigen und Bekennen. Die deutsche Nachkriegsgesellschaft und der Holocaust, Göttingen 2001, S. 71-102.
55 Alex Haley: Wurzeln, Frankfurt/M. 1977.
56 Vgl. Tobias Schnell: Ökolabel zwischen Greenwashing und Entscheidungshilfe: Eine markensoziologische Organisationsanalyse am Beispiel von Konsumgütern aus dem Lebensmittelsektor, Wiesbaden 2021.
57 Vgl. Ernst Mohr: Ökonomie mit Geschmack. Die postmoderne Macht des Konsums, Hamburg 2014, S. 390 ff.
58 Vgl. dazu Thymian Bussemer: Propaganda. Konzepte und Theorien. Mit einem Vorwort von Peter Glotz, 2. Aufl., Wiesbaden 2012.
59 Martha C. Nussbaum: Politische Emotionen, Berlin 2016, S. 208.
60 Vgl. Pierre Bourdieu und Jean-Claude Passeron: Die Illusion der Chancengleichheit. Untersuchungen zur Soziologie des Bildungswesens am Beispiel Frankreichs, Stuttgart 1971; Pierre Bourdieu: Wie die Kultur zum Bauern kommt. Über Bildung, Klassen und Erziehung, Hamburg 2001.
61 Zum Habitusbegriff vgl. Pierre Bourdieu und Loic J. D. Wacquant: Habitus, illusio und Rationalität, in: dies.: Reflexive Anthropologie, Frankfurt/M. 1996, S. 147-175.
62 Vgl. zu solch paradoxen Effekten des Bildungssystem Aladin El-Mafaalani: Mythos Bildung. Die ungerechte Gesellschaft, ihr Bildungssystem und seine Zukunft, Köln 2020.
63 Vgl. Richard H. Thaler und Cass R. Sunstein: Nudge. Improving decisions about health, wealth and happiness, New York 2009.
64 Vgl. Niccolò Machiavelli: Der Fürst. Mit einem Geleitwort von Herfried Münkler, 7. Aufl., Stuttgart 2016.
65 Vgl. Andreas Reckwitz: Die Gesellschaft der Singularitäten. Zum Strukturwandel der Moderne, Berlin 2017, auch Luc Boltanski und Ève Chiapello: Der neue Geist des Kapitalismus, Konstanz 2003.

Sachregister

68er 292, 325
Akteur-Netzwerk-Theorie 96, 99 f., 102, 111, 121
Akteur 19, 43, 47 f., 52 f., 63, 66, 68, 75, 81, 87, 90, 97-108, 110 f., 113, 115, 121, 135 f., 144, 157, 159, 170-172, 186, 228, 241, 250 f., 253, 280, 287 f., 300, 307, 314, 324, 326, 330
Alternativlosigkeit 56, 129, 234, 293
Ambivalenz 11, 118, 127-131, 149, 167 f., 204, 243, 251, 289, 306
Anerkennung 12, 103, 110 f., 113-118, 121, 132, 178 f., 181, 184 f., 264, 284
Anerkennungstheorie 110 f., 113
Anspruchsberechtigung 114 f., 117, 132 f., 177 f., 183, 223
Antisemitismus 116, 304-306
Arbeitsethos 157
Arbeitslosigkeit 158
Arbeitsmarkt 72, 80, 134, 151, 164, 213, 223
Arbeitsmigranten 135
Arena 9, 28, 64, 70 f., 82, 103, 108, 166, 190, 244
Asymmetrie 13, 73, 84, 158, 177, 192, 222, 275, 305, 307
Aufklärung 32, 49, 179, 262, 269, 271-274, 286, 298, 304, 307, 329, 331 f., 337
Aufmerksamkeitsökonomie 20, 71, 91 f.
Autokratie 198, 200, 202, 208 f., 212, 215 f., 219, 233-235, 246, 249 f.
Autonomie 37, 126, 128 f., 154, 269, 282, 335

Behinderung 73
Benutzeroberfläche 145, 157, 196, 272-275, 296, 303

Berufsgruppe 57, 109, 180 f., 296 f.
Beschleunigung 66, 78, 90, 145
Bewährung 37, 67, 242, 244, 246, 254, 324, 330 f., 334-337
Bewusstsein 27, 46, 48 f., 54 f., 127 f., 145 f., 170, 191, 293 f., 296 f., 337
Bezugsproblem 13 f., 42, 79, 83, 100, 107, 140, 152, 169, 174, 180, 198 f., 207, 212-215, 218, 230, 254, 288, 325
Bildung 20, 72, 80, 115, 131 f., 134, 140, 150, 156, 160 f., 189, 311, 319, 333, 336
Bildungsexpansion 72, 322, 338
Bildungssystem 80, 152, 164, 170, 188, 198, 312
Binnenmoral 111, 191, 193 f.
Blindheit 26
Bürgerrechte 115, 148, 160 f.

China 143, 196-203, 208-210, 214-216, 218, 234, 248-251, 253, 296
CO_2 61, 91, 93, 247, 298 f., 314, 332
COVID-Krise 18, 20, 25, 35, 59, 61, 69, 79, 82 f., 85, 89, 93, 95 f., 98, 107, 113, 121, 144, 157, 162 f., 170 f., 194, 196 f., 200 f., 204, 215, 228, 231, 234, 252 f., 280, 285, 300, 308, 310, 314-316, 319, 325 f., 333, 339

Dauerreflexion 154, 255
Dekonstruktion 15, 102, 104, 166, 275
Demokratie 43, 70, 74, 77, 159 f., 185, 197-202, 205, 208 f., 213 f., 225, 234, 238, 240, 244-246, 249-251, 255, 310, 325
Digitalisierung/Digitalität 41, 162, 224-226, 258, 287 f., 297, 315

Sachregister

Diktatur 43, 143, 198
Diskriminierung 111, 177, 186, 188, 193, 251, 259, 265 f., 270, 274, 307
Disruption 66–68, 72, 74, 76 f., 79, 91, 326 f., 330, 332, 338
Distinktion 50, 191, 244, 299
Disziplinargesellschaft 202
Durchregieren 65 f., 71, 91, 215 f., 234, 253, 316

Egoismus 180, 203, 208 f.
Ehe 127, 157, 175, 182, 185
Ehre 175, 184 f.
Eigendynamik 26, 47, 63, 76, 82, 160, 195, 212, 223, 227, 253, 272, 312, 338
Elfenbeinturm 236, 332
Elite 62, 182, 244, 248 f.
Emanzipation 37, 54, 73, 97, 102 f., 121, 123, 164, 177 f., 187, 270, 274, 302
Empörung 94, 171, 194
Entdeckung der Gesellschaft 41, 44 f., 59
Entfremdung 16
Entscheidung 22–24, 26–28, 33, 40, 69, 77–79, 81, 89 f., 109, 113, 120, 123, 125, 129, 136, 138, 151–154, 162, 169–172, 178, 198 f., 202, 205, 211 f., 214, 217–219, 221–224, 226–234, 241, 245 f., 248, 250, 252, 266, 285, 290–293, 302, 307–309, 311–314, 316–320, 324–327, 330, 332, 336 f.
Entscheidungsalternativen 26, 224, 231 f., 234 f., 313 f., 320, 322, 325
Entzauberung 11, 328 f.
Entzweiung 130, 149, 208
Epistemozentrismus, scholastischer 236, 243, 332
Ergebnisoffenheit 240, 245 f., 248, 250 f., 255, 262, 276, 296, 311
Erreichbarkeit der Gesellschaft 95 f., 117, 123 f., 131, 220
Erziehung 52, 119, 129, 140, 157, 222
Ethik 13, 57, 118, 129, 154, 267, 316, 319
Ethikkomitee 109, 113, 316, 319
Ethikrat 109 f.

Evolution 67–69, 71 f., 73–77, 91, 145, 211 f., 222, 250, 302, 307, 309, 319 f., 325, 327, 330, 335, 338
Evolutionstheorie 67, 73, 91, 213

Familie 56, 77, 80 f., 86, 88, 139 f., 150, 157 f., 162, 170 f., 175–189, 205, 298, 304, 308–310
Familienlogik 85, 176, 178–180, 190 f., 228, 263, 303, 309
Faschismus 95, 122, 143, 208
Flüchtling 86, 113–115, 117 f., 124, 132–135, 147 f., 164 f., 186, 319, 331
Fortschritt 11 f., 31, 33, 59, 77, 88, 212, 246–248, 321
Fragilität 157, 160, 162 f., 165–168, 170 f., 186 f., 262, 328, 339
Freiheit 15, 31–35, 37, 40, 43 f., 61, 97, 130, 151, 154 f., 160, 162, 169, 204, 214 f., 229, 233, 240 f., 251, 254, 268, 276, 295–297, 335
Fremde 14, 58, 116, 120, 134, 164 f., 168, 178 f., 278
Fundamentalismus 94 f., 122, 249, 266
Fundamentalismus, positionaler 266
Funktion 28, 37, 42 f., 45, 51, 55 f., 58, 63, 80, 82–84, 88 f., 91, 107 f., 112 f., 116 f., 120, 122 f., 127, 133–136, 138 f., 141, 144, 148 f., 152, 156, 158, 160 f., 168 f., 175 f., 180, 182, 187, 189, 191, 193, 201, 211–213, 216, 218–220, 222, 224 f., 228, 240, 244, 247, 253, 257, 261, 263 f., 270, 280, 282, 285, 287, 290–292, 294 f., 300, 302–305, 307, 310, 315 f., 320, 328–331, 333 f., 337
Funktional differenzierte Gesellschaft 28, 58, 84, 87–89, 95, 107 f., 110, 119 f., 123 f., 135, 137, 139–141, 143 f., 146–148, 150, 152, 158, 161–165, 173 f., 188, 197 f., 211, 218, 225, 235, 238 f., 242, 246, 248 f., 252, 272, 276, 280, 285 f., 290, 292, 295 f., 299, 304, 307–310, 312 f., 327
Funktionssystem 20, 61, 73, 88, 90, 108, 113, 115, 123, 140, 144, 161 f.,

378 Sachregister

165, 169 f., 211-213, 221-226, 240, 246-248, 250 f., 254, 258, 284 f., 296, 308, 315, 320

Gaia 100
Gefahr 17, 42, 64, 75, 77, 80, 97, 180, 286, 289, 312-314, 316, 325
Gegenaufklärung 43, 148, 154
Gegenstandskonstitution 22-24, 28
Gegenwartsorientierung 69, 78, 87, 89, 326
Gegenwissenschaften 269, 271
Gehirn 48 f., 55
Geld 44, 55, 70, 86, 123, 140, 156, 184, 212, 224, 240 f., 247, 331
Gemeinschaft, gesellschaftliche 136, 287
Gender 73, 75, 103, 239, 265
Gerechtigkeit/Ungerechtigkeit 19, 72, 77, 83, 123, 142, 276-284, 292
Gericht 222, 224
Geschlecht 73, 80, 103, 150, 157, 163, 176, 179, 181 f., 269-271, 273, 275, 281 f., 304 f., 309
Geschlechtergerechte Sprache 275, 282
Geschlechterverhältnisse 163
Gesellschaftsvertrag 42 f.
Gestaltbarkeit 41, 45, 50, 64, 71, 94, 97, 106, 108, 125, 154, 161, 224, 227, 283
Gewaltenteilung 209, 302, 307, 310
Gewohnheit 24, 34, 37, 51, 54-56, 64, 67, 72, 91, 173, 245, 256, 278, 286, 295, 327, 330, 332, 335
Glaube 40, 56, 123, 220, 223-225, 333
Gleichheit 41, 44, 56, 111, 122, 125, 140, 164, 190, 305, 336
Gleichheitsversprechen 150, 225, 239, 305, 312
Gleichzeitigkeit 44, 81 f., 87, 95, 109, 114, 120, 123, 131, 144-146, 169 f., 174, 179, 196, 218, 251, 254, 261, 284-286, 307
Gott 15, 30-35, 37, 50, 106, 129, 207, 210, 219 f., 239
Greenwashing 334
Grüne 75, 182

Habitus/habituell 26, 34, 54 f., 141, 152, 171, 202, 229, 236, 260, 278, 292, 305, 322, 332, 336
Handeln 26, 34, 36-41, 45, 51-56, 63, 104-106, 117, 170 f., 173, 206, 250, 253, 263, 269, 273 f., 280, 285, 307, 311, 313 f., 318, 325 f., 329, 338
Handlung 18, 25, 34-41, 45 f., 50, 52-55, 57, 59, 66, 78 f., 83, 87, 99, 106-109, 128, 130, 136, 144, 154, 169, 196, 204, 228, 250, 258, 263, 271, 273, 278, 285 f., 295, 302, 310, 312, 315, 319, 325-327
Handlungskoordination 34, 41 f., 63, 70, 130 f., 269, 278
Hautfarbe 122, 164, 189, 270, 273
Heilsgeschichte 125, 240
Heimatverlust 305
Herrschaft 82, 198 f., 201, 210, 216, 222, 226, 249, 305, 307
Hierarchie 44, 122, 146, 149, 198, 201 f., 206 f., 211, 214-216, 223, 225, 231, 234, 239, 248, 255, 272
Hirnforschung 48 f.
Hochkultur 208
Holismus 100
Humankategorie 179, 188, 303, 306
Hume's law 238, 248

Idee 15, 30, 32, 37, 41-45, 51 f., 57, 64, 66 f., 69 f., 74, 82, 95, 99 f., 102, 104, 107 f., 122, 128-130, 149, 155, 159-161, 174, 187, 206, 208 f., 214, 240-250, 287, 318, 324, 327
Identitätspolitik 95, 177-182, 185 f., 190 f., 194, 263, 265 f., 268, 271, 274, 306
Ideologie 24, 46 f., 50, 52, 57, 60, 122, 125, 149, 155, 159 f., 176, 184, 209, 211, 218, 249, 297
Illiberalismus 69, 209
Individualisierung 18, 54, 78, 147 f., 152, 175, 178, 321
Individualismus 14, 71, 213, 221, 282, 306
Infrastruktur 99, 113, 163, 184, 278, 335
Inklusion 73, 102 f., 114 f., 118, 124, 134-136, 138-140, 146-148, 157,

165 f., 168, 178 f., 182 188 f., 296 f., 311 f., 315 f., 333
Inklusionstheorie 188
Institution 14, 17, 20, 41, 77, 132, 142, 147–150, 152–165, 168, 170 f., 174, 176, 180, 183, 187, 255, 265, 286, 311, 315 f., 318 f., 324, 336
Institutionenarrangement 45, 143, 150, 152 f., 157, 161, 163, 170, 173, 184–186, 198, 208, 216, 222, 227, 246, 248, 255, 262, 304, 311, 313, 315, 318
Integration/Integrationsfunktion 58, 72 f., 79, 81, 84, 88, 95, 113, 115–117, 119, 130, 133, 135 f., 139 f., 148, 164, 188, 206, 213, 216, 263, 287
Integrationsparadox 72, 165, 331
Intersektionalität 192 f., 195
Intersexualität 109, 113, 118, 316
Intransparenz 49 f., 101, 333

Kapitalismus 41, 47, 82, 88, 114, 122, 150, 156, 166, 213, 222, 238, 243–246, 254, 291, 296, 311, 338
Kapitalismuskritik 46, 243 f.
Katastrophe 31, 45, 66, 143, 330
Kirche 37, 146, 160, 222–224, 307
Klasse/Klassentheorie 45, 125, 140 f., 144, 223, 225, 239, 305, 336
Klassenlage 64, 141, 188
Klassenstruktur 225
Klimakrise 20, 25, 59, 61, 79, 90, 93, 98, 105, 113, 121, 144, 196, 252, 280, 285, 300, 308, 312, 316, 319, 327, 339
Klimawandel 19 f., 35, 54, 58, 61–65, 68, 75, 93, 96, 211, 226, 234, 252, 280, 298, 329, 335
Knappheit 89, 290
Kohäsion 12–14, 16, 18, 56, 58, 63, 130, 180, 210
Kollektiv/Kollektivität 13 f., 16, 18, 28, 35 f., 57, 59, 61, 79, 82, 89–91, 94 f., 97, 101–107, 120 f., 123, 125 f., 129 f., 136, 138, 153, 176, 178, 201, 210, 215, 218 f., 221, 228, 234, 236, 244, 266, 302 f., 306 f., 330, 334

Kollektivbewusstsein 11, 48, 57, 137, 174, 180, 215
Kollektives Handeln 26, 63, 280, 285
Kommunikation 27, 70 f., 74, 82 f., 86, 104, 136, 138–140, 166, 181, 188, 192 f., 222 f., 228, 231, 247, 252, 257, 264, 276–278, 290 f., 293–295, 320, 323 f., 326–328
Kommunismus 95, 122, 296
Kommunitarismus 14, 341
Komplexität 12, 14, 16, 18, 49, 63, 74 f., 90, 109, 112 f., 117 f., 120–123, 137, 144–146, 148 f., 151–153, 155, 159, 168–173, 177, 184, 187, 194–196, 198, 200 f., 219, 232, 254, 272, 276, 278, 282, 288, 291 f., 296, 309, 315 f., 322–324, 333, 336
Konfession 110, 125, 129, 141, 159, 283 f.
Konflikt 19, 61, 72–75, 80 f., 83, 85 f., 89, 100, 109, 142, 161, 172, 175, 177–179, 182, 184 f., 188, 192, 197 f., 204 f., 208 f., 215, 227, 244, 259, 263, 274, 282 f., 303, 305–309, 311, 315, 331, 334
Konfuzianisches Optimum 205, 210
Konfuzianismus 201, 203, 206, 208 f., 214, 218, 236, 240, 249, 251
Konservative/konservativ 153, 159, 218, 255, 283 f., 312
Konsum 68, 216, 256, 289–299, 313, 331, 333–338
Konsumlogik 292, 335 f.
Kontinuität 48, 78, 80 f., 146, 152, 156–162, 164 f., 168, 170, 174–176, 183, 185, 197, 210, 217, 227, 293 f., 296, 311
Körper 39, 127, 145, 152, 176, 186, 273 f.
Krieg 84, 88, 91
Krise 11–13, 15–17, 18, 20, 25, 31–33, 35, 46 f., 54, 59–62, 69, 71, 79–81, 83, 89 f., 92–94, 96, 98, 105–107, 113, 121–124, 131 f., 144 f., 163, 165, 169–173, 196–198, 209, 211–213, 215 f., 219, 226, 230–232, 234, 236 f., 252–254, 262, 268, 285 f., 300 f., 307 f., 313, 325–327, 331, 333, 339

Krisenmodus 90, 124, 301, 339
Krisensemantik 15, 59, 171
Kristallisation 11
Kritik 11, 16, 24, 26, 42 f., 46 f., 50, 62–64, 71, 73 f., 77, 106 f., 110, 112, 114–116, 134, 141–144, 148 f., 154 f., 160, 178–180, 190 f., 194, 199, 204, 206, 208 f., 233, 235 f., 243 f., 248–251, 255, 263, 265, 269, 281 f., 301, 306, 320, 322, 329, 332, 337 f.
Kultur 11–15, 18, 31, 33, 45, 49, 52, 59, 78, 81, 88, 91, 97 f., 106, 117, 126, 142, 155, 160, 167, 185, 194 f., 208, 249–251, 255–257, 259, 261, 263–265, 268, 270, 288, 291, 306, 308, 334
Kulturkampf 282 f., 298
Kulturkritik 13, 18, 209, 294, 301
Kunst 81, 117, 129, 222, 246, 304, 333

Lager 133 f.
Langeweile 231, 294, 296, 299
Latenz 49–51, 59, 106, 136, 149, 254, 255–289, 295–298, 303, 305 f., 308, 310, 314 f., 317, 328–339
Latenzfunktion 49, 266, 286 f., 296, 328
Latenzverlust 254, 284–288, 310, 336, 338
Lebensform 40, 56, 62, 93, 127, 131, 141, 153 f., 159–161, 166 f., 171, 184, 190, 194 f., 251, 292 f., 295, 300, 332, 339
Lebensführung 152, 158, 169, 293, 337 f.
Lebenszufriedenheit 16 f.
Leid 19, 30, 33, 35, 46, 203, 219
Leistungsfähigkeit 21, 82, 88, 91, 93, 110 f., 115, 124, 128, 212, 217, 226, 233, 240, 251, 255, 301, 308–311, 315, 318, 336
Liberalismus 160, 166 f., 195, 242 f., 282, 335
Linke 115, 180 f., 186, 188, 254, 282
Literatur 129, 141 f., 175, 195, 333
Lockdown 35, 65 f., 68, 79 f., 82–85, 87, 91, 98, 197, 215, 228 f., 234, 253, 314

Macht 37, 41, 70, 74, 86, 107–109, 118, 123, 142, 162, 198–200, 204, 209, 212, 225 f., 240 f., 243–245, 247, 309, 337
Machtkreislauf 198, 200 f., 210, 245
Marke 289–291, 294–296, 298, 333, 336, 338
Markenpersönlichkeit 295
Markt 64, 89, 115, 129, 156, 159 f., 197, 224, 242 f., 245–247, 289–291, 307, 310, 313, 335
Maschine 106
Massenmedien 80, 87, 152, 302, 311
Medium/Form 261 f.
Medizin 23, 80–82, 86, 109–111, 114 f., 134, 140, 152, 163, 170 f., 212, 225, 228, 232, 257, 288, 305, 309, 311, 313, 316, 320–325
Mehrheitsprinzip 199
Menschenrechte 115, 148, 160 f., 204
Menschheit 19, 30, 58, 122, 203, 225
Meritokratie 199–202, 210, 214, 216–218, 234, 248 f.
Metaphysik 31, 206, 271, 305
Milieu 50, 66, 74–76, 107, 125, 152, 166 f., 181, 183, 188, 192, 195, 256, 306, 323, 331 f., 336
Minimalmoral 194, 264
Mitgliedschaftsrolle 221–223, 226, 228–230, 233, 235, 297
Modernisierung 11, 40, 56, 58, 78, 84, 94, 122, 125, 143, 147, 149, 159, 167, 175, 180, 200, 225, 239, 242, 244, 249, 251, 265, 287, 306, 315, 319
Moral 13, 57 f., 82, 137 f., 168, 176, 180 f., 185, 191–194, 264
Moralüberschuss 190–195
Motive 14, 18 f., 38 f., 43, 63, 129, 133, 149, 154, 204, 220, 223 f., 228, 230, 233 f., 255, 271, 273, 295
Multiinklusion 139, 147
Musik 299, 306
Mustererkennung 257 f., 280

Nachahmung 192, 241, 253
Nation 33, 57 f., 84, 88, 126, 137 f., 159, 164 f., 180, 187, 206, 218, 287, 305, 307

Sachregister

Nationalismus 88, 122, 137, 208, 219
Nationalsozialismus 143, 198
Nationalstaat 41, 45, 84, 94, 137, 150, 159, 161, 167, 329
Natur 13, 15, 18, 20, 31–33, 45, 97 f., 104, 106, 149, 209, 239, 265, 270
Natur, zweite 154
Natur/Geist 149
Naturwissenschaften 23, 101, 207
Naturzustand 42
Neokonfuzianismus 240, 249
Neoliberalismus 244
Nudging 336

Ochlokratie 199
Ökonomie s. Wirtschaft
Optionssteigerung 143, 211–213, 225 f., 240, 242, 246 f., 251, 272, 286, 307
Ordnung 25, 33, 41, 43–45, 47–49, 51, 55–58, 67, 79, 99 f., 105–110, 113, 116, 118, 120, 122 f., 125, 129, 136, 148 f., 151, 154, 159, 161–168, 170 f., 174 f., 180, 187, 202 f., 206–209, 211–217, 227 f., 237, 239, 241, 246, 252, 255 f., 259, 263, 272, 286, 297, 305, 307, 315
Ordnungsaufbau 78, 146, 257, 271 f.
Ordnungsbildung 28, 48 f., 79, 83, 99, 106–108, 118, 196, 235, 239, 243, 252, 255 f., 272, 286, 305, 311, 332
Organisation 108, 113, 119, 133, 145 f., 150, 156, 160, 202, 210, 217–237, 247 f., 297, 309, 311, 319 f.
Organisationsberatung 223, 227
Organspende 112 f., 118, 316
Organtransplantation 112, 212

Palliativmedizin 320–325
Pandemie 20, 34, 45, 68, 79 f., 83, 87 f., 96, 98, 170, 172, 196 f., 199, 229, 231–234, 253, 300, 308–310, 314
Paradoxie 24, 74, 154, 189, 198, 201, 214, 232–234, 271, 289, 298, 307, 328
Pareto-Optimum 204 f.
Parlament 77, 159, 164

Pathodizee 36
Perspektivendifferenz 95, 118, 200, 207, 229, 235, 285
Phänomenologie 76, 78, 103, 117, 143, 145, 252, 272
Physiodizee 266–276, 304, 307
Polarisierung 193, 285
Politie 199
Politik/politisches System 20, 41, 63, 69 f., 80 f., 101, 119 f., 134, 138, 144, 160, 162, 170, 172, 178, 182, 184, 198, 200, 207, 212 f., 215, 218 f., 222, 225, 245 f., 249 f., 287, 296, 302, 308, 312, 316, 329
Pop 292, 296
Populismus 62, 209, 337 f.
Postmoderne 271, 275, 283
Postsozial 96
Postwachstum 62 f., 66
Praxis 19, 24, 26, 48–50, 52, 55, 57, 78 f., 81, 94, 107, 109, 116 f., 153, 193, 207, 219, 224, 231, 236, 243, 261, 268, 272, 274 f., 288, 291, 303, 320 f., 323 f., 330, 332, 338
Praxistheorie 78
Preis 12, 59, 112, 117, 245 f., 259, 282, 290–292
Problem-Lösung-Konstellation 45, 109, 122, 144, 196
Produktionsmittel 151
Protest 56, 62, 75 f., 165, 244, 253, 285, 334
Publikratie 209

Rasse 141, 181, 270, 273, 303, 305
Rassismus 73, 75, 84, 115 f., 122, 177, 179, 189 f., 251, 265 f., 270 f., 274, 303 f., 306
Rationalität 142, 167, 209, 223, 291
Reaktionär 51, 57, 153
Realität 23, 104, 108, 176, 271, 333
Recht 20, 42 f., 86, 119, 129, 140, 162, 171 f., 205, 211, 225, 241, 246, 297, 302, 311, 316
Rechtssystem 52, 80, 111, 140, 151, 162, 178, 213, 222, 267, 303, 312
Rekombination 74, 166, 240–242, 288, 320, 325, 327 f.
Religion 52, 119, 149, 152, 180, 184,

Sachregister

187, 195, 216, 222, 225, 249, 256, 287, 307, 312
Restabilisierung 67, 69, 71, 76, 327
Revolution 33, 43 f., 51, 77, 94 f., 103, 143, 156, 325, 329
Revolution, Französische 41, 51, 148 f., 214
Risiko 11, 21-29, 75, 87, 233, 249 f., 252, 309-318, 320-328
Risikogesellschaft 312
Rituale 212, 256, 265, 303
Robotik 156, 279 f.
Romantik 149, 208
Routine 19-21, 26, 34, 36, 50, 62, 66, 68, 81, 93, 102, 104, 127, 144, 162 f., 170, 172, 193, 223, 227, 232, 286, 300, 304, 306, 308, 313, 322, 327, 339

Sachdimension 27 f., 82 f., 90, 95, 106, 108-110, 112-115, 117-121, 123 f., 130-138, 140, 144 f., 150, 152, 165, 168, 174, 180, 188, 196, 206, 210, 216 f., 219, 251, 284-288, 303, 309, 316
Safe space 178
Säkularisierung 149, 214, 249 f.
Säkularismus 214
Schichtung 159, 161, 174, 212, 223, 305
Schule 52, 80, 86, 88, 114, 162, 171, 222, 253, 309
Schwarze 116, 142 f., 184, 186, 189, 265-267, 270 f., 274, 287
Selbst 15 f., 26 f., 147
Selbstbeobachtung 24, 28, 48, 71, 146, 161, 200, 223, 257 f., 288
Selbstüberforderung 18, 21, 29, 90, 285, 308
Selbstwirksamkeit 17, 52
Selektion 69, 71 f., 74, 76, 276, 327
Sexualität 73, 127, 182
Sichtbarkeit 75, 121, 142, 189 f., 257, 261 f., 269 f., 273 f., 284, 302-309, 326, 331
Sinnverlust 11
Sklave/Sklaverei 143, 151, 334
Sozial-/Wohlfahrtsstaat 158, 183, 312, 325

Sozialdemokratie 159 f., 182, 218, 312
Sozialdimension 14, 27 f., 82 f., 90, 94-96, 106, 108-112, 116-119, 121-126, 130-138, 141, 144 f., 164-168, 174-180, 186 f., 190, 194 f., 206, 210, 214-216, 220, 235, 251, 263 f., 270, 282, 284, 286, 299, 303, 306-309, 316 f.
Soziale Netzwerke 171, 194
Soziodizee 41-60, 63, 83, 94-96, 99 f., 102, 104-107, 110-112, 116-118, 121, 123, 127 f., 131, 137 f., 145, 167 f., 170, 173, 176-178, 184, 186, 188, 190, 195 f., 202 f., 206, 215 f., 234, 250 f., 269, 273 f., 284, 286 f., 295, 302, 307, 326 f., 330, 335, 337
Soziologie 11, 16, 21, 28, 35, 37, 39, 49, 52, 54, 78, 96, 101-106, 108, 118-120, 136-138, 140, 142 f., 166 f., 176, 195 f., 220, 252, 256, 269, 271, 273, 306
Spätkapitalismus 11
Sport 67, 129, 162, 273
Sprache 27, 34, 38, 100, 121, 182, 188, 235, 252, 260 f., 269, 271, 275 f., 279-281, 328
Sprechen 70, 252, 261, 274, 276-284, 328
Sprecherposition 72, 81, 86 f., 104, 118, 125, 187, 266, 316
Sprechsituation, ideale 317 f., 324, 337
Staat 32, 41, 43, 61, 65, 71, 84, 101, 130, 133, 142, 149, 151, 159-161, 183 f., 186, 195, 200, 209 f., 214-216, 218, 222, 228, 230, 243, 247, 288, 307, 312, 317
Standortgebundenheit 24, 46 f.
Steigerungslogik 16, 191, 247
Sterben 320-328
Stoppregel 162, 211 f., 225, 242, 246 f.
Subjekt 15 f., 37, 40, 52, 94, 100, 126-129, 207, 294 f.
Symmetrie 111, 113, 121, 192, 323
Synchronisation 85, 89, 113, 148, 294
System 25-27, 38, 44, 47, 49, 51, 53, 58, 61 f., 65 f., 76, 82 f., 85 f., 89-91, 93, 119-123, 130, 135 f., 139, 144-148, 157 f., 160, 170, 174, 193, 197-199, 201, 205, 209 f., 212, 215,

220–222, 227, 234 f., 240, 250, 263 f., 269, 272, 306, 326, 335
Systemtheorie 25, 79, 82, 85, 90, 106, 119 f., 127, 135 f., 145, 147, 196, 212 f., 252, 256, 271 f., 326, 328

Tea Party 183
Terrorismus 211, 226
Theodizee 30–36, 39, 41–48, 50, 56, 99, 101, 106, 112, 219, 221, 301
Theorie 20–29, 31, 33, 41, 47, 73, 78, 81, 103 f., 119–121, 134, 139, 153, 162, 188, 196, 216, 220, 222, 224, 236, 252, 272, 275 f., 292, 336
Tianxia 203–211
Totale Institution 230
Totalitarismus 155, 243, 249
Trade-tested Betterment 238–251, 253–255, 257, 291, 320, 324
Transformation, große 325, 329 f.
Transparenz 44, 48, 50, 175, 212, 230, 268 f., 281, 284, 302, 323, 329, 333

Über-Ich 12 f., 18, 126, 146, 268
Überforderung 13, 16, 18 f., 21, 25, 29, 34, 59, 71, 80, 90, 102, 126 f., 146, 170, 190, 229, 232, 254, 268, 272, 284 f., 297 f., 300–302, 305 f., 308, 313, 318, 335 f., 338
Übersetzungskonflikte 112, 235
Unbehagen 12–19, 21, 29, 34, 50 f., 58 f., 71, 92 f., 96, 105, 112, 117 f., 121, 123 f., 126, 128, 131, 146, 152, 155, 166, 168, 170, 174, 176, 187, 194, 196, 198, 206, 209 f., 216, 219–221, 226, 228 f., 232, 235, 242–244, 254, 258, 268–272, 275, 280, 286, 288, 291, 298 f., 305, 316, 327 f., 331, 338
Ungleichheit, soziale 17, 20, 35, 108, 140 f., 150, 152, 163 f., 174, 216, 239, 336
Universalismus 116, 142 f., 207 f.
Universität 62, 80, 146, 186, 222–224, 226, 247 f.
Unterhaltung 291–299

Variation 67, 69, 71–74, 76 f., 86, 151, 161, 327

Verfahren 111–113, 159, 209, 223 f., 246, 251, 316, 327
Verhaltensänderung 62, 67, 330 f., 334
Vernunft 30, 32–34, 37, 120, 149, 225, 237, 272
Versammlung 98, 105, 107, 110, 116
Versöhnung 32, 130, 149, 205, 208, 214, 296, 333
Vertrag/Vertragstheorie 42–44, 203
Vielfalt 86, 93, 119 f., 151, 225
Virologie 80, 82, 87
Virus 19, 45, 65 f., 84, 88, 93, 99, 170, 172, 196 f., 309
Volatilität 151 f., 158–161, 197, 217, 262, 311
Volk 43, 182, 198 f., 205, 207, 218, 220, 255, 270, 273 f., 303
Voluntarismus/voluntaristisch 38 f., 273

Wachstum 16, 207, 247
Wahrheit 86, 123, 127, 162, 225, 240 f., 246 f., 273
Weltgesellschaft 143, 163 f., 195 f., 221
Wertschöpfung 66, 80, 133, 156, 186, 288, 315, 319
Westen 94, 141 f., 195, 198, 209, 213, 226, 250, 315
Wille 33 f., 43 f., 52, 65, 83, 128 f., 154, 167 f., 199, 205, 227, 322–324
Wirtschaft 20, 52, 62, 115, 119, 156, 159, 161 f., 212 f., 222, 225, 240, 242 f., 245 f., 258, 289–292, 302, 308, 312, 315–317, 319, 329
Wissen 19, 35, 39, 52, 75, 81, 91, 123, 141, 150, 171 f., 179, 199, 220, 225, 234, 243, 300, 311, 321, 329–331, 335–339
Wissenschaft 20, 61 f., 81, 86, 97, 119, 123, 127, 138, 149, 162, 170, 172, 211 f., 222, 225 f., 240, 245 f., 248 f., 257, 269, 285, 302, 307, 309, 311, 316, 326, 329, 339
Wohlfahrtsregime 312

Zeit 11, 72, 78, 85, 87, 109, 136, 210, 212, 240, 291, 297, 319
Zeitdiagnose 20, 25, 220
Zeitdimension 27

Zerstörung, schöpferische 242 f., 245 f.
Zielkonflikt 95, 118, 169, 172 f. 195 f., 200, 204–206, 208 f., 217, 228, 251, 285, 308, 313, 315 f., 318, 338
Zivilisationsprozess 169
Zugehörigkeit 12–14, 86, 94, 116, 121 f., 125, 129–133, 136, 139, 146, 152, 159–161, 174–180, 182, 187, 189 f., 192 f., 206, 263–265, 268–270, 284, 286, 293, 303
Zusammenhalt 14, 16, 18, 26, 94, 109, 119 f., 123